中国学术流派研究丛书

周群 主编

颜李学派研究

朱义禄 著

商务印书馆
The Commercial Press

总　序

《易·系辞》云:"天下同归而殊途,一致而百虑。"中国学术史的长河是由不同时期、不同地域、形态各异的万派支流汇注而成的。学术流派是以相似的学术宗旨或治学方法为特征的学术群体,是因应一定社会政治文化要求,体现某种学术趋向,主要以师承关系为纽带,与古代教育制度、学术传承方式密切相关的历史存在。

以学派宗师为代表的共同的学术宗旨或治学方法往往是学派的主要标识和学派传衍的精神动力。学派的开派宗师往往是首开风气的学术先进,他们最早触摸到了时代脉搏,洞察到学术发展新的进路。这必然会受到敏锐的学人们的应和,他们声应气求,激浊扬清,去短集长,共同为学派肇兴奠定了基础。师承是学术流派传衍的重要途径,盟主宗师,振铎筑坛,若椎轮伊始;弟子后劲,缵绪师说,如丸之走盘,衍成圭角各异的学派特色。学派后劲相互切劘、补益,使得该流派的学术廊庑更加开阔、意蕴更加丰厚,是学派形成理论张力的重要机制。高第巨子既有弘传师说的作用,同时,还需有不悖根本宗旨前提下学术开新的能力。没有学派后劲各具特色、各极其变的发展,以水济水,并不能形成真正的学派。家学因其特有的亲和力,是学派传衍的重要稳定因素,克绍箕裘以使家学不坠,这是学术之家的共同祈向。书院讲学便于学派盟主宣陈学术思想,强化了同道的联系,为形成稳定的学派阵营以及学术传衍提供了重要平台。民间讲会、书牍互通促进了学派成员之间的交流与学术的传播。中国古代学术大多以社会政治、道德文化为研究对象,往往随着时代的脉动而兴衰起落,观念史的逻辑演进过程之中必然带有时代的烙印。时代精神与社会政治是推进学术演进的重要动因。

中国古代学术传统的源流色彩极浓,学术源流,先河后海,自有端绪。学术的承祧与变异形成的内在张力是推进学术发展的重要动因,学派间的争鸣竞辩、激荡互动及不同学派的因革损益、意脉赓续,书写了中国古代色彩斑斓的学术发展史。尽管学术史上不乏无待而兴、意主单提之士,取法多元、博采汇通而自成其说的现象也在在可见,学者对学派的认识也每每歧于仁智。但中国学术史上林林总总的学术流派仍然是学者们展示各自学术风采的重要底色。因此,对各个学派进行分别研究,明乎学派源流统绪,梳理流变过程,呈现其戛戛独造的学术风采,分析其对于中国学术思想发展的价值,厘定其地位,对于揭示中国古代学术思想因革发展机制,推进中国学术史研究具有重要意义。这是我们组织编撰《中国学术流派研究丛书》的根本动因。

为了实现这一目标,我们将力求客观厘定学术流派在中国学术史上的地位,以共时比较与历时因革相结合。别同异,辨是非。不为光景所蔽,努力寻绎其真脉络、真精神。从历史情境与学理逻辑等不同的维度评骘分析其价值。同时,由于学术流派风格不同,内涵殊异,《丛书》在体例上不泥一格,以便于呈现学派各自的特色为是。

南京大学中国思想家研究中心是因已故南京大学校长匡亚明先生主编《中国思想家评传丛书》而成立,本人有幸躬逢这一盛举,跟随匡亚明先生参与了《评传丛书》的编撰出版工作。《评传》传主是中国学术思想史上二百多个闪光点,这些传主往往又是学术流派的盟主或巨子。从这个意义上说,《中国学术流派研究丛书》是在《评传丛书》基础上,对中国古代学术思想史上以杰出思想家为核心的不同学术集群的研究,是对色彩斑斓的中国古代学术思想历史画卷中最具特色的"面"的呈现与"线"的寻绎。《中国学术流派研究丛书》不啻是《中国思想家评传丛书》的学术延展。每每念此,备感责任重大。幸蒙一批学殖深厚、对诸学术流派素有研究的学者们共襄其事,他们以严谨的治学态度,做出或将要做出对学术、对历史负责的研究成果。对他们为了一个共同的学术宏愿而付出殚精竭虑的劳动表示由衷的敬意。南京大学社科处处长王月清教授欣然首肯《丛书》规划,使其得以付诸实施,对他的支持与付出表示衷心的感谢。

热诚欢迎学界同仁不吝指谬,以匡不逮。是为序。

周　群

2021 年 3 月于远山近藤斋

目　录

序

继《颜元李塨评传》之后,朱义禄教授又一著作《颜李学派研究》即将面世。与《评传》有别,是书对颜李学派的形成、传播、失传、重光,以及后人毁誉不一的评论与诠释的"众生相",有着详尽而仔细的分析。颜李学派先是风行海内数十年,经程廷祚直接影响了吴敬梓《儒林外史》的创作;因清代文字狱与乾嘉学派注经学风的流行,又失传一个多世纪,后经戴望花了很大的心血才访到颜李的原著,并编纂《颜氏学记》一书使之重光于世。虽然其马上遭到卫道者的攻讦,指摘"习斋之学杀人"(张伯行),但更多是学者的赞美,如说颜元之学为"圣学正途"(万斯同)。

步入近代之后,因时代的剧变,颜李学派适应了时代的需求,显现出了它对时代的积极影响和历史价值。近代对颜李学派的评价,有赞誉,有批评:孙宝瑄称颜元为"旷世大儒",说颜李学派的主张与"今日泰西学校之本"相符;刘师培断言颜李所说的"水火工虞"是默契"西法"(自然科学)的;章太炎垂青颜元的学术与人格,又从理性主义的视域出发,认为颜元轻视理论思维,过于倾心于经验主义;钱玄同以颜李学派为"最佩服的学派";梁启超视颜李学派是"比杜威更彻底"的学派;保守派程仲威对颜李之学则近乎谩骂。其中有"变色龙"之称的刘师培,随着他的思想转向无政府主义,先前心仪的颜李学派成了"乱政、败俗、蠹民"的祸首。民国成立后,颜李学派的影响又呈现新的气象。徐世昌大力倡导颜李学说,成立"四存学会",出版刊物。他凭借大总统任上的行政权力,把颜元送进孔庙,享受从祀的待遇,但这正是颜元生前所反对的。国民党元老李石曾醉心于颜李之学与法兰西学术的融合,他力图把颜李学派的"习行"与现代西方文明相融合。受此影响,他与蔡元培、吴玉章等人谋划留法勤工俭学运动,意在为民国政府培养栋梁之材。然事与愿违,学生中却涌现出周恩来、邓小平等一批无产阶级革命家。此一"种豆得瓜"的情况,出乎李石曾的主观意图之外,但就客观效果而言,不得不肯定李石曾力行颜李之学"习行"的作用。颜李学派所遇褒贬不一的种种评议,体现了近代古今中西之争的思想政治的复杂生态。

如果我没有记错的话,这是朱义禄教授关于明清哲学的第四本专著了。前三本为《逝去的启蒙——明清之际启蒙学者的文化心态》(1995)、《黄宗羲与中国文化》(2001)、《颜元李塨评传》(2006)。此外还有《泰州王门思想研究》(40万字)一书等待出版,这样算来有五本了。后两本新著是他耄耋之年的杰作,真可谓"老骥伏枥,志在千里",他依然辛勤地笔耕于史谷哲峰之间,为明清哲学的研究做出杰出的贡献,令人钦佩!

朱义禄教授于1965年本科毕业于复旦大学历史系,具有系统的历史学学科知识和学科研究的方法论素养,后又经三年中国哲学研究生的学习,阅读了大量的古典哲学文献并接受了哲学思维的训练。同时还涉猎古典诗词、戏曲和各种学案、笔记、小说等,具有较广泛的传统人文知识。这就为他在毕业后从事中国哲学史研究并取得卓越成就提供了厚实的史料基础和史论结合的方法论功底。

这造就了朱义禄教授著述的一大特点。读他的书,既可获得丰富的历史知识,又能从中体会其深刻的理性论断,深入浅出,别有一番风味。他的开山之作《儒家理想人格与中国文化》(1991)一书得到著名哲学家冯契教授的称道并为之写"序",冯先生肯定此"书中颇多新意和特色",称其是"一本学术性和知识性的著作,我相信,是会有雅俗共赏的效果的"。冯契先生所说的"知识性"是指历史知识,"学术性"是指哲学理论。此书也曾吸引我反复阅读,其缘由也正在于此。这本新著,同样体现了"史哲契合"的特点。

正是这一特点,让《颜李学派研究》一书呈现出诸多新颖的观点来。梁启超对颜李学派有个论断,认为颜元对"程朱陆王"是"一切摧陷廓清之"。朱义禄教授不株守陈见,认为颜元对程朱理学与陆王心学是区别对待的,认为颜元于程朱理学是全盘否定的,对阳明心学则既批判又吸收。颜元一方面指明王学与朱学同具"以学术杀人"的性质,另一方面吸收了王阳明的"狂者胸次",并发展成为"狂者精神"。"狂者胸次"是说"行不掩言",即知行合一,"狂者精神"的内涵为"勇往有为"。颜元"以我易天下"的恢宏胸襟是由此而来的,并直言要做"担当世道,劳济生民"的人。"担当世道"就是当今所说的担当精神,而真正意义上的倡导是在明清之际的启蒙学者身上。朱义禄教授认为,与黄宗羲、顾炎武、王夫之等人相比,颜元的担当精神显得最为强烈与急切。原先信仰尔后又被其指责的阳明心学,经颜元改造后成为其学说中的一个组成部分。这一新颖的见解,正是朱义禄教授从史料中提炼出来的哲理,为其"史哲契合"应用的结果。研究学术流派,就得对它有个整体性的认识。朱义禄教授在导论中对学术流派形成的基本要素、取名原则、流传情况,以及与不同学派的历史影响的差别,做了一个颇有深度的论述。研究学术流派,对其流传过程同样要有所认识。朱义禄教授提出了"日谱(日记)""互质"这些颜李学派流传的特殊形式,类似于今天函授的方法。他从颜元与李塨个性差异上得出在传播上"高徒胜于名师"的结论。类似的新观点颇多,我只就自己觉得亮眼的地方点明一下!

我还要多说几句。朱义禄教授的学术研究之所以能取得令学界瞩目的成就,还与他曾遭受艰难困苦的人生经历有关。2021 年 6 月,我收到他参加第八届公众史学研讨会的一篇论文,有一万多字,主要讲述了"文革"前后他在上海崇明县 13 年的经历。而正是这 13 年的人生磨难,历练了他艰苦奋斗、自强不息的品格和意志,为他以后从事学术研究提供了坚韧不拔的精神动力。

先前我只知道,他大学毕业后在崇明工作过,"文革"后考取华东师范大学哲学系研究生。从该文中的实物照片得知,他大学毕业前夕,上级下达了一个文件,说从应届毕业生中抽调一批人到县以下基层单位工作。当时原国家计委对上海下达了二百多个名额,其中复旦大学占据了一半。这一特殊的分配方案,将他下沉到崇明。以"下基层"为名,他先参加了两年"四清"运动。后"文革"乍起,原先规划落空。1968 年,他无奈地选择当了营业员。崇明红星农场商店是新成立的,条件很艰苦。宿舍是高低不平的泥巴地,夜里睡的是芦苇搭的床(崇明人叫"芦把门"),夏天在商店前的小河里洗澡。一介文弱书生,活干不过他人,工资却是商店中最高的。后遭商店经理的"照顾",令他到屠宰场杀猪,日与屠夫为伍,当了灶头军。他无法忍受宰猪时猪的嚎叫,以"学非所用"为由,给崇明县革命委员会主任写了一封信,要求调动。1972 年 4 月,他被调到马桥中学当了教师。1974 年 5 月,他被调去学校食堂劳动,又当了一回灶头军。之后被调到公社边远地区的一所小学工作。

为摆脱困境,他决定报考研究生。同时,他担任初一班主任,教语文、政治、历史、卫生四门课。备考研究生的时间只能是清晨与晚上。中国哲学史他没有学过。为了通过考试,在短短三个月中,他通读了任继愈的《中国哲学史》,

并写满了 200 页左右正反两面的笔记。1978 年 10 月,他考入华东师范大学(当时尚合并于上海师范大学),师从冯契先生。至此,人生始现曙光,他开始徜徉在学术殿堂里。

苦难往往成为人奋发向上的内驱力。了解了他 13 年的苦难人生经历,即可明白,朱义禄教授在学术上勤奋耕耘而取得累累硕果的动力,正来自他苦难坎坷的人生经历所历练成的自强不息的品格和意志。一如尼采所言,"收获一生中最美果实和最大欢乐,其秘密就是生活在岌岌可危之中"。

我十分钦佩朱义禄教授的学问功夫和学术品格,在评价他学术成就的同时,觉得有必要写一下他的人生经历。是为序。

朱贻庭

2022 年 4 月

导　论

书名为《颜李学派研究》,就得对学派有学理上的思考。冠名为某某学派研究的书并不多。古今中外诸多领域里,正是大大小小的学派的纷纷呈现,促进了人类思想文化的发展。笔者感到,书名取了某某学派研究,理应对学派的形成因素、冠名原则、流变传承与历史影响等问题有个界说,有些理论上的探索。

学派是学术流派的简称,是指某一学者或者几个学者提出独树一帜的理论,为门人与同行、学侣等所拥戴并加以传播,有着鲜明的地域特色与师徒传授关系,且产生相当社会影响力的学说,遂称为某某学术流派。一个学派被人们所公认,大体上说要有四个必备条件:一是要有学术上的开拓,学派内部的成员要秉承同一的宗旨;二是要有独树一帜的学术论著面世,成为后世人经常阅读与研究的对象;三是要有一定数量的信从者与传播人,形成一代一代的传承;四是要有为世人所公认的派名,有较大的历史影响。

在学派形成的过程中,学术宗旨起着决定性的作用。同一学派的成员,通常情况下不会逾越同一宗旨范围。王阳明去世后,对“致良知”说这一宗旨的不同理解,形成了名目繁多的阳明后学,各显神通。有的学者把阳明后学分为虚无派、日用派、主静派、主敬派与主事派等,但不管其间有多大的歧义,均围绕对“良知”的不同诠释展开。① 在中国古代,学派研究造诣之深,没有超过黄宗羲的。他的《明儒学案》面世后,仿效者代不乏人,至今依然。黄宗羲认为,宗旨是思想家一生的精神所在:“大凡学有宗旨,是其人的得力处,亦是学者之入门处。”就“其人”而言,宗旨是思想家的精粹(“得力处”)所在;就研究者而言,把握了思想家的宗旨,就找到了“入门处”,把握了学者的根本。如同丸子在圆盘内不停地运动,丸子或倾斜或跳跃,难以越出盘子。盘子就是宗旨的范围,丸子活动时的不同路线,就是同一学术流派内成员间差异所在。他的结论

---

① 钱明:《阳明学的形成与发展》,江苏古籍出版社 2002 年版,第 132—157 页。

是:"讲学而无宗旨,即有嘉言,是无头绪之乱丝也。"①宗旨是凝聚同一学术流派成员之间的纽带,对成员的团结与和洽,有着很大的吸引力与亲和力。

无论是诋毁者说"学以事功为首"(张伯行),还是研究者讲"以事功立论"(钱穆),均真实地道出了颜李学派的宗旨为"事功"这一真谛。它要求人们在与客观事物打交道时,应当把自身的学问立足于为民众营造福祉、为社会建立功业。颜元认为这是他义不容辞的责任。他以担当精神作为自身的使命,树出"宇宙内事,皆吾分内事"的大纛。他以"犯手博弄"来诠释众说纷纭的"格物",令人耳目一新。他从《论语》的"学而时习之"中摘取了"习行"一义,提倡"实用""实功",成为当时实学思潮的生力军。他对脱离实际事物而安心于"静坐""读书""主敬"等这些宋明理学主张的闭门修养功夫予以激烈的抨击,断言这是宋明理学"儒名释实"特征的体现,坐而倡言"主动"替代"主静",强调"破一分程朱,入一分孔孟"。针对程朱学派与陆王学派的争论,颜元指责此为无用之举,因为两者皆为"杀人"之利器。这些愤世嫉俗的观点,都是围绕着"事功"来进行的。评价历史人物的标准,颜元也是从"事功"出发的,他大力赞扬与朱熹的道义论有过直接交锋的陈亮的功利论。总之,颜元是一个彻头彻尾的功利论者,颜李学派也成了中国历史上第三次功利主义思潮高峰的象征。李塨继承了其师的主要观点,在传播颜元学说中起到重要的作用,功劳甚巨。

学派的冠名,往往与学派创始者的家乡及其学术活动所在地域分不开。如王艮创立的学派,因他的籍贯与主要活动地在泰州,故以泰州学派冠之。宋代是学术流派林立的时代,多以学术活动地域来概括,如洛学、关学、闽学等。北宋的程颢、程颐兄弟二人是洛阳人,故其学说名洛学。关学的创始人是张载,他讲学的地点在关中,世称关学。闽学是指以南宋朱熹为代表的学派,因朱熹曾侨寓并讲学于福建路的建阳。还有从更宽泛的角度来冠名的,如刘师培用地理环境来冠名学派,提出"南学"与"北学"之说,以颜元为"北学"创始者:"北学之兴始自习斋,惟习斋弟子舍刚主、昆绳外,咸注重躬行,不事空文著述。"在刘师培看来,北方"地土垫瘠,民风重厚而朴质,故士之产其间者,率治

---

① 黄宗羲:《明儒学案·发凡》,载沈善洪主编:《黄宗羲全集》第7册,浙江古籍出版社2005年版,第5页。

趋实之学,与南学浮华无根迥殊,颜学之兴,亦其地势使然"①。说"趋实"的"北学"与"浮华"的"南学"都是"地势使然",有地理环境决定论的意味。学术流派的形成,与"地势"是有些关系的,但决定因素是社会需求和历史条件。个人际遇与学术修养,乃至于学术流派间不同观点的交锋等因素,对学派的兴起与发展会产生程度不等的作用,或者说新学派的出现是上述因素综合作用的产物。刘师培的主张很粗糙,"北"与"南"显得很笼统,是以行政区域来划分,还是以自然条件为界限,刘师培没有明言。尽管如此,以地域来冠名学派,是一个主流性的导向。颜李学派没有以地域命名,而是以创始者与传承者合而名之。

学派以创始者来命名的,其间情况十分多样化。以象山学派、白沙学派、阳明学派为例,陆九渊在老家贵溪象山筑精舍聚徒讲学,人称象山先生;明初重振心学的陈献章,学者称为白沙先生;集心学大成者王守仁,筑室于故乡阳明洞,世称阳明先生。命名的原则是不一致的,或以讲学场所(陆九渊),或以籍贯之地(陈献章),或以修身之处(王守仁)来确定。有些学派以创始者与传承者合而命名,如洛学与闽学,因南宋朱熹为二程的四传弟子,合称程朱理学。本书的研究对象颜李学派是由颜元创立,其弟子李塨发扬光大的。李塨是颜元的亲传弟子,不同于朱熹对二程那种隔代认同的关系。

学派形成的因素是多重的,决定性的因素是社会需求与历史条件。就具体情况而言,地域因素、师承关系与学术宗旨为学术流派形成的三个要素,学术宗旨居于主要地位,前两者处于次要地位。讲冠名原则时,已涉及了地域因素与学术宗旨,下面讲一下师承关系。创始人与弟子们研究与传播同一门学问而形成的学派,根由大多是师承关系。程颐的伊川学派流传不绝,与他门下四大弟子杨时、谢良佐、游酢、吕大临的努力光大师说分不开。阳明学派能在明代中后叶兴盛不已,同他学生的众多相关联。据青年学者邹建锋研究,王阳明有亲传弟子271人,遍及江西、湖北、湖南、贵州、江苏、安徽、福建、广东、山东等省。② 据戴望《颜氏学记》统计,颜元亲传弟子有108人,私淑2人,李塨有亲

---

① 刘师培:《幽蓟颜门学案序》,载章太炎等:《中国近三百年学术史论》,罗志田导读,徐亮工编校,上海古籍出版社2019年版,第253页。

② 邹建锋:《阳明夫子亲传弟子考》之"内容提要",中国社会科学出版社2017年版,第1—5页。

传弟子97人。就中国古代学派的一般情况而言,大凡亲传弟子超过百人,声势就是很浩大的了。名望比颜李大得多的黄宗羲,他的讲学活动主要是在宁波。目前已发现有姓名可考的甬上学生共计66人。[①] 即使加上黄宗羲其他地方所收的弟子,估计也不会超过百人。颜李的亲传弟子达205人,这是颜李学派在清初成为显学、风靡天下数十载的重要原因。

上述三个因素,在学派形成、发展与传播过程中,是犬牙交错般地相互渗透的。泰州学派一传弟子中有王襞与王栋,是王艮的子侄,但中坚力量却是江西籍人,如颜钧为永新县人,何心隐为永丰县人,罗汝芳是南城县人。泰州学派的李贽,籍贯是福建泉州,活动地域遍及河南、云南、北京、湖北、山西、江苏等地。颜钧是王艮的学生,颜钧传何心隐与罗汝芳,李贽拜王襞为师。泰州学派绵绵百余年不绝,师承关系与地域因子的作用是重要的。学派要传承下去,创始人与传人就要讲学,讲学就要跨出原先的地域。学派的形成与发展,情况是错综复杂的,研究时设定一个固定的模式是不可取的,要充分考虑这三个因素的辩证关系。

影响学术流派的传播程度与生命力的重要因素,也同官僚们对学派的支持与否,以及支持的力度有关。在以君主专制为政体的古代社会里,等级制度是规范人们行为准则的主要手段。与此相应,官本位意识是为社会各阶层所认可、具有普遍意义的社会大众心理。一个学术流派创立以后,要想得到发展并向四方传播,离不开各级官员们的提倡与支持。泰州学派能风行天下,与官员们大力支持有关。王艮在47岁与56岁时,分别有"抚台刘公梅节"与"御史吴疏山悌"疏荐于朝。[②] 王艮去世后,包括门人在内的四方来会葬者达数百人,多是民间自发者。许多官员为其倾尽全力,建崇儒祠以祭祀王艮,又设祭田作为其经济来源。各级官员们对某一学派的扶植,这样的现象在中国古代屡见不鲜,不妨用"得官行道传学"来概括。

颜李学派在清初成为人们竞相追捧的显学,是同"得官行道传学"分不开的。不喜欢结交权贵的颜元,没有认清这一点,但官方还是对他的学术成就给予了褒奖。康熙二十八年(1689)八月,颜元55岁,"抚院于公成龙,使来悬匾

---

① 金林祥:《教育家黄宗羲新论》,青海人民出版社1993年版,第83—84页。

② 董燧:《年谱》,载王艮:《王心斋全集》,陈祝生等校点,江苏教育出版社2001年版,第72、75页。

旌间,先生受而不报"①。一生以弘扬颜学为己任的李塨,却是自觉地、敏锐地意识到了这一点。他想尽办法向官员们宣传颜学,取得了极佳的效果。为李塨在京师呐喊的,有刑部尚书、吏部侍郎等高官:"吴司寇、徐少宰,每在朝端语诸公卿曰:'今有李恕谷者,学山方海,源源本本,不世之人也。'"②御史郭子坚受李塨影响而尽弃前学,愿师事颜元。与李塨结交并成为学侣、知交的地方官员行列中,有桐庐知县郭子固、富平知县杨慎修、商州知州沈廷桢、商南知县于鲸、梧州府同知冯敬南、成都知府叶新等人。他们或从资金上支持李塨,或请他游幕,或对他崇拜有加。颜元的活动能力远逊于李塨,但其也有得益于官员之处。颜元去世后不久,鄢城县知县温德裕(字益修)出资刊刻颜元的著作:"益修鸠工,刊习斋《存性》《存治》《存人》三篇。"③各级官员们利用手中的行政权力和财力,为学派提供资金,资助自己青睐的学者出书。他们提供讲学场地,运用身边的人际关系来倡导自身倾心的学派。"得官行道传学"不只是有力地推动该学派的传播与影响,而且会引起连锁反应。"得官行道传学"的情况一旦出现,又会影响到地方乡绅或者文人、学者,让该学术流派的支持力量又有了雄厚的地方性基础。两者作用的叠加,得到的是一加一大于二的效果。

　　没有了"得官行道传学"这一渠道,一个学术流派即使体系很完备、理论很深刻,能发前人所未发,迎来的也会是长时期的湮没无闻。船山学派的创始人王夫之,他的学术著作被冷落一百多年的事实雄辩地证实了这一点。明亡后的王夫之,在深山老林里潜心著书近四十年,著作有一百多种,四百多卷,千万余字,在哲学、史学、政治、经济、文学、美学、科学等方面,都有卓越的建树。他诸多别开生面的观点所构成的理论体系,确实达到了中国古代学术思想的高峰。他在世时默默无闻,仅少数知己得悉其学问的价值。没有各级官员为他捧场,尽管有些学者青睐他的著作,但是民间的力量所起的作用是有限的。冷落一个多世纪后,始有王氏守遗经书屋《船山遗书》刻本于道光十八年(1838)面世。因为不满王刻本所收著作不全与被任意篡改的原因,也有提高乡贤地位的因素在内,身居高位的曾国藩、曾国荃兄弟,于同治六年

---

① 李塨:《颜习斋先生年谱》,载颜元:《颜元集》,王星贤、张芥尘、郭征点校,中华书局1987年版,第765页。
② 冯辰、刘调赞:《李塨年谱》卷三,陈祖武点校,中华书局1988年版,第83页。
③ 冯辰、刘调赞:《李塨年谱》卷四,第107页。

（1867）在南京刊刻《船山遗书》，共计五十六种，二百八十卷。金陵本的出现，离王夫之去世已相距175年。[①] 封疆大吏举臂一呼，船山学说才为世人垂青。世家大族与学署、书院，莫不购置《船山遗书》，船山学说才比较完整地为世人知晓。

学派的研究是离不开"流"的。"流"指学派后继者的传播与继承。传人众多，遍布各地，学派就会兴旺发达；传人寥若晨星，代乏其人，学派就会一蹶不振。为此，本书辟专章讲颜李学派的流传情况。

古代学术流派的传播途径，主要是讲学与著述两方面。书院讲学与大大小小的讲会（定期或不定期）是讲学的基本途径。著述的形式是多样的，专著、文章、诗赋、书信等不同文体，在学者们相互交流中起着学术思想的传播作用。著述中还有一种文体，那就是日记。明清两代的文人、学者有写日记的习惯，名之曰日谱，年谱是日谱的延伸。日记一般来说是给自己看的，颜李学派成员所写的日记，往往以互相传阅的方式（"相质"或"互质"）来交流，或定期交流，或异地互阅，这是颜李学派思想的重要传播手段。这在其他学术流派中是很少见的，我称之为特殊传播术。

"流"的另一方面，是指学术流派之外人们的评论。评论的表现形式是多样的，有肯定的、有否定的、有误解的。赞美与谩骂可以在同一时代里共存，改造、重铸与变形也能够在不同的时代里出现。这就是人们通常所说的历史影响。颜李学派的"流"，有过大起大落的曲折。颜元与李塨去世后，颜李学派湮没了一个多世纪。亏得戴望站了出来，苦心孤诣地搜罗颜李的著作，让颜李学派重光于世。他编纂的《颜氏学记》成为后世与近代学者研究颜李学派的主要资料。

颜李学派的"流"，充满着戏剧性的变化。"流"不是复制，而是显现出丰富多变的情况，即"众生相"的现象。在不同的学者身上，他们不断地结合时代学术思潮的新动向，力图铸造出符合自己视野的颜李学派。因为近代中国社会与古代相比发生了本质上的变化，于颜李学派出现了言人人殊的情况。国粹派因着排满革命而倡导国粹，大力弘扬颜李学派。以思想多变与善变著称的

①　关于金陵本《船山遗书》的刊刻经过，详见王兴国：《王船山与近现代中国》，岳麓书社2019年版，第190—221页。需要指出的是，流传不广的王氏守遗经书屋《船山遗书》，虽说民间文人、学者是此版本整理的主要力量，然而也是在两江总督陶澍的大力支持下，才得以刊行。

刘师培,因自身观点的变更,对颜李之学有前褒后贬的剧烈变化。章太炎客观一些,称颜元为"大儒",又指出其基于感性经验的知识论,在理性思维能力上的不足。钱玄同以颜李学派是自己最佩服的四个学派之一,喊出"我最爱颜习斋"的口号。胡适于颜李学派,是要架起颜李之学与戴震学说之间的桥梁,而着力于程廷祚的研究。在美国哲学家杜威来华巡回演讲之际及之后,梁启超与胡适把颜李之学等同于杜威的实验主义,认为在教育方面颜元比杜威走得更远一些。与心仪西方最新学理的学者不同,徐世昌以文化保守主义的立场借助手中的行政权力,以在位大总统的身份大力鼓吹颜李之学。后世学者以自己的观点与立场去改铸颜李学派,原因得从近代中国社会的主旋律古今中西之争中去寻找。"争"不是单纯的冲突,要从广义的视野去看待。"争"既有中西文化的冲突,又有中西文化的融合;既有以中学附会西学的主张,又有认为西学是源于中国的见解。颜李学派在近代的境遇,必须从中西文化的互鉴互通而又相互冲突的角度去认识。

值得一提的是李石曾。作为燕赵之地的有识之士,颜李之学"主动求实"的精神,是他几十年间从事留法勤工俭学运动实际操作的精神支柱。在留法学生中,涌现出了邓小平、周恩来、陈毅、李富春、聂荣臻、何长工等一大批无产阶级革命家,从而在改变中国的历史走向中起着至关重要的作用。这种"种豆得瓜"式的情况,与张之洞从事的洋务运动何其相似。张之洞一手栽培的新军,原本是为清廷效劳的,结果却是武昌首义的发起者与骨干力量。历史是无情的洗涤剂,它会荡涤一切无用的东西,而保留人们心灵深处无法抹掉的记忆。2021 年 3 月 17 日,上海北外滩竖立了一块"留法勤工俭学出发地"纪念标识。作为一个学者来说,一时涌上我心头的是,如果认同一大批改变了中国历史格局的精英是在留法勤工俭学学生中涌现出来的,那么也应该认同颜李学派与李石曾在其中所起到的作用。

第一章　颜元生活的时代及其生平与著作

第一节　"天崩地解"的自我批判时代

颜元(1635—1704),字浑然,又字易直,晚号习斋。他生活的年代是在明清之际,大体上可框定在万历朝到康熙朝这一个半世纪中(1573—1722)。史学家赵翼有明朝之覆亡始自万历民变之始的判断;黄宗羲在晚年感到康熙时统治已牢固而无法撼动,于是改变先前之见而改称圣朝。这是一个鼎革的时代,也是中国古代历史上自我批判的时代。人类社会的历史,只有进入了特定的阶段才能进行自我批判。在这一阶段里,社会中的各种矛盾已经空前激烈,并以较为彻底的形式暴露在人们面前,但是该社会尚未达到崩溃的时刻。在通常情况下,人们对社会历史的认识是片面的、局部的。社会处于盛世时,多的是国泰民安之类的颂词;社会处于平稳状态时,会出现种种言辞来掩饰正在萌生中的乱象;只有该社会到了自我批判阶段,乱象频繁地呈现在人们眼前时,人们对该社会才有可能达到比较全面的认识。处于自我批判时代的学者,会对实际情况做出客观的分析,以清醒的理性态度去看待当时的社会。就中国古代社会而言,明清之际的社会,乱象丛生,矛盾重重,这让身临其境的文人、学者与思想家们喜用"崩""陷""析""解"等字眼来形容当时社会的危机。①

翻开明清之际的一些著作,经常可看到"天崩地解"和与之相类似的话。东林党人顾允成在万历年间惊呼:"吾叹夫今之讲学者,凭是天崩地陷,他也不管,只管讲学耳。"②流亡东瀛的朱舜水认为,崇祯末年,"流贼至而内外响应,逆虏入而迎刃破竹,惑其邪说流言,竟有前途倒戈之势;一旦土崩瓦解,不可收拾

---

① 本书所说的古代社会,指秦汉以降到明清期间中央集权专制主义为主流制度的社会。
② 黄宗羲:《明儒学案》卷六〇《东林学案三》,载沈善洪主编:《黄宗羲全集》第8册,第838页。

耳"①。人们更喜欢用黄宗羲的"天崩地解，落然无与吾事，犹且说同道异"来概括明末的社会情况。这是黄宗羲批评心学、理学空疏学风时说的。② 黄宗羲撰此文是康熙十五年（1676），颜元已 42 岁。各人所用词语相同，反映的却是不同阶层的见解。黄宗羲与顾允成是从学风的角度说的，强调学术联系现实；朱舜水是为明王朝的存亡着想，是对明末社会内外交困情况的概括。"天崩地解"之类字眼的频繁出现，表明了人们的共识，明清之际已经进入中国古代历史上的自我批判时代。

　　动荡不安是自我批判时代的基调。三股社会浪潮——阶级斗争与民族矛盾的并存，新的资本主义生产关系的萌芽，官方哲学宋明理学腐朽性的暴露——互相交织，前后激荡而引起的社会动乱，就是"天崩地解"对现实情况所作的高度概括。自我批判时代，以混乱、冲突为背景，以不安、躁动为氛围，把政治、经济、思想与文化的所有乱象毫无掩盖地呈现在人们面前。这为当时一些目光敏锐的思想家，对以往历史与社会的各个领域中的现实矛盾，作出比较客观、公允、正确的结论来，在较大程度上克服片面性理解的弊端，提供了一个实实在在的认识对象。这些思想家凭借着不同于世俗的思维方式，以别开天地的广博视野，为中华儿女留下了众多熠熠生辉的巨著。在这些著作中，思想家们尖锐地点明当时社会众多弊端问题的同时，对专制主义与蒙昧主义进行了检讨与批判。在这些著作中，思想家们揭橥出常人不同凡响而又惊世骇俗的诸多见解与观点。这些思想家通常被称为启蒙学者，他们的学说、理论汇集在一起，形成了前所未有而为后世人所称的启蒙思潮。黄宗羲、王夫之、顾炎武，历来被誉为明清之际三大家，是启蒙学者的代表。这是狭隘的理解，置身这一行列的还有：朱载堉、傅山、方以智、李贽、唐甄、颜元、陈确、朱舜水、袁宏道、冯梦龙、徐光启、宋应星、李时珍、徐霞客等人。③ 他们在学术思想上的新建树比比皆是，把中国古代文化的发展提升到了一个新的高峰。

　　颜李学派的创立者颜元，是这一时代启蒙意识的提倡者之一。在文化专制主义氛围下，他指责程朱理学与陆王心学是"学术杀人"的利器，树出"破一

①　朱舜水：《朱舜水集》卷一《中原阳九述略》，朱谦之整理，中华书局 1981 年版，第 1 页。

②　黄宗羲：《留别海昌同学序》，载沈善洪主编：《黄宗羲全集》第 10 册，第 646 页。

③　朱义禄：《逝去的启蒙——明清之际启蒙学者的文化心态》，河南人民出版社 1995 年版，第 1—2 页。

分程朱,入一分孔孟"的大纛,这需要何等的勇气!他提出与传统观念大相径庭的人贵在于"役使万物"的理念,声言"以我易天下",提出"宇宙内事,皆吾分内事"的论断,这需要何等的胆识!

一、"国势如溃瓜"与烽火后的"满目榛荒"

吕坤以敢于直谏而著称,他尖锐地指出万历中期以后的状况同熟透了的烂瓜一样:"农怒于野,商叹于途","民心如实炮,捻一燃则烈焰震天,国势如溃瓜,手一触则流液遍地"。①"溃瓜"还能保持瓜的状态,仅仅是一层表皮还裹着。"溃瓜"从万历年间持续到了崇祯年间,明王朝没有解体,却是在持续性的社会政治危机中度过的。阶级矛盾与民族危机的交织,内忧外患的格局,到万历以后更形明显。统治集团全面腐朽的趋势日益严重,后金之勃兴、"三饷"之加派、民变之激烈、起义之频仍,致使寰宇震撼、四海沸腾、败象丛生。

万历时期,朝廷内外党派林立,争权夺利,相互倾轧。万历帝由于夺嫡之事屡遭大臣抵制,于是不理朝政,不批奏章。这一时期,随着商品经济的发展和都市的繁荣,特别是白银大量的普遍使用,刺激了统治者的贪婪欲望。历史有它的偶然性,生性贪财成癖的明神宗,从万历二十四年(1596)起,派出大批太监到各地当矿监、税使,一直到万历四十八年(1620)诏罢为止,搜刮民脂民膏达25年之久。奉着圣旨到各地搜刮财宝的宦官,胡作非为是他们的唯一本领。找矿不必打洞,收税不需商人,把民众弄得倾家荡产:"内臣务为夺劫,以应上求,矿不必穴。而税不必商;民间丘陇阡陌,皆矿也,官吏农工,皆入税之人也。公私骚然,脂膏殚竭。"②不讲任何理由地公开掠夺,这是"农怒于野,商叹于途"的缘由。民众心中蕴藏着无比的愤慨,同等待点火的炸药一样。一沾上火星,就会烈焰冲天。明神宗凭借专制权力的超经济负荷的掠夺,造成了遍布全国的万历民变。赵翼认为万历民变是明亡之征兆,"论者谓明之亡,不亡于

---

① 吕坤:《去伪斋文集》卷五《答孙月峰》。吕坤(1536—1618),河南宁陵人。万历二年(1574)进士,初为襄垣知县,因政绩突出,不断升迁,相继在山东、山西、陕西等地为官。后到京城任金都御史、刑部侍郎等职。主要著作有《吟呻语》《去伪斋文集》。
② 《明史·田大益传》。

崇祯而亡于万历云"①。

两千多年的中国古代社会,总是不断地爆发周期性的政治危机。为了应付危机,张居正对当时的弊端进行了改革,推行了诸如整顿吏治、增强政权机构的效能、改革赋税制度、推行一条鞭法等措施,积极作用是彰明的:"自正、嘉虚耗之后,至万历十年间,最称富庶。"②出自统治集团中一部分头脑比较清醒的成员的自救运动,似茫茫黑夜中的一道闪电,带来的仅是刹那光亮。张居正于万历十年(1582)病死,明神宗亲政即改弦易辙,明王朝沿着腐朽的这一惯性轨道继续滑下去。平心而论,崇祯(明思宗)比嘉靖、万历要好得多,登基之初踌躇满志,意欲励精图治。就其个人而言,可谓夙夜匪懈,宵衣旰食,但对风雨飘零的明王朝而言,只是尽一种"知其不可而为之"的努力。③ 唐甄的评论,道出了帝王主观努力与客观现实之间的巨大反差。刚愎自用的性格令崇祯更是一筹莫展,包裹"溃瓜"的这层表皮,崩破是必然的。破皮的时刻,取决于"如实炮"的"民心"在什么样的情况下被点燃。

最后捅破"溃瓜"表皮的是明末李自成领导的农民大起义,根子是土地兼并所造成的流民问题。这一问题在每个王朝的末期周而复始地重现。"李自成虽尝败散,数十万之众,旬日立致。"④唐甄揭示的事实,说明农民非常容易被动员并组织起来。农民成为流民的原因有三个:一是明末土地兼并太激烈,二是国家的税收太厉害,三是自然灾害太严重。即使被称为"乐土"的江南,情况也好不到哪里去。刘宗周于崇祯十五年(1642)上疏说:"嗟乎!民穷至今日甚矣。臣乡于江南颇称乐土,而今年春,村中犹有杀其子以食者,则所在四方可知矣。"⑤富庶的江南竟然出现了父食其子的惨剧!崇祯二年(1629),延安府人,天启五年(1625)进士马懋才在上疏中说当地百姓长时期以山间蓬草、榆树树皮与石块为食,演变到后来,"炊人骨以为薪,煮人肉以为食",以致"死者枕

---

① 赵翼:《廿二史札记》卷三五《万历中矿税之害》,中国书店 1987 年版,第 502 页。

② 《明史·张学颜传》。

③ 唐甄《格君》:"庄烈良于世宗,亦可为之君。继位之始,罢太监镇守及织造之使,专将帅以责效,节俭以足国用,此人臣见功之时也。乃使之治兵而兵无用,使之治赋而用不足,盗寇日张,国势日蹙。于是乃复用太监,横征无艺。此其计无所出,知其不可而为之,诚可悯也。"载吴泽民编校:《潜书》,中华书局 1963 年增订第 2 版,第 120 页。

④ 唐甄:《明鉴》,载吴泽民编校:《潜书》,第 108 页。

⑤ 吴光主编:《刘宗周全集》第 3 册《入告圣明疏》,浙江古籍出版社 2007 年版,第 181 页。

藉,臭气熏天"。当农民连维持自身正常的生理需求都难以满足时,他们不得
不做出这样的判断:"死于饥,与死于盗等耳,与其坐而饥死,何不为盗而死,犹
得为饱死鬼也。"①土地兼并、朝廷税收与自然灾害,这三者叠加所形成的合力,
在有些地区如陕西、河南等省更为突出。社会矛盾尖锐到了无以复加的地步,
李自成领导的农民起义的爆发是必然的。有感于国家兴亡、社会动乱的思想
家,深切认识到空谈心性、不理政事的弊害。他们一方面清算造成这一状况的
宋明理学的种种弊端,另一方面转而倡导经世致用之学,期以所学匡救时弊。
颜元经世之心甚切,其学生李塨对此深有感触:

> 先生自幼而壮,孤苦备尝,只身几无栖泊,而心血屏营,则无一刻不流
> 注民物,每酒阑灯灺,抵掌天下事,辄诟歌泣下。②

颜元在清初的生活,受尽了苦楚,"只身几无栖泊",康乾盛世尚未露出一丝曙
光。颜元经世致用的意识是强烈的,他心中时刻关注着民众。谈到当时的局
势"辄诟歌泣下"。这是颜元对社会所自觉具有的责任感,用当今的话来说,就
是担当精神。

　　与皇帝荒淫昏庸、宦官数度擅政、土地兼并严重、农民流离失所等内乱并
存的是外患四起。"南倭北寇"是贯穿有明一代的民族矛盾的主要表现。在北
方,明兵一直与"胡虏"作战。在名将谭纶、戚继光、俞大猷等人率领下,军民浴
血抗战多年,东南倭患得以逐渐解决。接踵而来的是东北后金势力的陡增。
1619 年的萨尔浒战役中明军溃败,使双方力量对比发生了戏剧性变化,后金由
防御转向进攻,明王朝由进攻转向防御。天启年间,后金攻破沈阳,连克七十
余城。明王朝虽有袁崇焕的宁锦大捷,但有本领打败后金军队的袁崇焕却无
法应对魏忠贤,且受生性多疑的崇祯猜忌,落得个凌迟处死的下场。这对明王
朝来说无疑是自毁长城,待卢象昇战死巨鹿,洪承畴被俘松山,明王朝已无力
抵御清兵的长驱直入。在山海关战役中,多尔衮成功地利用了吴三桂的力量
击败了李自成的起义军,顺利地抢占了北京,入主中原。清初阶级斗争与民族

---

① 计六奇:《明季北略》卷五《马懋才务陈大饥》,魏得良、任道斌编校,中华书局 1984 年版,第
　106 页。
② 李塨:《存治编序》,载颜元:《颜元集》,第 101 页。

矛盾麻缠藤葛,既有清统治集团与各地反清人民的斗争,也有南明政权与清廷的对抗,更有满族地主阶级与汉族地主阶级的矛盾。

随着民族危机日益加深,汉族人民同满族贵族的矛盾上升为社会的主要矛盾。抗清武装中,既有农民与下层市民对清军暴行的自发反抗,又有士大夫为恢复明王朝而坚持的斗争。有的婴城固守,抗拒强敌;有的结寨深山,自保家国;有的困守海岛,矢志不渝。从清军入关到康熙二十二年(1683)清军攻克台湾,用了40年的时间,汉族人民的反抗斗争才平息。

清兵入关,是落后文化向先进文化的挑战。游牧民族对农耕民族的征服,让后者学到较先进的生产方式与生活习俗,促进自身社会形态发生质的飞跃。汉族多次在军事上为茹毛饮血的夷狄所征服,但在文化上却演出了征服者被征服的喜剧。从结果看是有利于中华民族大家庭的形成的,但就征服期间而言,付出的代价是惨重的。清军每攻取一地,烧杀掳掠,玉帛财宝捆载而去,社会经济遭到了严重的破坏,"大江以南,积荒之地,无如河南最甚……满目榛荒,人丁稀少,几二十年矣"①。全国在籍人口从天启三年(1623)的5160万人,减少到清顺治九年(1652)的1448万人。②

清王朝为维护满族贵族的特权,保障八旗士兵的生活,颁布"圈田令"以暴力强占京畿附近及山东、河南等地区的大量土地,使许多农民沦为农奴和奴隶。顺治元年(1644)十二月下令:"凡近京各州县民人无主荒田,及明国皇亲、驸马、公、侯、伯、太监等,死于寇乱者,无主田地甚多","尽行分给东来诸王、勋臣、兵丁人等"。③此后满族贵族与官吏、八旗士兵及随从人员大量涌进北京。圈地的景象是悲惨的,在圈占地区内,清廷派遣户部官员,"所至村庄,相度畎亩,两骑前后,牵部颁绳索,以记周四围,而总积之。每圈共得几百垧……圈一定,则庐舍、场圃悉皆屯有"④,失去土地和房屋的农民,大部分无法生活,倾家荡产。颜元、李塨生活于畿辅地区,家乡的土地皆受圈于旗人。李塨的家境就是因圈田从富饶到"难堪":"家素饶,经沧桑变,田被圈,又兄弟多,故绌于用,

---

① 李人龙:《皇清奏议》卷四《垦荒宜宽民力疏》,全国图书馆文献微缩中心1996年版。
② 转引自萧萐父、许苏民:《王夫之评传》,南京大学出版社2002年版,第26页。
③ 《清世祖实录》卷一二。
④ 《皇朝经世文编》卷三一《圈占记》。

至难堪。"①身历其境的颜元与李塨，在经济上均主张均田，是同清初这一特定情境有着密切关系的。游牧民族的圈地与农业社会中的土地兼并有很大的不同，那就是对农业生产力的毁灭性打击。原本肥沃的耕地长满了野草，被亲王、郡王当作牧场。分给八旗的土地，历年来并无收成，而八旗子弟兵因奉命出征，让土地旷废。任何破坏社会生产力的行政措施都是难以长期持续的。康熙二十四年(1685)下达了以后永远不许圈田的禁令，圈田之势才得到了遏止，但"满目榛荒"在相当长的时间里是存在的。"天地间田宜天地间人共享之"②，颜元这一均田的主张，体现了他对圈田令的抗议，反映了当时农民对土地的强烈渴求。

二、经济生活中的新芽

在经济生活方面，新旧矛盾在明清之际自我批判的时代里交织着。明中叶以后，资本主义生产关系萌芽在手工业和农业中已经出现。就行业言，以棉纺业和丝织业中的发展最为茁壮；就地域分布言，形成了两个成片的区域：以三吴为中心的长江三角洲地区，以景德、佛山等市镇为中心的江西与沿海的大三角地带。

从通常情况说，农耕社会中出现了超过劳动者个人需求的农业生产力，就是资本主义生产关系萌芽的基础。当农民生产出超越自身需求的商品粮时，以使用价值为主的自然经济就开始瓦解了。农民把原先种粮的部分土地改种经济作物，是农业领域中资本主义生产关系萌芽的征兆。以交换价值为生产目的的商品经济，就开始蚕食自然经济的地盘了。嘉靖、万历及以后一段时期里，东南沿海的商业性农业的发展是显著的。明清之际的苏州、松江、嘉兴、湖州四府，经济作物已进入其商品生产的轨道。良好的收益使人们纷纷将部分粮地改种经济作物。结果导致两极分化：一部分农民经济地位下降，沦为农业雇工；少数经济条件较好的农民，成为萌芽状态的农业资本家。虽说新芽在农业生产中有所萌动，但远不及手工业那么显明：

---

① 冯辰、刘调赞:《李塨年谱》卷一，第24页。
② 颜元:《颜元集·存治编》，第103页。

　　我吴市民罔籍田业。大户张机为生，小户趁织为活。每晨起，小户数百人，嗷嗷相聚玄庙口，听大户呼织。日取分金为饔飧计。大户一日之机不织则束手，小户一日不就人织则腹枵，两者相资为生久矣。①

在大户和小户间，雇佣关系是临时性的。小户是雇工，处于嗷嗷待哺的状态。"呼织"是说，小户等大户来雇佣自己，以出卖劳动力来换取金钱。这是以交换价值为基石的商品经济的反映。大户作为雇主，当为处于萌芽状态的资本家。从"两者相资为生久矣"来看，这种松散的雇佣关系早就存在了。随着民间丝织业的发展，雇佣关系发生了由临时向固定的变化。万历二十九年（1601）应天巡抚曹时聘在奏折中说："吴民生凿最繁，恒产绝少。家抒轴而户纂组，机户出资，机工出力，相依为命久矣。"②机户有资产，机工出劳力，"相依为命久矣"，和蒋以化的记述有连续性。到了清初，苏州织工已专业化了，且是"计日受值各有常主"③。说明机户与机工的雇佣关系已经固定化。江南地区的手工业，在明清之际中有资本主义生产关系萌芽是无可置疑的。④

　　一种新思想的出现是以经济的发展水平为基础，并作上下浮动。经济生活中的新因素，使得时代风气之先的思想家们，提炼出与新因素相符合的学说来。普列汉诺夫说："启蒙学者的历史任务是对历史继承下来的社会关系，制度和概念的各种材料，根据新的社会需要和新的社会关系所产生的新思想的观点来作出评价。"⑤这种新观点就是与传统文化大相径庭的价值观念，即与传统道义论相对立的功利论。经济生活中的新芽主要表现在江南和东南沿海一带，但在北方地区，同样出现了商品经济发展所带来的新现象。一如李垯所说：

　　　　明初，尚征杂色，至江陵（张居正）当国，患有司分额扰民，乃尽算成折色，谓之"一条鞭"，而北地输粮。今时遂纯以银矣。加以民俗日浇，习于

---

① 蒋以化：《西台漫录》卷四。蒋以化是隆庆元年（1567）进士。
② 《明神宗实录》卷三六一。
③ 康熙《长洲县志》卷三。
④ 许涤新、吴承明主编：《中国资本主义的萌芽》，人民出版社1985年版，第139页。
⑤ 普列汉诺夫：《普列汉诺夫美学论文选》，程代熙译，陕西人民出版社1983年版，第11页。

奢侈,人情往来,非钱与银无以也。冠昏丧祭之费,珠翠绫缎、海珍山材,皆
远方转致之物,非钱与银无以易也。①

民俗奢靡、钱银替代实物交易,是商品经济发展到一定程度后的产物。"远方
转致之物,非钱与银无以易",李塨此语是经济生活中的新芽在思想家脑海中
的真实反映。"不仅经济比较发展的江苏、浙江、福建、广东等东南沿海省份,
就是内地各省如河北、山东、江西、湖南、山西、河南、四川……都已有了大规模
的资本主义手工工场出现"②,例如山东章丘,"铁业甲山东,工良器坚,散行奉
天、直隶、山西、河南、江南数省"③;酿酒的主要原料为小麦,"凡直隶、山、陕各
省,类皆取给于豫省"④。这说明在当时比较发达的手工业中,产品的销售与原
料的供应是跨省际进行的。没有货币作为中介物,大规模的商品流通是很难
想象的。北方地区的资本主义生产关系的萌芽,不及江南沿海与广东等地,但
在全国十大商帮中也占有三席——山西商帮、山东商帮与陕西商帮。晋商的
崛起与发展影响了人们的观念。清初雍正二年(1724),山西巡抚刘于义在奏
折中说:"山右积习,重利之念甚于重名。子孙俊秀者多入贸易一途,其次宁为
胥吏。至中材以下,方使之读书应试,以故士风卑靡。"雍正的批语是:"山右大
约商贾居首,其次者犹肯力农,再次者谋入营伍,最下者方令读书。朕所悉知,
习俗殊可笑。"⑤社会风尚巨大的变化,通过各种方式和渠道影响着身处这一历
史时期的人们,并顺理成章地使启蒙学者为功利论摇旗呐喊。颜元比李塨说
得更为直截了当:"全不谋利计功,是空寂,是腐儒。"⑥颜元认为,历史上鄙视功
利的人们应当归入"腐儒"一类。如果考虑到当时占主导地位的是宋明理学家
的道义论的话,那么,不能不钦佩颜元是得时代风气之先的启蒙思想家了。道
义论是孔孟首创,经董仲舒发展为正统义利观,再经理学家的进一步论述,演

① 李塨:《瘳忘编》,载陈山榜、邓子平主编:《颜李学派文库》第4册,河北教育出版社2009年版,
　第1096页。
② 参见许涤新、吴承明主编:《中国资本主义的萌芽》,第566页。学者对这一问题的讨论,主要是
　在资本主义生产关系萌芽的程度与规模,以及地区与行业分布,及其对社会生活诸方面所产生
　的影响上。各位学者的观点有差别,但都不否认这一事实。
③ 转引自许涤新、吴承明主编:《中国资本主义的萌芽》,第562页。
④ 转引自许涤新、吴承明主编:《中国资本主义的萌芽》,第564页。
⑤ 《雍正朱批谕旨》第47册。
⑥ 颜元:《颜元集·颜习斋先生言行录》卷下,第671页。

化为存理灭欲的禁欲主义,对后世影响深远。

功利论在明清之际崭露头角,与道义论发生了激烈的碰撞。黄宗羲与朱舜水、傅山没有直接的交往,但三人却异口同声赞美陈亮、叶适的事功之学。李贽高唱自私牟利的人性为正当合理的调子,顾炎武声称自私为人之常情是无法回避的,陈确揭出了"有私为君子"的命题。黄宗羲认定自私自利是人的本性,强调人的一切行为方针与价值取向,得以利益为准则。① 颜元在这股功利思潮重新崛起之际,是以高亢的姿态出现的。他将流传千余年的"正其谊不谋其利,明其道不计其功"的正命题,改为"正其谊以谋其利,明其道而计其功"②。同黄宗羲、朱舜水、顾炎武、傅山、陈确一样,颜元是高擎了功利主义大旗同理学家信奉的道义论相对抗的。

三、宋明理学腐朽性的凸现

颜元不厌其烦地指责宋明理学,同理学的腐朽性在明清之际的充分显露相关。颜元说:"虽致良知者见吾心真足以统万物,主敬、著、读者认吾学真足以达万理,终是画饼望梅。"③明中叶以后阳明心学势力大盛,时人称之为"家孔孟而人阳明"④。明清之际,程朱理学与陆王心学两派学者互相指责不断。到了清初,陆王心学不振,程朱理学在统治阶级扶植下复又兴盛。颜元对两派都持抨击的态度,评判的标准是功利论,以学问对社会有用与无用为准则。颜元认为,两派辩论的是非,没有必要去考虑。因为理学家及其信徒不务实际,当民族垂危的关键时刻,在"画饼望梅"中讨日子过。颜元一针见血地指出,他们"无事袖手谈心性,临危一死报君王,即为上品矣"⑤。颜元于明亡时虽年仅十岁,但对明末的习俗尚耳熟能详。他读《甲申殉难录》,见左都副御史施邦曜临死前留下的诗句,潸然泪下。李塨述其师之意,说了一通宋明理学的空虚无用:

① 参见朱义禄《逝去的启蒙——明清之际启蒙学者的文化心态》一书第二章第四节"功利主义的高扬"。
② 颜元:《颜元集·四书正误》,第163页。
③ 颜元:《颜元集·习斋记余》卷六《阅张氏〈王学质疑〉评》,第493页。
④ 王士性:《广志绎》卷四,吕景琳点校,中华书局1981年版,第79页。
⑤ 颜元:《颜元集·存学编》,第51页。

> 目明之末也,朝庙无一可倚之人,天下无复办事之官。坐大司马堂,批点《左传》;敌兵临城,赋诗进讲,以致天下鱼烂河决。呜呼,谁实为此?无怪颜先生垂涕泣而道也。①

这是说,到明末已没有能够为国家操办实际事务的人才,"以致天下鱼烂河决"。这同颜元提倡的以"六艺"为核心的"正德、利用、厚生"的事功之学是完全不同的。

颜元未亲历抗清义举,但他的思想却蒙上了浓浓的遗民情结。颜元在36岁时(1670),"五月著《会典大政记》,摘《大明会典》可法可革者,标目于册"②。59岁时(1693),颜元还在惦念这本书:"予《皇明大政记》,只录条件,不参一议,以待用之则行,似孔子当日,亦此心事。"③《会典大政记》与《皇明大政记》是一本书,颜元中年时考虑《大明会典》的态度是,哪些可以效法、哪些还得变革的典章制度,得标明出来。到了晚年,立场又变化了,只是摘录那些符合他心意的典章制度,而不掺杂自己的意见,"以待用之则行",认为自己这样做,是同孔子相一致的。这样的微妙变化,是同清王朝统治的日益稳固吻合的。此时离明王朝覆灭已有半个世纪了,颜元心中念念不忘的还是明王朝。在颜元生活与交往的圈子里,有着一个坚持遗民心态的群体。颜元与当时的北方遗民如刁包、王余佑、李明性、张石卿等人有密切的交往。王余佑具有鲜明的反清复明意识,其父王延善、兄长王余恪参加过抗清斗争,后被仇家陷害,以抗清罪名被处死。于是他隐居易州五公山双峰村,自号五公山人,30年不入城市。④张石卿的兄长张光禄,清兵直驱北京时,坚守保定城。殆城池失守,自缢于家中的园亭。颜元的人性论,源自张石卿。颜元以北方大儒孙奇逢为复兴"圣学"希望之所寄。于南方遗民,他心仪陆世仪,认为是当世能够继承孔子学说

① 冯辰、刘调赞:《李塨年谱》卷五,第124页。
② 李塨:《颜习斋先生年谱》,载颜元:《颜元集》,第733页。
③ 李塨:《颜习斋先生年谱》,载颜元:《颜元集》,第775页。
④ 不入城市,是明末遗民抵制清廷统治合法性的一种方式。黄宗羲的好友汪魏美,以不入城市的自我禁锢的方式以示不屈从清廷的耿耿之心:"魏美不入城市,不设伴侣,始在孤山,寻迁大慈庵,又迁宝石院。"见《汪魏美先生墓志铭》,载沈善洪主编:《黄宗羲全集》第10册,第393页。之所以"不入城市",是因为城市里有很多危险,或许会遭到细作告讦,或者受官吏的陷害等。相较之下,山林中的寺庙、庵堂,朝廷的力量很难全面控制。

的大儒。遗民在明清之际的大量出现，是民族矛盾与不同文化激烈冲突的产物。遗民中的好学深思之士，对宋明理学的腐朽性有清晰的认识，这一直持续到明亡后的半个多世纪。方苞从其交游中深刻地体会到了这一点："仆少所交游，多楚、越遗民，重文藻，喜事功，视宋儒为腐烂。"①方苞说与自己结交的明末遗民都是喜好事功之学的，视宋明理学为"腐烂"。这雄辩地说明了明末清初与宋明理学相抗衡的学说是以"喜事功"为旨归的功利论。

这种令"天下鱼烂河决"的"腐烂"之学，是颜元所处时代的主流意识，原因是程朱理学较好地符合了当权者专制统治的需求。陆陇其力斥阳明心学之流荡放逸，把它作为明王朝倾覆的主要原因。他的主观意图是为确立程朱理学的正宗地位作论辩：

> 尊朱子，即所以尊周程张邵，即所以尊孔子。尊孔子，而非孔子之术者，皆绝其道，勿使并进。尊朱子，而非朱子之说者，皆绝其道，勿使并进。四书、五经之注，固学者所当奉以为式，不敢稍叛矣。②

陆陇其（1630—1692），字稼书，浙江平湖人。陆陇其于康熙十四年（1675）任嘉定知县，赴任时以节俭为先，衣着由夫人自纺自织，日常蔬菜自己种植于衙内空地，为政不逾年而邑大治。康熙二十二年（1683），左都御史魏象枢以"天下第一清廉"为由，荐举陆陇其补直隶灵寿知县。康熙二十九年（1690）擢四川道监察御史。卒后追谥"清献"，赠内阁学士兼礼部侍郎。③雍正二年（1724），朝廷批准陆陇其从祀。一个区区七品县官竟成了清代从祀孔庙的第一人。自孔子立祀以来，谁能从祀孔庙是一件大事。历代王朝对此极为重视，宁缺毋滥是选人的原则。陆陇其获得从祀孔庙这样的荣光，同他生前"尊朱即尊孔"的主张密切相关。他认为，朱熹对儒家经典所作的传注，是学者不可背叛的样本。任何非议朱学的主张，一定要灭绝，不能让它与朱学并行于世。这太合乎清初统治者的胃口了。在《朱子全书序》中，康熙对朱熹的赞美达到无以复加的地

---

① 方苞：《方苞集》卷六《再与刘拙修书》，刘季高校点，上海古籍出版社1983年版，第174页。
② 陆陇其：《三鱼堂外集》卷四《道统》。
③ 陆陇其死后，嘉定居民侍奉陆为"嘉定城隍"，并建有陆清献公祠，今留有遗址。参见《上海地区唯一的清廉古迹——陆清献公祠该不该拆》一文，刊《新闻晚报》2001年6月8日。

步,"集大成而继千百年绝传之学,开愚蒙而立亿万世一定之规"①。康熙十五年(1676)所颁的上谕中说:"帝王之学,以明理在先,格物致知,必资讲论。"②这一年,颜元42岁。康熙强调帝王的统治术"以明理为先",是深知以"天理"为核心的程朱理学有禁锢人们思想的妙用。反过来说,谁敢冒犯程朱理学,谁就得遭殃。

　　清代的文字狱很多,大多与清初帝王对程朱理学的青睐有关。文字狱是指封建统治者对所属臣民的语言、文字,以牵强附会的方式,进行不恰当的联想、索隐、猜测,加上各种罪名,实行专制主义统治的一种手段。在顺治、康熙年间,社会上告讦成风,或为报怨恨泄私愤,或为告密诬陷以图赏,士林人人自危,惶惶不可终日。"胶庠汹汹日扬波,叹息无端触网罗","书生群聚游谈出,世上危机笔舌多","藏身复壁疑无地,密语登楼怕有声","闭门塞窦真良计,燕处超然万虑轻"。③太仓人唐孙华《记里中事》的这些诗句,反映了士人对告讦风气的无奈与士人如履薄冰的恐惧心理。清初的文字狱是接续着明代的。明代永乐年间,有一个叫朱季友的儒生写了一些著作,批驳周敦颐、二程、张载、朱熹等人的学说。明成祖知道后,下令把他的著作全部焚烧掉。这一事件,让两百多年以后的颜元毛骨悚然。在给他心仪的学者陆世仪的信中,有"某为此惧""身命之虞所必至"等语。④

　　在上述思想文化氛围中,颜元在58岁提出"必破一分程朱,始入一分孔孟"的主张。⑤往前推三年,《颜习斋先生年谱》记载:"刁文孝之子静之来,言灵宝知县陆陇其求先生所著书,清苑知县邵嗣尧欲相见。先生曰:'拙陋不交清贵,吾子勿游扬也。'"⑥陆陇其希望得到颜元著作是在康熙二十八年(1689)。颜元的品性是不愿结交时贵,他拒绝陆陇其结交的要求,是出于对程朱理学的反感。三年后,他在"尊朱即尊孔"的氛围中,树出了"破程朱,入孔孟"的大纛,他克服了心理上的惧怕,是有很大胆识的! 颜元在《朱子语类评》中对朱熹作

---

① 《御制文集第四集》卷二一。
② 转引自孟森:《明清史讲义》下册,中华书局1981年版,第142页。
③ 转引自谢苍霖、万芳珍:《三千年文祸》,江西高校出版社1991年版,第407—408页。
④ 颜元:《颜元集·习斋记余》卷三《上太仓陆桴亭先生书》,第427页。
⑤ 李塨:《颜习斋先生年谱》,载颜元:《颜元集》,第774页。
⑥ 李塨:《颜习斋先生年谱》,载颜元:《颜元集》,第764页。

了全方位的挖苦、讽嘲与批评，这样的胆识在同时代人中是罕见的："千余年来率天下入故纸堆中，耗尽身心气力，作弱人、病人、无用人者，皆晦庵为之，可谓迷魂第一、洪涛水母矣。"①水母没有耳目，常依附于虾生存。虾遇风浪而惊，水母亦随之而没。"洪涛水母"比喻专门兴风作浪以蒙骗没有主见的人。话说得有点过分，但颜元主要是从事功之学角度来批判的。颜元对理学的批评，后文详述。

第二节　颜元生平概述

颜元，是颜李学派的创始人。务农、行医与教书是他一生从事过的三种职业。他是直隶博野县（今属河北）人。其父颜昶世无基业，贫苦交加，自小被蠡县（今河北蠡县）朱九祚收养。颜昶不为养父所喜，有意逃遁。崇祯十一年（1638），清兵到达京畿，颜昶去了关东，此后下落不明。时颜元仅4岁。母亲王氏因丈夫一去杳无音讯，于颜元12岁时改嫁。这样颜元就同养祖父母一起生活。颜元的养祖父朱九祚，明末清初当过巡捕，是维护地方治安的小官吏。在官期间，曾几次参与镇压明末农民起义。顺治初，他惩治恣横乡里的旗奴韩某，使穷苦民众不受满人欺侮，得以各自安心耕种祖上传下来的土地。顺治七年（1650）、八年（1651）间，直隶省南道裁撤，朱九祚也被解职。不久朱九祚遭人控告，讼后家产中落，返乡务农。

颜元青少年时代是备尝艰难的。颜元7岁开始在私塾上学。8至12岁时就学于吴持明。吴持明，字洞云，懂医道，通武艺，能骑射。他目睹明季国事日非，撰写《攻战守事宜》两册，唯当时未见用于世，便隐居行医。颜元后来兼习兵法、技击、医术等，多少受其蒙师的影响。颜元15岁时和蠡县道标巡捕官张宏文养女结婚。19岁时师从贾珍。贾珍，字袭什，河北蠡县人。贾珍为人重义轻利，人有向他求学的，从不向弟子索取报酬。颜元从游贾珍前，受不良风气腐蚀，习染浮薄，终日酣歌。经贾珍教诲，习染顿洗。贾珍作两副对联，命颜元以大字书写，悬之中堂。其中一联是："内不欺心，外不欺人，学那勿欺君子；说

---

① 颜元：《颜元集·朱子语类评》，第251页。

些实话,行些事实,做个老实头儿。"①贾珍的朴实作风对颜元有着良好的影响。这一年养祖父朱九祚因讼逃遁,颜元被解入狱。当年讼解释出,未几中秀才。因讼后家道中落与养祖父年迈,颜元在 20 岁以后便负担起一家生活的重任。

为养家糊口,颜元白天耕田灌园,劳苦异常,吃的东西十分粗糙,有如食蔡藜之感。耕作之余,颜元潜心于经世之学,遂弃举业。21 岁,读《通鉴》而废寝忘食。因家境贫困,22 岁时学医为人治病。23 岁时迷上兵学并学习技击,"见七家兵书,悦之,遂学兵法,究战守机宜,尝彻夜不寐,技击亦学焉"②。是年从学生彭好古之父彭通处得陆(九渊)、王(阳明)《语要》一册,钻研陆王之学。24 岁,开设家塾教授生徒,名其斋曰"思古",自号"思古人",作《王道论》,后更名《存治编》。在养祖父的重压下,颜元决定参加省试,但名落孙山。因深喜陆王心学,作《大盒歌》与《小盒歌》。26 岁读《性理大全》,知道周敦颐、二程、张载、朱熹等人学说的要旨,毅然以道自任。

颜元青壮年时期是宋明理学的信徒,27 岁时,与学宗程朱的刁包相善,这对他由陆王心学向程朱理学的转变有着较大的推动作用。颜元立了个"道统龛",从伏羲开始,经周公、孔子、孟子,到周敦颐、二程、张载、朱熹,都是他崇拜的对象。他尽心研习程朱理学,几乎天天静坐。作《柳下坐记》,讲述如何寻求"孔颜乐处"的经过。他坚持不懈地写日记,以录下自我检省的情况。颜元以天理与人欲为尺度,来考查自己内心的意向。他要求自己在邪念产生之前就把它扑灭。29 至 30 岁时,与王法乾、王余佑结交。31 岁,访李塨之父李明性问学。

34 岁以后,颜元进入了独立的学术思考阶段。这一年他的思想发生重大转折,此后他不再信程朱与陆王了。养祖母死后,颜元循朱熹《家礼》的规定行丧礼,疏食少饮,几乎病饿致死。一个朱姓老翁非常怜悯他,告知他本非朱姓子弟,这才开始减哀。颜元认为,"礼"是"圣人其致中和以尽其性、践其形者"③。"礼"为圣人制订的各项规定,用来确定人们的生活方式和行为举止的规范,使社会成员之间的关系得到协调。这一切都得符合"尽性践形"的要求。

---

① 颜元:《颜元集·习斋记余》卷五《贾处士传》,第 476 页。
② 李塨:《颜习斋先生年谱》,载颜元:《颜元集》,第 712 页。
③ 颜元:《颜元集·习斋记余》卷四《与何茂才千里书》,第 458 页。

颜元检校古礼,发现朱熹《家礼》有违人的本性,遂对程朱理学萌生了怀疑。他在《礼文手钞》里,对朱子《家礼》一一作了点评,有赞同的,有批评的。照录原文而无质疑的是颜元同意之处;加上"元按""补注"等质问内容的,是颜元本人的见解。在经历了两个月非同寻常的痛苦后,他在 35 岁时完成了《存性编》,这是颜元人性论方面的专著。同年年底作《存学编》,觉得空思不如实学,而实学必以"习行",改"思古斋"为"习斋"。

36 岁那年,朱九祚侧室杨氏及其子朱晃,欲独占朱家的家产,把颜元视为眼中钉,唆使朱九祚虐待颜元,"一日谋杀之,先生逾垣逃,忧甚。旋自宽,益小心就养"①。39 岁时养祖父朱九祚病死,他才归宗复颜姓,家产尽让于朱晃。是年李塨前来问学。48 岁著《唤迷途》,后更名《存人编》。归宗颜氏后,除教授颜姓子弟外,仍不辍劳作。

50 岁时他以坚韧不拔的信念去关东寻父,历经一年半,备尝艰辛。每到一处必张贴告示,求人代寻。如到京城,"刻寻父报贴,贴四城门及内城各处。对人言则泣,人聚观则叩首白,求代寻。来报,重谢之";至山海关前,"海吼,山水暴涨。又无路引,不得出关"。② 被困半个月后,在他人指引下出关。抵达辽宁抚顺时,一望无涯的泥路,"人畜皆陷不可出"。颜元觉得难逃此劫,仰天长叹曰:"死此矣。死亦何憾,恨未见父耳!"③后识得路径得以脱身,在沈阳找到了同父异母之妹颜艮孩。兄妹相逢时,妹妹告诉颜元,父亲已亡故了。原来颜元之父到关东后,先娶王氏为妻。因无后嗣,再娶刘氏为继室。颜元之妹,为刘氏所生。之后颜元只身御车,把生父骸骨运回家乡,途中"哭导而行,日朝夕奠","凡过大水、桥梁、城门必下而再拜祝告"。④ 颜元写了《寻父神应记》,记述寻父途中神如何保佑他,数次在梦中显灵以示美好结局会到来。颜元在途中,凡过关侯祠、城隍庙、东岳庙,每次都求签祷祝,以期得到神的启示,保佑他寻父有圆满的结果。这是颜元受世俗迷信影响的所在,是他思想中的糟粕。

晚年的颜元,已是一个学派的创始人了。57 岁时南游中州(今河南一带),沿途宣传自己的思想。八个月走了两千里,结识豪杰志士,论学辩道,倡导实

① 李塨:《颜习斋先生年谱》,载颜元:《颜元集》,第 733 页。
② 李塨:《颜习斋先生年谱》,载颜元:《颜元集》,第 756 页。
③ 颜元:《颜元集·寻父神应记》,第 418 页。
④ 李塨:《颜习斋先生年谱》,载颜元:《颜元集》,第 758 页。

学,反对理学。"必破一分程朱,始入一分孔孟"的主张,就是在南游后提出的。① 为把自己的学说贯彻到教育领域中,62 岁时,他应友人郝公函的再三要求,主持漳南书院,厘定规制,设文事、武备、经史、艺能等科,从学者数十人。颜元认为儒学真谛在于申明"三事三物",尤其是孔子的"六艺"。他以"六艺"为主要教育内容,强调技能的重要性,以期与他的功利论相配合。不久漳水泛滥,书院堂舍悉被淹没,颜元不得已只好罢教归故里。康熙四十二年(1703),收王源为弟子,后来王源成为颜李学派中仅次于李塨的中坚人物。颜元一生思以所学匡时救世,70 岁临终前叮嘱门人:"天下事尚可为,汝等当积学待用。"②弟子钟錂的对联概括了颜元的一生:"手著《四存》,继绝学于三古;躬习'六艺',开太平以千秋。"③

　　坚韧不拔是颜元一生的主心骨。这从他读《孟子·告子》后的体会中就可知道:

　　　　观自古圣贤豪杰,都从贫贱困苦中经历过、琢磨成,况吾侪庸人,若不受锻炼,焉能成德成才? 遇些艰辛,遇些横逆,不知是上天爱悯我,不知是世人玉成我,反生暴躁,真愚人矣。④

孟子列举了舜、傅说、管仲、百里奚这些名人在成长过程中所经历的坎坷,认为逆境是造就人才的条件之一。颜元接受了孟子这一见解,身体力行。家境的贫苦、繁重的劳动、母爱的缺乏、千里寻父……一系列的厄境没有磨掉他坚强的意志,反而成就了他一往无前的精神。颜元认为,艰辛与逆境对"庸人"向"圣贤"的行进有着积极的作用。

---

① 颜元南游的路线图与其间访晤的人名录,详见陈山榜:《颜元评传》,载陈山榜、邓子平主编:《颜李学派文库》第 7 册,第 2232—2235 页。
② 李塨:《颜习斋先生年谱》,载颜元:《颜元集》,第 794 页。
③ 李塨:《颜习斋先生年谱》,载颜元:《颜元集》,第 795 页。
④ 颜元:《颜元集·四书正误》卷六,第 241 页。

第三节　颜元著作概述

以文章为四种蠹虫之一的颜元，没有皇皇巨著面世，贯穿其一生的是"习行"："垂意于习之一字，使为学为教，用力于讲读者一二，加功于习行者八九，则生民幸甚，吾道幸甚！"[1]颜元留下的有限文字中，最有名的是《四存编》，写作时间的跨度达二十多年。最早问世的是《存治编》，原名《王道论》，作于1658年。全编共九篇，为"王道""井田""治赋""学校""封建""宫刑""济时""重征举""靖异端"，集中体现了颜元在经济、政治、人才、教育等方面的设想，为其早年社会理想方面的代表作，提出"复井田""复封建""兴学校"三大纲领。《存治编》有李塨的《序》与《后记》，内中的观点与颜元有别，如李塨明确指出封建制不宜实行，而颜元主张复封建。

著于1669年的《存性编》，是一部人性论的专著。卷一为五章，为《驳气质性恶》《明明德》《棉桃喻性》《借水喻性》《性理评》。卷二以图解性，现有性图七篇。文字的章次为《性图》《图跋》和《附录同人语》，附有李塨的《书后》。颜元著作中理论最深邃的当属《存性编》，其核心为抨击理学家二元化的人性论，强调"非气质无以为性"。自张载剖分气质之性与天地之性后，人性论由一元走向二元。理学家以气质之性为恶，提出去恶向善的"复性说"（恢复至善的天地之性），从而为"存理灭欲"的禁欲主义张目。颜元以气质即人性的主张，否定了理学二元化的人性论，断言人性为恶是由环境造成的。

《存学编》作于1669年，共四卷。篇幅较另外三编大。后三卷为"性理评"，着重分析历史上儒者教育思想的得失。前一卷由五篇文章与两封书信组成，体例不一，内中《由道》一文，主张教育的内容当注重于"实事""实学"，强调"习行"，认为教育意义在于致用，批评宋明理学空谈"性天"与静坐诵读无用之学的行为。

《存人编》原名《唤迷途》。48岁时颜元与李塨讨论"习行"，作《唤迷途》，共分五唤。第一唤"多为不识字与住持云游等僧道立说"；第二唤"多为参禅悟

---

① 颜元：《颜元集·存学编》卷一，第42页。

道、登高座发偈律的僧人与谈清静、炼丹火、希飞升的道士立说";第三唤的目的"是唤醒西域真番僧者";第四唤"专为名儒而心佛者立说";第五唤因"世间愚民,信奉妖邪",故作之"各因其愚而开明之"。① 主旨在阐述立人行事的原则,即"归人伦",后改名《存人编》。要旨是唤醒人们从佛教、道教与各种邪教中解脱出来,劝导僧人、道士,要"见的明白","早早教他还人伦","还人伦事,最宜早图"。② 在封建社会里,男耕女织的小农经济,有效地实现了农业与手工业的结合,是封建生产方式坚实的基础。这个基础构筑在无数个小家庭所组成的家族中,其中的"人伦"是维系人际关系的纽带。依赖于土地而以小家庭为单位的农业生产活动,是王朝赋税的主要来源。一定数目的兵源是军队存在的前提。这一切离不开在土地上耕种的男丁。男丁出家做僧道,国家的财政收入就泡汤了,士兵的来源也就消失了。从经济与军事的角度维护封建王朝的安稳,是颜元要求僧道"归人伦"的原委之一。是编最出彩的部分,是"男女者,人之大欲也,亦人之真情至性也"③的观点,认为男女两情相悦而产生的欲望,是完全正当的,是人的真实情感的体现,是人性至深的反映,强调不能为了满足某种道德的要求去牺牲人的男女之欲。这与理学家的道德禁欲主义针锋相对。

《四书正误》为颜元读朱熹《四书章句集注》和讲解"四书"所作的笔记,后由门人辑录成册。今有《大学》《中庸》《论语上》《论语下》《孟子下》各一卷。除注释外,多为批评程朱理学的内容,靶心直指朱熹,认为"孔子之学"与"朱子之学",不是走在同一条路上的。前者的宗旨是"习行经济谱"④,颜元说自己读《论语》60 年,"前二十年见得句句是文字,中二十年见得句句是习行,末二十年见得句句是经济"⑤。后者则不同,"朱子尤欲读尽天下书,耗有用心气于纸墨"⑥,断言"程、朱迂腐愚谬,不足致用"⑦。缘由是"朱子学术只是禅宗、训诂、

① 颜元:《颜元集·存人编》卷一,第 121—140 页。
② 颜元:《颜元集·存人编》卷一,第 123 页。
③ 颜元:《颜元集·存人编》卷一,第 124 页。
④ 颜元:《颜元集·四书正误》卷三,第 174—175 页。
⑤ 颜元:《颜元集·四书正误》卷四,第 229 页。
⑥ 颜元:《颜元集·四书正误》卷四,第 229 页。
⑦ 颜元:《颜元集·四书正误》卷四,第 219 页。

文字、乡愿四者集成一种人"①。因而颜元觉得"辩学先辩禅宗",这将在第五章
中分析。《朱子语类评》是一部札记,成书于作者晚年,摘引《朱子语录》中部分
内容加以批驳,以"半日静坐""半日读书"来概括朱熹的一生。② 说朱熹"离了
读书,先生便无话矣;否则执五经、《论》、《孟》谈禅","率天下人人烂纸堆中,
耗胸气心神,而孔子之道全夫一人行习。呜呼痛哉!"③是书用了很多篇幅,剖
析朱熹是如何堕入禅宗泥潭中的,同时用功利论来评判朱熹与陈亮、王安石,
贬低朱熹而赞扬陈亮、王安石。

《礼文手钞》是一部抄录类的作品,无甚思想,不赘。《皇明大政记》是颜元
36 岁时作,摘自《大明会典》,此书佚失了。佚失的著作尚有《农政要务》《居丧
别录》《宋史评》《宋相辨》。《居丧别录》著于 34 岁时,今存《习斋记余》中有四
篇文章的内容与之相合。《颜习斋先生年谱》记有他 62 岁时著《宋史评》一事,
可知是其晚年著作。《宋史评》有部分篇章存世,因戴望的《颜氏学记》卷三明
言,"著《宋史评》,为王安石、韩侂胄辩也"④。据颜元自述,后两种著作是颜元
针对历史上对王安石的不公正评价而作的:"予有《宋相辨》《宋史评》,力为乾
坤翻此大案。"⑤《农政要务》《居丧别录》在《颜习斋先生年谱》中讲到过,未见
片言只语存世。⑥《农政要务》为颜元 35 岁时所作:"八月,为王法乾书《农政要
务》:耕耘、收获、辨土、酿粪以作区田、水利,皆有谋画。"⑦生活在农村的颜元,
到了 35 岁,应当说是农政行家了。从简单的文字中,可知颜元对如何耕作、作
物收成、土壤好坏的辨识、粪肥的发酵制作与水利灌溉,都有自己独特的心得
("皆有谋画")。"区田"是指汉代推行的一种抗旱耕作法,最早载于《氾胜之
书》。令人惋惜的是《农政要务》没有保留下来,让人们对作为"农民哲学家"的
颜元无法有更为深入的认识。

---

① 颜元:《颜元集·朱子语类评》,第 278 页。
② 颜元:《颜元集·朱子语类评》,第 274 页。
③ 颜元:《颜元集·朱子语类评》,第 258 页。
④ 戴望在世时是见到《宋史评》全书的,他辑录了颜元在《宋史评》中为王安石、韩侂胄辩护的言
论,载陈山榜、邓子平主编:《颜李学派文库》第 5 册,第 1436—1438 页。
⑤ 颜元:《颜元集·朱子语类评》,第 264 页。
⑥ 李塨在《颜习斋先生年谱》中说"著《居丧别记》""为王法乾书《农政要务》"。载颜元:《颜元
集》,第 726—727 页。
⑦ 李塨:《颜习斋先生年谱》,载颜元:《颜元集》,第 727 页。

颜元的学生钟錂,编辑了《颜习斋先生言行录》《颜习斋先生辟异录》与《习斋记余》三书,时间分别为乾隆二年(1737)、三年(1738)、十五年(1750)。三书保留了大量资料,对颜元研究很有价值。李塨所著的《颜习斋先生年谱》为研究颜元的重要资料。李塨在书前有个《凡例》:"甲辰(1664)三月以前,本之先生追录稿及塨所闻,以后皆采先生日记。"①这是说,年谱30岁后是以颜元日记为素材修订的。"日记共七十余帙,每岁日记不下七八十叶,嘉言卓行,不可胜收。"②日记虽不存世,但在《李塨年谱》中,我见到了日记的部分原始情况。《李塨年谱·24岁条》下录有颜元的《谷日燕记》,有近2000字。③ 可知颜元日记的篇幅是很大的。明末清初的士人,有写日记(也叫日谱)的习惯,包括颜元在内的颜李学派的成员,他们会经常交流日记,作为传播自家学派思想的一个手段。这在学派传播史上独树一帜,后有专章讨论。

---

① 李塨:《颜习斋先生年谱》,载颜元:《颜元集》,第699页。
② 李塨:《颜习斋先生年谱》,载颜元:《颜元集》,第699页。
③ 冯辰、刘调赞:《李塨年谱》卷一,第15—18页。记李明性在家聚请友人,内容是"演艺谈心"。参与者有十余人,除颜元、李塨外,尚有王法乾、张函白、彭子谅等人。"谷日"为汉族传统节日,人们以为正月初八是谷子生日,称为"谷日"。古人以为,这天天气好,当年稻谷丰收,不好则年歉。

第二章　颜元思想演变及其学说宗旨

第一节　思想演变历程

颜元的思想演变极具特色，没有这一演变他成不了颜李学派创始人。演变分为三个阶段，先是笃信宋明理学以前的阶段，但经世致用的意识已扎下根；后是成为理学信徒的阶段，为从信陆王心学转信程朱理学的时期；最后是反叛理学、自成一家的时期。下面循此线索作论述。

一、从仰慕仙侠到经世之学

在12岁到24岁时，颜元由仰慕仙侠转入经世之学。20岁以前的颜元，说自己憧憬成为仙侠一类的人，对宦官专政很是反感：

> 看寇氏《丹法》，遂学运气之术。见斥奸书，知魏阉之祸，忿然累日夜，恨不手刃之。①

15岁时娶妻，以练习道教运气术为由，不亲近新婚妻子。后觉学仙之谬妄，便专心于学问。"魏阉之祸"指魏忠贤专权及其对明末社会带来的祸害。魏忠贤的权势，达到了中国古代社会中宦官专权的顶峰。宦官被皇帝赋予干预内外政治的特权，可以操纵大臣的进退乃至生死；宦官的权力凌驾于宰相之上，他们有处理一切奏章的权力；宦官可以出使外国，至于矫诏假传圣旨的事也常发生。大权旁落到宦官手中，这在古代社会里是常见的事。一旦出现这样的格

---

① 李塨：《颜习斋先生年谱》，载颜元：《颜元集》，第709页。"寇氏"，指北魏道士寇谦之（365—448）。自称太上老君亲临嵩山授其天师之位，受大臣崔浩之助，在大同市东南建道场。北魏太武帝亲至其道场受道箓，并封寇谦之为国师。

局,对社会具有极大的破坏性与危害性。当皇帝感到孤独无援时,就倚重这批日常生活中最亲近的奴仆。宦官可炙热一时但其基础是脆弱的,随皇帝的宠幸与否而发生变化。这种宠幸又常以皇帝的意志而定,于是宦官常趁皇帝健在并宠幸时拼命搜刮财物。宦官表现出比一般官僚们更大的疯狂与贪婪。颜元对作恶多端的"魏阉""恨不手刃之",说明颜元在青少年时代就有一股浩然正气蕴涵于心中。

颜元身上有着诚实的品性。16 岁时,养祖父想通过不正当手段为他谋取功名,他知道后不进食并大哭,声言"宁为真白丁,不作假秀才"①。他 19 岁中秀才,两年后决定放弃跻身仕途的努力。虽依旧在考试上用力,但仅是为了让养祖父高兴而已。他的兴趣集中于经世之学,潜心于各种兵书研习上:

> 至 24 岁忽得《七书》而悦之,以为《七书》之粹精在《孙子》;《孙子》之粹精在首章,于是手抄十二篇,朝夕把玩。凡兵家精粗事宜,亦颇留心。②

兵家产生于先秦。《汉书·艺文志》中著录有兵权谋家、兵形势家、兵阴阳家与兵技巧家。后三家与后世无甚干系,唯独兵权谋家研究用兵之理,其哲理之深刻,千古流传,影响至今。兵权谋家的主要代表人物,春秋末有孙武、司马穰苴等;战国有孙膑、吴起、尉缭等;汉初有张良、韩信等。今存兵家著作有《孙子兵法》《司马法》《孙膑兵法》《吴子》《尉缭子》等,最为后人尊奉的是《孙子兵法》。"《七书》之粹精在《孙子》"可见颜元深得兵家宗旨。《孙子兵法》开头是《计篇》,为全书宗旨所在。在《计篇》中,孙子提出了战争是关系到国家生死存亡之道的主张,认为决定战争胜负的因素有五个:道、天、地、将与法,其中"道"是第一位的:"道者,令民与上同意也,故可与之死,可与之生。"所谓"道",是说民众与国君在战争中上下同心,勇敢作战。孙子觉察到君民的关系是决定战争成败的关键。在春秋战国时期,战争的胜负,不仅与交战国的物质力量与经济条件相关,而且在很大程度上与人心的向背有关。孙子把"道"即政治作为战争胜利的首要条件,是长期历史经验的总结。商汤伐桀、武王伐纣,胜利方

① 李塨:《颜习斋先生年谱》,载颜元:《颜元集》,第 710 页。
② 颜元:《颜元集·习斋记余》卷三《答王公山人王介祺》,第 429 页。

都是有"道"的君主,失败方皆为无"道"的暴君。此为颜元"《孙子》之粹精在首章"之意所在。颜元对兵家之书的"朝夕把玩",对他经世致用意识的形成有着关键的作用。他到晚年收王源为徒,师生二人志同道合,刚见面就就兵学做了讨论,足见颜元对兵学的青睐。

24 岁时,他开始了教学生涯,把书房取名"思古斋",自号"思古人"。基于对"三代"盛世的向往,他的经世之学披着古色古香的外衣:

> 谓治不法三代,终苟道也。举井田、封建、学校、乡举、里选、田赋、阵法,作《王道论》,后更名《存治编》。①

《存治编》集中体现了他的政治见解。颜元喜欢从古代经典中去寻求解决问题的方案。他考虑井田制、荐举制恢复的可能性,以及恢复封建制及实行"兵农合一"的军事制度等。把理想寄托于"三代之治"是明清之际启蒙学者经常使用的一种手法。颜元的目的,是以复古求解放,不是发思古之幽情。在这方面,颜元比黄宗羲、顾炎武显得更古老些。《存治编》的面世,表明颜元的政治思想已经基本形成。

二、迷恋陆王心学的"真陆王"

颜元迷恋于陆王心学的时间,是从 24 岁到 26 岁。颜元从彭通那里得陆、王《语要》,喜而学之。他把自己对陆王心学的体会,以诗歌形式作《大盒歌》与《小盒歌》:

> 《大盒歌》略曰:"盒诚大兮诚大盒,大盒中兮生意多。此中酿成盘古味,此中翻为叔季波。兴亡多少藏盒内,高山拍掌士几何? 此处就有开匣剑,出脱匣外我婆娑。"《小盒歌》略曰:"盒诚小兮盒诚小,小盒生意亦不少。个中锦绣万年衣,就里佳肴千古饱。如何捧定无失却,如何持盈御杤索。忽而千里向谁觅,返而求之惟孔老。识得孔叟便是吾,更何乾坤不熙

---

① 李塨:《颜习斋先生年谱》,载颜元:《颜元集》,第 712 页。

皞，呜呼！失不知哭，得乃知矣。"①

颜元以"大盒"喻"宇宙"，"小盒"喻"吾心"，其意甚明。"万年衣"与"千古饱"，是对陆九渊"求诸本心，万物具足"观点的形象化描述。"开匣"与"脱匣"，意味着"本心"不为外在事物所累。"识得孔叟便是吾，更何乾坤不熙皞"，那是颜元自命为圣人的真实写照。意思是说，认清了孔夫子就是我颜元，天下就会走向光明了。颜元这两首诗，以通俗形象的比喻，直切象山心学的宗旨，"廿三岁得陆王二子语录，而始知世有道学一派，深悦之，以为孔孟后身也。从之直见本心，知行合一，元虽不敏，一若有得于二子者。其时著《求源歌》《大盒》《小盒歌》《格物论》，大约皆二子宗旨也。见者称真陆王"②。时下学者对颜元《大盒歌》与《小盒歌》的剖析不太多，即使有也停留在浅表层次上，故有进一步分析的必要。

颜元以哲理入诗的做法，继承了理学的传统。中国是诗的国度，数千年来诗人辈出，有着悠久的吟诗抒情的传统。诗歌是为人们交流情感而作的，奔放、雄浑、激越、婉约、深沉，风格各异，但重在抒情则无别。到了宋代，理学家提出"以论理为本"的主张，强调以性命义理之学去主宰诗歌的创作，把诗歌的抒情特征排斥到次要的乃至于可有可无的地位。邵雍留下的诗有约 1 500 首，大约为理学家中写诗最多的一位。《四库全书总目提要》有很精到的评价："自班固作《咏史诗》，始兆论宗；东方朔作《诫子诗》，始涉理路。沿及北宋，鄙唐人之不知道，于是以论理为本，以修词为末，而诗格于是大变。此集其尤著者也。"③"以论理为本"的创作原则，二程、朱熹、王阳明、陆九渊等理学大家皆留下了可观的哲理诗，其中不乏把深奥的哲理，水乳交融地渗透到具体的景物描写中，如朱熹的《春日》《观书有感》，但大量的是类似陆九渊这样的哲理诗："从来胆大胸膈宽，虎豹亿万虬龙千，从头收拾一口吞。有时此辈未妥帖，哮吼大嚼无毫全。朝饮渤澥水，暮宿昆仑巅。连山以为琴，长河为之弦。万古不传音，吾当为君宣。"④通过对"自我"能力极度夸张的形象描绘，表明了他的"宇宙便是吾

① 李塨：《颜习斋先生年谱》，载颜元：《颜元集》，第 713 页。
② 颜元：《颜元集·习斋记余》卷六《王学质疑跋》，第 496 页。
③ 永瑢等：《四库全书总目提要》集部别集类六《击壤集》，中华书局 1965 年版。
④ 陆九渊：《陆九渊集》卷二五《少时作》，钟哲点校，中华书局 1980 年版，第 299 页。

心,吾心便是宇宙"的意蕴。《大盒歌》与《小盒歌》是这首诗的翻版,故时人誉颜元为"真陆王"。从《大盒歌》与《小盒歌》可知,颜元不仅从学术上深得陆王心学的旨归,而且在继承理学家以哲理诗去体认理学宗旨的传统上,也高人一筹。

颜元对程朱理学与陆王心学的态度有着明显的差异。既说颜元将王学与朱学都看作是杀人的利器,但更多地方是,他于程朱极尽呵斥之力,对陆王则不肯多驳几句。晚年只提"破程朱"而无"破陆王"之论,因陆王心学在他青年时代的心灵中留下的烙印难以泯灭,不经意中经常流露出对陆王肯定之语或不想驳斥之念。在评"六经皆我注脚"时说:"此是陆子最精语,亦最真语。我者,天生本体也,即'万物皆备于我'之'我',六经是圣人就我所皆备者画出,非注我者何?"①这与陆九渊的心一元论高度吻合。陆九渊也不完全合乎他的"六府三事三物"之教,但颜元认为陆九渊"不以读书误人""做得几分事功"。②陆九渊于50岁时被任命为荆门知军,短短一年多时间修城治军,巩固边防;革除弊风,加强吏治;减轻税赋,兴学重教。丞相周必大知道后赞扬有加:"荆门之政,可以验躬行之效。"③明知阳明心学有吸取禅宗的地方,颜元也不愿意多指责:"王学诚有近禅,仆亦非敢党王者。"④对任何一个人来说,青年时迷恋过的东西,是不会在他的心灵中轻易消失的,而会通过不同的形式顽强地表现出来。不同类型的人表现方式各异。颜元早年被时人称为"真陆王",晚年把"狂者胸次"衍化为"以我易天下"的进取精神。很多论著都大大赞扬颜元"为转世之人"而不作"为世转之人"的主张,但无人注意到这是颜元身上受王阳明心学影响的结果。

三、笃信程朱理学,希冀"孔颜乐处"

颜元26岁到34岁时,笃信程朱理学,时间长达八年。且看他的自述:

> 至二十六岁得《性理大全》,见周、程、张、朱《语录》,幡然改志,以为较

---

① 颜元:《颜元集·习斋记余》卷六《阅张氏〈王学质疑〉评》,第493页。
② 颜元:《颜元集·朱子语类评》,第272页。
③ 陆九渊:《陆九渊集》卷三六《年谱》,第512页。
④ 颜元:《颜元集·习斋记余》卷六《阅张氏〈王学质疑〉评》,第494页。

陆、王二子尤纯粹切实,又谓是孔、孟后身也。进退起居、吉凶宾嘉,必奉
《文公家礼》为矩矱,奉《小学》《近思录》等书如孔子经文。人或有一言疑
论诸先生者,忿然力辨,如詈父母。元虽不敏,一若于程、朱诸子稍有得者,
由甲辰(三十岁)至戊申(三十四岁)日记中,俱可按也。元平生之笃服两
派先生也如此,受教沐泽于两派先生也如此,将谓叛其道也,敢乎哉? 将
谓反操戈也,忍乎哉?①

于家斋孔子位前,题明道诸儒主,次四配下,朔望拜礼,出入告面,事
如父师。于《通书》称周子真圣人,于《小学》称朱子真圣人。农圃忧劳中,
必日静坐五六次,必读讲《近思录》《太极图》《西铭》等,云得《太极图》一
以贯之。②

8 年时间,是程朱理学的什么东西令他如此"笃服"呢? 我认为,是对"孔颜
乐处"的向往。《性理大全》是明成祖下令编纂的三部大全之一,另两部为
《五经大全》与《四书大全》。三部大全的纂修标志着程朱理学在明代统治地
位的确立。《性理大全》共 70 卷,从卷二六到最后一卷,门目的设置袭取《朱
子语类》。卷首所列的"先儒姓氏"有 120 多人,程朱理学家占半数以上。
"先儒"著作,多为朱熹所作或所注,还有朱熹门人所作,只有《正蒙》与《皇
极经世书》为张载与邵雍所作。参与纂修《性理大全》的胡广说:"非惟备览
于经筵,实欲颁布于天下,俾人皆由于正路而学不迷惑他歧,家孔孟而户程
朱。"③《性理大全》编纂与颁布天下的目的,是要人人都走上"家孔孟而户程
朱"的"正路"。

朱熹所著《家礼》,是南宋以后有深远影响的礼学著作。内容分通礼、冠、
昏、丧、祭五部分,依据当时习俗并参考古今家礼而成。《小学》为朱熹与其弟
子刘清之合编。全书共六卷,分内外二篇。内篇四目:主教、明伦、敬身与鉴古;
外篇二目:嘉言、善行。《近思录》为朱熹与南宋学者吕祖谦合撰,共 14 卷,摘

---

① 颜元:《颜元集·习斋记余》卷六《〈王学质疑〉跋》,第 496 页。
② 颜元:《颜元集·习斋记余》卷一《未坠集序》,第 397 页。"题明道诸儒主"句,点校者在"明道"
旁加上人名号,使人误以为是程明道,即二程中的大程(程颢)。颜元的意思是,对阐明孔孟之
道的"诸儒",他立一牌位。每逢初一与十五礼拜之,平时出入面告之。是书点校错处甚多。
③ 胡广:《皇明文衡》卷五《进书表》,转引自黄宣民、陈寒鸣主编:《中国儒学发展史》,中国文史
出版社 2009 年版,第 1349 页。

录周敦颐、程颢、程颐、张载的言论，共 622 条，分"道体""为学""致知""存养"
等 14 门。有人对书中观点有所责疑，颜元觉得好像骂了自己父母一样，要奋力
辩论一番。《通书》与《太极图说》为理学开山祖周敦颐所作。《通书》共四十
章，许多地方引《易传》并加以引申，其宗旨是"诚"，被周敦颐视为人生的最高
原则。要达到"诚"的境界，须经"静虚""无欲"的修养途径。这对程朱理学的
发展有重要的影响。《太极图说》全文 250 余字，是对所绘"太极图"的说明，内
容是讲述"有生于无"的宇宙万物生成论。《西铭》为张载所著，二程与朱熹对
该文极为推崇。综上所述，颜元所列的书目，皆以程朱理学为核心。颜元把周
敦颐与朱熹奉为"真圣人"，他希冀通过这些书，步二程的后尘，以期寻求"孔颜
乐处"的真谛。

他在 30 岁作《柳下坐记》，说明他要体验理学家所希冀的境界——"孔颜
乐处"：

> 独至柳下铺褐坐息。仰目青天，和风泠然，白云散聚，遂朗吟"云澹风
> 轻"之句，不觉心泰神逸。覆空载厚，若天地与我外更无一物事。微闭眸
> 观之，浓叶蔽日，如绿罗裹宝珠，光耀在隐露间。苍蝇绕飞，闻其声不见其
> 形，如跻虞廷，听《九韶》奏也。胸中不觉空焉洞焉，怡焉畅焉，莫可状喻。
> 孔子曲肱疏水，颜子箪瓢陋巷，当日不知作何心景，自谓今日或庶几矣。①

《柳下坐记》一文历来为研究颜元思想的人们所漠视。1664 年夏至前的几天，
颜元带着仆人，牵着驮着麦子的驴子。仆人堆麦时，他在柳树下静坐，抬头看
青天，和风在徐吹，微有凉意，白云时聚时散。他便吟诵二程的哲理诗，觉心泰
神逸，直有天人合一、万物一体的感受。此时颜元眼睛微闭又微开，四周浓叶
蔽日，如同绿色的衣服里裹着宝珠，光芒时隐时露。感觉到自己好像置身于舜
之朝中，听着《九韶》美妙的乐曲，愉悦的心情无法用语言来表达。孔子"曲肱
疏水"、颜回"箪瓢陋巷"，往日圣人的心境是难以知晓了。但颜元认为，自己当
今的快乐或许与圣人很接近吧！颜元是在希求得到一种神秘的感受，是"莫可
状喻"的直觉，即对"孔颜乐处"的体认。他对别人的讥笑也置若罔闻："得《性

---

① 颜元：《颜元集·习斋记余》卷二，第 421—422 页。

理大全》观之,知周、程、张、朱学旨,屹然以道自任,期于主敬存诚,虽躬稼胼胝,必乘闲静坐。人群讥笑之,不恤也。"①

《柳下坐记》是颜元受二程直接影响的明证。文中的"云澹风轻",见程颢所作的《秋日偶成》一诗:

> 云淡风轻近午天,望花随柳过前川。
> 旁人不识予心乐,将谓偷闲学少年。②

突出的是"予心乐",旁人则全然不知。颜元吟诵程颢的哲理诗,油然而生"怡焉畅焉"的感受。颜元感受到的乐趣,为天人合一、万物一体的境界,"天地与我外更无一物事"。这与程颢另一首诗《秋日偶成》相关:

> 闲来无事不从容,睡觉东窗日已红。
> 万事静观皆自得,四时佳兴与人同。
> 道通天地有形外,思入风云变态中。
> 富贵不淫贫贱乐,男儿到此是豪雄。③

大程这两首诗都提到"乐"。他心目中的"乐",一是"安贫乐道"的"乐",即"富贵不淫贫贱乐";一是天人合一的"乐","乐"在于与人同("四时佳兴与人同")、与物同("万物静观皆自得")、与无限的宇宙同("道通天地有形外,思入风云变态中")。这些诗句,都是希求以自然世界比拟人世间的精神境界。理学家常爱讲的"孔颜乐处",作为人生的最高境界,就是指这种充满生意的天人合一、万物同体的精神境界。

理学家寻求"孔颜乐处",是因为他们心灵深处有着浓郁的圣人崇拜情结。理学家是无法见到孔、颜等圣人了,但二程认为,可以从圣人遗留下来的语言文字中感觉到圣人的人格境界。这种境界,理学家名之为"气象"。二程说:

---

① 李塨:《颜习斋先生年谱》,载颜元:《颜元集》,第713页。
② 程颢、程颐:《二程集·河南程氏文集》卷三,王孝鱼点校,中华书局1981年版,第476页。程颢"云淡风轻",颜元作"云澹风轻",不知何故。
③ 程颢、程颐:《二程集·河南程氏文集》卷三,第482页。

"学者不学圣人则已,欲学之,须是熟玩圣人气象,不可止于名上理会。如是,只是讲论文字。"①只"讲论文字"是皮相之谈,重要的是通过"文字"去"熟玩圣人气象"。"气象"是人的精神境界所表现于外的,是别人感觉得到的。这种感觉是内在的,用理学家的话来说是"熟玩"。由"熟玩"而来的感觉,就是颜元在柳树下体悟到的"孔颜乐处"之"乐"。

　　"孔子曲肱疏水"见于《论语·述而》。求富贵去贫贱,是每个人对利益的正当欲求,但必须以是否符合"道"(义)为前提。如果符合"道",那么吃粗粮,喝冷水,弯着胳膊当枕头,"乐亦在其中矣"。以"道"为乐时,人与"道"无有间隔。这样的快乐是一种精神享受。"颜子箪瓢陋巷"见于《论语·雍也》:"贤哉,回也! 一箪食,一瓢饮,在陋巷,人不堪其忧,回也不改其乐。贤哉,回也!"一竹筐饭,一瓜瓢水,住在小巷子里,别人受不了那穷苦,颜回却不变更他心中的快乐。颜回在"箪瓢陋巷"的困境中,不忘安贫乐道,这开启了后世人们寻求"孔颜乐处"的肇端。宋代理学家,自周敦颐开始,中经二程、朱熹,一直到明代的王阳明,都希冀着"孔颜乐处",将之作为自身人格追求的理想境界。

　　这里涉及理学开山祖周敦颐了。据二程自述,"昔受学于周茂叔,每令寻颜子、仲尼乐处,所乐何事"②。周敦颐认为,学做"圣人"要旨在于"无欲"。③"无欲",使人心处于虚静的地步,做到常泰无不足。社会地位之显赫、金玉之类之充盈,在周敦颐看来,如灰尘一样轻微,颜回是这方面的楷模:"颜子'一箪食,一瓢饮,在陋巷,人不堪其忧,而不改其乐'说见《论语》。夫富贵,人所爱也。颜子不爱不求,而乐乎贫者,独何心哉!"④别人为困苦所忧愁,颜子却心情泰然,不改安贫乐道的心境。在周敦颐看来,颜子可称为亚圣。周敦颐指使二程"寻颜子、仲尼乐处,所乐何事",是要二程向圣人的目标行进。"孔颜乐处""天人合一""存理灭欲"作为理学三大精神支柱,相互间有密切的关系。"孔颜乐处"是下手处,"天人合一"为中介环节,"存理灭欲"是要达到的目标。理学家对人的生存环境的营造,是以贫穷作为人能否坚守德操的基本坐标。这里预设了一个先决条件,富裕会影响德操的凸显。在穷与富的两极中,理学家选

---

① 程颢、程颐:《二程集·河南程氏外书》卷一〇,第 404 页。
② 程颢、程颐:《二程集·河南程氏遗书》卷二上,第 16 页。
③ 周敦颐:《周敦颐集·通书·圣学第二十》,陈克明点校,中华书局 1990 年版,第 29 页。
④ 周敦颐:《周敦颐集·通书·颜子第二十三》,第 31 页。

择了贫穷在践履道义上的积极作用,把安贫乐道信奉为人在困境中顽强生存下去的精神支柱。按照这样的逻辑思维,就必然得出人的欲求可被漠视,甚至于灭绝的结论来。

与二程一样,颜元希求"孔颜乐处"的归宿就是"存天理灭人欲":

> 颜子箪瓢陋巷乐,不箪瓢陋巷亦乐,是何如乐,正宜理会。①
> 私欲不乘,如天清地宁,风日也乐,草木也乐,星月、人物亦无不乐。②
> 天理胜则精神清明,人欲炽则意思昏浊。此理甚明,而人每舍清明而甘昏浊,暴弃孰甚!③

颜元追求的"乐",是同程朱理学的"存理灭欲"主张相关的。"人物亦无不乐"是以"私欲不乘"为前提的。颜元视"天理"与"人欲"不容并存,是"存理灭欲"说的翻版。"天理"与"人欲"势不两立的思维模式,在明清两代是很流行的。因弹劾奸相严嵩而入狱致死的杨继盛,他亦步亦趋地依着程朱理学教训自己的后代说:"心里若是存天理,存公道,则行出来,便都是好事,便是君子这边的人。心里若存的是人欲,是私意,虽欲行好事,也是有始无终,虽欲外面做好人,也被人看破你。"④颜元像程朱那样身体力行,在禁欲上下了很大的功夫:"定日记每时勘心:纯在则○,纯不在则×。"⑤"纯在",指心中充满了"天理";"纯不在",指心中杂念丛生,多的是"人欲"。这是他32岁时的实录。到35岁时更有所发展:"日记时心在则○,不在则●,以黑多白少,别在否分数。多一言则♂,过五则⊗,忿则一分♂,过五则⊗,中有×,邪妄也。"⑥以往做相似功夫当数王阳明的学生黄绾了。黄绾把自己关在书房里,罚跪自击,用红黑点以观成效。一念出于"天理"的,点以红笔;一念出于"人欲"的,点以黑笔。"终日不食,罚跪自击,无所不至。又以册刻'天理''人欲'四字,分两行。发一念由天

---

① 颜元:《颜元集·颜习斋先生言行录》,第623页。
② 颜元:《颜元集·颜习斋先生言行录》,第636页。
③ 颜元:《颜元集·颜习斋先生言行录》,第688页。
④ 喻岳衡编:《历代名人家训》,岳麓书社1991年版,第180页。
⑤ 李塨:《颜习斋先生年谱》,载颜元:《颜元集》,第723页。
⑥ 李塨:《颜习斋先生年谱》,载颜元:《颜元集》,第730页。

理,以红笔点之;发一念由人欲,以黑点点之。至十日一数之,以视红黑多寡为工程。"①如果说,黄绾是"红黑工程"的话;那么,颜元则为"黑白工程",且加以"○、×"等为标记。形式相似,都是在自家心灵中,时刻察看着"天理"与"人欲"的情况,以求"天理"战胜"人欲",达到禁欲主义的目的。颜元"每时勘心"的"日记"今已不存,但从他 31 岁时所记来看,说明颜元在禁欲主义上用功甚勤:"自勘为学,调理性情甚难,定每静坐,以十四事自省:心无妄思欤? 口无妄言欤? 耳无妄听欤? 目无妄视欤? 足无妄走欤? 坐如尸欤? 立如齐欤? 事亲爱而敬欤? 居家和而有礼欤? 启蒙严而宽欤? 与人平而正欤? 对妻子如严宾欤? 读书如对圣贤欤? 写字端正欤?"②反省自勘的范围相当广泛,证实了理学对人的精神生活的束缚是全方位的。黄绾是先程朱后陆王,颜元是先陆王后程朱。黄绾对"致良知"说有激烈的指责,颜元对陆王、程朱做了全面的清理。这里有一个通例,人们对某一对象先前迷得愈深,而后知其弊则愈明。

颜元依程朱的修养方法去静坐。对此以往也少有人关注。《颜习斋先生年谱》32 岁条有记载:"四月,思学者自欺之患,在于以能言者为己得。勘静坐心有所驰,目便劲阖,忽忘则又睁开,必是'主一无适',睫毛间乃得不即不离之妙。"③"主一无适"源自程颢"主一之谓敬""无适谓之一"。④ 是说人的思想要与"人欲"相离,内心专一于"天理"。有许多材料可以证实,颜元修养的目的是"存理灭欲":

> 虽天理渐微,而必欲光大之……虽人欲昌炽,而必欲抑绝之。⑤
>
> 谓诸生曰:"制欲为吾儒第一功夫,明伦为吾儒第一关节。"⑥

---

① 黄绾:《明道编》卷二,刘厚祜、张岂之点校,中华书局 1959 年版,第 23 页。黄绾(1477—1551),浙江台州人。明武宗正德五年(1510)任后军都事,在北京和王阳明相见。此后,他与王阳明、湛若水成为挚友。这是他由信程朱之学转向信阳明心学的开始。之后王、黄两人不断有书信往来。嘉靖元年(1522),他在余姚听王阳明讲"致良知"说。以为圣学在是,称王阳明为师,自称门弟子。后擢为光禄卿,在朝中为王阳明说过些好话。到晚年,任礼部侍郎,且不再信阳明心学了,贬其为禅学。

② 李塨:《颜习斋先生年谱》,载颜元:《颜元集》,第 722 页。

③ 李塨:《颜习斋先生年谱》,载颜元:《颜元集》,第 723 页。

④ 程颢、程颐:《二程集·河南程氏粹言·论道篇》,第 1173 页。

⑤ 颜元:《颜元集·颜习斋先生言行录》,第 682 页。

⑥ 颜元:《颜元集·颜习斋先生言行录》,第 644 页。

> 夫人之目之于色,耳之于声,口之于味,四肢之于安佚,皆欲也,须是
> 强制他。若一任之,将何所不至哉![1]

程朱修养论努力的方向是为了唤醒人们心中固有的"天理"。与"天理"不相适应的"妄"思、"妄"行,那是要去掉的"人欲"。如事亲不爱敬、对妻子不像严宾那样、读书没有如面对圣人的感觉、字写得不端正等,在颜元心中皆为"妄"的范围。"妄"包括两个方面,一是与伦理相关,为子女对父母和丈夫对妻子的态度,这与"明伦为吾儒第一关节"的主张相一致。二是有关学习的,如读书写字时的心态。至于颜元静坐时想到的,在思、言、听、视、走、坐、立等方面的"妄",内容则更为广泛了。从心理学的角度看,一个人静坐观心,用力既久,而又没进入睡眠状态,往往会产生幻觉。有的是对以往经历的回忆,有的是对美好未来的憧憬,有的是梦幻般的想象……总之,使人得到一种空灵、虚幻的境界。理学家所主张的静坐悟道,大都类此。颜元在晚年(57岁)做了自我批评:"暑月被绵驮麦,贫且劳矣。犹能自娱,不谓之穷措大微长不可。然即生许多妄想,为如许大言。尝论宋儒之学,如吹猪膀胱,以渺小为虚大。追录之,自惩自勉也。塨以为此禅悦也,而宋儒误以为吾心之仁体,圣学之诚敬,所谓'主一无适','洒落诚明'者,皆此也,是指鹿为马矣。"[2]感觉与幻觉不同。静坐所得到的幻觉,和客观事物的实质相去甚远,完全是"以渺小为虚大",像把猪的膀胱用气吹大一样。这是颜元醒悟后的想法。总之,在24岁至34岁这一时期,颜元对宋明理学是狂热信奉、忠实卫护的。

四、走出理学藩篱自成一家

颜元34岁以后是反叛理学的时期。57岁以后,他立下破程朱之学的意向。34岁时,颜元的养祖母去世。当时人们的风尚,"非朱子之传义不敢言,非朱子之家礼不敢行"[3]。颜元遵朱熹《家礼》服丧,疏食少饮,几乎病饿致死。这使他对理学产生了怀疑:

---

① 颜元:《颜元集·颜习斋先生言行录》,第683页。
② 李塨:《颜习斋先生年谱》,载颜元:《颜元集》,第717—718页。
③ 朱彝尊:《曝书亭集·道传录序》。

第自三十四岁遭先恩祖母大故，一一式遵《文公家礼》，颇觉有违于性情。已而读周公《礼》，始知其删修失当也。及哀杀，检《性理》乃知静坐读讲非孔子学宗，气质之性非性善本旨也。朱学盖已参杂于佛氏，不止陆、王也；陆、王亦近支离，不止朱学也。……若云乾坤中朱、陆两派相争，予又故开一派以与两派相角也。①

这段话大体上有五层意思。一、宋儒的"静坐读讲"，不是孔学宗旨的真实面目。二、宋儒的人性论，不是孟子性善说的本来宗旨。三、不仅是陆王心学，就是朱熹学说中也掺杂了佛教；不仅是朱学"支离"，陆王心学也有"支离"的地方。四、居丧期间，颜元遵朱熹的《家礼》，"尺寸不敢违"，但在践行过程中，"觉有拂戾性情"。② 文中的"周公《礼》"，是指《仪礼》。古人制礼的依据是因情制礼，虽说繁文缛节过多，但注重以礼仪形式来表达人的情感。明清期间，朱熹《家礼》成为丧礼遵循的范本。朱熹在丧礼上过分注重形式，有忽视、压抑、扼杀人的情感的地方。颜元觉得，这与先秦因情制礼的初衷相抵触，这是颜元摈弃程朱理学的直接原因。《颜习斋先生年谱》中有明说："先生居丧，一遵朱子《家礼》，觉有违性情者，校以古《礼》，非是，著《居丧别记》。兹哀杀，思学，因悟周公之六德、六行、六艺，孔子之四教，正学也；静坐读书，乃程、朱、陆、王为禅学、俗学所浸淫，非正务也。"③五、颜元感到应该"故开一派以与两派相角"，即以独树一帜的学术观点，与宋明理学并立以相争。

此后他便走上清算理学之路。35 岁时，著《存性编》，作性图九幅，对理学家的人性学说进行批判。38 岁时，"著《存学编》，申明尧、舜、周、孔三事、六府、六德、六行、六艺之道，大旨明道不在章句，学不在颖悟诵读而期如孔门博文约礼，身实学之，实习之，毕生不懈者"④。至此，以"实""习"为核心的颜元事功之学的框架基本成型。颜元究心于"实"而归宿于"动"，斥宋儒静坐读书、存心养性的风气，并深有感触地说："宋人好言习静，吾以为今日正当习动耳！"⑤48 岁时，

---

① 颜元：《颜元集·习斋记余》卷六《〈王学质疑〉跋》，第 497 页。
② 颜元：《颜元集·未坠集序》，载颜元：《颜元集》，第 397 页。
③ 李塨：《颜习斋先生年谱》，载颜元：《颜元集》，第 726 页。
④ 李塨：《颜习斋先生年谱》，载颜元：《颜元集》，第 737 页。
⑤ 李塨：《颜习斋先生年谱》，载颜元：《颜元集》，第 750 页。

与李塨、王介祺讨论"习行经济"之学,作《唤迷途》,以后改名为《存人编》。

颜元 57 岁前尚有留恋于程朱理学的意思,57 岁后以攻击程朱理学为主要目标:

> 予未南游时,尚有将就程、朱,附之圣门支派之意。自一南游,见人人禅子,家家虚文,直是孔门敌对,必破一分程、朱,方入一分孔、孟,乃定以为孔、孟、程、朱判然两途,不愿作道统中乡愿矣。①

在没有标明年代的《颜习斋先生言行录》中,屡有认同理学禁欲主义的言论:"若用十分心力,时时往天理上做,则人欲何自生哉?"②认为"天理"与"人欲"何者占据主导地位决定了"心力"的"清明"与"昏惑":"理念胜则心清明,心清明,天地草木无不在目,则天地物我总是一般;欲念胜则心昏惑,心昏惑,则眼前一物不见,不惟天地鸟兽与我隔绝,虽一身耳目手足皆非我有"③,"念念向天理上想,心上达也;事事向天理上做,身上达也。……制欲之法,明以辨之,刚以断之"④。"尚有将就程朱"之意的话,含三方面的内容:一、强调人的念头与行动,应当集中于"天理"上;二、人们常常弃"天理"从"人欲",颜元认为是自暴自弃;三、克制欲望的方法,是事事念念要往"天理"上想,并采取明辨与果断的态度。这里程朱印痕是明显的,如制欲要旨在于"刚以断之",是源自程颢的:"有欲则不刚,刚者不屈于欲。"⑤打个比方说,一个果农长时期靠一片果林而生存,此后他干别的行业了,挣得了更多的钱财。但对这片果林掉下来的枝叶,依然怀有恋恋不舍之情。"尚有将就程朱"的意向,可作这样的理解。

"人人禅宗,家家训诂"的现象,让他立下"必破一分程朱,方入一分孔孟"的决心。这是需要极大勇气的。颜元的好友王养粹对他说当时社会的文化氛围:

> 程、朱何可操戈?试看今日气运,是谁主持?家读其书,取士立教,致君临民,皆是也。⑥

---

① 李塨:《颜习斋先生年谱》,载颜元:《颜元集》,第 774 页。
② 李塨:《颜习斋先生言行录》,载颜元:《颜元集》,第 624 页。
③ 李塨:《颜习斋先生言行录》,载颜元:《颜元集》,第 645 页。
④ 李塨:《颜习斋先生言行录》,载颜元:《颜元集》,第 675 页。
⑤ 程颢、程颐:《二程集·河南程氏粹言·论学篇》,第 1199 页。
⑥ 李塨:《颜习斋先生年谱》,载颜元:《颜元集》,第 764 页。

王养粹讲的是实话,那年颜元 55 岁。清袭明制,程朱理学是科举制度的法定内容。比颜元早生 30 年的陈确,于康熙十六年(1677)在写给同门黄宗羲的信中说:"惟是世儒习气,敢于诬孔、孟,必不敢倍程、朱,时为之痛心。"①造成这样社会风气的原因有两个:人才选拔的制度与当权者用以巩固统治的理论,皆为程朱理学。人才选拔制度既是社会风气的标志,也是政治秩序的象征。王养粹用简练的话指明了三者之间的关系。以程朱理学为"致君临民"的手段,不是康熙一时的冲动,而是他反复阅读、比较古今不同的学术流派后得出的:

> 兹于避暑山庄万几之段,翻阅经史性理诸书,复取古文披阅一过,其中气韵古雅,辞藻典赡,各擅所长,固极文章之能事,至于体道亲切,说理详明,阐发圣贤之精微,可施诸政事,验诸日用,实禅益于身心性命者,惟有朱子之书,驾乎诸家之上,令人寻味无穷,久而弥觉其旨。②

康熙称得起天资英武,雄才大略,其文治武功可与唐太宗相媲美,但这不变更文化专制主义的本质。康熙信奉程朱理学,而笃信程朱的李光地、汤斌、魏象枢、徐乾学等人,受到眷遇宠任,有些人还被称为"理学大臣"。康熙五十一年(1712)下诏,以朱熹为孔孟正传,在孔庙中有配享孔子的位置。朱熹跻身于孔庙正殿,凌驾汉唐以下诸儒。什么样的人能和孔子一样,成为从祀的对象,在当时是重要的大事。它表明了某一学者、某一学派在官方得到了认同。从祀对象的确定是与那一个学者(或学派)能否成为当时社会的主流意识相关的。康熙认为,朱熹能"驾乎诸家之上",是因为他的学说能使人们严格按照纲常名教去规范自己的行为。

面对"何可操戈"的社会文化背景,颜元树出"必破一分程朱,方入一分孔孟"的大旗,面对的是已形成风气的社会习俗与朝廷确定的人才选拔制度,还要与作为统治手段的官方意识相对抗。颜元依然无所畏惧,他对当时的情况

---

① 陈确:《陈确集·文集》卷四《与黄太冲书》,中华书局 1979 年版,第 147 页。这一"习气"在一个多世纪前就已形成,何良俊(1506—1573)在他的著作中说:"今之学者易于叛经,难于违传,宁得罪于孔孟,毋得罪于宋儒,此亦可为深痼之病,已不可救疗矣!"见何良俊:《四友斋丛说》,中华书局 1959 年版,第 21 页。

② 《康熙几暇格物编》卷上之下《文章体道亲切惟有朱子》。

知道得很清楚：

> 今何时哉！普地昏梦，不归程、朱，则归陆、王，而别出一派与之抗衡翻案乎！①

这是他南游历时八个月、行程二千余里后得出的结论，"所见如张起庵师弟，孙征君、周铁邱、云骨子诸翁之门人，所闻如耿逸庵、李中孚、俞春山，大抵皆宋人之学"②。其中孙征君、李中孚是被时论称之为"三大儒"的（另一位则为黄宗羲）。③ 颜元认为，与自己一起研习学术的学者，包括孙征君与李二曲在内"大抵皆宋人之学"。颜元与他们展开了激烈论辩，但结果并不理想。颜元"别出一派"以抗衡程朱理学，对危及个人生命的后果已置之度外，这在他 40 岁（1674 年）时致陆世仪的书信中有所表明。此信涉及的内容很丰富，后文详论。

颜学是以提倡"六府、三事、三物"为核心的，颂扬事功是他学说的宗旨。颜元说：

> 朱子之道千年大行，使天下无一儒，无一才，无一苟定时，不愿效也。宋家老头巾群天下人才于静坐、读书中，以为千古独得之秘；指办干政事者为粗豪，为俗吏；指经济生民者为功利，为杂霸。究之，使五百年中平常人皆读讲《集注》，揣摩八股，走富贵利达之场，高旷人皆高谈静敬，著书集文，贪从祀庙廷之典。④

元仁宗延祐元年（1314）重开科举，把程朱理学定为科举取士的标准，这是科举

---

① 颜元：《颜元集·习斋记余》卷三《寄桐乡钱生晓城》，第 440 页。
② 颜元：《颜元集·习斋记余》卷三《寄桐乡钱生晓城》，第 439 页。
③ 全祖望说："当是时，北方则孙先生夏峰，南方则黄先生梨洲，西方则先生，时论以为三大儒。"（全祖望：《全祖望集汇校集注·二曲先生窆石文》，朱禹铸汇校集注，上海古籍出版社 2000 年版，第 273 页。）孙征君就是孙奇逢（1585—1675），字启泰，明清两代，朝廷十多次征聘他做官，都被拒绝，世人称之为"孙征君"。晚年在辉县夏峰村讲学，又有夏峰先生之称。孙奇逢早年宗阳明心学，后兼采朱熹与王阳明之学，走向了调和朱、王之路。李中孚就是李颙（1627—1705），自署"二曲土室病夫"，学者称二曲先生。"悔过自新"说是李颙独创的见解，但其为学兼采朱熹与陆九渊。孙征君与李二曲，是明清之际北方最有声望的学者。
④ 颜元：《颜元集·朱子语类评》，第 266—267 页。

史的一大转变,并为明清两代所承袭。《明史·选举志》载,明初的"科举定式"是"初场试四书义三道,经义四道"。"四书"指《大学》《中庸》《论语》与《孟子》,但考生必须按照朱熹的《集注》(《四书章句集注》)去理解"四书"。明初规定乡试、会试各三场。在三场考试的十多篇文章中试官无法阅遍,便只阅头场。头场"经义与四书义"中,只有"四书义"三篇受到审阅。四书义主要是据《四书章句集注》的意思,以代圣贤立言的形式,敷衍成文。代圣贤立言,就是揣摩圣人孔、孟和贤人程、朱的语气说话,站在孔、孟、程、朱的立场,说上些圣贤没有说过的话。这让士人的生活情趣、知识结构与生存内容、理想追求统统笼罩在科举制度之下,即"五百年中平常人皆读讲《集注》,揣摩八股,走富贵利达之场"之意。① 颜元讲了自己与朱熹的对立,即"经济生民者为功利"与"静坐读书高谈静敬"的不同。按颜元之意,学问应当为"生民"带来好处。朱熹叫天下人全副精力用于读书静坐,摧残了士人的身体。功利论是颜元评判与衡量历史上一切学派的准绳。

颜元 70 岁,那是他人生历程的最后一年,还不忘以功利论作为评价的原则:

> 许恭玉来,言《一统志》《广舆志》等书,皆书生文字,于建国规模、山河险要,未详也。先生曰:"岂惟是哉! 自帖括文墨遗祸斯世,即间有考纂经济者,总不出纸墨见解矣。"②

《一统志》有《大元一统志》《大明一统志》与《大清一统志》,为官方编纂的地理总志。颜元在世时《大清一统志》尚未成书,文中"许恭玉"见到的是前两种。《广舆记》为明陆应阳所著,是一本地图集。许恭玉说,这两本书是"书生文字"。颜元听了后,即时生发了一个想法,觉得有着两个对峙的世界,即文墨世

---

① 吴敬梓在《儒林外史》中讲马二先生随便拿起一篇八股文"就得出许多起承转合、含蓄吞吐之法",但听起别人讲及李清照、朱淑贞的名字,便失望地想:"这些甚么人? 料想不是管功名的,我不如去罢。"(第 14 回,人民文学出版社 1987 年版)另一位八股选家匡超人,向牛布衣夸口自己选本如何行销华北五省,"此五省读书人,家家隆重的是小人,都在书案上香火蜡烛,供着'先儒匡子之神位'"。牛布衣笑着纠正说"先儒者"是"已经去世之儒者"的称谓。对这一常识性的错误,匡超人还强词夺理地辩解了一番。(第 20 回)
② 李塨:《颜习斋先生年谱》,载颜元:《颜元集》,第 793 页。

界与事物世界。前者是虚空的"纸墨见解",后者是实用的"经济生民"。按照发展趋势而言,代替"文"的世界为"实"的世界:"文盛之极则必衰,文衰之返则有二:一是文衰而返于实,则天下厌文之心,必转而为喜实之心,乾坤蒙其福矣。"[1]"文"的内容就是书本教条,"文盛"就是"读讲《集注》,揣摩八股","人人禅子,家家虚文";"实"的意思很明确,就是客观的事物世界,就是眼光不离开生活中的事物。喜欢溯古的颜元,抬出尧、舜、周、孔作为自家"喜实之心"观点的历史依据:"夫尧、舜之道而必以'事'名,周、孔之学而必以'物'名,俨若预烛后世必有离事离物而为心口悬空之道,纸墨虚华之学,而先为之防杜者。"[2]颜元认为,圣人早已预知后世会有"心口悬空之学"与"纸墨虚华之学"的出现,故而强调无论是治道还是学术,都是不能离却"事"与"物"。尧、舜、周、孔不是预言家,颜元给圣人披上功利论的外衣,正是他崇圣情绪的体现。这方面的具体内容在后面展开。

第二节　"以事功为首"之学

颜元的学说讲求实用,以富国强兵为目标,在中国思想史上独树一帜。究其宗旨,可以"功利论"三字概括。说得具体点,是打着复古外衣的、以"三事三物"为核心的事功之学。一个思想家学说的宗旨,必定要渗透到他对历史上学派的功过、得失、是非的评价上,更会体现在学风上。经世致用是颜元大力倡导的学风,但这一学风,在颜元那里被赋予了担当精神的意蕴。

一、"学以事功为首"

宗旨对思想家的研究来说是重要的。黄宗羲说:"大凡学有宗旨,是其人得力处,亦是学者之入门处。"就本人而言,宗旨是思想家的一生精神所在,是思想家("其人")的思想精粹所在;就后世的研究者("学者")而言,是研究的

---

[1]　颜元:《颜元集·存学编》卷四,第93页。
[2]　颜元:《颜元集·习斋记余》卷三《寄桐乡钱生晓城》,第439页。

入门处。把握了思想家的宗旨，也就抓住了根本："讲学而无宗旨，即有嘉言，是无头绪之乱丝。"①颜元著作中，反复出现了"实功""主动""习行""经济生民为功利""扶危济难之功"等词汇。对颜元持极端否定之见的张伯行，倒是颇知颜元心意的所在：

> 今北地颜习斋出，不程朱，不陆王，其学以事功为首。谓身心性命非所急，虽子思《中庸》亦诋訾无所顾。呜呼，如此人者，不用则为陈同甫，用则必为王安石，是大乱天下之道也。②

张伯行（1651—1725），字孝先，康熙二十四年（1685）进士，官至礼部尚书。一生笃信程朱理学，以广传程朱理学为己任。著述甚丰，仅《四库全书总目提要》著录其著作就有 14 种。张伯行是站在维护程朱理学立场上批评颜元的，所说是可信的。他评价颜元"不用则为陈同甫，用则必为王安石"，是点到了颜元功利论节骨眼上的。历史上任何一个思想家，他们的学说、理论，能在他们所处的历史条件下起到了促进社会进步、增进民众利益的实际效果，都可称之为"事功"之学。颜元之所以青睐王安石与陈亮，是因为两人是"事功"之学的倡导者。

"学以事功为首"的颜元，树出了"正谊谋利""明道计功"的大纛，反对董仲舒提出的、为理学家们津津乐道的道义论。他以种田、捕鱼等为例，说明人为生存而进行的生产活动是务必求功利的。颜元以《尚书》《周易》等典籍为证据，以证实人们对功利效益的向往是完全正当合理的：

> 郝公函问："董子'正谊明道'二句，似即'谋道不谋食'之旨，先生不取，何也？"曰："世有耕种，而不谋收获者乎？世有荷网持钩，而不计得鱼者乎？……这'不谋''不计'两'不'字，便是老无、释空之根。……盖'正谊'便谋利，'明道'便计功，是欲速，是助长；全不谋利计功，是空寂，是腐儒。公函曰："悟矣。请问'谋道不谋食'。"曰："宋儒正从此误，后人遂不

---

① 黄宗羲：《明儒学案·发凡》，载沈善洪主编：《黄宗羲全集》第 7 册，第 5 页。
② 张伯行：《正谊堂文集》卷九《论学》，清乾隆刻本。

谋生,不知后儒之道全非孔门之道。孔门六艺,进可以获禄,退可以食力。"①

以义为利,圣贤平正道理也。尧、舜"利用",《尚书》明与"正德"、"厚生"并为三事。利贞,利用安身,利用刑人,无不利。利者,义之和也。《易》之言"利"更多。孟子极驳"利"字,恶夫掊克聚敛者耳。其实,义中之利,君子所贵也。后儒乃云"正其谊不谋其利",过矣!宋人喜道之,以文其空疏无用之学。予尝矫其偏,改云:"正其谊以谋其利,明其道而计其功。"②

这两段话涉及义利之辨。义利之辨发端于先秦,是诸子经常研讨的课题,此后贯穿于中国思想史的全部进程。义利之辨,是关于道德原则、规范与利益、欲求之间关系的论辩,实质是价值观的争论。《中庸》有"义者,宜也"的说法,把"义"训为"宜",为儒学的通义。"义"是维护封建尊卑秩序、贵贱上下的道德原则与规范,如《礼记·礼运》所说:"父慈、子孝、兄良、弟悌、夫义、妇听、长惠、幼顺、君仁、臣忠,十者谓之人义。"怎样才是适宜呢?那就是人的思想与行为要符合一定的道德准则。从《论语·子罕》中"子罕言利",到孟子见梁惠王劈头盖脸地就说:"王!何必曰利?亦有仁义而已矣!"③孔孟为重义轻利的道义论立下了基本格局,但孔孟并没有不要"利"的说法。到两汉,义利之辨发生了变化。董仲舒对胶西王问时说:"仁人者,正其道,不谋其利,修其理,不急其功,致无为,而习俗大化,可谓仁圣矣。"④班固把它概括为"正其谊不谋其利,明其道不计其功"⑤。对"功"由"不急"改为"不计",一字之差突出了对功的排斥态度。仁义和功利互相排斥的观点,为大多数宋明理学家所赞同。

义利之辨在理论形态上表现为道义论与功利论的对立。两种不同导向的

① 颜元:《颜元集·颜习斋先生言行录》卷下,第 671 页。
② 颜元:《颜元集·四书正误》卷一,第 163 页。
③ 《孟子·梁惠王上》。梁启超说:"孟子之最大特色,在排斥功利主义。"(见梁启超:《先秦政治思想史》,中华书局 1986 年版,第 85 页)颜元说孟子批驳"利",是针对"掊克聚敛"而言的,因为他心目中的儒学真脉为孔孟之道,他有着强烈的圣贤崇拜的情结,故不能对孟子指责罢了。
④ 董仲舒:《对胶西王越大夫不得为仁》,载苏舆:《春秋繁露义证》,钟哲点校,中华书局 1992 年版,第 268 页。
⑤ 《汉书·董仲舒传》。

价值观,规定了人们的行为方针,指导着人们选择何种行为规范和追求什么样的利益。功利论强调以道德领域之外的经验世界或客观事实去寻找确定人的价值和行为的根据,其着眼点在于个人对他人、社会和民族的作为和事功。道义论主张从道德领域的本身去寻求判断人的价值和行为的根据,故偏重向内的心性上用力并辅之以静坐修养的功夫,极少有经世致用的探讨研究。如程颢所言:"圣贤千言万语,只是欲人将已放之心,约之使反,复入身来,自能寻向上去,下学而上达也。"①从理论上说,这是一种典型的道义论。

颜元与宋明理学的分歧,就是功利论与道义论的对峙。朱熹说:

> 凡事不可先有利心,才说着利,必害于义。圣人做处,只向义边做。②

二程认为,董仲舒之所以"度越诸子",就是因为"董子有言:'仁人正其谊不谋其利,明其道不计其功'"。③这充分体现二程的道义论实质。朱熹视功利为危害人心的最大祸根,他对永康、永嘉学派功利论的忧患心情,超过了与他激烈争论过的陆九渊的心学。他说:"江西之学只是禅,浙学却专是功利。禅学后来学者摸索,一上无可摸索,自会转去。若功利,则学者习之,便可见效,此意甚可忧。"④朱熹认为,掺入了禅学因素的象山之学并不可怕。学禅者常常会出现一旦不得其诀窍便会掉头转向的情况。陈亮与叶适的功利论则不同于学禅,它会使收到实际效果的人深信不疑。二程"凡事不可先有利心",朱熹对功利论的骇怕,与颜元倡导的功利论适成鲜明的反差。

颜元结合当时实例,写了一段功利论色彩浓郁的评语:

> 都门一南客曹蛮者,与吾友王法乾谈医云"惟不效方是高手",殆朱子之徒乎? 朱子之道千年大行,使天下无一儒,无一才。⑤

---

① 程颢、程颐:《二程集·河南程氏遗书》卷一,第5页。
② 朱熹:《朱子语类》卷五一,黎靖德编,王星贤点校,中华书局1991年版。
③ 程颢、程颐:《二程集·河南程氏粹言》卷二,第1238页。
④ 朱熹:《朱子语类》卷一二三。
⑤ 颜元:《颜元集·朱子语类评》,第266页。

颜元早年因家贫学医,深知医道的真谛在于临床实践。深受朱熹理学影响的曹蛮固执地认为,只要口头上懂得医道就是"高手"了。颜元指出,都照朱熹的思路去做,世界上就没有一个真正的儒者,也无真才实学的人才。无论是二程对董仲舒的礼赞,还是朱熹对南宋永康、永嘉学派的害怕,颜元断言,他们的学术是空疏无用之学,他们是十足的"腐儒"。颜元认为,计功谋利是儒家经典与古代圣王一以贯之的传统,如《周易》讲"利"的地方就很多。本人初步统计,六十四卦中"利"字出现了90次,而注重实际功用和效果的卦爻辞比比皆是。原因很简单,《易经》本来就是一部供人们卜问事情吉凶、求得行动成功的占筮书。颜元觉得这是一个有力的佐证,可作为功利论的重要论据。更重要的是"利用""正德""厚生"这"三事",已为圣人尧、舜与《尚书》所指明。在颜元心目中,二程、朱熹的学术宗旨已经是与圣贤之道和儒家传统背道而驰了。

二、"六府、三事、三物"之学

颜元学说是以"六府、三事、三物"为核心的事功之学。颜元说:

> 唐虞之世,学治俱在六府、三事,外六府、三事而别有学术,便是异端。周孔之时,学治只有个三物,外三物而别有学术,便是外道。①

"三事"即《尚书·大禹谟》中所说的"正德、利用、厚生";"三物"即《周礼·大司徒》中的"乡三物",为"六德"(知、仁、圣、义、忠、和)、"六行"(孝、友、睦、姻、任、恤)、"六艺"(礼、乐、射、御、书、数);"六府"为金、木、水、火、土、谷。颜元对"六府"的论述不及李塨详尽而完整,故以李塨的论述更能说明问题:

> 六府三事,此万世亲民之至道也。言水,则凡沟恤、漕挽、治河、防海、水战、藏冰、醦榷诸事统之矣。言火,则凡焚山、烧荒、火器、火战,与夫禁火、改火诸燮理之法统之矣。言金,则凡冶铸、泉货、修兵、讲武、大司马之

---

① 颜元:《颜元集·颜习斋先生言行录》卷下,第685页。

法统之矣。言木，则凡冬官所职，虞人所掌，若后世茶榷、抽分诸事统之矣。言土，则凡体国经野，辨五土之性，治九州之宜，井田、封建、山河、城池诸地理之学统之矣。言谷，则凡后稷之所经营，田千秋、赵过之所补救；晁错、刘晏之所谋为；屯田、贵粟、实边、足饷诸农政统之矣。至三事，则所以经纬乎六府者也。正德，正此金、木、水、火、土、谷之德也；利用，利此金、木、水、火、土、谷之用也；厚生，厚此金、木、水、火、土、谷之生也。①

颜元所说的"学"，内容极为丰富。水利工程、防治水灾、交通运输、武器制造、军事训练、自然科学、财政货币、农业生产、政治制度、土地问题等等均囊括在内。颜元倡导的"学治"，是说学术一定要有实际应用的意义，对自然、社会、政治、军事、生产等有治理价值。"三事"是贯穿于"六府"的"经纬"。而六德、六行、六艺即尧、舜所谓正德、利用、厚生，为西周大司徒教民的六项道德标准与行为准则。"三事"实际上就是"三物"。文中所列举的历史人物，皆是因事功而彪炳千古的。赵过在汉武帝时任"搜粟都尉"，为掌管全国农业的最高行政长官。他推行代田法、牛耕并发明耧车，这三位一体的系统工程，是中国传统农业发展中的里程碑。耧车的构造原理和功能与现代条播机大同小异，后者是在耧车的基础上逐步发展出来的。晁错是西汉政论家，汉景帝时任御史大夫。他坚持"重本(农)抑末(商)"政策，建议募集民众到塞下屯田，积极防御匈奴的侵扰。刘晏是唐代的理财家，在安史之乱期间担任度支、铸钱、盐铁使等职，后又兼转运、常平使之职。他疏浚汴水，用分段转运方法，岁运江、淮粮食数十万石，以解决关中粮食问题。这些历史人物，都是重视"六府三事"的，在解决民生问题上做出了卓越的贡献。李塨列举出这些历史人物，是为了论证他的功利论。

贯穿于"三事三物"中的是"习行经济"，这是颜元终身不懈的治学宗旨。

　　三事、三物之学可复，而诸为儒祸者自熄。故仆谓古来《诗》《书》，不过习行经济之谱。但得其路径，真伪可无问也，即伪亦无妨也。今与之辩书册之真伪，著述之当否，即使皆真而当，是彼为有弊之程、朱，而我为无

---

① 李塨：《瘳忘编》，载陈山榜、邓子平主编：《颜李学派文库》第 4 册，第 1087 页。

弊之程、朱耳,不几揭衣而笑裸,抱薪而救火乎![1]

颜元不在乎典籍上"尧舜三事,周孔三物"是否合乎历史的真实。他认为,如果一定要辨别书籍之真伪,如同脱衣后去嘲笑裸体者、抱了柴火却去救火一样滑稽。"习行经济"是指人们要在自己的行为中,把"经世济民"之道的实行作为头等大事。颜元的"习",强调人的行为是来自后天,是在与事物实际接触后所形成的习惯。"习行"是表现在人的行为和举止上的,是以"经世济民"为宗旨的。"经济"一词的内涵在中国古代为"经世济民",主要是政治上的意思,如个人、社会做出事功上的贡献,做一番轰轰烈烈的事业,而非现今讲的财政、货币、资本之意。颜元为了增加自身主张的权威性,把孔子所作所为说成与这一主张相吻合。如说,"孔子与三千人习而行之,以济当世,是圣人本志本功"[2];如说,孔子整理六经等古籍,"是裁成习行经济谱"[3]。颜元心中希冀的是"建经世济民之勋":"(张仲诚)谦德自抑,奖进后辈,谓诸高弟曰:'浑然南来,大有益于我辈,愈加习行矣。'夫先生之重习行,岂待颜元哉!亦先生之借蛙激军,善励及门则然耳。自此习行日懋,建经世济民之勋,成辅世长民之烈,扶世运、奠生民者,必出于起庵先生之门也。"[4]颜元写这封信,是在他58岁南游归来后。那年他到河南上蔡县,在张仲诚那里居住了月余。张仲诚(起庵)认为大力倡导"习行"的颜元,是有益于自己的。颜元认为这是张仲诚在用激将法。颜元指出,以后建功立业的人才,必出自张仲诚的门下。这里有着文人相互客套的成分,但却真实地反映了颜元对"经世济民之勋"的殷切期望。通常情况下,在朋友家留居一段时间,回家后都要写封信以示谢意。这样的信不乏客套的东西,但更多的是人们内心的真切流露。"读得书来,口会说,笔会作,都不济事,

---

[1]　颜元:《颜元集·习斋记余》卷三《寄桐乡钱晓城书》,第441页。

[2]　颜元:《颜元集·四书正误》卷一,第157页。

[3]　颜元:《颜元集·四书正误》卷三,第174页。

[4]　颜元:《颜元集·习斋记余》卷三《与上蔡张仲诚书》,第433页。"仲诚名沐,以进士知内黄县事,有惠政。论学大旨宗陆、王而变其面貌,以一念常在为主,弟子从者甚夥。"(李塨:《颜习斋先生年谱》,载颜元:《颜元集》,第771页)又孙奇逢与张仲诚有书信往来,探讨学术问题:"手教谕学以学此心,不至于天,有难已者。此言能抉其要,与鄙意正相吻合。"(孙奇逢:《孙奇逢集》中册《夏峰先生集》卷七《答张仲诚》,中州古籍出版社2013年版,第740页)由此来看,门下弟子众多的张仲诚在清初学坛上也是一个相当活跃的学者。

须是身上行出,方算学问。"①在颜元看来是否有学问,当以个人实行为衡量的标准。这是从个人角度说的。

从国家与民族角度看,他把"学治"与朱熹学术做一比较,比较的标准则为"事功":

> 天文、地志、律历、兵机数者,若洞究渊微,皆须日夜讲习之力,数年历验之功,非比理会文字可坐而获也。先生既得其渊微,奈何门人录记言行之详,未见其为如何用功也!况语及国势之不振,感慨以至泣下,亦悲愤之至矣。则当时所急,孰有过于兵机者乎!……乃其居恒传心,静坐主敬之外无余理,日烛勤劳、解书修史之外无余功,在朝莅政,正心诚意之外无余言。②

"先生"是指朱熹,他的学生对其言行记述十分详尽。流传于世的《朱子语类》达 140 卷 230 万字,颜元仔细读后,发觉朱熹在事功方面没有留下什么痕迹。颜元认为,有实用价值的知识,必须通过不断地练习、经常地实验才能掌握,尤其在北方少数民族大举压境之际,军事方面的学问更显得重要。尽管朱熹对南宋国力不振的形势感到非常的焦虑,但是实际功绩就是没有。"入仕二十七年,分毫无益于社稷生民,分毫无功于疆场天地。书生艳之,亦无可表章,左曰'义仓',右曰'义仓'而已。义仓一节,亦非朱子所创也。"③"义仓"指社仓,始于汉代的常平仓与隋代的义仓,为中国古代仓储制度的两种主要类型。这是平时储粮以备荒年救济公众的粮仓。最初创立社仓的是朱熹的好友魏掞之,但对社仓的发展与完善上,朱熹的功劳不小。淳熙八年(1181),宋孝宗接受朱熹的建议,下令在各地推行社仓制度。因朱熹在后世影响深远,后世一般以他为社仓的创始人。此即颜元"书生艳之"一语的由来。颜元没有否认朱熹的功劳,但指明"义仓"(社仓)不是朱熹所创立的。④ 士人在朝做官,能否做出一番

---

① 颜元:《颜元集·习斋记余》卷四《答齐笃公秀才赠号书》,第 466 页。
② 颜元:《颜元集·存学编》卷三,第 75 页。
③ 颜元:《颜元集·朱子语类评》,第 277 页。
④ 现今保存最好的义仓,是陕西大荔县的丰图义仓。它始建于光绪八年(1882),中华人民共和国成立后由大荔县粮食局朝邑粮站使用。这是唯一能使用且兼具文物与实用价值的城堡式粮仓,占地 63 亩,可储粮 5220 吨。北仓顶中绘有朱熹像,以表彰其在社仓建设上的倡导作用。

事业来,是受多重因果关系制约的。担任官职与建功立业,不存在对应的关系。颜元对朱熹的指责,有点脱离当时政局的实际。但就朱熹学说宗旨而言,它是把人的一切行为依赖于内在的道德价值评判,"向内便是入圣贤之域,向外便是趋愚不肖之途"①。结果便如颜元所说,"正心诚意之外无余言"。就客观环境而言,颜元的批评有可商榷之处;但就个人学术来看,颜元的指责可谓一剑封喉,矛头直指朱熹的道义论。颜元不同于朱熹,他追求的是客观效果。颜元对这场论争所持的态度是褒陈贬朱。"天文、地志、律历、兵机数者",是颜元"六府"中的内容。颜元的"习行"是手段,目的是要人们树立"经世济民"的抱负。因为人们与社会上的"事"、自然界的"物",断不了联系。颜元激烈反对"静坐主敬""正心诚意",大力提倡做一番"辅世长民"事业的缘由,可以从中找到答案。"六府、三事、三物"之学,就是"事功为首"宗旨的具体展开。颜元再次抬出孔子来说明自己主张的权威性,认为孔子"稍长即多能鄙事",于"一切涵养心性、经济生民者,盖无所不为也"。② 圣人崇拜的观念是深入颜元心灵深处的。

三、"先行原则"的综合与发扬

人类的思想史是一个发展中的系统。前人提出的见解作为"先行原则",在后人那里往往成为一种思想材料,成为构建新的思想体系的出发点。黑格尔在讲到哲学史发展规律时提出了这一见解:

> 每一哲学曾经是,而且仍是必然的,因此没有任何哲学曾消灭了,而所有各派哲学作为全体的诸环节都肯定地保存在哲学里。但我们必须将这些哲学的特殊原则作为特殊原则,和这原则之通过整个世界观的发挥区别开。各派哲学的原则是被保持着的,那最新的哲学是所有各先行原则的结果,所以没有任何哲学是完全被推翻了的。那被推翻了的并不是这个哲学的原则,而只不过是这个原则的绝对性、究竟至上性。③

---

① 朱熹:《朱子语类》卷一一九。
② 颜元:《颜元集·存学编》卷二,第 68 页。
③ 黑格尔:《哲学史讲演录》第 1 卷,贺麟、王太庆译,商务印书馆 1959 年版,第 40—41 页。

黑格尔区别了"先行原则"与"至上性原则"。"先行原则"是有历史价值的,不因时光流逝而失去意义,只是光芒被笼罩在后人的哲学体系中。"至上性原则"是缺乏历史价值的,当时的"至上性"会在后世人们心目中荡然无存。黑格尔认为,前人提出的"先行原则",只要是有价值的就永远不会被消灭,它作为一个环节被保留在最新的哲学体系中。下面据此观点来探索颜元功利论的渊源。我没有像有些学者一样追溯到墨子身上,这是由颜元对陈亮与王安石二人敬仰与憧憬的言论来衡定的。

(一)以陈亮为"大圣贤"的颜元

1911年丁宝铨在刊刻傅山《霜红龛集》时,讲及颜元与傅山学术上的相互关系时说:

> 按颜习斋为近今巨儒,乃极称同甫,见所著《习斋记余》者四。傅、颜论议先后一辙,由是以言,颜氏学风啬庐所渐渍者也。[1]

全祖望在《阳曲傅先生事略》中记述傅山对宋代不同儒学学派态度时说:"或强以宋儒之学问,则曰:'必不得已,吾取同甫。'"[2]傅山(1607—1684),字青主,别字啬庐,明清之际启蒙学者。讲学于三立书院,明亡后隐居山中,自称朱衣道人。清廷开博学鸿词科以笼络名士,以死拒不应征,特授中书舍人,仍托老病辞归。知识渊博,能诗文、工书画、精医学,精通经史,于诸子之学造诣尤深,开清代研究先秦子学之风。全祖望记其生平与思想时,距他去世时间不长,所记自属可信。在明清之际启蒙学者中,颜元与傅山相互之间是没有交往的,不似王夫之与方以智、顾炎武与傅山之间有亲密的过从关系。傅山比颜元大了29岁,两人却同步推许陈亮(同甫)的事功之学。丁宝铨认为颜元承继傅山之观点,是相当有见地的,因为两人对功利论都是青睐的。[3]

颜元决裂程朱前,就已表示自己对陈亮事功之学的佩服。颜元许多观点

---

① 丁宝铨:《霜红龛集序》,载傅山:《霜红龛集》,山西人民出版社1985年版。
② 全祖望:《全祖望集汇校集注·阳曲傅先生事略》,第480页。
③ 傅山说"圣人为天下,必于见其功","宋人议论多而成功少,必有病根,学者不容易抹过",分见于《霜红龛集》卷三五与卷三六,第983与998页。

是从陈亮那里生发出来的。兹择举颜元言论为证：

> 陈同甫谓人才以用而见其能否，安坐而能者不足恃；兵食以用而见其盈虚，安坐而盈者不足恃。吾谓德性以用而见其醇驳，口笔之醇者不足恃；学问以用而见其得失，口笔之得者不足恃。①

> 看陈龙川答朱子书，至"今之君子欲以安坐而感动之"，浩叹曰："宋人好言习静，吾以为今日正当习动耳。"②

> 思文墨之祸，中于心则害心，中于身则害身，中于家国则害家国。陈文达曰："本朝自是文墨世界。"当日读之，亦不觉其词之惨而意之悲也。③

这是颜元分别在 43 岁、46 岁、56 岁时说的话。陈亮痛斥道义论于前，颜元有感于功利论在后。颜元以"用"对"虚"，以"习动"对"习静"，其批判"文墨世界"，率多是发挥陈亮的见解。"文墨世界"是颜元的概括，陈亮的原话为："本朝以绳墨立国，自是文法世界。"④"今之君子欲以安坐而感动之"也是颜元的概括。陈亮的原话为："若只欲安坐而感动之，向来诸君子固已失之偏矣。"⑤人们安心于"习静"的"文墨世界"，会对个人与家国造成极大的灾害，是绝对"不足恃"的。颜元强调，无论是人才使用上，还是军事战争与农业生产上，抑或人的德性与学问上，以是否"有用"为试金石。颜元以"习动"来否定"习静"，是他从陈亮与朱熹的王霸义利之辩衍发出来的见解。因此有必要对思想史的这场论争花些笔墨进行介绍。陈亮(1143—1194)，字同甫，学者称龙川先生。他一生坎坷，年轻时读书谈兵，倡言改革，力主抗金，独好王霸大略、兵机利害。治学讲求事功，仰慕功绩扬于天下的英伟之士。纵论历史上的英雄人物，盛称汉高祖刘邦和唐太宗李世民的功业。陈亮的功利论与朱熹的道义论，泾渭分明。两人各持一端，展开了长达 11 年的争论：

---

① 李塨：《颜习斋先生年谱》，载颜元：《颜元集》，第 747 页。
② 李塨：《颜习斋先生年谱》，载颜元：《颜元集》，第 750 页。
③ 李塨：《颜习斋先生年谱》，载颜元：《颜元集》，第 766 页。
④ 陈亮：《陈亮集》卷二一《与吴益恭安抚》，中华书局 1974 年版，第 280 页。
⑤ 陈亮：《陈亮集》卷二〇《壬寅答朱元晦秘书》，第 274 页。

愿以愚言思之,绌去义利双行、王霸并用之说,而从事于惩忿窒欲、迁善改过之事,粹然以醇儒之道自律。①

亮以为学者,学为成人,而儒者亦一门户中之大者耳。秘书(朱熹)不教以成人之道,而教以醇儒之道,岂揣其分量则止于此乎? 不然,亮犹遗有恨也。②

朱熹规劝陈亮,叫他以"醇儒自律"。朱熹以"醇儒"为理想人格,陈亮觉得这不符合孔子所说的"成人"。在陈亮心目中,"成人"是才德双行、智勇兼备、建功立业的英雄,不是朱熹所讲的革尽人欲、复全天理的"醇儒"。朱熹认为,无论是个人利益或社会利益,都不具有价值取向的意义。陈亮反复强调,为国家与民族建功立业的英雄豪杰,他们的赫赫功绩才具有价值取向的意义。朱、陈的王霸义利之辨的实质,是功利论与道义论的对立。

颜元尊陈贬朱的倾向是一目了然的,这是他以功利论去评判的结果。颜元说:

如陈龙川谈"经世大略,合金、银、铜、铁镕为一器",此一句最精,最真,是大圣贤、大英雄垆锤乾坤绝顶手段,却将去与书生讲,犹与夏虫语冰矣。③

予观朱子论龙川数段,思索尝言"以幹济英雄手段向宋家书生说,如与夏虫问冰",益信矣。④

陈亮在给朱熹的信中,有"搅金、银、铜、铁作一器,要以适用为主"的话。朱熹心领神会,立即作了评语:"可见其立心之本在于功利。"朱熹觉得,循着陈亮的功利论,"不唯坏却金银,而铜铁亦不得尽其铜铁之用"⑤。颜元与朱熹意见相反,认为这是"经世大略",是大英雄、大圣贤治理天下、安定乾坤的最高明的手

① 朱熹:《朱文公文集》卷三六《答陈同甫书四》,商务印书馆四部丛刊本。
② 陈亮:《陈亮集》卷二〇《又甲辰秋书》,第282页。
③ 颜元:《颜元集·朱子语类评》,第269页。
④ 颜元:《颜元集·朱子语类评》,第265页。
⑤ 朱熹:《朱文公文集》卷三六《答陈同甫书八》。

段。陈亮心目中的"大英雄、大圣贤",是有着推倒一世之智勇、开拓万世之心胸的宏大襟怀的人物。颜元以"大英雄、大圣贤"为自己憧憬的理想人格。颜元指出,"大英雄、大圣贤"放眼于社会、国家、民族,以生民利益为重的宽大胸襟,是朱熹无法理解的。颜元举了《庄子》中"夏虫语冰"的典故,来讥讽朱熹的鼠目寸光。庄子是一位善用寓言讲哲学的思想家,《庄子》一书有寓言两百多则。在《庄子·秋水》中,庄子列举了一偏之见的种种表现:"井蛙不可以语于海者,拘于墟也;夏虫不可语于冰者,笃于时也;曲士不可语于道者,束于教也。"井底之蛙,无法与它谈论辽阔的海洋;夏天的虫子,难以与它议论冰天雪地;一偏之见的士人,不可能与其交谈如何把握全面的道理。庄子举了这些事例,是要说明时间、空间与文化教育上的局限,是人们认识上产生偏见的前提。要把握全面的真理("道"),必须破除认识上的片面性。颜元把朱熹比作生死周期仅限夏天的虫子,于冰天雪地的事情是无从理解的。颜元认为,同视野仅为读书之斗室的朱熹讨论为国家与民族的利益建功立业的大事是没有意义的。

泾渭分明的评价不是颜元一时的冲动,是他长时间研读陈亮著作后深思熟虑的结果:

> 予初从陆、王入手,继见《性理》周、程、张、朱之书,又交先生(按:指刁包),遂专主程、朱。莫谓闻诋毁伊川、晦庵者怫然怒,但闻朱、陆互有长短者亦怫然怒;尝称"周元公真圣人"、"朱文公真圣人",不惟举诸口,亦已笔之书。迨读《朱子语类》有云:"江西顿悟,同甫事功,断却两路,方可入道。"遂疑二子必是异端,此时虽有以二家书进者,必摈而不观也。惟戊申遭丧后,忽觉程、朱非孔子正派,始思二家书。以朱学大行,二家高阁。求之十余年,得《象山全集》于陈太守家,得《龙川集》于萧扶沟家,乃知赵氏(按:指宋朝)运中,学术原有此三派,皆非周、孔旧道也。然使文达之学行,虽不免杂霸,而三代苍生或少有幸;不幸陆、朱并行,交代兴衰,遂使学术如此,世道如此。①

这段话有三点值得注意。第一,朱熹之学在清初大盛后,陆九渊与陈亮的著

---

① 颜元:《颜元集·习斋记余》卷六《读刁文孝六集十二卷评语》,第508页。

作,已极难觅见。第二,颜元觉悟程朱之非后,花了十余年时间才找到陆九渊与陈亮的著作,才知道考亭、象山、永康三家之学在南宋时有过并行而不悖的情形。从"江西顿悟,同甫事功,断却两路,方可入道"的话可知,陆九渊与陈亮在清初因"朱学大行"而被当作异端。第三,颜元对学术思想的研究,是专心致志的。他笃信程朱理学时,以周敦颐、朱熹为"真圣人";一旦与程朱理学决裂,便毅然决然地去寻找被朱熹视为异端学派的著作去研究。在认真研读了《龙川集》后,他觉得陈亮之学虽有点儿霸道,但比交替兴盛的考亭与象山的学说要好得多,因为陈亮的功利论,能使老百姓得到点好处。颜元有个结论:"龙川之道行,犹使天下强。"①

(二) 以"孔门道脉学宗之安石"自况的颜元

颜元在对王安石荆公新学的评判中,公开地表明了自己的学术宗旨是功利论。他不仅要为王安石翻案,且以王安石自况。先看一段非常有意思的对话:

> 吾友法乾王氏为吾辩宋儒,明尧、孔旧道,怒叫曰:"兄真王安石也。"曰:"然。荆公,赵家社稷生民之安石;仆,孔门道脉学宗之安石也。"②

王法乾,河北蠡县人。少狂放不羁,把读过的八股文全部烧掉。时人以为疯癫,颜元驰书奖之,遂结为好友。王法乾发觉,颜元对王安石评价很高,便气急败坏地说颜元就像王安石。颜元不仅承认,还把王安石视为安定北宋王朝的功臣。颜元认为,自己就是继承了孔子学脉的"安石"。王安石是北宋的改革家,学术上自成一家,人称荆公新学。王安石在世时,遭到众多旧党的反对,那是北宋政治斗争的反映。王安石死后,一向被后世士大夫所痛骂,并历史地积淀为一种相对固定的传统心态。在历史观上有许多明智之见的王夫之,也不能摆脱这一传统:"王安石之允为小人,无辞可逃","毁先圣之遗书而崇佛、老也,怨及同产兄弟而授人之排也,子死魄丧而舍宅为寺以丐福于浮屠也。若此者,

---

① 颜元:《颜元集·朱子语类评》,第272页。
② 颜元:《颜元集·朱子语类评》,第313页。

皆君子所固穷濒死而必不为者也。乃安石则皆为之矣"。① 颜元青年时作《王道论》时即有志社会改革,友人李明性感叹地说,颜元如果在朝做官掌握实权,一定会像王安石那样,有偏激之弊病。李明性是李塨的父亲,他花了二十年的时间手抄朱熹的《资治通鉴纲目》累计达百余册。他与王法乾同为程朱理学的信徒,两人对王安石的看法是蹈袭程朱路子的。为什么一个励志改革的革新家,遭到后世的诟骂呢?

第一,王安石变法是中国历史上的重大政治改革,但最后以失败告终。一个改革的失败者,在中国古代社会里历来是受人辱骂的。"门前无爵罢张罗,元酒生刍亦不多。恸哭一声惟有弟,故时宾客合如何?""去来夫子本无情,奇字新经志不成。今日江湖从学者,人人讳道是门生。"②从这两首诗中可知,只有王安石的弟弟怀有兄弟情谊。他的友朋和门生唯恐被王安石所累,真可谓树倒猢狲散。

第二,王安石的"三不足",是与儒家传统的正统思想相对峙的。"天命不足畏,祖宗不足法,人言不足恤"是王安石行新法之前的流行语。王安石没有直接讲过这三句话,但"三不足"的主张在他思想里是确实存在的。③ 儒家传统中,祖宗崇拜与天命崇拜这两个观念是根深蒂固的,而偏偏为王安石所否定。这是非圣无法的言论。

第三,反对新法的旧党势力浩大,他们对王安石的攻击是全方位的。从政治、学术一直到人身,不遗余力。旧党的中坚人物,除司马光外,如二程、邵雍、张载等人均是理学家。程颢多次在宋神宗面前讥评王安石。据记载:"昔见上称介甫之学,对曰:'王安石之学不是。'"④宋神宗称赞王安石的学说,程颢敢在皇上面前说"不"字。两人在日常场合下的交锋,自然是更为激烈。王安石为推行新法,将一部分旧党人物贬逐。程颢也在被逐之列,权发遣京西路提点刑狱。程颢去世后,其弟程颐对王安石的态度,与其兄如出一辙。

第四,朱熹承二程之后推波助澜,极力贬低王安石的人品与学术。朱熹对

① 王夫之:《宋论》卷六,舒士彦点校,中华书局1964年版,第117页。
② 张舜民:《哀王荆公》,转引自邓广铭:《王安石》,人民出版社1979年版,第225页。
③ "三不足"最早见于司马光的记载:"熙宁三年(1070)三月二十八日,时王介甫言于上,以为天命不足畏,祖宗不足法,人言不足恤。"(《司马公文集》卷七三《学士院试李清臣等策目》)
④ 程颢、程颐:《二程集·河南程氏遗书》卷二上,第17页。

王安石许多非圣无法、非议儒学传统的言论有切肤之痛。他所编的《三朝名臣》虽列入了王安石，但收录的是坏话。在回答学生提问时说："如医者治病，其心岂不欲活人？却将砒霜与人吃。及病者殆，却云我本心欲救其病，死非我之罪，可乎？介甫之心固欲救人，然其术足以杀人，岂可谓非罪？""若王氏之学，都不成物事，人却偏要去学，这便是不依本分。"①在朱熹心目中，王安石不仅是一个不安本分的人，而且认为荆公新学是"杀人"的利器。

这四个因素的综合，加上程朱理学一直是官方哲学，让士大夫，尤其是程朱理学的信徒，对王安石都持否定的态度。朱熹说杨时的长处就是善于攻击王安石，但颜元认为杨时是"孔门罪人"：

> 以无用学究误经世君子，杨时之罪上通于天，朱子偏称他"长于攻王氏"。吾人生两间，不思习行圣道，不去经世济民，只去口舌攻人，孔门罪人也。②

颜元区分了两类人："无用学究"与"经世君子"，他认为，"口舌攻人"不是评价历史人物的标准，标准是看历史人物能否"经世济民"。尽管朱熹对杨时（程门四大弟子之一）倍加称赞，但颜元觉得杨时是一个"无用学究"，是地地道道的"孔门罪人"。

颜元一反士大夫与理学家的传统心态，对王安石在北宋政治上的作用却备加赞许：

> 介甫吾所推服，为宋朝第一有用宰相。③
>
> 吾许公为三代后第一人，殆不误也。④
>
> 以真忠真义，大功大劳，廉洁干济之宰相，当时被腐固书生乱其政，使大功不成；后世被悖谬书生坏其名，使沉冤不雪。岂惟公之不幸，宋之不幸哉！天地气运之不幸，百世生民之不幸也！予有《宋相辨》《宋史评》，力

---

① 朱熹：《朱子语类》卷一三〇。
② 颜元：《颜元集·朱子语类评》，第314页。
③ 颜元：《颜元集·朱子语类评》，第288页。
④ 颜元：《颜元集·朱子语类评》，第312页。

为乾坤翻此大案。①

《宋相辨》与《宋史评》未流传下来,《颜元集》中有《宋史评佚文》,戴望在《颜氏学记》卷三辑有《宋史评》部分佚文。颜元著《宋史评》为王安石辩解,是想还原为后人所混淆不明的王安石的真实面貌。佚文认为,与当时士大夫相比,王安石"廉洁高尚,浩然有古人正己以正天下之意",认为"《宋史》尚可信邪!"②把一个为国家建功立业的君子,诬为小人,"岂惟公之不幸,宋之不幸哉!"颜元非议过王安石浸染佛学,但不妨碍他从功利论的角度去肯定王安石,为王安石鸣冤翻案,这使受程朱理学传统影响很深的李明性、王法乾极度不满。颜元之"第一有用""大功大劳"等语,表明他对王安石所作的功利论的评价突破了以道德价值判断的传统。对历史人物及其学说的评价,可以从多元的视野去论定。可以是阶段论,即分不同的阶段去评价;可以是功过论,即以对社会的功过得失来论定;可以是道义论,即以道德原则作为评议的指导原则。王法乾所持的是后者,他觉得颜元的言论实在太出格了,便形诸于色"怒叫"了起来。

对勘王安石与颜元两人的主张,有明显的相通之处。王安石把学术当作治国的根本,颜元与其主张一致而条理更为清晰:

> 古者天子、诸侯,自国至于乡党有学,博置教道之官而严其选。朝廷礼乐、刑政之事,皆在于学。学士所观而习者,皆先王之法言德行治天下之意,其材亦可以为天下国家之用。苟不可以为天下国家之用,则不教也。③（王安石）

> 学术者,人才之本也。人才者,政事之本也。政事者,民命之本也。无学术则无人才,无人才则无政事,无政事则无治平、无民命,其如儒统何!④（颜元）

在学术、人才、政事、治平四者之中,颜元认为学术是根本。王安石并无如此的

---

① 颜元:《颜元集·朱子语类评》,第 264 页。
② 戴望:《颜氏学记》卷三,载陈山榜、邓子平主编:《颜李学派文库》第 5 册,第 1436—1437 页。
③ 王安石:《王文公文集》卷一《上皇帝万言书》,唐武标注,上海人民出版社 1974 年版,第 3—4 页。
④ 颜元:《颜元集·习斋记余》卷一《未坠集序》,第 398 页。

层次分明的厘定，只是笼统地说"皆在于学"。重要的不是细微的区别，而是两人皆以"学术"为治理天下的根本。这与儒家传统所说的"内圣外王"有明显不同。"内圣外王"源自庄子，"内圣"是针对个人的内在道德修养而言，"外王"是针对个人在社会中的作用和事功来说的。《论语·宪问》中，"修己以安百姓"一语点出了"内圣外王"之学的真谛。内在德性的高尚和外在事功的显赫这两方面达到了一致与和谐之人，在孔子心目中就是圣人了。孔子称赞管仲"如其仁"，又誉"管仲相桓公，霸诸侯，一匡天下，民到于今受其赐"，把内圣外王的意蕴发挥得相当透彻。"修己"为"内圣"之学的肇始，"安百姓"为"外王"之功的初现。安定百姓是在个人道德修养基础上实现的，有着道德价值至上的倾向。后来孟、荀对"内圣外王"均有不同程度的发挥，但对后世影响深远的却是《大学》说的"修齐治平"。《大学》明确讲，从天子到庶人以修身为根本，然后再做好治家、齐国、平天下的事情。修身为"治天下"的先决条件，是对孔子"内圣外王"的进一步发展。颜元与王安石一样，强调"学术"为治国、平天下的基石，不再提倡儒家道德价值至上论的传统。颜元同王安石补充的，是儒家传统中所缺乏的以有用为宗旨的学术理念。他们所面临的对象是整个社会、民族，他们的"学术"是要为生民造福祉的，不似理学家及其信徒们那样只考虑个人身心修养。王安石在历史上一而再、再而三地被反对者攻击，颜元为推崇程朱理学的朋友们所反复诘难，原因不外乎此。

王安石以周礼"乡三物"为宗，这也是颜元所主张的"三物"内容：

> 盖其教法，德则异之以智、仁、圣、义、忠、和。行则同之以孝友、睦姻、任恤；艺则尽之以礼、乐、射、御、书、数。淫言诐行诡怪之术，不足以辅世，则无所容乎其时。①（王安石）

> 学者，士之事也，学而明德、亲民者也。《周官》取士以六德：智、仁、圣、义、忠、和；六行：孝、友、睦、姻、任、恤；六艺：礼、乐、射、御、书、数。孔门教人以礼乐兵农，心意身世一致加功，是谓正学。②（颜元）

---

① 王安石：《王文公文集》卷三四《虔州学记》，第 402 页。
② 李塨：《颜习斋先生年谱》，载颜元：《颜元集》，第 730 页。

王安石的荆公新学，主要内容在《三经义》与《字说》。《三经义》指《诗义》《书义》与《周礼义》。《三经义》中与新法关系最密切的是《周礼义》。《周礼义》是新法的理论根据。① 颜元学说是以《周礼》中"三物"为核心，已如前述。

王安石主张士人应文武兼修，兼习文武的颜元于此欣然赞同：

> 先王之时，士之所学者，文武之道也。士之才，有可以为公卿大夫，有可以为士。其才之大小，宜不宜则有矣，至于武事，则随其才之大小，未有不学者也。②（王安石）

> 朱子重文轻武……其遗风至今日，衣冠之士羞与武夫齿，秀才挟弓矢出，乡人皆惊，甚至子弟骑射武装，父兄便以不才目之。长此不返，四海溃弱，何有已时乎！③（颜元）

颜元与王安石都有复古主义倾向，是从远古中去寻找各自向往的东西。他们以为，历史上黄金时代是在远古的"三代"，当代是一个弊端丛生的时代。这种复古主义历史观，为批评时政的思想家们提供了一个畅叙己见的平台。士的原始意义为武士，介于知识分子和农民之间。先秦时的士是文武兼习的，如墨子和他的门徒。春秋战国时代，士的身价逐渐提高，有士君子的称号。秦汉以后称为士大夫，但多已弃武习文，以后称之为文士。习武则以侠士称之。宋代重文轻武。赵匡胤是以兵变取得九五之尊的，深知悍将拥兵自重的危害，故大力削弱武将权柄而重用文人。文网松疏，对宋代学术发展起到的推动作用自不待言。但事情还有另外的一面，那就是一开国就处于"积贫积弱"的宋代，与少数民族所进行的战争总是处于下风。王安石不可能去动摇赵宋集团这一既定治国方针，便提出"文武之道"为士人应习之事的主张。明代八股文盛行，进士出身的官僚中，很少有文武双全的人才。"重文轻武"在明代演成习俗，是当时许多社会因素相互作用与综合的产物，颜元一股脑儿地归结为朱熹的遗风所致，这有点冤枉了朱熹。王安石与颜元都冀望恢复古代士人兼习文武的风俗，实质是要士人能够在社会中发挥出安邦定国的作用。他们的出发

---

① 参见侯外庐主编：《中国思想通史》第 4 卷（上），人民出版社 1959 年版，第 423—424 页。
② 王安石：《王文公文集》卷一《上皇帝万言书》，第 7 页。
③ 颜元：《颜元集·存学编》，第 58 页。

点均是功利论,具体地说就是学以致用。故颜元与王安石一样,都崇尚实学,反对浮文:

> 今士之所宜学者,天下国家之用也。今悉使置之不教,而教之以课试之文章,使其耗精疲神,穷日之力以从事于此。① (王安石)

> 有国者诚痛洗数代之陋,用奋帝王之猷,俾家有塾,党有庠,州有序,国有学。浮文是戒,实行是崇。使天下群知所向,则人材辈出,而大法行,而天下平矣。② (颜元)

王安石变法,是中国古代社会中经世致用之学最大规模的一次实践,但不幸失败了。"经世才难就,田园路欲迷。"③看来随意写成的五言诗,却入木三分地表明经世理想在政治领域中所遇到的巨大挫折。理学家把注意力转向反观内求,如朱熹要求陈亮以"醇儒自律"正是这一社会挫折的真实写照。熊十力说:"宋兴而周程诸老先生绍述孔孟,儒家复兴。然特崇义理之学,而视事功为末,其精神意念所在,终在克己工夫,而经国济民之术未遑深究。"④接踵而来的自然是静坐读书了,不接触社会实际,只关注"课试之文章"。颜元希望当权者"痛洗数代之陋",在各级学校贯彻"浮文是戒,实行是崇"的方针,使"天下群知所向,则人材辈出,而大法行,而天下平"。这虽是颜元的一厢情愿,但体现了经世致用学风在清初的重新萌动。

颜元的功利论,是对以往思想家"先行原则"的综合与发扬,是因为它融合了陈亮事功之学,以及荆公新学中的事功思想。颜元接受历史上思想家的影响并不限于上面这二人,但就主要方面而言,确实不外乎此二人。

---

① 王安石:《王文公文集》卷一《上皇帝万言书》,第6页。
② 颜元:《颜元集·存治编》,第109页。
③ 王安石:《王文公文集》卷七四《秣陵道中口占》,第789页。
④ 熊十力:《十力语要》卷二《复兴书院开讲示诸生》,中华书局1996年版,第186页。

第三章　颜元对宋明理学的批判及其担当精神

对宋明理学的批判，清初最激烈的当数颜元。如钱穆所说："习斋，北方之学者也。早年为学，亦尝出入程、朱、陆、王，笃信力行者有年，一旦翻然悔悟，乃并宋明相传六百年理学，一壁推翻，其气魄之深沉，识解之毅决，盖有非南方学者如梨洲、船山、亭林诸人所及者。"①以明清之际启蒙学者而言，黄宗羲因师承关系，于阳明心学终生萦怀而难以排遣；王夫之、顾炎武二人，较多地留恋于程朱理学而无以自拔。颜元有十年左右时间笃信陆王与程朱，在醒悟后创立了以"习行""实用"为核心的颜学。大凡一个人对原先崇信对象迷之愈深，尔后一旦觉醒，其对这一对象的弊端，看得比没有相信过的人更加深刻，清算也就愈有力度。颜元"一壁推翻"宋明理学，确实要比黄宗羲、王夫之与顾炎武来得彻底。在学问与事功的统一上，颜元是明清之际经世致用学风的集大成者，集中体现在他勇于担当天下大事的担当精神中。

第一节　"以学术杀人"的祸害

颜元的抨击集中在两个方面。一为理学的空疏无用，"以学术杀天下"；二为理学承袭佛教，形成"儒名释实"的格局。

一、宋明理学之无用

理学家标宗立派，用"天理""本心""良知"等范畴来构筑各自的体系。但

---

① 钱穆：《中国近三百年学术史》，商务印书馆 1997 年版，第 177 页。

其间的差异并不妨碍它的众多派别与事功之学划清界限,而倾注于反身内省的"性天之教"。清初程朱、陆王之争颇为热闹,颜元从功利论出发,视两派学说都是经世致用之学的死敌,于个人身心是"无补"的,于世道是"无用"的:

> 两派学辩,辩至非处无用,辩至是处亦无用。盖闭目静坐、读、讲、著述之学,见到处俱同镜花水月,反之身措之世,俱非尧、舜正德、利用、厚生,周、孔六德、六行、六艺路径。虽致良知者见吾心真足以统万物,主敬、著、读者认吾学真足以达万理,终是画饼望梅。画饼倍肖,望梅倍真,无补于身也,况将饮食一世哉![1]

> 宋、元来儒者却习成妇女态,甚可羞。无事袖手谈心性,临危一死报君王,即为上品矣。[2]

理学的空疏不切实际,南宋的陈亮早就指出了。这不是陈亮个人的见解,而是当时有识之士的共同看法:"世有一种浅陋之士,自视无堪以为进取之地,辄亦自附于道学之名,褒衣博带,危坐阔走,或抄节语录,以资高谈;或闭眉合眼,号为默识。而叩击其所学,则古今无所闻知;考验其所行,则义利无所分别。此圣门之大罪人也。"[3]道学就是理学,二程称他们的学问为道学:"自予兄弟倡明道学,世方惊疑。"[4]颜元是接着前人说的,但他的言辞犀利无比。颜学的精神实质是经世致用的事功。做学问一定要有为国为民的使命感与责任感,方能心安理得。从这一立场出发,他强调"实用"与"实绩":"天地所生以主此气机者,率皆实文、实行、实体、实用,卒为天地造实绩,而民以安、物以阜。"[5]程朱与陆王这两派无论如何论争,在颜元心目中,不仅错为无用,就是对也无用。这是颜元针对张烈的《王学质疑》而发的。程朱理学与陆王心学之间的争辩,在历史上持续了宋、元、明、清四个王朝。规模较大的除南宋朱陆"鹅湖之会"外,另一次为康熙初因明史馆拟立《道学传》而引发的张烈与毛奇龄的争论。张烈

---

① 颜元:《颜元集·习斋记余》卷六《阅张氏〈王学质疑〉评》,第493页。
② 颜元:《颜元集·存学编》卷一《学辨》一,第51页。
③ 田艺衡:《留青日札》卷三《道学见笑于宋》,朱碧莲点校,上海古籍出版社1992年版,第64页。
④ 程颢、程颐:《二程集·河南程氏文集》卷一一《祭李端伯文》,第643页。
⑤ 颜元:《颜元集·存学编》卷一《上太仓陆桴亭先生书》,第47页。

(1622—1685),字武烈,康熙九年(1670)进士,历内阁中书、翰林院编修,担任过《明史》纂修官。原信王学,后易帜反戈,以程朱的卫道者自居。因指责王学,与毛奇龄辩论。毛奇龄以阳明心学为圣学,视程朱理学为异端。张烈作的《王学质疑》,是清初引起广泛争议的一本书。全书以攻击阳明心学为宗旨,共五卷:一辨性即理、一辨致知格物、一辨知行合一、一为杂论、一为总论。《王学质疑》批评阳明心学,对程朱理学百般回护,被程朱理学信徒用作门户之争的看家武器。毛奇龄(1623—1716),浙江萧山人,字大可,学者称西河先生。康熙十八年(1679)应试博学鸿词科,列二等,授翰林院检讨,充《明史》纂修官。后以假归,不复出。学识渊博,所长者在经学,所言多中肯綮。尤喜音律,造诣很深,著有《竟山乐录》《圣谕乐本解说》《皇言定声录》等。年轻时听过刘宗周的讲学,但又惑于程朱无所适从。后于河南嵩山得异人授以阳明古本《大学》,自此笃信阳明心学。明史馆馆臣中,本来就分崇信程朱与陆王学说的两派人物。当时争论的焦点之一是《明史》是否立《道学传》? 与此相关的另一焦点是王阳明应该入何传? 这就引出对阳明心学评价的问题。[①] 张烈与毛奇龄的争论,因不在本书讨论范围之内,故不说了。

颜元对程朱与陆王之争持不屑一顾的态度,是因为他认为两派学说都无益于国计民生。两派在学风上都是"画饼望梅"。他们的信徒在国家与民族危难的时刻,束手无策,不是以愚忠心态一死了事,就是觉得自己所为不能于世道"有益",谈不上对民族与国家有什么贡献:

> 吾读《甲申殉难录》,至"愧无半策匡时难,唯余一死报君恩",未尝不凄然泣下也! 至览和靖祭伊川"不背其师有之,有益于世则未"二语,又不觉废卷浩叹,为生民怆惶久之![②]

"一死报君恩"的作者是明左都御史施邦曜,他是黄宗羲的朋友,也是阳明心学虔诚的信徒。《明史》有传:"邦曜少好王守仁之学,以理学、文章、经济三分而

---

① 争论的具体内容参见王茂、蒋国保等:《清代哲学》第2章,安徽人民出版社1992年版。本书在写作清初程朱与陆王之争时,参阅了这一章。

② 颜元:《颜元集·存学编》卷二,第62页。

读之,慕义无穷。"①施邦曜,字尔韬,浙江余姚人。万历己未(1619)进士,历任工部员外郎、漳州知府、左都御史等职。施邦曜在福建漳州任上时,取王阳明的著作,选辑摘要,精心编排,纂成《阳明集要三编》。此书共十五卷,分理学、经济、文章三部分。崇祯十六年(1643)临危受命守城。次年城被攻破,崇祯自缢,施邦曜自尽而亡。死前留下"我等不能匡求,惟有一死报国"等语,题了"愧无半策匡时难,但有微躯报主恩"的诗句在墙上。颜元为何要把自尽的人拿出来抨击一番呢?国人有个习惯性的观念,于亡故之人是取一了百了的态度。颜元对明朝的忠臣如此不留情面,答案是施邦曜此举并无实际价值,不符合他的事功之学。"和靖"即尹焞,是程颐晚年所收的得意门生。北宋末年拒绝做官,被宋钦宗赐号和靖处士。尹焞(1071—1142),字彦明。尹焞在绍兴八年(1138)主管万寿观兼崇政殿说书。后因不满秦桧与金和议,辞掉朝中职务到地方任职。一生的学术活动,以维护洛学的纯正为宗旨。他是程门弟子中继杨时之后,充当"帝王师"的另一个,以严守师说著称。程颐在修改《伊川易传》时感叹自己满足于对圣人之书作注释:"今农夫祁寒暑雨,深耕易耨,播种五谷,吾得而食之。今百工技艺作为器用,吾得而用之。甲胄之士披坚执锐以守土宇,吾得而安之。却如此闲过了日月,即是天地间一蠹也。功泽又不及民,别事又做不得,惟有补辑圣人遗书,庶几有补尔。"②农民生产粮食,供人们食用;手工业者制作器具,给人们使用;士兵执干戈卫社稷,让人们安定地生活。程颐觉得自己无法像农民、工匠、士兵那样在解决社会实际问题上做出贡献来,自己就像天地间的一个大蛀虫。这一内心独白,证实了程颐之学与事功毫不相干。尹焞推崇《伊川易传》,认为"读《易传》足以知伊川之学"③。尹焞"不背其师有之,有益于世则未",是亦步亦趋地跟从程颐的。以事功为自己学说宗旨的颜元,读到这十二个字时,要他不感叹万分也难。

再进一步,颜元分析了王阳明的心学与其事功之间缺乏真正的内在联系。这见于颜元回答学生的对话中:

---

① 《明史·施邦曜传》。

② 程颢、程颐:《二程集·河南程氏遗书》卷一七,第175页。

③ 尹焞:《伊洛渊源录》卷一一《墓志铭》,转引自徐远和:《洛学源流》,齐鲁书社1987年版,第249页。

或曰:"诸儒勿论,阳明破贼建功,可谓体用兼全,又何弊乎?"余曰:"不但阳明,朱门不有蔡氏言乐乎?朱子常平仓制与在朝风度,不皆有可观乎?但是天资高,随事就功,非全副力量,如周公、孔子专以是学,专以是教,专以是治也。"或曰:"新建当日韬略,何以知其不以为学者?"余曰:"孔子尝言:'二三子有志于礼者,其于赤乎学之。'如某可治赋,某可为宰,某达某艺,弟子身通六艺者七十二人,王门无此。且其擒宸濠,破桶冈,所共事者当时皆官吏、偏将、参谋,弟子皆不与焉。其《全书》所载,皆其门人旁观赞服之笔,则可知其非素以是立学教也。"①

这是说王阳明的事功与他的学说宗旨,呈现出二律背反的格局。细细咀嚼的话,可分三方面来说:(1)王阳明生擒宁王朱宸濠,平定了叛乱,是他个人"天资高",再加上偶然的因素,"随事就功"。(2)这么大的功劳不能全归于王阳明一人。王阳明手下的官吏、偏将、参谋,在其中起了重要的作用。应当说这是更为接近历史真相的说法。(3)王阳明从来不以事功之学去教导他的学生,他传授给学生的主要是"致良知"说。王阳明认为圣学不能通行的缘故是崇尚功利主义:"圣人之学日远日晦,而功利之习愈趋愈下。其间虽尝瞽惑于佛、老,而佛、老之说卒未能有以胜功利之心;虽又尝折衷于群儒,而群儒之论终未能有以破功利之见。盖至于今,功利之毒沦浃于人之心髓,而习以成性也几千年矣。"②王阳明认为战胜"功利之见"不能靠佛老,也不能靠以朱熹为代表的群儒之论,只有靠自己创立的心学。破除"功利之习""功利之心""功利之毒",是他创立良知说的原因。王阳明的学说宗旨与个人的事功是分裂的。颜元认为,周公、孔子之学是把学说宗旨贯穿到教育实践中去的。王阳明做不到这一点,"知其非素以是立学教"。深谙儒学的熊十力对此有相同论述:"阳明天资过高,他自己却本末一贯,体用兼备,但其教人确未尝于实用方面留神。故王学之徒满天下,非独不堪济世,而反以意见害天下事。"③熊氏此见可谓入木三分,王门后学是沿着"不堪济世"的路子走下去的。钱德洪说:"只为吾人自有

---

① 颜元:《颜元集·存学编》卷一,第 45 页。
② 王阳明:《王阳明全集》卷二《传习录中》,吴光、钱明、董平、姚延福点校,上海古籍出版社 1992 年版,第 56 页。
③ 熊十力:《十力语要》卷二《与贺昌群》,第 201 页。

知识,便功利嗜好,技能闻见,一切意必固我,自作知见,自作憧忧,失却至善本体,始不得止。"①邹东廓认为:"世俗通病,只认得个有才能、有勋业、有著述的圣人,不认得个无技能、无勋业、无著述的圣人。"②自明代中叶以降,王阳明的学说风靡了近两个世纪。黄宗羲在《明儒学案》中,列举了浙中、江右、南中、楚中、北方、粤闽和泰州这七个王门后学的不同学派。尽管阳明后学中各派的宗旨不尽相同,但在否定功利、为社会建立勋业等方面却是一致的。他们共同认为,像"良知""天理"那样的"至善本体",无论如何失却不得。人生的意义在于心性本体的自我完善上。颜元是一个彻底的功利论者,认为真正的学问是应该贯彻到事功上的。

理学家及其信徒们,其心灵安放是在"克已工夫"上。一个身居要职的官员对朱熹说"正心诚意之论上所厌离,戒勿以为言",然朱熹坚持己见,"吾平生所学,惟此四字,岂可隐默以欺吾君乎?"在奏折中,朱熹规劝宋孝宗不要"悦于功利之卑说"。③熊十力对宋明理学家有个评议:"宋兴而周程诸老生绍述孔孟,儒家复兴。然特崇义理之学,而视事功为末,其精神意念所在,终在克已工夫,而经国济民之术未遑探究。"④"克己"的重心,就是要人的精神向内:"向内便入圣贤之域,向外便趋愚不肖之途"(朱熹)⑤,"精神全要在内,不要在外,若在外,一生无是处"(陆九渊)⑥。无论是"心统万理"的陆王心学,还是"学达万理"的程朱理学,其精神全贯注于个人心性修养上,而无关民族、国家的命运。如"主静立人极"(周敦颐)、"敬义夹持"(二程)、"居敬穷理"(朱熹)、"自存本心"(陆九渊)、"省察克治"(王阳明)、"慎独"(刘宗周)……"性天之教"的谈论高于治平方略,口头上成就圣贤超过世俗功勋。由理学家道义论生发出来的这些"克己工夫",颜元认为是与"圣贤"的"富民""不忘苍生"之教背道而驰的:"圣贤但一坐便商确兵、农、礼、乐,但一行便商确富民、教民,所谓'行走坐

① 黄宗羲:《明儒学案》卷一一《浙中王门学案一》,载沈善洪主编:《黄宗羲全集》第7册,第256—257页。
② 黄宗羲:《明儒学案》卷一六《江右王门学案一》,载沈善洪主编:《黄宗羲全集》第7册,第386页。
③ 《宋史》卷四二九《朱熹传》。
④ 熊十力:《十力语要》卷二《复兴书院开讲示诸生》,第166页。
⑤ 朱熹:《朱子语类》卷一二九。
⑥ 陆九渊:《陆九渊集》卷三五《语录下》,第468页。

卧,不忘苍生'也,是孔门师弟也。"①

二、"朱学"与"王学"之杀人

颜元进而认为,程朱理学与陆王心学不仅对社会无用,且其中任何一种"独行"于世的话,都是杀人的利器。"以理杀人",戴震这一观点历来为人们所赞美。殊不知在戴震以前,颜元就指责宋明理学"以学术杀人"。颜元视"朱学"与"王学"皆为"杀人"之工具,这一观点在清初是惊世骇俗的:

> 吾尝见宗王子者指朱子为门外汉,吾不与之深谈;其意中尊王而诋朱,未必不如是也。噫! 果息王学而朱学独行,不杀人耶? 果息朱学而独行王学,不杀人耶? 今天下百里无一士,千里无一贤,朝无政事,野无善俗,生民沦丧,谁执其咎耶? 吾每一思斯世斯民,辄为泪下。②

颜元言"朱学"与"王学"皆为"杀人"之具,是从理学无经世之实功出发的。"以学术杀人(杀天下)"的言论,早在宋代就有了。朱熹非议王安石的荆公新学,认为"其术足以杀人",已如前述。嘉靖间的松江名宿何良俊,指责宋儒的性理之学是"以学术杀天下"。③ 黄宗羲也记载有"以学术杀人"的事:"李士龙为讲经社,供奉一僧。叟至会,拂衣而出,谓士龙子曰:'汝父以学术杀天下,奈何不诤?'"④"叟"指晚明泰州学派的夏廷美,他对李士龙在讲经社供养僧人的行为很是不满,便对李士龙的儿子说,这是"以学术杀天下",你为何不去劝阻呢? 王夫之持传统观念,批评王安石的保甲法,认为这是不知历史条件已变化

---

① 颜元:《颜元集·四书正误》卷四,第 214 页。

② 颜元:《颜元集·习斋记余》卷六《阅张氏〈王学质疑〉评》,第 494 页。

③ 何良俊,字元郎,号拓湖,华亭柘林(今上海奉贤)人。在明代学者中,以博学多才著称。有《四友斋丛说》30 卷存世。时人说何良俊持论超越,为一家之言。著者认为,主要是因为他把宋儒性理之学断定为"杀天下"的"学术",认为性理之学盛行的后果是造成思维方式的僵化与社会人才的埋没。参见朱义禄:《何良俊的批判精神与明清启蒙思潮》,载《中国哲学》第 17 辑,岳麓书社 1996 年版。

④ 黄宗羲:《明儒学案》卷三二《泰州学案一》,载沈善洪主编:《黄宗羲全集》第 7 册,第 842 页。

的情况下,还抱持"兵寓于农"的主张,当为"以学术杀天下"。① 颜元不再含糊其词,直接点明"以学术杀人"是朱熹与王阳明以及他们的学说的本质所在。下面从理学败坏人才、导致政治黑暗的角度去分析。

"败坏人才"是指理学产生不了能为国家与民族建功立业的人才。颜元于明清易代之时虽年仅十岁,但对明末士林的风尚是比较熟悉的。明末士大夫唯知空谈,迁腐不谙政事。这一风气的养成,颜元认为是宋明理学与八股文相互作用后造成的:

> 汉、宋以来,徒见训诂章句、静敬语录与帖括家,列朝堂、从庙庭、知郡邑;塞天下庠序里塾中,白面书生微独无经天、纬地之略,礼、乐、兵、农之才,率柔脆如妇人女子,求一腹豪爽倜傥之气亦无之。间有称雄卓者,则又世间粗放子。故仆身游之地,耳被之方,惟乐访忠孝恬退之君子与豪迈英爽之俊杰,得一人如获万斛珠,以为此辈尚存吾儒一线之真脉也。②

颜元希冀的人才,是以有经天、纬地的气概为先决条件的,能用真才实学为国家与民族建功立业的"豪杰"。"礼、乐、兵、农"的范围甚广,举凡政治、经济、军事等皆在其中,"礼、乐、兵、农"用现今目光来衡量,就是复合型人才。他们是孔孟以降保存"吾儒一线之真脉"的实用型人才,与那种毫无"豪爽倜傥之气"的"白面书生"形成强烈的反差。颜元认为,要得到一个有"经天、纬地之略"的"俊杰",如同得到"万斛"明珠那样,是极其稀罕的。③ 他认为科举制度是败坏人才的,使天下士人钻入狭小的书斋中而不能自拔。在"学术""人才""政事""治平"关系中,颜元认为,人才是政治与民众生计的根本,关系到治国、平天下的大事。只知"静敬语录",其举动如妇人的"白面书生",没有本领去做有利于天下苍生的事情。

"朝无政事",是指什么样的事情也做不成。颜元认为,这是"镜花水月"学风习染下的、无实际办事能力的官僚掌握了政治实权之后的结果。朱熹是这

---

① 王夫之:《黄书 噩梦》,王伯祥点校,中华书局 1956 年版,第 10 页。
② 颜元:《颜元集·习斋记余》卷一《泣血集序》,第 398—399 页。
③ 颜元之见解与黄宗羲相似。对黄宗羲主张的分析,详见朱义禄:《黄宗羲与中国文化》,贵州人民出版社 2001 年版,第 174—176 页。

方面的典范:"朱子则立朝全无建白,只会说'正心、诚意',以文其无用。治漳州全无设施,只会'半日静坐'、'半日读书',闻金人来犯宋,恸哭而已。"①李贽对朱熹在朝表现均不满意。李贽认为,南宋的孝宗是一个"愿治之主",朱熹在大兵压境、国难当头之际,提不出转危为安、富国强兵的策略,以"圣人正心诚意之学"劝皇帝去除掉内侍里的"小人"。李贽感到,朱熹的学说被看作"伪学"是理应如此。"或者圣人正心诚意之学,直为内侍一身而设,顾不在夫夷狄中国之强弱也。则又何贵于正心诚意为也? 然自古至今,以能去小人谓为君子者多矣,独先生哉? 快一己之喜恶,流无穷之毒害。伪学之禁有以也!"②李贽与颜元的经历各殊,但对经世致用之学的倾心是相同的。"治贵适时,学必经世"的主张,是李贽在谈到南宋政局时提出来的。③ 李贽以"学必经世",同颜元以"学问以用见得失",均以是否成事、对社会有用为评价一切学术与行为的准则。

颜元得出理学"以学术杀人"的论断,是与明清两代文化专制主义相关的:

> 季友(按:应为友季,颜元误)著书驳程、朱之说,发本州决杖,况议及宋儒之学术、品诣者乎! 此言一出,身命之虞所必至也。然惧一身之祸而不言,委气数于终诬,置民物于终坏,听天地于终负……其忍心害理不甚相远也。某为此惧,著《存学》一编,申明尧、舜、周、孔三事,六府、六德、六行、六艺之道,大旨明道不在《诗》《书》章句,学不在颖悟诵读,而期如孔门博文、约礼、身实学之,身实习之,终身不懈者。④

颜元此信是写给比他年长 20 岁的陆世仪的,前人研究曾提及过但没有深入地细论过。首先,对明清两代文字狱颜元是心有余悸的。朱友季著书驳斥程朱之事发生在 1405 年。"永乐三年,饶州府儒士朱友季著《书传》,专攻周、程、

---

① 颜元:《颜元集·朱子语类评》,第 275 页。

② 李贽:《李贽文集》第 3 卷《藏书》卷三五《赵汝愚》,张建业主编,社会科学文献出版社 2000 年版,第 694 页。

③ 李贽:《李贽文集》第 3 卷《藏书》卷三五《赵汝愚》,第 694 页。

④ 颜元:《颜元集·习斋记余》卷三《上太仓陆桴亭先生书》,第 427 页。陆世仪(1611—1672),字道威,号刚斋,晚号桴亭。江苏太仓人,曾从刘宗周同学。在明末多事之秋的时刻,于兵事战守、形势阵法皆有研究。清军入江南,遭通缉。明亡后隐居,筑桴亭,讲学于无锡东林书院。当局屡欲荐之,力辞不出。其学术主张与颜元有相类处,力主经世致用。著作达四十余种,后人辑为《陆桴亭先生遗书》。

张、朱、献之朝。上命行人押回原籍,杖遣之,焚其书。"①颜元此信写于 1674 年,相隔朱友季案近 270 年。颜元"惧一身之祸"的心态尚存,足见文化专制主义余威还很大。清初要批评程朱理学,"一身之祸"是任何一个批评者不得不考虑的事情。但颜元还是从对民众与社会的使命感出发,克服了畏惧心理。不过他采取了比较机智的做法,即矢口不提清初的文字狱。他以二百多年前的事情为例,是出于"身命之虞所必至"的考虑。

另外,这些对程朱注疏持不同意见者,下场都很悲惨。"无锡处士陈公懋删改四书朱子集注进呈,命毁之,仍命有司治罪。""嘉靖八年二月,太仆寺丞陈云章上所注诸书及《大学疑》、《中庸疑》、《夜思录》各一。上曰:诸书姑收,其《学庸疑》、《夜思录》即毁之。有踵之者罪不赦。""(嘉靖)二十九年,原任广东金事林希元改编《大学经传》定本,及《四书》《易经》存疑,并上呈御览,乞刊布。诏焚其书。下希元于巡按御史究问,褫其官。""万历二十四年四川金事张世则著《大学初议》,专辟程朱,为行人高攀龙所驳,其书亦废不用。"②对程朱理学不同意见的学者及其著作,官方采取强硬的行政或法律的手段实行专制。从永乐三年(1405)到万历二十四年(1596),先后有朱友季、傅宽、陈云章、陈公懋、林希元、张世则等人,提出与程朱不同的看法。等待他们的是杖遣、焚书、治罪、削职为民。这表明儒学发展到程朱理学,成了符合专制主义要求的意识形态,使得人们理解经典的最低自由度也没有了,成为黑格尔所说的独断论:

　　独断哲学是这样一种哲学,它树立起一个特定的原则,一个标准,并且只树立这样一个原则。③

这个原则就是理学家的"天理",即戴震所说的"以理杀人"的"理"。乾隆元年(1736),御史谢世济著《学庸注疏》,要求替代朱熹《四书章句集注》颁行天下。因为他认为《论语》和《中庸》的朱注,支离而有错误。乾隆对谢世济的批语是:"独不自惴己与朱子分量,相隔如云泥,而肆口诋毁,狂悖已极。"④乾隆的理由

①　沈德潜:《万历野获编》卷二五《献书被斥》,中华书局 1959 年版,第 633 页。
②　沈德潜:《万历野获编》卷二五《献书被斥》,第 634 页。
③　黑格尔:《哲学史讲演录》第 3 卷,第 6—7 页。
④　《清高宗实录》卷一三。

很简单,他认为程朱理学是人们所必须遵循的"特定的原则",任何人不得妄加议论。谢世济案相距颜元去世仅三十余年,可知颜元生存的年代,正是明清文字狱盛行之际。这样的文化氛围,虽是颜元生存的社会环境,但又是他所无法认同的。在有所惧怕但又不甘心忍受文化专制主义的复杂心理下,颜元虽"惧一身之祸",但又不愿"委气数于终诬,置民物于终坏,听天地于终负",这促使他写下了《存学编》,宣扬了以"实""习""动""用"等为实际目标的功利论。颜元自成一体的学说的形成,是同他批判理学"以学术杀人"的主张密不可分的。

"以学术杀人"是独断论推行于社会生活的必然结果。《儒林外史》第48回中,儒生王玉辉三女儿,绝食殉夫以完妇节。王玉辉与同县的理学信徒完全接受了理学的贞操观,十分认同此女做法。"饿死事小,失节事大"是程颐答学生提问时说的[①],这样的贞节观,是要女性践履封建的伦常道德,让她们为已失去效力的婚姻关系恪守终生的义务,叫女性牺牲再度成立家庭的权利;是要女性自愿失去对人来说具有巨大价值、只有一次的生命,换得一个贞洁的美名。石刻的牌坊,正是"以学术杀人"的物化形态。颜元在这方面与理学不仅是唱对台戏的,而且有着近代意识的男女平等观念。

第二节　"儒名释实"的宋明理学

作为清初对宋明理学清算最彻底的学者,颜元指明,宋明理学在其形成与发展过程中是援佛、道入儒的,是"儒名而释实"。

一、"做佛家工夫"的宋明理学

颜元对"宋儒"下了个结论,即"儒名而释实":

[①] 程颐与学生的一段对话:"问:'孀妇于理似不可取,如何?'曰:'然。凡取,以配身也。若取失节者以配身,是己失节也。'又问:'或有孤孀贫穷无托者,可再嫁否?'曰:'只是后世怕寒饿死,故有是说。然饿死事极小,失节事极大。'"见程颢、程颐:《二程集·河南程氏遗书》卷二二上,第301页。

学佛者只是说，"不曾就身上做工夫，至伊川方教人身上做工夫"，所以谓"伊川偷佛说为己使"。吾尝谓"宋儒儒名而释实"，今观伊川真做佛家工夫，朱子真有"伊川偷佛说"之言，元幸不诬人矣。宋儒之灭孔道，非宋儒能灭孔道，实佛灭之。元之言又幸不诬道矣。①

颜元从《朱子语类》中找到了证据，即朱熹认同程颐在做"佛家工夫"。颜元提出，真正的孔孟之道不是理学家所能"灭之"的，"实佛灭之"。颜元认为，理学家打着儒家的旗号，却干着佛家的实事，这就是"儒名而释实"。就人物而言，颜元是从周敦颐下手的，而指责最多的是朱熹。就学术思想的渗透而言，颜元集中在佛教禅宗，即"辩学先辩禅宗"。贯穿这两方面的，是颜元的动静、虚实（空）之辩。

先分析颜元对周敦颐与佛老因缘关系的揭露：

宋代当举世愦愦，罔所适向之时，而周子突出，以其传于禅僧寿涯、道士陈抟者杂入儒道，绘图著书，创开一宗，程、朱、陆、王皆奉之。相率静坐顿悟，"验喜怒哀乐未发时气象"，曰"以不观观之"，暗中二氏之奸诡，而"明明德"之实功湮矣。②

周敦颐的《太极图说》，把道教修炼图改成为生育天地万物的宇宙模式，建立了自己的思想体系。周敦颐从学于润州（今江苏镇江）鹤林寺僧寿涯，得"有物先天地"之偈，对其宇宙论的构建有很大影响；又参禅于临济宗禅师黄龙慧南，自称"穷禅客"。其"主静""无欲"实得自慧南。他的著作篇幅不多，但内中的思想却是宋明理学家所谈的理气、性命诸说的发端。颜元揭露濂溪之学源出佛老，使得理学"儒名释实"的底蕴暴白于天下。周敦颐《爱莲说》长期被人们所看重，并被选入中学语文课本中。文章很短，意境也不错，作为一篇范文是完全够格的。但从思想内容来看，与《华严经探玄记》十分相似。莲花与佛教的关系十分密切，《华严经探玄记》以莲华为喻，对自性清净的佛性作了形象的表

---

① 颜元：《颜元集·朱子语类评》，第289—290页。
② 颜元：《颜元集·习斋记余》卷一《大学辨业序》，第395页。

述。一是在泥不染,比喻法界真如,在世不为世法所污;二是自性开发,比喻自性开悟,众生若证,则自性开发;三是莲华为群蜂所采,比喻真如为众圣所用;四是莲华有四德:一香、二净、三柔软、四可爱,比喻真如四德,谓常乐我净。《爱莲说》中的"莲之出淤泥而不染,濯清涟而不妖,中通外直,不蔓不枝,香远益清,亭亭净植",是从《华严经探玄记》中胎息出来的。① 莲华的这些特征涉及净染的问题,净染是理学家人性论中的重要内容。人性本自清净,受污染来自人的欲望。如果能够做到无欲的话,就可呈露人性的清净。周敦颐认为,"主静"是达到禁欲主义的关键。学做圣人在他看来是有要旨的,那就是"一","一者无欲"。② 他在《太极图说》中又说:"圣人定之以中正仁义,而主静(自注:无欲故静),立人极焉。"③自周敦颐提出"主静立人极"后,被理学家视之为不二法门。明初理学家陈白沙说:"伊川先生每见人静坐,便叹其善学。此一静字,自濂溪先生主静发源,后来程门诸公递相传授,至于豫章、延平二先生,尤专提此教人,学者亦以此得力。晦翁恐人差入禅去,故少说静,只说敬。"④这就是颜元说的"创开一宗,程、朱、陆、王皆奉之,相率静坐顿悟"的实际内涵。

与"主静""静坐顿悟"相联系的是理学家强调要从内心体认,即"验喜怒哀乐未发时气象"。"已发""未发",是理学家经常讲的一对重要范畴,其源头为《中庸》:"喜怒哀乐之未发,谓之中;发而皆中节,谓之和。"与"已发""未发"相关的有"中和""动静""体用"等概念。程颐最早对"已发""未发"进行讨论,并拓展至"体用""动静"的范围。"体"指天赋的道德观念,"用"指这种观念的发用流行,为人的喜怒哀乐各种情感。"未发"是指本然状态的"天地之性",而无一毫人欲夹杂其间,即寂然不动的"静"。感而遂通则为"动",是人为物欲污染的"已发"状态。朱熹继承了二程的主张:"心有体用。未发之前,是心之体。已发之际,乃心之用。"⑤按照程、朱的见解,至善的"天地之性"中不应夹杂有邪恶的情欲。"静坐"中去体验"喜怒哀乐未发时气象",就是从中悟出没有人欲的"天地之性"来。理学家"主静"的目的,是为了遏制人欲,遵循"天理"。如

---

① 参见邱汉生、张岂之主编:《宋明理学史》,人民出版社1984年版,第81页。
② 周敦颐:《周敦颐集·易通·圣学章》,第29页。
③ 周敦颐:《周敦颐集·太极图说》,第6页。
④ 陈献章:《陈献章集》卷二《与罗一峰》,孙通海点校,中华书局1987年版,第157页。
⑤ 朱熹:《朱子语类》卷五。

王阳明所言,"循理之谓静,从欲之为动……濂溪所谓主静,无欲之谓也"①。这是禁欲主义的主张。禁欲主义是一种要求人们在一定的程度和范围内克制欲望、放弃物质享受以达到宗教理想、道德完善与社会目的的学说与生活方式。婆罗门教、佛教、基督教等教派,都提倡禁欲主义,禁欲的手法和目的各有不同,但均可纳入宗教禁欲主义的范围内。程、朱、陆、王等理学家的学说,是具有中国古代特色的道德禁欲主义。无论是趋于宗教理想,还是希冀道德完善,都会去追求一种常人无法达到的神秘体验,以期内心呈现无一丝欲望的境地。理学家的"主静"或"主敬",就是达到此种境界的手段。颜元认为,这就是"儒名释实"的真实写照:

> 静敬二字,正假吾儒虚字面,做释氏实工夫。②
> 宋家诸先生先坐个禅宗在内,把圣贤都牵来就他主意。③

朱熹把"静"易为"敬","主敬"同样是禅宗的翻版。如陈白沙所说,朱熹怕人由"主敬"误入禅宗,所以"少说静,只说敬"。"主静"或"主敬"是一种追求神秘体验的功夫,目的是通过一定的修持方式体悟得突发性的心理感受。在这种感受中,人的内心不受外界的干扰,名利、物欲、声色、权势……一切都可以淡然处之。用佛教的话说就是看破红尘。理学家受佛教影响,把"主静"功夫身体力行的不在少数。如王门后学聂双江,就是一个很好的范例。"先生之学,狱中闲久静坐,忽见此心真体,光明莹彻,万物皆备。乃喜曰:'此未发之中也,守是不失,天下之理皆从此出矣。'及出,与来学立静坐法,使之归寂以通感,执体以应用。"④"未发之中"就是"验喜怒哀乐未发时气象",即感受到了不可言喻的直觉,体会到了无欲境界的刹那把握,这是聂双江在监狱中静坐了很久才体验到的。颜元指出,理学家那套静坐功夫,追求的是不可言说的神秘心理,是"儒名释实"的写照。

---

① 王阳明:《王阳明集》卷五《答伦彦式》,第182页。
② 颜元:《颜元集·朱子语类评》,第255页。
③ 颜元:《颜元集·四书正误》卷六,第243页。
④ 黄宗羲:《明儒学案》卷一七《江右王门学案二》,载沈善洪主编:《黄宗羲全集》第7册,第427页。

从宋明理学阵营中走出来的颜元，没有否定"主敬"，只是他将"主敬"落实到事上，落实到行动上：

> 敬字字面好看，却是隐坏于禅学处。古人教洒扫即洒扫主敬，教应对进退即应对进退主敬；教礼、乐、射、御、书、数即度数、音律、审固、馨控、点画、乘除莫不主敬。故曰"执事敬"，故曰"敬其事"，故曰"行笃敬"，皆身心一致加功，无往非敬也。若将古人成法皆舍置，专向静坐、收摄、徐行、缓语处言主敬，乃是以吾儒虚字面做释氏实工夫，去道远矣。①

颜元的"敬"是同"事""行""功"相联系的，也同"六艺"相联系，而与静坐无关。颜元以"行""功"来解读"主敬"，与宋儒把"主敬"纳入"静坐顿悟"的轨道中而"隐坏于禅学处"是截然不同的。颜元 46 岁时，看朱熹答陈亮书浩然而叹曰："宋人好言喜静，吾以为今日正当习动耳。"②他心目中的"圣人"不是"主静"而是"习动"的。他说：

> 三皇、五帝、三王，周、孔，皆教天下以动之圣人也，皆以动造成世道之圣人也。五霸之假，正假其动也。汉、唐袭其动之一二，以造其世也。晋、宋之苟安，佛之空，老之无，周、程、朱、邵之静坐、徒事口笔。总之皆不动也。而人才尽矣，圣道亡矣，乾坤降矣。③

颜元认为，理学家"静坐、徒事口笔"的功夫，会对社会带来灾难，结果是人才惰废、圣道消亡、国家衰弱。相反则人才蔚起、圣道昌明、国家富强，这以"习动"为前提。颜元从圣人崇拜与历史实证的角度，论证了"习动"的社会功效。从历史事实看，西晋、东晋的国势日弱，北宋、南宋的苟安一隅，都是君臣们不敢勇于任事的结果。春秋时期，晋文公、齐桓公、楚庄王、吴王阖闾、越王勾践能够称霸天下；历史上的被史家称之为汉唐气象的盛世出现，都是"习动"的结果。颜元有个一以贯之的主张，就是打着圣人的旗号去批判理学家的见解，故颜元

---

① 颜元：《颜元集·存学编》卷四《性理评》，第 91 页。
② 李塨：《颜习斋先生年谱》卷下，载颜元：《颜元集》，第 750 页。
③ 颜元：《颜元集·颜习斋先生言行录》卷下，第 669 页。

以古代圣人"习动"去对抗"主静"。"习动"为不畏事、不避事、勇于任事，时刻寻找对国计民生有利的事情去做。这种事情，哪怕再费力，颜元也是毫不畏难的。

二、"究归禅宗"的宋明理学

颜元指出，理学家大多都浸染于禅宗之中，所以"辩学先辩禅宗"：

> 宋家诸先生，胡文昭之外，无不染于禅者。游、杨、谢诸公，朱子言之矣。周子《太极图》，始无极，终主静。朱子论未发气象，以不观观之，半日静坐，他无论矣。仆洞观儒道沦亡之根在禅宗也。故辩学先辩禅宗。①
> 尝谓"朱子为手执四书、五经之禅僧"。②
> 宋人废尽尧、舜、周、孔成法，而究归禅宗，自欺以欺世，自误以误世。③
> 入宋儒口笔，几何而不满纸禅宗也。④
> 宋、明儒之不惑于禅者固鲜，张九成尤甚，正戴儒冠和尚也。⑤

颜元的话有两层意思。一、"宋儒"中除了他景仰的胡瑗外，其他学说都是浸染了禅宗的，尤以朱熹为最，是手执儒家经典的"禅僧"。朱熹与禅宗的关系极深，起于其青年时代而后纵贯其一生。这里有家学上的渊源，也有个人师事禅僧的经历，更多的是观念、方法上与禅宗会通之处。朱熹父朱松，晚年究心禅典。朱熹岳父刘勉之及师事最长的胡宪，均信禅门参悟之说。朱熹本人师事道谦，道谦为当时禅学主流之一看话禅的代表人物。朱熹在18岁时参加科举考试，其师刘屏山在朱熹随身行李中，寻到的是一位禅僧的语录式著作："朱文公少年不乐读时文，因听一尊宿说禅，直指本心，遂悟昭昭灵灵一著。十八岁请举时，从刘屏山，屏山意其必留心举业，暨搜其箧，只《大慧语录》一帙尔。"⑥

① 颜元：《颜元集·四书正误》卷二，第173页。
② 颜元：《颜元集·朱子语类评》，第251页。
③ 颜元：《颜元集·朱子语类评》，第255页。
④ 颜元：《颜元集·四书正误》，第201页。
⑤ 颜元：《颜元集·习斋记余》卷三《与都察院许西山书》，第425页。
⑥ 《佛祖历代通载》卷三〇《题大慧语录》。

大慧宗杲（1089—1163）在禅宗发展史上的主要贡献是创造了"看话禅"。"看话禅"是确立某个话头，进行内省的参究体认，由疑入悟。《大慧语录》是他说法的记录。朱熹在绍兴三十一年（1161），32 岁时才真正完成了逃禅归儒的历程。虽说如此，但禅宗的思想已沦肌浃髓地渗入朱熹的心灵，经常会在言论中不知不觉地流露出来。这是颜元批评朱熹的依据所在。朱熹思想体系的形成，是融会儒释的产物，其本体论、心性论、认识论均有吸取佛教之处。朱熹在教育学生时，常会在不经意中流露出对禅宗的赞扬之情。二、"宋儒口笔"充塞着"满纸禅宗"，所以"辩学先辩禅宗"。从佛教传入中国的进程及其中国化的过程言，"辩学先辩禅宗"是一个精辟的见解。惠能创立的禅宗，是对中国古代社会影响极为全面而深刻的佛教宗派。自两汉之间佛教传入中国后，在魏晋南北朝时期有一个快速的发展过程，但从思想体系的构成看，只有佛教的学派而没有形成具有中国特色的佛教宗派。到隋唐两代，出现了许多中国化的佛教宗派。天台宗的出现是中国佛教史上建立宗派的开始。之后，华严宗、唯识宗、净土宗、密宗相继面世，而禅宗的出现为佛教中国化过程完成的标志。禅宗以其"自心是佛""顿悟成佛""无念为宗"等简明的主张、快速的成佛方法，实现了与儒学相结合的过程。从异质文化相遇的规律性而言，是理论程度较高的去影响那理论水平较低的。① 诚如二程所说的那样，一旦与佛教相接触就无法从佛教中跳出来："释氏之说，若欲穷其说而去取之，则其说未能穷，固已化而为佛矣！"②程、朱的"天理"论、"格物致知"说、"理一分殊"说与华严宗、禅宗有着渊源关系，而陆九渊、王阳明的心学，则具有浓厚的禅宗色彩。禅宗的出现，意味着佛教理论在神州大地上巅峰的来到，此后再无新的重大突破了；而自唐末以后则开始了佛教的社会化进程，禅宗成为士大夫心仪的对象。

　　到了北宋，禅悦之风成为社会上的时尚。如学者范寿康指出的那样，在那个时候不懂得禅理就算不上正宗的士大夫：

　　　　时士人如不知禅风或禅机，差不多就无论究哲理的资格。宋代的文人学士殆无一不多少具有修禅的经验。第一流的儒者之注重静坐，在于

① 参见朱义禄：《从禅宗看佛教的儒学化——兼论异质文化相遇的规律性》，《中华文化论坛》1994 年第 4 期。
② 程颢、程颐：《二程集·河南程氏遗书》卷一五，第 155 页。

宋代,已成通例。①

对此种时髦的习俗,程颢发出了无可奈何的感叹:"昨日大会,大率谈禅,使人情思不乐,归而怅恨者久之。此说天下已成风,其何能救! 古亦有释氏,盛时尚只是崇设像教,其害至小。今日之风,便先言道德性命,先驱了知者,才愈高明,则陷溺愈深。"②士大夫间聚会,人们以谈论禅宗为主题。程颢觉得,以前信佛的只是普通百姓,出些钱造佛像以供奉,那是浮于表面的事,危害性并不大。现今谈禅深入到"性命道德"这样深层次的问题了。才能愈是高明的人,溺于禅宗就愈深。对"天下已成风"的禅悦,程颢产生了"情思不乐""怅恨久之"的感受。但这并不表明程颢是反佛的,他担心的是儒家君臣、父子的伦常秩序被淡化了。吕公著,"喜禅氏之学,及为相,务简净,罕与士大夫接,惟能谈禅者多得从容。于是,好进之徒,往往幅巾道袍,日游寺观,随僧斋粥,觊以自售。时人谓之'禅钻'"③。时任宰相的吕公著,喜好禅宗。一些想借其权势而攀升的人,屡屡用行为表示自身的禅悦之习,以期与吕公著结交。这就是"禅钻"。禅悦之风气已然成为人们与当权者结交的手段。这表明禅宗已沦肌浃髓地沁入了文人、学者的心灵深处。颜元"辩学先辩禅宗"的见解,是抓到了节骨眼上的。

周敦颐、二程、朱熹、陆九渊、王阳明等理学大家,都有先佛老尔后折入儒学的经历。朱熹说程颐做"佛氏工夫",是明明白白的大实话。黄宗羲指出:"昔明道泛滥诸家,出入于释老者几十年,而后返求诸六经。考亭于释老之学,亦必究其归趣,订其是非。"④程颢与朱熹浸染于佛教的时间是不短的。陆九渊常与他人谈论《圆觉》《维摩》等佛经,乐此不疲。王阳明回忆自身经历时说:"吾自幼笃志二氏,自谓既有所得,谓儒者为不足学。其后居夷三载,见得圣人之学若是其简易广大,始自悔叹错用三十年气力。大抵二氏之学,其妙与圣人只有毫厘之间。"⑤王阳明对学生直说,他认为"圣门"的"良知"就是禅宗的"本

---

①　范寿康:《中国哲学史通论》,生活・读书・新知三联书店 1983 年版,第 386 页。
②　程颢、程颐:《二程集・河南程氏遗书》卷二,第 23 页。
③　徐度:《却扫编》卷上,尚成校点,上海古籍出版社 2012 年版。
④　黄宗羲:《清溪钱先生墓志铭》,载沈善洪主编:《黄宗羲全集》第 10 册,第 351 页。
⑤　王阳明:《王阳明全集》卷一《传习录上》,第 36 页。

来面目"。① 传统儒学缺乏理论思维的深度,大量的是论述君臣、父子、夫妻之间伦常秩序的合理性。一旦遇到某种政治格局的大变动引起纲常名教的必然性受到冲击时,补充理论上的养料实为儒学的急务。五代十国时期,纲常名教出现过不小的危机。理学家在构筑他们的思想体系时,便想到以佛教哲理来充实理学。禅宗的出现,为佛教思想的广为传播创造了有利条件;北宋士大夫的禅悦之风与"禅钻",为理学家相继从禅宗那里汲取理论以弥补儒家的不足提供了合适的文化氛围。就先秦诸子而言,老庄的理论水平是高于孔孟的;但与高深的佛教相比,庄子哲学就显得很浅近了。这是程颐的见解:"周安得比他佛! 佛说直有高妙处,庄周气象大,故浅近。"②程颐的说法有点夸张,但这是他读了佛教典籍后与儒、道二家相比较后的实际感受。老师所好,学生必从之。游酢、杨时、谢良佐与吕大临,并称程门四大弟子。他们受佛学的影响很深,如游酢推崇禅宗,认为只有亲自读过佛书方能辨别儒、释之同异。朱熹说:"今之学者往往多归异教者,何故? 盖为自家这里工夫有欠缺处,奈何这心不下,没理会处。又见自家这里说得来疏略,无个好药方治得他没奈何底心;而禅者之说,则以为有个悟门,一朝入得,则前后际断,说得恁地见成捷快,如何不随他去?"③为什么士大夫多沉溺于佛教,朱熹讲了三个原因。一是佛教的理论水平高于儒学("他底高"),二是儒学不能解决人们思想上的问题("无个好药方"),三是禅宗的"顿悟成佛"说简捷明了,对学者有吸引力,"如何不随他去?"颜元指出理学家就是"戴冠的和尚",话尖刻了些,却是与二程、朱熹、陆九渊与王阳明等人的思想实际相合拍的,也符合中国思想史上儒佛合流的实际情况。

　　颜元指明"辩学先辩禅宗",在探究理学"儒名释实"后,集中精力对朱熹虚(空)实动静之辨作了抨击,这反映在《朱子语类评》里:

---

① 王阳明:《王阳明全集》卷二《传习录中》,第 66 页
② 程颢、程颐:《二程集·河南程氏外书》卷一二,第 425 页。
③ 朱熹:《朱子语类》卷一二六,黎靖德编,王星贤点校。相似说法颇多:"问:'士大夫末年多溺于释氏之说者,如何?'曰:'缘不曾理会得自家底原头,但看得些小文字,不过要做些文章,务行些故事,为取爵禄之具而已。却见得他底高,直是玄妙,又且省得气力,自家反不及他,反为他所鄙陋,所以便溺于他之说,被他引入去。'"(同上)

　　朱子谓：释氏说真空，却是有物，与吾儒说略同。

　　（颜元评语：）朱熹所见之儒道，即释氏精微处，故说略同。①

　　朱子谓：吾儒万理皆实，释氏万理皆空。

　　（颜元评语：）先生正少个"实"，"半日静坐"之半日，固空矣；"半日读书"之半日，亦空也，是空了岁月。"虚灵不昧"，空了此心；"主一无适"，亦空了此心也。说"六艺合当做，只自幼欠缺，今日补填是难"，是空了身上习行矣。②

　　颜元特别指出，朱熹的许多主张是从"空"出发的。因朱熹畅论的"儒道"中，有许多是佛教的"精微处"。朱熹在解释《大学》中"明明德"时说："明德者，人之所得乎于天，而虚灵不昧，以具众理而应事者也。"③朱熹认为，人生来就有天赋的明德，即灵明的"心"本然地具备有"天理"，应付事物的一切道理每个人先天地就有了，足以应付万事而无不得当。颜元则认为，任何道理的获得，都是与该事物实际接触中才能知晓。"虚灵不昧，空了此心"，颜元此话是针对朱熹这段话说的。颜元认为，"理"不是人先天地就具备的。比如弹琴，初时用手指拨弦，让它符合音调，这叫"学琴"。到水平有所提高后，能做到"手随心，音随手"，清浊快慢均合乎常规，就叫"习琴"。往后随着音乐素养积累到较高程度时，"弦器可手制"、"音律可耳审"、"心与手忘，手与弦忘"，方能称得上"能琴"。④ 颜元从习琴的三个阶段来说明在艺术活动中人如何掌握乐器演奏的道理。颜元要说明的是，应付事物的道理，是人在实际活动中与对象接触的过程中得到的。此即颜元所说的"实"，那种以为人先天就懂得道理的主张在颜元看来就是"空"。

　　颜元的批评是他亲身艺术实践后的体会：

　　先生鼓琴，羽弦断，解而更张之，音调顿佳。因叹为学而惰，为政而懈，

① 颜元：《颜元集·朱子语类评》，第282页。
② 颜元：《颜元集·朱子语类评》，第270—271页。
③ 朱熹：《四书章句集注·大学章句》，中华书局1988年版，第3页。
④ 颜元：《颜元集·存学编》卷三，第78页。

亦宜思有以更张之也。①

从此段学生的记载来看,颜元是一位通晓乐器的高手。学琴是一个艺术实践
的过程,"拳不离手,曲不离口"的俗谚,说的也是这个道理。颜元是以感性经
验去论证自己的主张。他所讲感性经验为认识的来源,包含有从实践中出真
知这样一个科学结论的某些因素。详细论述在后面展开。

颜元的虚(空)实、动静之辨,不是泛泛而谈,而是从宇宙论的高度来入手
的。为此颜元标出"以实药其空,以动济其静"的主张:

> 佛道说真空,仙道说真静。不惟空也,并空其空,故《心经》之旨,"无
> 无明,亦无无明尽";不徒静也,且静之又静,故《道德经》之旨,牝矣又玄,
> 玄矣又屯屯。吾今以实药其空,以动济其静。②

颜元认为,世界就其本质来说是"实"的,而不是"空"和"静"的:"佛不能使天
无日月,不能使地无山川,不能使人无耳目,安在其能空乎? 道不能使日月不
照临,不能使山川不流峙,不能使耳目不视听,安能在其静乎?"③大至日月山
川,小至人的耳目,都是客观的实际存在,是"实"的表现形式;日月的光照、山
川的流动、耳目的视听都是运动着的客观事物及其在人身上的反映,是"动"的
不同表现形式。整个宇宙是由运动着的客观事物所组成的。佛教的《心经》与
道家《道德经》中宣扬的那一套,是无法变更这一实际情况的。

明清之际启蒙学者有个共识,不谋而合地展开了对宋明理学的批判。南
方有黄宗羲、陈确、顾炎武、唐甄、王夫之、方以智等,北方有傅山、颜元与李塨
等。他们的师承渊源、人生际遇、学术素养与学术宗旨各有异趣,他们对宋明
理学的批判也不尽相同,但却汇聚成了一股浩浩荡荡的时代思潮。黄宗羲与
陈确同为刘宗周的弟子、王夫之与方以智有过往来、顾炎武到北方时拜访过傅
山,但从整体而言他们之间没有什么紧密的联系,只有颜元与李塨有长达数十

---

① 颜元:《颜元集·颜习斋先生言行录》卷下,第 659 页。
② 颜元:《颜元集·存人编》卷一,第 125 页。
③ 颜元:《颜元集·存人编》卷一,第 125 页。

年的交往。诚如梁启超所言："今之恒言,曰'时代思潮'。此语最妙于形容。凡文化发展之国,其国民于一时期中,因环境之变化,与夫心理之感召,不期而思想之进路,同趋于一方向,于是相与呼应汹涌,如潮然。"[1]在这股时代思潮中,以颜元的批判风头最健,言词最为犀利,指责最为激烈。相比其师,李塨的态度则显得温和些。

第三节　"担当世道"精神的张扬

一、"做担当世道、劳济生民的人"

颜元对宋明理学做了摧枯拉朽般的清算,指责其"空虚无用""以学术杀人""儒名释实",那是破。作为一个学派创始人,仅有破没有立,那是不行的。学派创始人得要树出些新观点来,"实用""富民""不忘苍生"就是相对于宋明理学的新见解。支撑它们的是颜元的担当精神,因为颜元下定决心,要做一个"担当世道、劳济生民的人":

> 天为世道人心生圣贤,原不是教他"逸"的。七先生身分各有一定的,可不可便各自成一高品,而不做担当世道、劳济生民的人,故曰"逸民"。夫子无一定隐见,无一定进退,只一副热心肠,虽不遇圣明,而一生无一日安逸,此所以千圣之中为独异,岂第异于七子哉![2]

颜元说自己想"做担当世道、劳济生民的人",又因期望不到"担当世道"的人而仰天长叹,甚至潸然落泪。前一段话是颜元在诠解《论语·微》时的主张。《论语·微子》中原文是:"逸民:伯夷、叔齐、虞仲、夷逸、朱张、柳下惠、少连。子曰:'不降其志,不辱其身,伯夷、叔齐与!'谓:'柳下惠、少连,降志辱身矣。

---

[1]　梁启超:《梁启超论清学史二种·清代学术概论》,朱维铮校注,复旦大学出版社1985年版,第1页。

[2]　颜元:《颜元集·四书正误》卷四,第226页。

言中伦,行中虑,其斯而已矣.'谓:'虞仲、夷逸,隐居放言。身中清,废中权。我则异于是,无可无不可.'""七先生"是指七位"逸民"。颜元的诠解可以分四个方面来理解:(1)孔子的原意是说,我和"七先生"这些人不同,没有什么可以的,没有什么不可以的。(2)"七先生"中对后世影响最深的是伯夷与叔齐。《史记》有《伯夷列传》记载了伯夷、叔齐的事迹。说两人的品行很高尚,相互谦让而不愿意继承王位。后来两人在路上拦住前往征讨商纣王的周武王,对他说其父刚去世不埋葬,却动刀动枪,这叫孝吗?两人不吃周朝的粮食,饿死在隐居的首阳山里。司马迁赞扬他们是"善人",但杀人数千的大盗盗跖却得以"寿终",觉得老天有点不公道。司马迁称伯夷与叔齐为"逸民",即遁世隐居的人。这是二。(3)后世于伯夷与叔齐多溢美之词,二人是以榜样的形象出现的。编于清代中后叶的京剧《二堂舍子》主角刘彦昌,教导他的儿子秋儿与沉香时,唱词中有"昔日里有个孤竹君,伯夷叔齐二大贤人""首阳山前冻饿死,留得美名万古存"。经过历史的积淀,"善人"成了"贤人",美名万世称赞。大凡一个历史上的人物,经过小说、戏曲的反复渲染后,其品性被定格了下来,再改变这样的观念是很难的。(4)颜元认为,不能以伯夷与叔齐这样的"逸民"为人们憧憬的对象。天生圣贤不是教人去做"逸民"的,为后世誉为"高品"的"逸民",是与"做担当世道、劳济生民的人"相对立的。孔子在这方面做出了榜样,他"一生无一日安逸""热心于斯世斯民",是心中充满"担当世道"意识的人。"做担当世道、劳济生民的人"是颜元希冀中的理想人格所在。颜元殷切地期望,"担当世道"的人横空出世,把民众从困苦中拯救出来:"某伏栖草茅,年逾半百,尚于圣人之道毫发无可自信,自谓苟且了此生,无复他望矣!惟热心斯世斯民,深望有担当世道者,而未曾见其人,每仰天长吁,时或泪下。"[①]

　　颜元面对的现存世界,就是他面临的自我批判的时代。作为功利论的颜元,势必把注意力集中在社会所需要解决的问题的探索上,做学问一定要"实用",显现出"实绩"来;为人一定要有"富民"的责任感,彰显出"不忘苍生"的使命感来。生活在社会中的人与现存世界的联系,是通过责任感映照出来的。责任感不仅仅是一种心理上的感情,更主要的是一种担当精神。担当就是要求个人主动地承担责任,在社会需要时挺身而出全力地履行自己的义务,并从

---

① 颜元:《颜元集·习斋记余》卷三《答许西山御史书》,第423页。

中贡献出自己的能力。勇气、智慧、拼搏、奉献的精神，皆凝聚其间。担当精神的核心，在于个人主体树立强烈的责任感。

在中国哲学各个流派之中，儒家对责任感的重视是一以贯之的。儒家自孔、孟起，一直把注意力集中在社会与民众所需解决的问题上。孔子为后人树立了榜样。孔子刚懂些事就会做各种各样的实事，成为老师后，与学生们一起研讨的是习礼、奏乐、骑射、理财等实事。他的言行感染了他的学生，如曾子主张："士不可以不弘毅，任重而道远。仁以为己任，不亦重乎？死而后已，不亦远乎？"[1]"士"所以"任重而道远"是因为身上肩负着实现"仁"的重大责任。孔、孟的主张历经后代有识之士的阐发，给中华儿女留下了深深的烙印。如"先天下之忧而忧，后天下之乐而乐"（范仲淹）、"居庙堂之上则忧其民"（高攀龙）、"经天纬地，建功立业"（黄宗羲）、"身任天下"（王夫之）、"天下兴亡，匹夫有责"（顾炎武）、"苟利国家生死以"（林则徐）等。责任感有高低层次之分，低层次是自我约束，即自身不做危害他人与社会的事情，对自身的行为负责任。如范仲淹、黄宗羲、王夫之、顾炎武、林则徐等人的主张，都是高层次责任感的经典表述。颜元强调，自己要做"担当世道、劳济生民的人"，也是高层次责任感的经典表述。颜元认为这是个人应当具有的品性；如果拓展于个人与天下的关系中，就是"天下事皆吾儒分内事"：

> 天下事皆吾儒分内事，儒者不费力，谁费力乎！试观吾夫子生知安行之圣，自儿童嬉戏时即习俎豆、升降，稍长即多能鄙事。既成师望，与诸弟子揖让进退，鼓瑟、习歌、羽籥、干戚、弓矢、会计，一切涵养心性、经济生民者，盖无所不为也。及其周游列国，席不暇暖而辄迁，其作费力如此，然布衣也。[2]

颜元说的"吾儒"，就是像孔子那样"多能鄙事"、把"经济生民""无所不为"装在胸中的人。颜元认为，孔子一生就贯穿着担当精神。这种热心救世的责任感，为后人树立了榜样。孔子一生栖栖遑遑，奔走于列国之间，以至达到了"知其不可而为之"的地步。中国古代文化的优秀传统，是和大思想家们的高尚境

---

[1]　《论语·泰伯》。
[2]　颜元：《颜元集·存学编》卷二，第68页。

界相关的。这一优秀传统与只知"向内入圣贤"、求得个人心性上受用的理学家及其信徒们的行为是南辕北辙的。"天下事皆吾儒分内事"的内涵相当丰富,这放在后面详论。

二、从经世致用到担当精神

经世致用的学风,与颜元的担当精神是有着内在关联的。注重"精神意念"与"克己工夫"的宋明理学,使胡瑗开创的经世致用学风一度中断。但以关注现实世间为目标的士人们,并未丧失其经世致用的冲动。每当社会政治危机激化的时刻,士人们的内心是萌动着自身的社会责任感的:"风声、雨声、读书声,声声入耳;家事、国事、天下事,事事关心",这副对联是东林党人救世济民的崇高理想的映照。经世致用意识是明代中后期有着责任感的士人们的共识。

颜元的功利论,使其经世致用意识在明清之际达到了新的高潮,这是颜元学风的显著特征所在。据我初步统计,仅《朱子语类评》中,"习行经济"为5见、"经济"为6见、"经世济民"为1见。在颜元的著作中,与"经世"相关的词汇,如"经世重典""经世大务""利济生民""利济苍生""扶危济难之功"等触目皆是。

"经世"最早见于《庄子·齐物论》:"春秋经世,先王之志,圣人议而不辩。""春秋"泛指古代历史,"经世"指治理社会,"志"为记载。历史上关于先王治理天下的记载,圣人虽有所议论,但却不予辩驳。明清之际启蒙学者中,没有一个人说过"经世致用"的话。梁启超把他们的学术,综括为"经世致用之学",此后约定俗成为人们所认可:"他们对于明朝之亡,认为是学者社会的大耻辱、大罪责,于是抛弃明心见性的空谈,专讲经世致用的实务。他们不是为学问而做学问,是为政治而做学问……他们里头,因政治活动而死去的人很多,剩下生存的也断断不肯和满人合作,宁可把梦想的'经世致用之学'依旧托诸空言,但求改变学风以收将来的效果。黄梨洲、顾亭林、王船山、朱舜水,便是这时候的代表人物。"①

经世致用意识的启动并对后世产生影响的源头,可上溯到北宋学者胡瑗那里,胡瑗是宋明儒者中颜元最推许之人。颜元断定,宋代学者中唯安定之学

---

① 梁启超:《梁启超论清学史二种·中国近三百年学术史》,第106页。

得孔子之正传：

> 程、朱当远宗孔子，近师安定，以六德、六行、六艺及兵农、钱谷、水火、工虞之类教其门人，成就数十百通儒。①
>
> 惟安定胡先生，知救弊之道在实学不在空言，其主教太学也，立经义、治学斋，可谓深契孔子之心矣。②
>
> 吾于宋儒独推胡文昭，明儒独推韩苑洛也。③

胡瑗是主张"实学"的。颜元认为，要由虚返实以救当今学术之弊，就应当推广胡瑗的分斋教法。胡瑗（993—1059），字翼之，海陵（今江苏泰州）人。他是宋代学术开创者之一，但主要成就在教育上。在当时浮华之风盛行之时，为纠正时弊，他提出了"明体达用"的学术宗旨。"明体"指讲明圣人之道即六经经义；"达用"指把圣人之道应用到实际事务中去。为社会培养有实际能力的人才的主张，是他的事功之学在教育领域中的应用。他创立了著名的"分斋教法"，把学校分成经义斋与治事斋："经义则选择其心性疏通有器局可任大事者，使之讲明六经。治事则一人各治一事，又兼摄一事，如治民以安其生，讲武以御其寇，堰水以利田，算历以明数是也。"④胡瑗的最终目的，是要"措之天下，能润泽斯民"⑤。胡瑗设"经义""治学"二斋的分斋教法，实启颜元规划漳南书院之先声。

颜元的"学"，就是以"六艺"为要务；进而颜元的"用"，就是强调思想、言论的社会效果。⑥ 颜元认为，"六艺"是具体的，为学问的根基，"六德""六行"

---

① 颜元：《颜元集·存学编》卷三，第40页。

② 颜元：《颜元集·存学编》卷三，第75页。

③ 颜元：《颜元集·四书正误》卷四，第207页。关于韩邦奇（1479—1556），字汝节，号苑洛，陕西大荔人。正德三年（1508）进士，官至兵部尚书，死后谥恭简，《明史》有传。黄宗羲在《明儒学案》卷九《三原学案》中有《恭简韩艺洛先生邦奇》一文，说："先生著述，其大者为《志乐》一书。方其始刻之日，九鹤飞舞于庭。传其术者为杨椒山。"载沈善洪主编：《黄宗羲全集》第7册，第183页。

④ 黄宗羲：《宋元学案》卷一《安定学案》，载沈善洪主编：《黄宗羲全集》第3册，第56页。

⑤ 黄宗羲：《宋元学案》卷一《安定学案》，载沈善洪主编：《黄宗羲全集》第3册，第57页。

⑥ 李塨对"学"的含义有个确切的界说："古人之学，礼、乐、兵、农，可以修身，可以致用，经世济民，皆在于斯，是所谓学者也。"（见颜元：《颜元集·存学编序》，第37页）

较为抽象,要通过"六艺"来体现:

> 孔门习行礼、乐、射、御之学,健人筋骨,和人血气,调人情性,长人仁义;一时学行,受一时之福;一日习行,受一日之福;一人体之,锡福一人;一家体之,锡福一家;一国、天下皆然。小之却一身之疾,大之措民物之安。为其动生阳和,不积痰郁气,安内捍外也。①

颜元重视"六艺"之学,因为它对个人与社会能产生福。用之于个人,可强健体魄、陶冶性情、高尚道德;用之于社会,可收到齐家、治国、平天下的实际效果。颜元认为,学在于能用,不在于记诵。为学并不在于读解经书,而在于习行历练"三事""三物"。颜元提倡"六艺"之学,是托言经典而倡导实用之学。他所要求学者研习的,不限于礼、乐、射、御、书、数。举凡兵农、钱谷、水火、工虞、天文、地理等一切有用学问,他都主张研习并身体力行。从现在看,农业、手工业、军事、财政等同国计民生相关的重要方面都涉及了,数学、书法、音乐等人类文化所必备的基础学科也包括在内了。颜元青睐"习行"之学,在学风上就光大了经世致用的学风。

儒家历来注重"道德文章",也即苏东坡所说的"其文如其为人"②。"文如其人"中的"文"是广义的,举凡诗歌、文章、书画、学问,皆为"文"所囊括。"人"的含义也是多重的,主要是人格与德行、道德修养与思想境界。颜元以功利论为自己的思想境界追求所在,以"担当世道、劳济生民"为自身的理想人格所在。倡导为民众和社会建功立业的颜元,其学风是其人格境界的自然流露。经世致用的学风,也是颜元价值观念在治学上的体现。45 岁时颜元作诗以明心志:"肩担宝剑倚崆峒,翘首昂昂问太空。天挺英豪中用否?将来何计谢苍生。"③颜元以"天挺英豪"自居,尽管他一时还想不出什么良策为"苍生"效劳,但这首诗今天读来,还是撼动人心的。

---

① 颜元:《颜元集·颜习斋先生言行录》卷下,第 693 页。
② 苏轼致学生张文潜信中说:"子由之文实胜仆,而世俗不知,乃以为不如。其为人深不愿人知之,其文如其为人,故汪洋澹泊,有一唱三叹之声,而其秀杰之气,终不可没。"见苏轼:《苏轼文集》卷四九《答张文潜县丞书》,孔凡礼点校,中华书局 1986 年版,第 1427 页。
③ 李塨:《颜习斋先生年谱》,载颜元:《颜元集》,第 749 页。

第四章　颜元的哲学思想

一个新学派的创始人得有与众不同的理论作为背景,方能给人带来不同凡响的感受。就颜元而言,无论是宇宙观、认识论,还是人性论、欲望观,他都有着与众不同之处。颜元以理气一元论来说明万物生长的过程,并提出了"二气四德"的宇宙观;又以泛神论的天人合一观,否定了传统的天命论。在驱除了命定论的阴霾后,颜元以风标特立的人贵论而有别于传统儒学,认为人不同于禽兽的要点在于人能役使万物,而不在于人有道德观念。"以我易天下"这一气吞山河的主张,是王阳明"狂者胸次"的烙印所在。认识论上,颜元断言"习行"是建立在"理见于事"的基础上的。对众说纷纭的"格物"说,他以卓然不群的"犯手"来释"格",这是以亲手接触实际事物为依据的,与朱熹、王阳明的"格物"说泾渭分明。人性论上,他对理学家二元化的人性论做了有力的批判,从理气合一的视野否定了理学的"复性"说。颜元强调,欲望是人的真情至性所在,直接针对理学家"饿死事小,失节事大"的贞节观与禁欲主义。这是他男女平等观念的体现,且为近代进步思想家所继承。有独见而不拘流俗,是颜元哲学思想的特征。

第一节　"二气四德"的宇宙观

一、"阴阳流行而为元亨利贞四德"

颜元认为宇宙由阴阳二气构成,阴阳二气变化产生了万物。在《存性编》中,颜元画了幅"浑天地二气四德化生万物之图"(以下简称"二气四德图"),对这幅图他解释说:

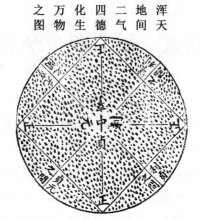

图4-1　颜元绘"二气四德"生万物图

　　上帝主宰其中,不可以图也。左阳也,右阴也,合之则阴阳无间也。阴阳流行而为四德元、亨、利、贞也(四德,先儒即分春、夏、秋、冬,《论语》所谓"四时行"也),横竖正画,四德正气正理之达也;四角斜画,四德间气间理之达也。交斜之画,象交通也;满面小点,象万物之化生也,莫不交通,莫不化生也,无非是气是理也。知理气融为一片,则知阳阳二气,天道之良能也;元、亨、利、贞四德,阳阳二气之良能也;化生万物,元、亨、利、贞四德之良能也。知天道之二气,二气之四德,四德之生万物莫非良能,则可以观此图矣。①

　　"良能"一词出于《孟子·尽心上》:"人之所不学而能者,其良能也。"其本意是指人天生具备的能力。颜元扩大了"良能"的范围,从人道拓展到天道。从上下文来看,颜元的"良能"是指天生固有的东西及其功能。阴阳二气是构成宇宙的基本材料,是"天道"(自然界)所固有的。阴阳二气本身的"良能",以其不停顿的运动("流行")产生了"元、亨、利、贞四德"。"元、亨、利、贞四德"的"良能"产生了万物。对元、亨、利、贞的解释历来不一,大体有三种意思:一是比喻君子的德性,为仁、义、礼、智;二是象征四季,为春、夏、秋、冬;三是理解为是万物之化生过程。如北宋李觏所说的:"元以始物,亨以通物,利以宜物,贞

① 颜元:《颜元集·存性编》卷二,第20—21页。

以斡物。"①颜元是持第三种见解的,他把"元、贞、利、亨"理解为阴阳二气生成万物的过程,为万物生成的条件。图中的横竖交斜表示万物与"元、亨、利、贞"的联系,即"莫不交通";图中小点表示万物,亦包括人类。"元、亨、利、贞"的"流行"化了万物,即"莫不化生"。颜元的宇宙观是唯物主义的,阴阳二气是构成万物的基本物质:"为寒热风雨,生成万物者气也;其往来代谢,流行不已,数也;而所以然者,理也。"②有时他用更为朴实的语言来描述万物化生:"天地之宝,莫重于日月,莫大于水土。使日月不照临九州,而惟于云霄外虚耗其光;使水土不发生万物,而惟以旷闲其春秋,则何以成乾坤?"③颜元持日月与水土相互作用而滋生万物的想法,完全是基于直接观察与务农实际得出的结论。在"化生万物之图"里,颜元做了理论上的升华,强调了宇宙是物质的,阴阳二气为原料的运动与变化是宇宙间万物产生的缘由。

在历史上影响最大的、以图来说明宇宙万物生成的,是周敦颐的太极图。太极图在一般的哲学史论著中常可见到,不再附图,只对太极图与颜元的万物生成图做一简略的比较。两图可谓同中有异,异中有同。一、两图都利用了《周易》的思想资料作为万物生成的依据,但周敦颐的太极图与道教的修炼术关系密切,是把方士修炼内丹过程的图改造为宇宙生成的图,而颜元万物生成图无此宗教色彩。二、两图对阴阳五行学说都有所吸取,但出发点不一样,导致了结果的不同。周敦颐认为有象有形的二气、五行和万物均出自原始的、绝对的"太极"。"太极"指虚无,即"太极本无极"。④周敦颐讲宇宙生成,把老庄哲学掺入了阴阳五行说,阴阳五行学说也被他做了改造。周敦颐的宇宙生成过程为:自无生有,太极分而为阴阳,阴阳分立而形成天地;阴阳变化、结合而生五行,二气、五行互相作用而化生万物,变化无穷。阴阳五行学说,是从属于自无生有体系的,给人以虚无缥缈的感受。颜元作为一个长期务农的学者,他是从观察自然现象中得到的更符合实际的见解。三、两人都力求为他们的人性论寻求宇宙观上的依据。周敦颐的太极图是为他"主静立人极"而归根于

① 李觏:《李觏集》卷四《删定易图序论五》,王国轩点校,中华书局1981年版,第64页。
② 颜元:《颜元集·颜习斋先生言行录》,第628页。
③ 颜元:《颜元集·颜习斋先生言行录》,第636页。
④ 周敦颐:《周敦颐集·太极图说》,第1页。"无极"一词不见于儒家典籍,见于《老子》与魏伯阳的《周易参同契》。

"无欲"的禁欲主义人性论服务的。① 颜元的"二气四德图"是为他所赞同的孟子性善论寻求宇宙观上的基石。

且看颜元是如何为他的人性论作论证的：

> 知天道之二气，二气之四德，四德之生万物莫非良能，则可以观此图矣。……存之为仁、义、礼、智，谓之性者，以在内之元、亨、利、贞名之也；发之为恻隐、羞恶、辞让、是非，谓之情者。②

颜元认为"二气四德图"中的"元、亨、利、贞四德"有十六种运动形态。因时间与空间的殊异，产生出了三十二类性质的东西。禀受这些性质而生的万物的变化是无穷的，但不外于三十二类，而三十二类均在"十六变"之中，"十六变不外四德也，四德不外于二气"。③ 把道德准则与自然物质混在一起讲，在古代哲学家中是司空见惯的。颜元要说明的是，孟子的"四善端"，即"恻隐、羞恶、辞让、是非"之心，在自然界是有根基的。

颜元的宇宙观是泛神论的天人合一说，并由此推出了理气一元论。他说"上帝"是"不可以图"，实际上说"上帝"就是自然，即内在于"二气四德"的万物之中。颜元把人看作是自然界的产物，同时认为自然界和人一样也有"二气四德之良能"。自然界与人的差别，只在于"二气四德"在自然界里是未凝结的，而在人那里是已经凝结的了：

> 二气四德，未凝结之人也；人者，已凝结之二气四德也。④

这是一种泛神论的天人合一说。颜元的"上帝"是沿袭了殷周时就已经广为流行的天神这一概念，但颜元把它引向了泛神论。泛神论的基本特征是神即自

---

① 周敦颐在《太极图说》中说："静者常为主焉，则人○于是乎立。"这里的"○"，不是圆圈，而是宇宙本体："○，此所谓无极而太极也，所以动而静、静而阴之本体也。"（周敦颐：《周敦颐集》，第1—2页。）

② 颜元：《颜元集·存性编》卷二，第21页。

③ 颜元：《颜元集·存性编》卷二，第25页。

④ 颜元：《颜元集·存性编》卷二，第21页。

然界,神存在于一切自然事物中。泛神论的神不同于宗教上的人格神,它不凌驾于世界之上。殷周时期的天神崇拜认为天神是有意志的人格神,是凌驾于自然界与人类社会之上的主宰者。

颜元的"上帝"不是主宰者,而是与人合一的:

> 思天地一我也,我一天地也;万物一我也,我一万物也。①
>
> 天兼理、气、数,须知我与天是一个理,是一个气、数。又要知这理与气、数是活泼而呼吸往来、灵应感通者也。②

在颜元看来,"我"就是"万物""天地"。作为"万物之灵"的"我",是同"天地"合为一体的。颜元推导出一个结论,即天地间的一切都是感应相通的,人和自然界("天地")是同一阴阳之气、同一往来代谢之数、同一所以然之理。颜元是从"理气融为一片"出发推导出的。"天下有无理之气乎?有无气之理乎?"③理气合一的主张,贯穿到人性论领域,为颜元批判理学家的人性二元化学说提供了宇宙观的依据。

颜元的天人合一说,同董仲舒的天人感应说不同,主张事在人为,不认同天命论:

> 或问:"祸福皆命中造定,信乎?"先生曰:"不然。地中生苗或可五斗,或可一石,是犹人生之命也。从而粪壤培之,雨露润之,五斗者亦可一石;若不惟无所培润,又从而蟊贼之,摧折牧放之,一石者幸而五斗,甚则一粒莫获矣。生命亦何定之有?夫所谓命一定者,不恶不善之中人,顺气数而终身者耳。大善大恶固非命可囿也,在乎人耳。"④

他破除对天命的迷信,否认了祸福是命中注定的观点。这一结论是他从长期务农的经验中引申出来的。多年务农获得的经验告诉颜元,人的主观能动性

---

① 颜元:《颜元集·颜习斋先生言行录》,第 680 页。
② 颜元:《颜元集·颜习斋先生言行录》,628 页。
③ 颜元:《颜元集·存性编》卷二,第 21 页。
④ 颜元:《颜元集·颜习斋先生言行录》,第 623 页。

的充分发挥,是庄稼取得丰收的前提。如果不注重后天的培育,又遇上虫灾,也可能颗粒无收。既然农作物的收成与人的主观能动性相关,人的生命也不例外,不存在冥冥之中能够主宰人一生祸福的天命。"生命亦何定之有",是对传统天命论的否定。天命论在科学技术不甚发达的古代是非常流行的。《论语·颜渊》中有"死生有命,富贵在天"的话。孔子说自己有"三畏",其中之一就是"畏天命"①。命或命运是一种必然性,是一定如此,人力无可奈何也无法改变。在古代社会里,人们对许多自然现象和社会现象难以找出真实的原因时,常会赋予命中注定的含义,我称之为盲目的必然性。人作为力量有限的生存物,在其自身历史展开过程中,往往摆脱不了盲目必然性的困扰。当找不出问题症结所在,或尽了主观上的极大努力也无济于事时,就免不了把盲目必然性神化为命运。命运有多种表现形式,但最主要的是天命论。天命论也就是颜元所说的"气数"。天命论在民间广为流行并有不少的信徒,破除天命论是需要胆量的。就颜元而言,他对天命论的否定中,还留了一个尾巴,即认为天命论还适用于"不善不恶"之人。这是他思想中的不足之处,也说明天命论在当时社会中力量的强大。

二、人贵在于"役使万物"

颜元否定天命、充分发挥主观能动性的主张,是建立在人能"役使万物"说上的:

> 天地者,万物之大父母也;父母者,传天地之化者也。而人则独得天地之全,为万物之秀也。得全于天地,斯异于万物而独贵;惟秀于万物,斯役使万物而独灵。②
>
> 万物皆所以奉人,故人贵;若以物役人,则不贵。③

依颜元的看法,万物仅得天地阴阳二气的部分,而人得天地阴阳二气之全部,

---

① 《论语·季氏》。
② 颜元:《颜元集·习斋记余》卷六《人论》,第 511 页。
③ 颜元:《颜元集·颜习斋先生言行录》,第 678—679 页。

因而人是万物中最尊贵的。颜元提出，人能"役使万物"是人"贵"于万物的根本。这同儒家传统人贵论的观点是相悖的。儒家传统主张是人贵在于"有义"的价值观。"贵"即有价值。《孝经》中的"天地之性人为贵"，是说人在天地宇宙万物中处于最有价值的地位。子游向孔子问孝时提出疑问，人和犬马对其父母"皆能有养"，这有什么不同？孔子认为，人兽之别的关键在于人能"敬"。① "敬"是人特有的道德意识，禽兽是没有的。这方面表述以荀子最明白："水火有气而无生，草木有生而无知，禽兽有知而无义，人有气有生而有知，亦且有义，故最为天下贵也。"②荀子认为人在万物中处于最有价值的位置，在于他（她）有禽兽所无的道德——"义"。先秦以后的儒家，内部的争论从未间断过，但各方却一致赞同人贵在于"有义"的价值观，而不"义"之人历来被看作是不齿于人类的禽兽。二程主张，"人之所以为人者，以有天理也。天理之不存，则与禽兽何异矣？"③二程的"天理"，无非是纲常名教的哲理化而已。朱熹断言："人为最灵，而备有五常之性，禽兽昏而不能备。"④相对于以上诸家的观点，颜元的人"役使万物而独灵"的主张，是一种崭新的价值观。

人贵在"有义"这一价值观，从先秦到明清，它往往以各种不同形式复制自身。"人有忠孝之名，非有国有家之福也？然而正人心、维风俗，使人类不致沦亡者，实唯赖此。"⑤明末清初这位士人的话表明，人贵在"有义"是儒家文化的基因之一，经过历代的灌输，已成为许多代士人的深层文化心理了。颜元虽以恢复孔、孟正学为己任，但在人的价值观上，他打破了孔、孟开创的儒家传统价值观，而代之以建立在人的能动性上的新价值观。人贵在"有义"的价值观，为道义论的一种表现形态。它是在人与禽兽差别的厘定上做了界说。颜元的界说，强调了人贵在于"役使万物"上，人有主观能动性而禽兽没有。在颜元看来，人是自然界的一部分，但又能改造自然界。人之所以"贵"于万物，是因为人能够按照自己的意愿、能力和技艺去改造和支配万物，这是人在宇宙中的崇高地位与价值所在。以往的奠基于道德至上的旧价值观，在颜元面前已显得

① 《论语·为政》。
② 《荀子·王制》。
③ 程颢、程颐：《二程集·河南程氏粹言》卷二，第1272页。
④ 朱熹：《朱文公文集》卷五九《答余方叔》。
⑤ 叶梦珠：《阅世编》卷四。

暗淡无光了。

　　在人和自然的关系上,颜元是积极进取的,由"役使万物"进到了人定胜天的"造命回天":

　　　　圣人以一心一身为天地之枢纽,化其戾,生其和,所谓造命回天者也。其次知命乐天,其次安命顺天,其次奉命畏天。造命回天者,主宰气运者也;知命乐天者,与天为友者也;安命顺天者,以天为宅者也;奉命畏天者,懔天为君者也。然奉而畏之,斯可以安而顺之矣;安而顺之,斯可以知而乐之矣;知而乐之,斯可以造而回之矣。若夫昧天、逆天,其天之贼乎!①

这段材料以往的研究者是很少关注的。颜元提出人对天的态度为四个层面:"造命回天""知命乐天""安命顺天""奉命畏天"。最高层面是"造命回天",而最低层面为"奉命畏天"。颜元的"奉命畏天"并非天命论,而是认为人对自然界的力量应当有所畏惧,即人不能"逆天"。科学发展到今天,人类也无法完全排除自然灾害的发生。由承认自然界的力量,进到顺应自然界,再到与自然界为友,最后为驾驭自然界。"造命回天""主宰气运",是指人的力量可以掌握和驾驭天命。比颜元早一些,王夫之有"造命"说的主张,提出在承认客观规律前提下,只要充分发挥主观能动性,一般人也可以"造命",即人定胜天。② 王夫之的著作,真正意义上的广泛流传,是在近代曾国藩刊刻《船山遗书》之后。颜元看到王夫之著作的可能性几乎是没有的。泰州学派的创始人、王阳明的学生王艮亦提出"我命虽在天,造命却由我"③的主张,但又认为,一般人得听天由命,只有"大人"才可以"造命":"孔子之不遇于春秋之君,亦命也。而周流天下,明道以淑斯人,不谓命也。若'天民'则听命矣。故曰:'大人造命。'"④清初朱学盛行时,颜元是无法读到王艮著作的。颜元"造命回天"说,是其由人能"役使万物"说中生发出来的。

----

① 颜元:《颜元集·颜习斋先生言行录》,第 680 页。
② 王夫之肯定"天之命,有理而无心"的同时,又提出"修身以俟命,慎动以永命,一介之士,莫不有造焉"的观点。参见王夫之:《读通鉴论》卷二四,中华书局 1975 年版,第 864—865 页。
③ 王艮:《王心斋全集》卷二《又与徐子直》,第 53 页。
④ 王艮:《王心斋全集》卷一《语录》,第 9 页。

第二节 "习行"的认识论

颜元强调在"习事"中见"理",充分肯定了"习行"在认识论中的意义:"孔子与三千人习而行之,以济当世,是圣人本志本功。"①他对"格物"做出了不同于前人的新解,比前人更加重视实践,考察了实践在认识论中的意义与价值。

一、"致知在物上"

他的学生李植秀请教"格物致知",颜元提出了"知以物为体"的见解:

> 李植秀问"格物致知"。予曰:知无体,以物为体,犹之目无体,以形色为体也。故人目虽明,非视黑视白,明无由用也;人心虽灵,非玩东玩西,灵无由施也。今之言"致知"者,不过读书、讲问、思辨已耳,不知致吾知者,皆不在此也。②

这是批评当时学者讲"致知",只落实于"读书、讲问、思辨"上,而与"物"无关的主张。"知无体,以物为体,犹之目无体,以形色为体也",是说客观事物是人进行认识活动的根据。离开形体与颜色,人的眼睛就失去了认识的作用;离开了实际事物,人的认识活动是无法进行的。"知无体,以物为体"的主张,与王阳明有着密切的关系:"目无体,以万物之色为体;耳无体,以万物之声为体;鼻无体,以万物之臭为体;口无体,以万物之味为体;心无体,以天地万物感应之是非为体。"③王阳明是在肯定"心"为本体的前提下,说了这番与人的日常感觉相吻合的话。他想说明的是,"心"不是超越感性经验的,而是内在于对天地万物的感应之中。颜元早年熟读王阳明的著作,他把王阳明这段话做了变动,易"目无体,以万物之色为体"为"目无体,以形色为体"。颜元认为,没有物

① 颜元:《颜元集·四书正误》卷一,第157页。
② 颜元:《颜元集·四书正误》卷一,第159页。
③ 王阳明:《王阳明全集》卷三《传习录下》,第108页。

体的具体形状与颜色,那么人的眼睛再明亮也没有用。推而广之,人不接触外界的客观事物,"人心"再灵巧也是无法得到认识的。"人心"之"灵",无非是把玩外界客观事物的结果。"玩东玩西",是说人在与外界客观事物的反复接触中才能获得知识;反之,"非玩东玩西,灵无由施",也就是知识入不了人的心灵中。颜元举了个例子来说明:"如欲知乐,凭人悬空思悟,口读耳听,不如手舞足蹈,搏拊考击,把吹竹,口歌诗,所谓致知乎乐者,斯确在乎是矣。"①这是说,要知道乐理,其前提是亲身去演奏乐器,配合乐曲手舞足蹈一番。"知无体,以物为体",是从"目无体,以形色为体"那里推导出来的。颜元学说的形成,同他对以往先前哲学史上一些"先行原则"的综合有关。不过前面论述时注重的是他比较青睐的学派。这里是另外一种情况,即他把先前崇信而后背叛的学派中的一些见解拿来,做了符合自己需要的重铸。

由此,颜元提出"致知在物上"的观点:

> 致知在物上,便亲见了那物,不尤胜于宋儒与今人全不见梅、枣,便自谓穷尽酸、甜之理乎? 嗟乎! 通五百年学术成一大谎,其如此局何哉!②

颜元认为,要看过或尝过梅、枣,才能晓得它们的形色和滋味。宋儒不这么做,而自称知道梅、枣内中酸甜的奥秘,这不是天大的谎话吗! 当然这是一个比喻,是讽刺宋儒不与客观事物接触而能穷尽"理"的荒诞。为何人的认识一定要建立在"物"的基础上呢? 因为人们所处的周围环境全是由"物"组成的:"凡天下之人,天下之政,天下之事,未有外于物者也。"③这在经验论的颜元看来,道理就这么简单。

从中国哲学史的发展进程来分析,"知以物为体""人心最灵""致知在物上"等见解,是颜元对心物、知行之辩的见解所在。颜元说的"知""物""心",是人类认识论中的三项基本内容:物质世界为认识对象("物")、精神为认识主体("心")、物质世界在人的头脑中的反映("知")。从认识论角度言,心和物的相互关系,表现为知和行之间非常复杂的活动。主张理一元论的程朱理学,

---

① 颜元:《颜元集·习斋记余》卷六《阅张氏〈王学质疑〉评》,第491—492页。
② 颜元:《颜元集·习斋记余》卷六《阅张氏〈王学质疑〉评》,第492页。
③ 颜元:《颜元集·习斋记余》卷九《题哀公问》,第555页。

总体上强调知先于行；主张心一元论的王阳明，力倡知行合一；站在气一元论上的王夫之，认为知行相资以为用，行可以兼知。颜元对知行之辨，也表明了自己的态度，那就是"知以物为体""致知在物上"。这作为颜元认识论的基本前提，必定要导向"见理于事"的"习行"。

二、"见理于事"的"习行"

知行之辨在颜元那里，是和理、事的关系联系在一起的。为此他主张"见理于事"：

> 见理已明而不能处事者多矣，有宋诸先生便谓还是见理不明，只教人明理。孔子则只教人习事，迨见理于事，则已彻上彻下矣。①
>
> 以讲解为学而以行为衬贴，终不免挂一漏二，则所行者亦不纯熟。不如学而时习，用全副精神，身心道艺，一滚加功，进锐不得，亦退速不得。即此为学，即此为行，即此为教，举而措之，即此为治，真尧、舜宗子，文、周功臣，万世圣贤之规矩也。②

这是说，"以讲解为学"与"学而时习"的"学"，是有本质区别的。后者是历代圣贤定下的"规矩"，是应该遵守的，一定要在"习事"中见"理"。颜元以孔子的权威来为自己的主张张目："圣人说出，只要人习行。"③他总是抬出孔圣人来为自己的见解作认证，这是理解颜元思想的一个关键点。颜元借孔子的口，说自己与宋儒的不同是"习事"与"明理"的区别。颜元没有否定"理"。"理"是要"明"的，但不是像宋儒那样在"讲解"中去明白，而是从具体的事物中知晓，即"见理于事"。"理"不是人先天地就具备的，是在事物的实际操作与使用后而获得的。他举例说，一顶皮帽，知道它是东北出产的，但一定要把它戴在头上，才晓得它是有保暖性能的。理学家只是告诉人们要领会抽象的"理"，即使此"理"无法处理实际事务，理学家还是教人在"明理"上下功夫。

---

① 颜元：《颜元集·存学编》卷二，第 71 页
② 颜元：《颜元集·存学编》卷三，第 87 页。
③ 颜元：《颜元集·四书正误》卷三，第 199 页。

　　为此颜元举了个行医方面的例子,做了详细的驳斥:

> 　　辟之于医,《黄帝素问》《金匮》《玉函》,所以明医理也。而疗疾救世,则必诊脉、制药、针灸、摩砭为之力也。今有妄人者,止务览医书千百卷,熟读详说,以为予国手矣。视诊脉、制药、针灸、摩砭以为术家之粗,不足学也。书日博,识日精,一人倡之,举世效之,岐、黄盈天下,而天下之人病相枕,死相接也,可谓明医乎? 愚以为从事方脉、药饵、针灸、摩砭,疗疾救世者所以为医也,读书取以明此也。若读尽医书而鄙视方脉、药饵、针灸、摩砭,妄人也,不惟非岐、黄,并非医也。尚不知习一科、验一方者之为医也。读尽天下书而不习行六府、六艺,文人也,非儒也,尚不如行一节、精一艺者之为儒也。①

读经典医书是为了"明医理",但达到这一目的,必须使用"方脉、药饵、针灸、摩砭"等临床医疗手段。有些人认为这些医疗手段是等而下之的,是医术中最为粗糙的。"妄人"觉得,自己熟读了千百卷的医书,就是"国手"了。颜元强调,照此去做的结局,那就是医生满天下,而病人死亡不断。颜元主张"习一科、验一方",把医理用于临床实践并取得疗效的才算是真正的医术,才能产生"疗疾救世"之用。推而广之,读完了天下书而不对"六府""六艺"去"习行",不是货真价实的"儒",仅是一般文人而已。那些"行一节、精一艺"的"儒",才算得真正意义上的"儒"。真正的知识的取得,均是由事上练习而得到的。增益人的才智,唯一的办法就是在具体事物中操习。颜元多次讲及,领会了《论语》中开头"学而时习之"这句话,就懂得了《论语》全书的真谛。

　　颜元把功利论贯彻到认识论中,进而指出主观动机与客观效果不是一回事,不能画上等号。他说:

> 　　学问有诸己与否,须临事方信,人每好以所志认作所能,此大误事,正是后世泡影学问也。②

---

① 颜元:《颜元集·存学编》卷一,第 50 页。
② 颜元:《颜元集·颜习斋先生言行录》,第 632 页。

"所志"是人的主观动机,"所能"是客观效果。人的主观动机和客观效果往往是不统一的。通常情况下,好的动机会导出好的结果,而坏的动机易造成坏的结果。但在很多的场合下,好的动机往往引出的坏结果,而坏的动机也会造成好的结果,即"歪打正着"。这些情况的反复出现,先秦时期就产生了志功之辨,即关于动机与效果之间关系的讨论。志功对举,首见于《孟子·滕文公下》中孟子与彭更的对话。《墨子·鲁问》中的"合其志功而观"的话,这是墨子站在功利论立场上强调效果而说的。有了效果才能说明事情做成了,而理论必须用事实来验证。人类的行为,是一种有目的、有意图的活动,是从一定的动机出发获得某种效果的过程。主观意识与实际效果,两者难以一致,是因为受到主客观种种因素的制约。所谓"心有余而力不足"说的也是这层意思。动机总是要在人的行为中留下一定的痕迹,并通过效果表现出来。离开人的行为的客观效果,是难以正确判断一个人的主观动机的。颜元提出,一个人有没有学问,不是由主观意识决定的,而是要从他处理实际事务的能力来核定。不能把"所志"与"所能"混为一体,须"临事方信",应当说是颜元的一个相当深刻的见解。

颜元重点考察了"习行"在人的认识过程中的作用,有反对空谈的合理因素。但他过分强调了感性经验的重要性,把人的认识与才能对实践的依赖关系简单化了,有经验主义的倾向。章太炎对颜元是很推崇的,认为他是自荀卿以后中国哲学史上的一位很有成就的大儒,但对颜元片面注重感性经验做了指责,认为颜元忽视了理性思维在认识中的必要作用。这一批评应当说是击中要害的,具体分析后文再说。

三、"格物"新解

无论是"致知在物上"还是"理见于事"的"习行"都集中于一点,就是对"格物致知"的"格"字是如何理解的。颜元认为"格物"有的含义就是动手去做实际的事情,这叫"犯手"。颜元说:

> 按"格物"之"格",王门训"正",朱门训"至",汉儒训"来",似皆未稳。……元谓当如史书"手格猛兽"之"格"、"手格杀之"之"格",乃犯手

捶打搓弄之义,即孔门六艺之教,是也。①

　　谓之"格",则必犯手搏弄,不惟静、敬、顿悟等混不得,即读、作、讲解都当不得。②

《礼记·大学》中有"致知在格物,物格而后知至"的话,简称"格致"。"格致"一词作为中国古代认识论的专用术语,宋代以后的解释极多。对"格"的理解各异,形成了不同的认识论。朱熹训"格"为"至",即穷尽事物的本然之理的意思,但朱熹的"格物"贬低对自然界与人工制造的器物的研究。"格物之论,伊川意虽谓眼前无非是物,然其格之也,亦须有缓急先后之序,岂遽以为存心于一草一木、器用之间,而忽然是悬悟也哉!且如今为此学而不穷天理、明人伦、讲圣言、通世故,乃兀然存心于一草一木、器用之间,此是何学问!如此而望有所得,是炊沙而欲成其饭也。"③"格物"的目的,不是通过具体的事物,如自然的草木、人工制造的器物等去获得知识。追求具体事物中的知识,同明白伦理关系、研究圣人言论相比,是算不了什么学问的。期望从"草木器皿"等具体事物中来求知,犹如烧沙子却想得到米饭一样是不可能的。朱熹把"格物"的归宿,落实到道德领域中了。王阳明按朱熹所说去格竹子,以求"即物穷理"。失败了的王阳明另辟蹊径,训"格"为"正":"格者,正也,正其不正以归于正之谓也。正其不正者,去恶之谓也。归于正者,为善之谓也。"④"格物"就是去掉恶的念头而归于善,做存天理、灭人欲的修养功夫。对理学家来说,做学问首先是向内,探索自己的内心,即诚意、正心、修身,弄清自己的心性并趋向于"天理"为第一要义。颜元反其道而行之,强调做学问首先要和外界事物有实际的接触,目光向外,以了解事物的真相及其规律为第一要务。这是颜元训"格"为"犯手捶打搓弄"的理由。他对"格"的解释,是不同于朱熹,也是有别于王阳明的新解。

　　颜元对"格物"的理解,要求人们亲身接触实际事物,他举弹琴为例来说明:

---

① 颜元:《颜元集·习斋记余》卷六《阅张氏〈王学质疑〉评》,第491页。

② 颜元:《颜元集·颜习斋先生言行录》卷上,第652页。

③ 朱熹:《朱文公文集》卷三九《答陈齐仲》。

④ 王阳明:《王阳明全集》卷二六《大学问》,第972页。

譬之学琴然:诗书犹琴谱也。烂熟琴谱,讲解分明,可谓学琴乎? 故曰以讲读为求道之功,相隔千里也。更有一妄人指琴谱曰:是即琴也,辨音律,协声韵,理性情,通神明,此物此事也。谱果琴乎? 故曰以书为道,相隔万里也。千里万里,何言之远也! 亦譬之学琴然:歌得其调,抚娴其指,弦求中音,徽求中节,声求协律,是谓之学琴矣,未为习琴也。手随心,音随手,清浊、疾除有常规,鼓有常功,奏有常乐,是之谓习琴矣,未为能琴也。弦器可手制也,音律可耳审也,诗歌惟其所欲也,心与手忘,手与弦忘,私欲不作于心,太和常在于室,感应阴阳,化物达天,于是乎命之曰能琴。今手不弹,心不会,但以讲读琴谱为学琴,是渡河而望江也,故曰千里也。今目不睹,耳不闻,但以谱为琴,是指蓟北而谈云南也,故曰万里也。①

颜元这段话出于他亲身实践的体会。读谱是书本上的知识,学琴是艺术实践,两者是有区别的,前者是心里想、口中说,后者是亲手操作一番。弹琴在颜元看来,有泾渭分明的三个阶段:"学琴""习琴"与"能琴"。用手指拨弦,让它符合音调,这是初级阶段,只能说是"学琴"。待音乐修养提高以后,弹出的声音已有一定的节奏,轻重缓急均能合乎常规的要求,乐声听从手指与大脑的指挥,是为中级阶段,这叫"习琴"。到乐器能自己制作、耳朵能审定音律、诗歌能随意选择,弹琴时不再考虑手指动作与大脑意念如何统一,就进入了高级阶段,那叫"能琴"。乐器的演奏是建立在对乐理的知晓前提下的,仅有琴谱的熟读是绝对不行的。"以谱为琴",如同手指着燕赵大地,而口中谈论边陲云南一样,相差直有"万里"。操京胡的琴师,与演员的上乘的合作,不是程式化了的配合,而是即兴发挥的"场上见"。此即颜元所言,"心与手忘,手与弦忘"的"化物达天"的阶段了。颜元习琴的三阶段说,是他学琴实践的升华。颜元、李塨的朋友中,有一位习琴高手张函白:"函白所知,盖唯琴一事,然用以寄性,涤瑕去秽,涵养和平,温温如玉,不见疾言遽色,其宽大,恕谷自谓终身不能及。"②张函白琴艺之水平,连深知乐律的李塨也自叹不如。颜元跟随张函白学过琴:"习斋初从王法乾学鼓《归去来辞》,未就,后从函白学《客窗夜话》《登瀛洲》诸

① 颜元:《颜元集·存学编》卷三,第78—79页。
② 徐世昌:《颜李师承记》,陈山榜等点校,北京师范大学出版社2014年版,第45页。

曲。"①颜元所举弹琴的事例,很好地说明了"犯手搏弄"的真义。简言之,颜元赋予"格"以"习",即实行、亲手去做的意义。

颜元并非根本反对读书,他认为读书只是获得知识的一个途径,如果以读书为"致知"的全部,则犯了大错误。为此他严格区分了"读"与"学",并指出朱熹最大的错误是把"博学之"改为"博读之":

> 吾夫子之学,"学而时习之"之学也。习礼、习乐、习射御、习书数,以至于兵、农、钱、谷、水、火、工、虞,莫不学且习也,故曰"博学之"。朱子则易为"博读之",观其言曰"不读一书,则一书之理不明";又曰"凡书须读取三百遍";考其功,曰"半日静坐,半日读书",是看理都只在此书矣。②

在朱熹那里,格、穷、读是一个意思,这样"格物"就与事物的接触、动手操作分离了。颜元认为多读书不是真正意义上的"学"。拿礼来说,颜元认为读几百遍关于礼的书籍,讲问几十次,思辨几十层,不能算是得到礼的真知。必须动手足,作跪拜周旋、捧玉帛、陈笾豆等活动,方能知晓礼的知识。颜元认为凡是从静坐读书中讨来识见议论,如同望梅画饼一样,靠它们解渴填饥是不济事的。

第三节 人性论

自先秦开始的关于人性的争论,到明清之际已持续二千多年。就发展趋势而言,由张载、二程提出并为朱熹所完善的人性二元化学说占了上风。颜元重新恢复了人性一元论的主张,提出了"气质为性"的人性学说,对人性二元化学说做了较为全面的清算。

---

① 徐世昌:《颜李师承记》,陈山榜等点校,第44页。
② 颜元:《颜元集·习斋记余》卷六《阅张氏〈王学质疑〉总评》,第490—491页。

一、人性二元化论:天地之性与气质之性

在张载、二程以前,哲学家们对人性的理解有很大的歧异,但总体框架是人性一元化的。《论语·阳货》中的"性相近,习相远"一语,是孔子点出的人性论的命题。中国传统文化有个特征,大凡孔子点出而语焉不详的,后儒会不断地去拓展其内涵。性善论是孟子思想体系的出发点,这是孟子与告子进行激烈争辩的原委;荀子认为孟子不懂人的本性,提出性恶论与之相抗;同孟子一样,告子、荀子均以人性论为其政治主张与伦理学说提供哲学上的依据。此外,道家与法家也有各自颇具特色的人性论。

先秦诸子对人性论感兴趣,是由于社会处于剧烈变动的时期。为了权力的取得,亲骨肉之间、君臣上下之间、同僚之间,明争暗斗从未停止过。人的思想、才能、德性乃至于缺点(如贪婪、残忍等)有了充分暴露的机会,促使哲学家去研究人性。自两汉以后,讨论在众说纷纭中行进着并一直持续至晚清,如杨雄主性善恶混、董仲舒倡性三品说、王充认为有善有恶、李翱讲性善情恶等等。不管分歧大小如何,基本上都是一个思路,那就是人性是一元的。

张载所创立的人性二元化学说,摆脱了先前一元化的框架,是对古代人性善恶之争的深化。他的主观愿望,是要为人性善恶来源找到一个圆满的解释。张载说:"合虚与气,有性之名。"[1]"虚"即太虚,为气的本来状态。气分阴阳,有清有浊。两者相结合,便构成了人性。张载认为,人人都有太虚的本性,为天地之性;但每个人禀受阴阳二气的不同,产生了有差别的个体本性,就是气质之性。天地之性是至善的,气质之性有清浊、好坏,表现为善或恶。如何去恶向善呢? 张载提出了"变化气质"的主张。人善于反省自己,就能从气质之性转变为天地之性,即"为学大益,自在求变化气质"[2]。这个"学"不是以外在事物为对象的,是以内心体认道德原则为主要内容的。

张载的人性论,为二程所继承,为朱熹所发展。二程主张:"性无不善,而有不善者才也。性即是理,理则自尧、舜至于途人,一也。才禀于气,气有清浊。

---

[1] 张载:《张载集·正蒙·太和篇》,中华书局 1978 年版,第 9 页。
[2] 张载:《张载集·张子语录》,第 320 页。

禀其清者为贤,禀其浊者为愚。"①朱熹在回答学生提问时,对张载与二程大加赞扬,认为有了他们的主张,其他各家的观点不必再讲了:

> 此起于张、程。某以为极有功于圣门,有补于后学,读之使人深有感于张、程,前此未曾有人说到此。……故张、程之说立,则诸子之说泯矣。②
> 论天地之性,则专指理而言;论气质之性,则以理与气杂而言之。③

朱熹的天地之性是"专指理"而言的,是至善无恶的;"理与气杂"的"气",有清浊,是有善有恶,为气质之性。朱熹继承了张载与二程的人性论,把二元化的人性论发展到了一个比较完整的阶段。朱熹又以复性说使它更加完备,成为风行天下的人性理论。稍早于颜元的陈确,就对这种人性论有所指责:"宋儒又强分个天地之性、气质之性,谓气情才皆非本性,皆有不善,另有性善之本体,在'人生而静'以上,奚啻西来幻指;一唱百和,学者靡然宗之,如通国皆醉,共说醉话。"④很清楚指明理学家二元化人性论及其风行天下("通国皆醉")的情况,陈确没有媚世苟合,而是与颜元一样对二元化人性论加以指责,认为这是在"说醉话"。

人性如何弃恶从善,朱熹的办法是"复性"说:

> 明德者,人之所得乎于天,而虚灵不昧,以具众理而应万事者也。但为气禀所拘,人欲所弊,则有时而昏;然其本体之明,则有未尝息者。故学者当因其所发而遂明之,以复其初也。……言明明德、新民,皆当至于至善之地而不迁。盖必其有以尽夫天理之极,而无一毫人欲之私也。⑤

这段话要关注的是三点:一、人生来有天赋的"明德","本明"的心具备至善的"天理",有着用来应付万事而无不得当的功效,就是天地之性。二、就每个具

---

① 程颢、程颐:《二程集·河南程氏遗书》卷一八,第204页。
② 朱熹:《朱子语类》卷四。
③ 朱熹:《朱子语类》卷四。
④ 陈确:《陈确集·性解下》,第451页。
⑤ 朱熹:《四书章句集注·大学章句》,第3页。

体的人而言,"明德"为"气禀所拘,人欲所蔽",如同明镜蒙上尘垢变得昏暗一样,需做"存天理,灭人欲"的修养功夫,使"本体之明"得到扩展,以达到"复其初"。三、"复其初"就是理学家最喜欢讲的"复性"说。"复其初"一词出自《庄子·缮性》篇:"文灭质,博溺心,然后民始惑乱,无以返其性情而复其初。"意思是说,人为的文饰破坏人的自然本质,博学使人的心灵沉溺了,民众迷惑而无法返回恬淡的性情,回复到自然的本初。庄子"初"强调的自然原则,认为民众应保持本然的状态。朱熹所说的"初",则为至善的"天理",充塞着人为的强制因素,即以等级制度与道德原则来规范与束缚人性。

"复性"说是李翱(772—841)首先提出的,他同韩愈一起被视为理学的先驱。他认为,人人都有至善的本性,都可成为圣人,但溺于后天的情欲,受喜、怒、哀、惧、爱、恶、欲七情的浸染,不知人性的根本。水的本性是清净的,因泥沙浑浊把水搅浑了;一旦泥沙沉淀后,水就清净了,这就叫作"复其性"。去掉邪恶的情欲是"复性"的关键,这正好符合理学家"存天理,灭人欲"的口味。理学家受李翱的影响,多讲"复性"说,视"复性"为入圣去欲的途径。二程主张,"胜其气,复其初"①。已故学者范寿康指出:"一般儒家,为学的目的要在于达到所谓'圣人'的境界。所谓'圣人',是指不受气质的拘束和人欲的蒙蔽,能够把心性的全德加以完全的实现的那种理想人格。所以学为圣人,就是学到恢复心性之本然。"②朱熹倡导的"复性"说,不仅为存理灭欲找到了借口,而且为人性二元化学说创造了一个绝妙的理由。张载"变化气质"的主张,与朱熹"复性"说相比就显得不够精致了。

二、理气合一,舍形无性

颜元反对程朱把人性一分为二的主张,这里有受他朋友张石卿影响之处。颜元说自己父事者有五人:张石卿、刁包、王介祺、李明性与张公仪。他说张石卿的人性论为:"人性无二,不可从宋儒分天地之性、气质之性。"颜元在笃信程、朱理学时,就人性论同张石卿及复论辩,待觉悟程、朱理学之非后,才相信

---

① 程颢、程颐:《二程集·河南程氏遗书》卷一九,第 252 页。
② 范寿康:《朱子及其哲学》,中华书局 1983 年版,第 117 页。

张石卿的观点是正确的："先生赐教,在未著《存性》前。惜当时方执程、朱之见。与之反复辩难。及丧中悟性,始思先生言性真确。"①他从泛神论的立场,得出了"理气为一"的结论,有力地冲击了人性二元化说的理论基础:

> 盖气即理之气,理即气之理,乌得谓理纯一善而气质偏有恶哉。②

这对理学家的人性论无疑是致命的一击。二元化的人性论,一方面解释了人为什么有善恶、贤愚的不同;另一方面强调了人只有认同等级制度与道德原则的学习,才能够由恶向善转化。这种人性论是对孟子性善论与荀子性恶论的综合与发展。它为人性事先设定了一个对立面。天地之性体现了至善的"天理",而气质之性表现为至恶的"人欲",为理学家的禁欲主义提供了人性论上的依据。颜元"理气为一"的主张,否认了至善的"理"与善恶相杂的"气"有矛盾的情况。天地之性与气质之性的划分,在"理气为一"面前,再也找不到存在的依据了。

颜元断定,理学家人性二元化学说("言性有二")是吸取了庄子与佛教的思想而形成的。他说:

> 程、张原知二之则不是,但为诸子、释氏、世俗所乱,遂至言性有二矣。既云"天地之性浑是一善,气质之性有善有恶",非两种性而何?③

理学家的人性学说,颜元指明其为"诸子、释氏、世俗"所乱,从源头上说明来历。颜元指出,二程、朱熹赞美的"初",阳明说的"本然",就是禅宗主张的"本来面目":"不思善,不思恶,常体认本来面目。"④就庄子与佛教而言,理学家受佛教的影响更为深刻。

颜元指出,理学家"言性有二"是受佛教、道教的影响而得出的。佛、道重

---

① 颜元:《颜元集·存性编》之《附录同人语》,第 34 页。
② 颜元:《颜元集·存性编》卷一,第 1 页。
③ 颜元:《颜元集·存性编》卷一,第 16—17 页。
④ 这一点王阳明说得很清楚:"'不思善不思恶时认本来面目',此佛氏为未识本来面目者设此方便。'本来面目'即吾圣门所谓'良知'。"(《王阳明全集》卷二《传习录中》,第 67 页)

性轻形,把人的肉体视为多余的主张,是理学家二元化人性学说的思想渊源:

> 魏晋以来,佛老肆行,乃于形体之外别状一空虚幻觉之性灵,礼乐之外别作一闭目静坐之存养。佛者曰"人定",儒者曰吾道亦有"人定"也。老者曰"内丹",儒者曰吾道亦有"内丹"也。借四子、五经之文,行《楞严》《参同》之事,以躬习其事为粗迹,则自以气骨血肉为分外,于是始以性命为精,形体为累,乃敢以有恶加之气质,相衍而莫觉其非矣。①

他指出理学家人性论的实质,是"性命为精,形体为累"。"精"的本义,指熬米粥时上面一层清而透明的液体。中医学将其代指精气,视为生命的源泉、身体的根本。它赋予人体以生命力,是一种无法凭人体把握但并非虚无的东西。"性命为精",就是程朱理学重视的天地之性;"形体为累",就是程朱理学厌恶的气质之性。"形体之外别状一空虚幻觉之性灵",就是南北朝流行的佛教神不灭论中的"神"。颜元是循着范缜的形神观,对形与性的关系做出了辩证的理解。"舍形无性"为范缜的"形质神用"说在人性论领域的应用。颜元指出,理学家把人性看作是"精",也即精神、意识;把人的肌体看作是多余的,是人性的累赘。佛教把"神"和"形"割裂开来,要人们从形体的臭皮囊中解脱出来,宣扬神不灭论。颜元指出,张载、二程、朱熹的人性理论,就是从佛教那里脱胎出来的,他们的天地之性不过是"神"的代名词罢了。不同于佛教,程朱理学关注的是此岸世界而非彼岸世界,并没有彻底否认形体的存在,但却把形体作为鞭挞的对象。于是视气质之性为万恶的根源,并把它与所要铲除的人欲捆绑在一起。

颜元在讲明理学家"性命为精,形体为累"的实质内容时,又从性与形的关系来论证自己"舍形无性"的主张:

> 形,性之形也;性,形之性也。舍形则无性矣,舍性亦无形矣。失性者据形求之,尽性者于形尽之。贼其形则贼其性矣。②

---

① 颜元:《颜元集·存性编》卷一,第13页。《楞严》指佛教的《楞严经》。《参同》指《周易参同契》,为东汉魏伯阳所著,他是著名的炼丹术家,是书主要讲述炼丹的原理。
② 颜元:《颜元集·存人编》卷一,第128页。

颜元指出,形是第一性的,性是第二性的。无形就无所谓性,"舍形无性",杜绝了程朱理学把形性相离、视形外有性的先验论的观点。颜元从宇宙论的角度论述了人性的物质基础。他说:"《诗》云:'天生烝民,有物有则,民之秉彝,好是懿德。'孔子曰:'为此诗者,其知道乎! 有物必有则;民之秉彝也,故好是懿德。'详《诗》与子言,物则非性而何?"①颜元所引这首诗大意为:老天爷生育了万民,万物是有法则的,民心被赋予了常情,那就是喜爱好的品德。"性即物则"虽说有点模糊,但"性"被赋予了唯物论的内涵是明白无误的。"'性'字从'生心',正指人生以后而言。"②"性"是与人的生命机体相关的,不是朱熹所说那样先验的,与生命机体无关的。

三、气质即性无恶,恶由习染引起

颜元批判理学"性分为二"的人性论,从逻辑思维行程来说,颜元必然要走上"气质"即"性"这一路向。他说:

> 耳、目、口、鼻、手、足、五脏、六腑、筋骨、血肉、毛发俱秀且备者,人之质也。虽蠢,犹异于物也。呼吸充周荣润,运用乎五官百骸粹且灵者,人之气也,虽蠢,犹异于物也。故曰"人为万物之灵",故曰"人皆可以为尧舜"。其灵而能为者,即气质也,非气质无以为性,非气质无以见性也。③

颜元的"气质之性",是指人的机体及其基本机能。人为万物之灵,人之气"灵而能",人之质"秀且备",不能把恶归于气质。按"理气融为一片"的原则,"若无气质,理将安附? 且去此气质,则性反为两间无作用之虚理矣"。④ 理气合一,故"气质为性"。这里有二层意思:一、说"气质"即"性",别无"天地之性"一类的东西;二、人性必须通过"气质"来体现,"非气质无以为性"。在颜元这

---

① 颜元:《颜元集·存性编》卷一,第 14 页。
② 颜元:《颜元集·存性编》卷一,第 6 页。
③ 颜元:《颜元集·存性编》卷一,第 15 页。
④ 颜元:《颜元集·存性编》卷一,第 3 页。

里,"气质"又称为"形","此形非他,气质之谓也"。① 气质即性,性附于形,人性种种表现无非是人的机体的作用:"气质正吾性之附丽处,正吾性作用处,正性功着手处……如敬之功,非手何以做出恭? 孝之功,非面何以做愉色婉容?"②这是他辩证地理解形、性互相依存关系的前提之一。

颜元认为,人性二元化学说的谬误,除"天地之性"虚妄无证外,还在于认定"气质之性"有恶。"气质"既为人的机体与机能,如认定"气质之性"有恶,也就否定了人的机体及其各种功能。理学家以气之浊喻人性恶的主张,是"将天地予人至尊至贵至有用之气质,反似为性之累者然"③。颜元认为"气质"为人身上最为尊贵的东西,对人有实用价值,不应在摒弃之列。颜元认为把恶这一价值评判硬加于"气质之性"上就会产生许多偏差。颜元坚持理气合一、形性一体的观点,认为"性理"纯善而"气质"有恶是荒谬的。他以人的眼睛为例来证实:

> 若谓气恶,则理亦恶,若谓理善,则气亦善。盖气即理之气,理即气之理,乌得谓理纯一善而气质偏有恶哉! 譬之目矣:眶、疱、睛,气质也;其中光明能见物者,性也。将谓光明之理专视正色,眶、疱、睛乃视邪色乎? 余谓光明之理固是天命,眶、疱、睛皆是天命,更不必分何者是天命之性,何者是气质之性;只宜言天命人以目之性,光明能视即目之性善,其视之也则情之善,其视之详略远近则才之强弱,皆不可以恶言。……若归咎于气质,是必无此目而后可全目之性矣,非释氏六贼之说而何!④

"气"与"理"不可分,要善皆善,要恶皆恶。眶、疱、睛为"气质",能见物是"性"。如果"气质"和"性"分割开来,说眼睛之"理"专视正色,而眼睛本身专视邪色,那就导致"无此目而后可全目之性"的荒谬结论。颜元指明,这是像佛教徒那样在自寻烦恼。佛经称色、声、香、味、触、法为六尘。六尘与眼、耳、鼻、舌、身、意六种罪孽根源相接,产生种种嗜欲来,导致了无穷的烦恼。颜元"释

---

① 颜元:《颜元集·存性篇》卷一,第 3 页。
② 颜元:《颜元集·颜习斋先生言行录》,第 664 页。
③ 颜元:《颜元集·存性编》卷一,第 3 页。
④ 颜元:《颜元集·存性编》卷一,王星贤、张芥尘、郭征点校,第 1 页。

氏六贼之说"的比喻,是用来说明把"气质之性"归于恶的人性学说是理学家在
无事生非。

程朱喜借水之清浊喻人性善恶,把清视作"天地之性",把浊视作"气质之
性"。颜元指出其悖谬之处在于合二为一。颜元说:

> 程子云:"清浊虽不同,然不可以浊者不为水。"……请问,浊是水之气
> 质否?吾恐澄澈渊湛者,水之气质,其浊之者,乃杂入水性本无之土,正犹
> 吾言性之有引蔽习染也。①

颜元指出,二程的比喻是混淆了两种不同性质的东西。泥土与水是两种不同
属性的东西,水的混浊是由于水中杂有泥土。如同品质恶劣的人并非生来如
此,而是后天渐渍习染而成的。颜元的反驳是相当有道理的,因为不是同类的
东西是不能相互比较的。

有着强烈复古色彩的颜元强调,理学家把恶归咎于气质是不符合孔孟之
道原旨的。他会通孔孟,一方面发挥孔子的习远论,一方面发挥孟子的性善论:

> 愚谓识得孔、孟言性原不异,方可与言性。……孔子曰:"性相近也,
> 习相远也。"此二语乃自罕言中偶一言之,遂为千古言性之准。性之相近
> 如真金,轻重多寡虽不同,其为金俱相若也。惟其有差等,故不曰"同";惟
> 其同一善,故曰"近"。将天下圣贤、豪杰、常人不一之恣性,皆于"性相近"
> 一言包括,故曰"人皆可以为尧、舜",将世人引蔽习染、好色好货以至弑君
> 弑父无穷之罪恶,皆于"习相远"一句定案,故曰"非才之罪也","非天之降
> 材尔殊也",孔、孟之旨一也。②

颜元托言孔、孟的人性论,表述了自己对人性善恶的意见。内有三层意思:一
是人性皆善;二是人有个性差别,但个性不是恶;三是恶生成于"引蔽习染"。

第一,"惟其同一善,故曰'近'",是说人性皆善,表达了颜元人人平等的思

----

① 颜元:《颜元集·存性编》卷一,第4页。
② 颜元:《颜元集·存性编》卷一,第6—7页。

想。这是借孔子之口来发挥孟子的性善论。人性相近如同真金，虽说有轻重、成色的不同，但同为金子那是一样的。颜元举例是要说明，因“性相近”之故，所以“人皆可以为尧舜”，颜元这一主张承继自孟子。孟子肯定了学生曹交关于“人皆可以为尧舜”的主张。[①] 这是儒家关于道德平等的最早表述，是有其逻辑学与人性论基础的。[②] 颜元的道德平等思想脱胎于孟子。不过颜元比孟子更进了一步，他圣凡平等的主张，不仅只是道德意义上的，而且是建立在人的形体与精神的基础上的：“父母生成我此身，原与圣人之体同；天地赋与我此心，原与圣人之性同。”[③]颜元在教育学生时期望大家做圣人，且是以这一平等观念为前提的。

第二，“惟其有差等，故不曰‘同’”，是说人在个性上的差异是人得以被因材施教与自由发展的前提。个性有别并不意味着恶，毋须用“变化气质”来矫正它，相反却是每个人个性解放的前提。这与教育思想关系密切，将在后面详论。

第三，人性皆善，气质无恶，恶由“引蔽习染”而生。对于“引蔽习染”，颜元认为，某些人的恶劣品行是由于外物引诱所致。它不是先天具有，而是后天形成的，这就是恶所丛生的根源。颜元以衣帛染污为喻说：

> 恶何以生也？则如衣之着尘触污，人见其失本色而厌观也，命之曰污衣，其实乃外染所成。有成衣即被污者，有久而后污者，有染一二分污者，有三四分以至什百全污不可知其本色者；仅只须烦撋涤澣浣以去其染着之尘污已耳，而乃谓洗去其襟裾也，岂理也哉！是则不特成衣不可谓之污，虽极垢敝亦不可谓衣本有污。但外染有浅深，则撋澣有难易，若百倍其功，纵积秽可以复洁，如莫为之力，即蝇点不能复素。[④]

善恶已屡屡提及，现做些理论上的探索。善与恶有广义与狭义的区别。广义的善就是“好”。一切能够满足人们的欲望、可以使人快乐、给人幸福的，都可

---

① 参见《孟子·告子下》。
② 参见朱义禄：《孟子答客问》，上海人民出版社 1999 年版，第 10—12 页。
③ 颜元：《颜元集·颜习斋先生言行录》，第 668 页。
④ 颜元：《颜元集·存性编》卷一，第 3—4 页。

以称之为"善"。这里有大量的非道德意义上的"善",如身体好,如饮食、服饰、乐器等方面的爱好。狭义的善,仅涉及道德意义上的,是指涉及人伦关系方面的行为。广义的"恶"就是"不好",造成"不好"的原因很多。有的是对他人施行了暴力,有的是不遵守社会上的法令,这都与广义的"恶"相关。狭义的恶,只适用在道德领域里。善与恶,是德行与非德行区分和对立的概念。人们通过善的概念反映自己最普遍的利益、意向、心愿和对理想的憧憬。不言而喻,恶的意义则相反。人们借助善恶的概念来评价他们周围发生的一切与人的行为和精神相关的事情。

　　颜元认为道德方面的恶行是可以改变的。作为人的"本色"的"气质之性",如同没有污渍的衣服。人穿了衣服后,必定会产生种种污渍。污渍有多有少,有一二分,有四五分,也可能是通体污渍。涤去污渍,只要人花力气洗就行了。如果一点力气也不花,那么像苍蝇大小的污点也不能恢复"本色"。颜元认为人不同于布帛,人有充分发挥主观能动性的特点,非布帛可比。"蠢一吏妇,淫奢无度,已逾四旬,疑其习性成矣;丁亥城破,产失归田,朴素勤俭,一如农家。"[1]一个人有了恶行并不可怕,人性是可以改造的,关键在于周围客观环境对人的影响。颜元认为,即便像盗跖这样的恶人,他见了一个小孩掉入井中,也会产生恻隐之心的。倘若"系跖囹圄数年,而出之孔子之堂,又数年亦可复善"[2]。颜元断定,人不管有多大恶行,只要洗心革面、痛改前非、虚心向善,是会重新变好的。颜元的"引弊习染"的主张,与墨子、王充的见解相类。[3] 就其对个人恶行的理解上,是注重了环境的影响。"外染"是造成恶行的主要因素,"外染"是客观环境还是主观因素,颜元并没有清楚地交代。这是颜元的不足之处。颜元的主张不乏独创性,但也有一个缺陷,就是对一些观念、范畴、主张的论述,理论上的深化与内容上的细化不够。尽管如此,颜元的善恶观与理学家的是有着本质上不同的,那就是他对人的欲望不持禁欲主义的态度。

---

① 颜元:《颜元集·存性编》卷二,第29页。
② 颜元:《颜元集·存性编》卷二,第29页。
③ 《墨子·所染》:"染于苍则苍,染于黄则黄。"王充说:"夫人之性,犹蓬纱也,在所渐染而善恶变矣。"见《论衡·率性》,上海人民出版社1974年版,第25页。

第四节　"真情至性"的"人欲"

一、"男女者,人之大欲"

理学家的人性论有个共同特点,就是把善恶与天理、人欲画上等号。朱熹是这方面的典范。在他看来,"天理"是与善、义相一致,而"人欲"则与恶、利为同一。朱熹说:

> 善恶二字,便是天理人欲之实体。①
>
> 众人利欲昏蔽,便是恶底心,及其复也,后本然之善心可见。②

朱熹对善恶所做的道德评价中包含着社会政治要求与人性论的内容。被"人欲""利欲"所昏蔽的众人,所怀的是"恶底心"。朱熹强调恢复本来的"善心"的途径是"复性"。"复性"说肯定"天理"是至善的,而人性趋向"恶底心"是"人欲"作祟之故,通过禁绝"人欲"的修养功夫,克服有善有恶的"气质之性",达到至善的"天命之性"。"理"与"欲"的冲突,是道德规范与物质欲望之间的关系问题。历史上,这一问题吸引了众多哲人智士的关注,只是到了两宋时代,"理欲"之辨才超越其他问题而凸现出来。理学家的共同特点是:视"天理"与"人欲"为截然对立的,认为二者不可能在人性中并存,必得一方克服另一方不可。"革尽人欲,复尽天理"③是朱熹一生的宗旨所在。"天理"不仅是派生宇宙万事万物的超时空的本体,又是客观存在的规律与法则;"天理"为至善无恶的人性,又是等级制度和伦常秩序的哲理化形态。④ 民众追求改善生存条件

---

① 朱熹:《朱文公文集》卷五三《答胡季随》。
② 朱熹:《朱子语类》卷七一。
③ 朱熹:《朱子语类》卷一三。
④ 参见朱义禄:《朱子语类选评》,上海古籍出版社 2017 年版,第 101—105 页。

的物质欲望,都是与此种秩序相对抗的,即"肆欲者乱常"①。

在禁欲主义甚嚣尘上之际,颜元提出了"欲亦人之真情至性"的主张:

> 禽有雌雄,兽有牝牡,昆虫蝇蠓亦有阴阳。岂人为万物之灵而独无情乎?故男女者,人之大欲也,亦人之真情至性也。②

颜元认为,男女两情相悦而产生的欲望是正当的,是人的真实情感的体现。颜元不仅要恢复人性和欲望之间的有机联系,而且认为每一个人对"男女之大欲"的渴望理应得到满足。其矛头针对程颐"饿死事极小,失节事极大"的贞节观。

理学贞节观是程颐在回答学生提问时提出的:

> 问:"孀妇于理似不可取,如何?"曰:"然。凡取,以配身也。若取失节者以配身,是己失节也。"又问:"或有孤孀贫穷无托者,可再嫁否?"曰:"只是后世怕寒饿死,故有是说。然饿死事极小,失节事极大。"③

程颐"饿死事极小,失节事极大"的贞节观,片面要求女性抑制欲望、践履道德以实现对男性"从一而终"的依附人格。程颐提出的贞节观,在宋代未产生实际上的影响。理学的贞节观,到了明初方始成为人们共同具有的社会心理:"今之诵言者咸曰:'饿死事极小,失节事极大。'"④到了颜元略后的方苞生活的时期,理学贞节观已渗透到了广大农村:

> 尝考正史及天下郡县志,妇人守节死义者,秦、周前可指计,自汉及唐,亦寥寥焉。北宋以降,则悉数不可更仆矣。盖夫妇之义,至程子然后大明。……其论娶失节之妇也,以为己亦失节,而"饿死事小,失节事大"之言,则村农市儿皆耳熟焉。自是以后,为男子者率以妇人之失节为羞而憎

---

① 程颢、程颐:《二程集·河南程氏遗书》卷二五,第319页。
② 颜元:《颜元集·存人编》卷一,第124页。
③ 程颢、程颐:《二程集·河南程氏遗书》卷二二,第301页。
④ 陈献章:《陈献章集》卷一《书韩庄二节妇事》,第77页。

> 且贱之,此妇人之所以自矜奋与!①

方苞是欣赏程颐贞节观的。宋以前人们是不以再嫁者为羞耻的,到了明清两代,男子"率以妇人之失节为羞而憎且贱之"。这不仅成为男人们的共识,而且也为"妇人之所以自矜奋"。原因很清楚,那就是理学贞节观成了村童亦知的口头禅了。从明初陈白沙的人人"咸曰",到清初方苞"村农市儿皆耳熟焉",说明理学贞节观已成为整个社会成员都接受的社会心理。寡妇若与人私通,往往被视为有辱门第,族长则有权在祠堂里当合族成员之面,当众将寡妇处死。这是明清间常有的事。在"饿死事极小,失节事极大"为正统观念的明清时代,高高耸立的贞节牌坊,精美雕刻的艺术图案,不知吞噬了多少女性美好的年华与躯体。

明白了上述背景后,就能很好地理解颜元从男女平等的角度,去批评理学家贞节观的价值了。他说:

> 世俗非类相从,止知斥辱女子之失身,不知律以守身之道,男子之失身,更宜斥辱也。②
>
> 世俗但知妇女之污为失身,为辱父母,而不知男子或污,其失身辱亲一也。③

这两段话,很少有人去认真对待其中之意蕴。④ 颜元直言不讳地主张男女之间的情欲属于人的"真情至性",他认为不能为了满足某种道德的要求去牺牲人的男女之欲。颜元此话极具近代的平等意识,那就是贞操的保持不是女性单方面承受的义务。这对理学家贞节观来说是一个彻底的否定。颜元所驳斥的"世俗"的见解,就是理学家的主张。把宋明理学"一壁推倒"的颜元,当然

---

① 方苞:《方苞集》卷四《岩镇曹氏女妇贞烈传序》,第105—106页。
② 颜元:《颜元集·颜习斋先生言行录》,第622页。
③ 颜元:《颜元集·颜习斋先生言行录》,第644页。
④ 侯外庐主编的《中国思想通史》第5卷引用了这两段材料,以为"颇含着男女平权的要素"。在这之前,他引颜元在二十六岁时对一僧人说的"无一妇人更讲何道"之话,断言"这是无欲望不成世界的说明"。(人民出版社1959年版,第339页)惜乎就此打住,没有深入的分析。本书从人的欲望与贞节观的角度做论述,以求对颜元的情欲论做新的探索。

不会去理会这种贞节观的。他诘问男性失身也是不守贞操的表现，与女性一样，对不起生养他的父母。理学"饿死事极小，失节事极大"的贞节观，把女性由寻求贞节的主体反而变成贞节观制裁的对象，于是本身表示情欲有分寸的贞节，变成了压抑人的自然性需求和正当婚姻生活的强制手段。颜元从"真情至性"的欲望出发去讲男女平等，去强调守贞节为男女双方的义务，其反封建意义是不容低估的。如此男女平等的见解，在中国思想发展的历史上，只有到了"五四"时期才为一些有识之士所揭出。颜元足足早了两个多世纪，其对人们的启蒙意义是不言而喻的。

五四新文化运动时，倡导妇女解放主要体现在破除封建的贞节观上。不妨联系一下新文化运动期间的激进民主主义者对这一问题的议论，就会知道颜元驳斥"世俗"之见的价值了。1918 年，北京《中华新报》发表朱尔迈写的《会葬烈妇记》，颂扬唐氏在丈夫死后九次寻死殉夫终于自杀成功的节烈行为。同年，一名叫陈宛珍的 17 岁女子，因未婚夫王菁士突然病死，便服药而亡，距未婚夫之死不到 3 个小时。上海县知县据此呈报江苏省省长，要求按北洋政府《褒扬条例》给予褒扬。① 中国历史上本来多的就是此类惨事，"五四"期间人们指责封建礼教"吃人"，主要是就此而言的。

在这样的背景下，似朱尔迈、上海县知县那样的大加颂扬、大力表彰，引起了激进民主主义者的不满。胡适写了篇《贞操问题》登在《新青年》第 5 卷 1 号上，指责朱尔迈的议论"简直是全无心肝的贞操论"，表示自己反对北洋政府《褒扬条例》这样"野蛮残恶的法律"。胡适从资产阶级平等思想出发，认为贞操应该是男女双方共同遵守的德性。他说："贞操是男女相待的一种态度，乃是双方交互的道德，不是偏于女子一方面的。"② 稍后，鲁迅在《新青年》上发表了《我之节烈观》，激烈地批评阳尊阴卑的"旧说"，指出把女子归为"阴类"、主内的，必定会使女子成为"男子的附属品"。③ 鲁迅的批评是犀利而深刻的，针对为封建专制效劳的阳尊阴卑的凝固论。阳尊阴卑在《易传》中已有显露，但

① 《褒扬条例》规定，符合下列条件的给予褒扬：三十岁以下寡妇不再嫁的；未婚女遇未婚夫已亡，不欲再嫁的；凡受侮辱的妇女，已嫁或未嫁之女以自杀殉夫或殉未婚夫的。今天听来毛骨悚然的事情，在五四时期是活生生的现实。
② 胡适：《贞操问题》，《新青年》第 5 卷 1 号（1919 年 7 月 15 日）。
③ 鲁迅：《我之节烈观》，《新青年》第 5 卷 1 号（1918 年 8 月 15 日），署名唐俟。

形成系统理论的是董仲舒。鲁迅的批评，揭示出了封建贞节观的政治基础与理论依托。鲁迅指出：

> 倘依新说，则男女平等，义务略同。纵令该担责任，也只得分担。其余的一半男子，都该各尽义务。……况且社会国家，又非单是男子造成。所以只好相信真理，说是一律平等。既然平等，男女便都有一律应守的契约。男子决不能将自己不守的事，向女子特别要求。[①]

鲁迅的"新说"是从契约观念去讲男女，是近代意识的妇女解放思想，认为男子不能自己不遵守契约，反而要求女子遵守。鲁迅与胡适相同，都主张男女双方权利与义务的统一，这种新贞节观，与颜元所论述的男子失身与女子失身同为对不起父母的行为，在平等意识上有相通之处。颜元的主张，只是没有鲁迅的契约观念，言论也不似胡适那么尖锐。

二、颜元欲望观的剖析

贞操是男女双方本应恪守的义务，从人类文明的发展进程来看，贞节作为一种积极的德操是女性意识觉醒的标志。原始社会混沌的群婚，无甚德操可言，两性生活的驱动力与动物毫无二致。一旦女性的智力发展走出了性蒙昧的时代，便随之产生了女性特有的羞耻感。羞耻感是以较高水平的自我意识为前提的，它往往以承认自己的过失为基础。过失的对立面则是自身的尊严，自身尊严是由主体自身建立，无须外在力量确认的。性的羞耻感是女性生命本体的内在贞节要求的一个内驱力，它使女子在性生活领域里产生排他性要求以及维护人格尊严的需要。这种内在贞节要求，使女性在阳施阴受的自然性行为中，不致因被动而失去人格的尊严。贞节就其本来意义来说，是女性维护自身人格尊严、保护自我的一种精神动力。自从人类转向以父权为中心的社会以后，父权文化在推进人类文明进步的同时，又留下了许多罪恶，其突出的表现之一便是对女性人格的蹂躏。如英国著名性心理学家霭理士所指出

---

① 鲁迅：《我之节烈观》，《新青年》第 5 卷 2 号（1918 年 8 月 15 日），署名唐俟。

的："贞节一旦变相而成强制的绝欲以后，它就成为不自然的了，也就不成其为一种德操，并且也不再有甚么实际的效用。"[1]就贞节本身而言，它是人在性领域里的自我节制，禁欲与纵欲则是这种平衡状态的失去而各走极端的表现。理学的贞节观在将贞节片面施加于女性之后，又对男性的性行为给予鼓励式的放纵。这对中国女性带来的历史性损伤是无法估量的。

　　欲望产生于人的需要，是人对物质利益或精神生活的一种渴求。活生生的人都是有欲望的，欲望是人性的体现，不同时代、不同阶层，甚至每一个人在不同的时间和场合，都会有不同的感受与认识。在等级社会里，一些人的欲望可以得到最大限度的满足，另一些人的欲望被限制在非常狭小的范围里。君主至尊的观念和等级制度，使君主欲望呈现出无节制的膨胀；各级官僚们利用手中的特权来满足自己的欲望；这不仅有制度上的保证，而且维护等级制度的思想家们也罗织出种种学说来宣扬民众的欲望应当缩小乃至于绝灭。人的欲望的满足从来就没有平等过。据已故著名学者邱汉生的研究，在宋代的农民起义中，起义军提出了政治上要求平等、经济上要求财富均分的愿望，"人皆乐而附之，以为天理当然"。而为了满足当权者思想统治的需求，抑制农民所希冀的"天理"，二程提出了统治阶级所需要的"天理"。之后，朱熹花40年精力而著成的《四书章句集注》，从各个方面论证了天理论的合理性。[2]朱熹的禁欲主义，有针对农民而发的一面。他说："饮食者，天理也；要求美味，人欲也。"[3]朱熹认为人的自然欲望应得到满足，这一主张无非是他生活经历的提炼罢了。要求物质生活的进一步改善，朱熹认为是邪恶的"人欲"。人们改善自身生存条件的欲望，是受"物欲昏弊"而成的"恶底心"。理学倡导的道德禁欲主义，其对道德自我完善的要求甚至达到了漠视人的生存欲望的地步。朱熹禁绝"美味"的主张，是认为农民希望在政治、经济上改善自身生存环境的欲望应当是禁绝的。而颜元认为最重要的是每一个男女个体情欲的满足。如果说，农民对土地的欲求是社会性的；那么，男女对情欲的渴求是生命性的。人的欲望是众多的，如食欲、情欲、财富欲、表现欲、贪婪欲、自我实现欲、发展欲等等，但大体还是生命性与社会性这两大类。情欲是一种与生俱来的本能。在情欲与道

---

① 霭理士：《性心理学》，潘光旦译注，生活・读书・新知三联书店1987年版，第392页。
② 参见邱汉生：《四书集注简论》，中国社会科学出版社1980年版，第2—3页。
③ 朱熹：《朱子语类》卷一三。

德的冲突中,理学家要求女性禁欲以达到对道德理想的追求,这是对人类最为强烈情感的抑制。颜元认为这是完全不符合人的本性的。不能低估颜元这句话的启蒙价值,因为它是在理学的道德禁欲主义泛滥之际,并在社会生活中产生"吃人"的负面影响时揭示出来的。

对欲望的追求,不仅对人的主体能力的发展有重要的作用,而且对人类文明由中世纪走向近代有着关键性的推动作用。欲望之火是与生俱来、不可灭除的,是支撑人们生命之途跋涉的原动力。没有对金银、珠宝与香料占有贪欲的冲动,哥伦布不会航海到今天的美洲地区。伴随地理大发现而来的,是欧洲殖民者对美洲所作的疯狂大掠夺,使发展资本主义所需的原始积累得以很快地完成。从这一意义上,恩格斯得出一个结论:"自从阶级对立产生以来,正是人的恶劣的情欲——贪欲和权势欲成了历史发展的杠杆,关于这方面,例如封建制度的和资产阶级的历史就是一个独一无二的持续不断的证明。"[1]到目前为止的人类社会中,没有一个社会让人们的欲望得到充分的满足。对现实或未来来说都有一个如何把握人的欲望及其实现的可能性问题。人的欲望的满足,对人的生存与发展、对社会历史的发展有着重要的推动作用。法国著名思想家卢梭说:"我们的欲念是我们保存生存的主要工具。"[2]列宁在《哲学笔记》中记下了黑格尔的一句名言:"没有情欲,世界上任何伟大事业都不会成功。"[3]即欲望是推动着人们进行一切活动的原动力。颜元"欲亦人之真情至性"之论,虽不及黑格尔、恩格斯、列宁来得深刻,但精神是一脉相通的,是在中世纪里迸发出的与近代意识接近的见解。

在现实生活的原野里,可供欲望之火燃烧的材料和范围受着诸多因素的制约,不可能无限制燃烧。个人欲求的膨胀,会造成人与人之间无数的冲撞和毁灭。如何寻求禁欲与纵欲之间的最佳组合,我想应当是人们当前与今后讨论的永恒命题。

---

① 《马克思恩格斯选集》第4卷,人民出版社2012年版,第244页。

② 李榆青主编:《卢梭哲理美文集》,安徽文艺出版社1997年版,第131页。

③ 列宁:《哲学笔记》,人民出版社1974年版,第344页。又王造时译的《历史哲学》,这句话为"假如没有热情,世界上一切伟大的事业都不会成功"。(上海书店出版社1999年版,第24页)

第五章　颜元的经济、军事与政治思想

颜元虽生活在清初,但他对易代的切肤之痛有真实的感受。他对国家与民族兴亡抱有强烈的责任感及担当精神,这使他对现实极为不满。他没有像黄宗羲、顾炎武、王夫之等人一样参加过抗清斗争,但在强调学术和现实紧密联系,提倡以事功为目的的经世致用之学上,与三人是殊途同归的。从明王朝覆亡的历史中,他有感于宋明理学的无补于世,深切地了解到空谈心性的弊害,期以所学匡救时政:"倘遇明王贤相,不忍斯民之水火,欲急起拯之。"①颜元用世甚殷的心情,李塨有个生动的描绘,说颜元自幼及壮,孤苦伶仃,备尝艰难,但心中想的是国计民生,嘴上谈论的是天下大事,兴致所及,放声高歌而潸然泪下。颜元临终嘱咐学生要树立起担当精神:"天下事尚可为,汝等当积学待用。"②为实现自己"担当世道"的宏伟志向,颜元提出他的施政纲领:

> 如天不废予,将以七字富天下:垦荒,均田,兴水利;以六字强天下:人皆兵,官皆将;以九字安天下:举人才,正大经,兴礼乐。③

颜元目的在于富国安民、振弱图强、移风易俗。其内容涉及经济问题、农业生产、军事制度、人才选拔、政治制度等,是针对中国古代社会反复出现过的弊端而发的,尤其与明末"天崩地解"的社会中的种种矛盾相关。这一施政纲领的依据是"以我易天下"的宏伟抱负,而支撑它的是担当精神与"万物一体"论和"狂者进取"的人格意识。这样全面的施政纲领与变更现实的迫切性,在明清之际的启蒙学者中也是罕见的。

---

① 颜元:《颜元集·存治编》,第 114 页。
② 李塨:《颜习斋先生年谱》,载颜元:《颜元集》,第 794 页。
③ 李塨:《颜习斋先生年谱》,载颜元:《颜元集》,第 763 页。

第一节　富国安民的"均田"

颜元在"垦荒""均田""兴水利"三事中尤注重均田。土地兼并给社会带来的苦难,他是亲身感受到的。解决土地占有上的不均以缓和社会矛盾,是他政治思想中的头等大事。他说:"使予得君,第一义在均田,田不均,则教养诸政俱无措施处。"①颜元早年作《存治编》,详尽阐述自己对土地问题的见解:

> 或问于思古人曰:"井田之不宜于世也久矣,子之《存治》,尚何执乎?"曰:"噫,此千余载民之所以不被王泽也!夫言不宜者,类谓亟夺富民田,或谓人众而地寡耳。岂不思天地间田宜天地间人共享之。若顺彼富民之心,即尽万人之产而给一人,所不厌也。王道之顺人情,固如是乎?况一人而数十百顷,或数十百人而不一顷,为父母者,使一子富而诸子贫,可乎?……古之民四,而农以一养其三;今之民十,而农以一养其九。未闻堕粟于天,食土于地,而民亦不饥死,岂尽人耕之而反不足乎?虽使人余于田,即减顷而十,减十而亩,吾知其上粪倍精,用自饶也;况今荒废至十之二三,垦而井之,移流离无告之民,给牛种而耕焉,田自更余耳。故吾每取一县,约其田丁,知相称也。尝妄为图以明之。所虑者,沟洫之制,经界之法,不获尽传。北地土散,恒恐损沟,高低坎邑,不便均画。然因时而措,触类而通,在乎人耳。沟无定而主乎水,可沟则沟,不可则否;井无定而主乎地,可井则井,不可则均。"②

这段话核心是"天地间田宜天地间人共享之"的主张。现分三个方面来说。一、这是颜元提出解决土地问题的口号。他希望给众多无地农民一块可耕种的土地,改变"人众而地寡"的现状。二、颜元挑战的对象是"彼富民之心"。土地在古代社会中,是产生财富的主要源泉,又是社会地位的重要象征。在古代

---

① 颜元:《颜元集·颜习斋先生言行录》卷上,第 654 页。
② 颜元:《颜元集·存治编》,第 103—104 页。

社会中,不管用什么方式聚敛到财富的不同阶层的人们总是把最后归宿集中于土地。人们对土地充塞着永无止境的贪欲,"尽万人之产而给一人,所不厌也","一人而数十百顷,或数十百人而不一顷"的现象,始终是与古代社会相伴随的。这是一个难以消除的问题,是包括颜元在内的众多思想家苦苦思索的原委所在。三、受理想状况在远古"三代"的复古史观的影响,颜元把解决问题的良策,寄希望于古代井田制的复兴上。

颜元主张实行井田制,以期达到家给人足的水平。颜元 50 岁时致函张文升说:

> 如古井田,苟使民之有恒业者得遂其耕获,无恒业者能免于饥寒,家给人足焉,即谓之今日之井田可也。①

井田制相传是古代社会的土地所有制,见于《孟子·滕文公上》。孟子提倡正经界、复井田的主张在后世影响非常深远。自汉至清,学者对井田制能否复行有过争议,但对井田制的事实基本上并无怀疑。② 同意复井田的思想家代有其人,他们的目的是想借此以抑制土地兼并。恢复井田制像晴雨表一样,反映了古代社会里周期性出现的围绕土地问题的社会危机。大凡井田制的议论风起,往往和地广人稀的社会现状相联系;当人众地少之际,谈论的可能性是稀少的。③ 颜元认为,社会大动乱之后土旷人稀,是恢复井田制的大好时机。亲身务农的颜元知道,土地的实际情况不是像孟子所描绘的那样方方正正、整齐

---

① 颜元:《颜元集·习斋记余》卷一《送张文升佐武彤含尹盐城序》,第 405 页。

② 近代以来,学者对井田制是否在古代存在提出了怀疑。虽说《周礼》《礼记》《春秋穀梁传》《汉书》中多有类似井田制的记载,但这些著作成书均在《孟子》以后。在《孟子》以前的《尚书》《论语》等书中,不见"井田"两字。在甲骨文与金文中,无"井田"两字连用。胡适以为,井田制是战国时代的乌托邦。郭沫若认为,殷、周时代是实行过井田制的。"这并不是像孟子所说的八家共井,以中央的百亩地作为公家的田,周围八百亩作为给予八家老百姓的田。那完全是孟子的乌托邦式的理想。"(郭沫若:《奴隶制时代》,人民出版社 1977 年版,第 29 页)金景芳对井田制做了肯定。他以为,井田制是从夏初开始,经夏、商二代以至西周,历千余年历史而达到充分的发展,到战国时代则走向全面崩溃。"井田制的本质特点,正在于把土地分配给单个家庭并定期实行重新分配。"(金景芳:《论井田制度》,齐鲁书社 1982 年版,第 81 页)

③ 黄宗羲是复井田的提倡者。黄宗羲提出了一个颇有特色的方案,就是通过屯田制的途径,来实行井田制。(黄宗羲:《明夷待访录·田制二》,载沈善洪主编:《黄宗羲全集》第 1 册,第 24—26 页)

划一。农田中散布有坟墓、房屋、沟渠，有高低，"不便均画"。颜元主张要因地制宜，不在井不井，而在均不均，不必拘泥旧说。"沟无定而主乎水，可沟则沟，不可则否；井无定而主乎地，可井则井，不可则均。"颜元认为，均田有利于开垦荒地、兴修水利和精耕细作。尽人而耕，蓄用自饶。担心人多地寡，取用不足是没有道理的。

颜元"均田"的主张，表达了广大农民对土地的迫切要求。在古代社会里，农业是具有决定性意义的生产部门，劳动力和劳动资料相结合是生产方式的广阔基础。一家一户的小家庭农业（和手工业相结合）是农民与土地相结合的最佳的、广泛存在的经营形态，是封建生产方式有活力的源泉。此一生产方式的正常运行是中国古代社会生产活动得以维持与发展的先决条件。而历代王朝主要靠对小农的剥削与赋役来维持国家的开支，"国以民为本，人以食为命，若禾黍不登，则兆庶非国家所有"[1]。事情还有另一个方面，有远见的地主阶级思想家，总是提出主张或设法限制土地兼并，防止危及国家富强之本。颜元的复井田不是虚无缥缈的空想，而是清初的客观现实的写照。从董仲舒的"限民名田"，一直到颜元的"第一义在均田"，目的是让农民有一小块土地以维持日常的生产、生活，让他们固定在土地上，以缓和社会阶级矛盾的激化。颜元认为，在社会经历大动乱之后，只要取当前荒废掉土地的20%—30%，"移流离无告之民"去"垦而井之"，"给牛种而耕焉"，就会出现"田自更余"的美好图景，防止危及古代社会生产方式的流民的大量出现。

土地兼并从战国起就是中国古代社会的老大难问题，往往成为社会动乱的总根子。明代土地兼并的结果是：农民在无法维持日常生计的时刻，不得不把一小块土地出卖，成为四处流荡的难民。流民的大量存在，既是经济问题，更重要的是政治问题。李自成不是常胜将军，但他的队伍所过之处，不断地有流民参加进来。如唐甄所记载的，旋败旋聚，数十万人在十余天内又集合在一起。农民如此迅速地集聚起来，这与李自成"均田免粮"的有吸引力的口号有关。颜元生活的年代里土地兼并依然积重难返。康熙时，仍是"一邑之中，有田者什一，无田者什九"[2]。清初为了维持满族贵族的特权，清政府实行了圈

[1]　吴兢编著：《贞观政要》卷八《务农》，上海古籍出版社 1978 年版，第 238 页。
[2]　《皇朝经世文编》卷三〇。

地,夺取了大量农民的土地。采取什么样的办法让农民得以有维持生计的一小块土地,颜元提倡实施井田制:

> 八家为井,立井长;十井为通,有通长;十通为成,有成长。随量随授之产,不逾月可毕矣。①

长期务农的颜元,在这件事上带有空想的成分。一是井、通、成等组织,由谁来筹建;井长、通长、成长,由谁来担任,具有什么样的权利与义务。二是土地的丈量由哪个政府部门来负责与操作。三是随量随授能否做到公平、合理。四是没有土地的农民能够在井田制中享有一羹,这多余的土地又来自何方呢?不制定可操作的具体制度,或者说制度推行时碰到了障碍而又没有对策予以纠正的话,这些设想即含有很多空想的成分在内。空想也不是任何时代都能产生的,空想的出现也有它的真实历史条件与政治背景。颜元以井田制作为"均田"的手段来消除现实中农民的苦难,期望"有圣君者出"推行井田制,祈求出现"不安本分者无之,为盗贼者无之,为乞丐者无之,以富凌贫者无之"的"四无"的安居乐业的景象。② 但这只能说是颜元一厢情愿的善良愿望。这从一个侧面证实了,在颜元生活的时代里,农民无地、少地的情况是普遍存在着的,因土地兼并所造成的社会矛盾十分剧烈。美好的设想与理想的蓝图往往是奠基在残酷的现实上的。

关于"兴水利",颜元有个方针,那就是疏导为主。他向弟子讲解过治水要领:"吾事水学,不外'分、浚、疏'三字,圣王治天下,亦只此三字。"③他认为北方人对水利的认识有误区:"北人只思除水患,不思兴水利,不知兴利即除害也。"④有一则材料记载了颜元亲身参与水利实践的事情:"昔蠹人某,恶人也,吾欲治河以救一方,驰寸纸,立集夫五百名,赴吾于数里外,即时不爽也。脱鄙而远之,数十乡为水国也。"⑤他向乡里一个声名狼藉但颇有势力的人送了封

---

① 颜元:《颜元集·颜习斋先生言行录》,第 653 页。
② 颜元:《颜元集·存治编》,第 104 页。
③ 李塨:《颜习斋先生年谱》,载颜元:《颜元集》,第 792 页。
④ 李塨:《颜习斋先生年谱》,载颜元:《颜元集》,第 792 页。
⑤ 颜元:《颜元集·颜习斋先生言行录》卷下,第 654 页。

信,说自己想治理水灾。在颜元限定的时刻里,有五百人赶到。文中没有讲到治理效果如何,但从所述远处几十个乡成为泽国的对比中,不难知道颜元的治理是成功的。颜元"劳济生民"的责任感,是付诸实际事务的解决上的。

对治理蠡河,颜元提出了一个综合性的方案:

> 治水之法,五要必备,而莫愚于防塞。盖善治水者不与水争地,因其流而导之,即因以歧为二,且水利可兴也。尝观于蠡河,以为当自上流依古河道分疏。自蠡城西南王哥庄来,又歧为二,使潆绕城之左右,至城阴而合,迤逦达杨哥庄,以通白洋淀入于海。一可为险守,一可来下流鱼、盐、苇、藕之利。且东河势杀,两河沿滨灌园植蒲,水利大兴,不可尽言也。①

这个治理方案透露出来两个信息:一、治水以疏为主,"流而导之"。最愚蠢的办法就是堵塞河水的流动。二、治理蠡河的正确方案,应当是综合治理,不仅考虑兴利除害的事情,而且兼顾渔业、盐业、交通等方面。这个方案是全面的,不只考虑到了在河中种植水生作物("苇"与"藕"),而且还要充分利用河边土地搞绿化("灌园植蒲")。"观于蠡河"四字与对蠡河流向的考察,说明颜元对蠡河做了实地勘查。他踏勘蠡河的详情不得而知,但他践行了"犯手博弄"的"格物"主张,否则他做不出上述综合治理蠡河的方案来。

第二节　兵农合一

青年时代的颜元,就迷恋兵学。颜元 24 岁时作《存治编》(原名《王道论》),说"器战之法具《纪效新书》"②。又颜元 32 岁时,"三月,看《纪效新书》"③。这两条材料时下研究者是忽视的。《纪效新书》为戚继光于嘉靖三十九年(1560)调任浙江沿海抗倭第六年完成,全书共 18 卷,是戚继光阅读《孙子兵法》后,结合自身的军事实践写就的。戚继光觉得,《孙子兵法》在战略研究

---

① 颜元:《颜元集·颜习斋先生言行录》卷下,第 688 页。
② 颜元:《颜元集·存治编》,第 107 页。
③ 李塨:《颜习斋先生年谱》,载颜元:《颜元集》,第 723 页。

上达到了"精微莫加"的地步,但于具体战术与军事训练等方面,"则无一及焉",于是,"间择其实用有效者,分别教练先后次第之,各为一卷,以诲诸三军,俾习焉!"①颜元认为,士兵在战争中对军事器械的使用方法,须遵循戚继光《纪效新书》中所说。这体现了颜元注重实效的功利论的倾向。颜元屡屡声称要按照孔孟的教导来规范自己的言行,但与他喜"谈兵"的嗜好发生冲突时,就不这么做了。《孟子·离娄上》里记载孟子的话:"善战者服上刑,连诸侯者次之,辟草莱、任土地者次之。"意思是说,好战的人要受最重的刑罚,从事合纵、连横活动的人刑罚次一等,开垦荒地的人刑罚再次一等。颜元一反孟子之意说:"善战者加上赏,连诸侯次之,辟草莱、任土地又次之。"②颜元对自己在兵学上的造诣是非常自负的,试看这段对话:"或问:'兵术获罪圣门乎?'先生曰:'然然,否否。今使予治兵三年而后战,则孙、吴之术可黜,节制之兵可有胜而无败。若一旦命吾为帅,遂促之战,则诡道实中庸也。'"③颜元的回答有过分之处,因为世上没有常胜将军。62 岁时,颜元应邀主持漳南书院,专设"武备"课程:"课黄帝、太公及孙、吴诸子兵法,攻守、营阵、陆水诸战法,并射御、技击等科。"④这是颜元想改变明代重文轻武的格局,让学生向文武兼备的方向去努力。"谈兵"像一条红线一样,贯穿于颜元的一生。这里有个人经历、友朋结交的因素,更与明代文人、学者盛行"谈兵"的思潮相关。

颜元以"人皆兵,官皆将"为"强天下"的前提,这与他多年钻研兵学相关,也与他力图解决明末出现的军力衰微问题相关。顾炎武指出明末出现了"士不成士,官不成官,兵不成兵,将不成将"⑤的现象。颜元说得更具体点:

> 慨自兵农分而中国弱,虽唐有府兵,明有卫制,固欲一之。迨于其衰,顶名应双,皆乞丐、滑棍,或一人而买数粮。支点食银,人人皆兵;临阵遇敌,万人皆散。呜呼!可谓无兵矣。岂止分之云乎!即其盛时,明君贤将理之有法,亦用之一时,非久道也。况兵将不相习,威令所摄,其为忠勇几

---

① 戚继光:《纪效新书·自序》,盛冬铃点校,中华书局 1996 年版。
② 颜元:《颜元集·四书正误》卷六,第 232 页。
③ 颜元:《颜元集·颜习斋先生言行录》卷下,第 689 页。
④ 李塨:《颜习斋先生年谱》,载颜元:《颜元集》,第 778 页。
⑤ 顾炎武:《顾亭林诗文集·亭林文集》卷一《生员论中》,华忱之点校,中华书局 1983 年版,第 23 页。

何哉?①

唐代的府兵制是征兵制,与募兵制有很大的差别。征兵制的优点是有战事才征集,战事毕兵士归农。兵士来自农村,素质较好,平时军费开支较少。缺点是一旦战争长期进行的话,大量人员从征,势必影响农业生产。兵士的征集由于是临时性的,没有经过长期的严格军事训练,战斗力较差。募兵制的优点是长期保持一支专业化、职业化的士兵,军事素质优越。士兵长期在伍训练和实战,军事技术娴熟。服役时间不受农业生产的限制。从作战的实践来看,以募兵制为好;从维护统治的角度言,以征兵制为好。不过从兵制发展大趋势看,征兵制难以持久,最后都走向了募兵制。唐初府兵制占主导地位时,军队已经用募兵制作临时补充,至唐天宝年间,朝廷干脆废府兵制而以募兵制为主了。因为唐中期以后,均田制逐渐崩溃,府兵制赖以生存的物质基础消失了。从军事意义上说,募兵制是比征兵制更有价值的兵役制度。募兵制导致的“兵农分”,是劳役地租向实物地租转变的经济情况在军事上的表现。兵农分合是中国古代历史发展中纷争不休而又长期循环往复的现象。纷争的实质是,有限的农业生产的积累与无限的军事战争的消费的矛盾应该如何解决? 前者的生产是按照自然级别来计量的,后者的消费是按照几何级来消耗的;前者的累积是渐进的,数量是有限的,后者的需求是突发的,数量是无限的。这样的矛盾是无法消除的。

　　明初实行的卫所制度,力图取征兵制与募兵制之长。这是明初朱元璋吸取了藩镇割据的历史教训后做出的设置。一方面军队耕战结合,平时屯田耕种,也进行军事训练,组建一支武装力量与生产力量相结合的军队。这就是颜元所说的“固欲一之”。另一方面,兵士的主要来源还是垛集,即从老百姓家中按人口比例征调。军人列入军籍,世代沿袭,儿孙代代当兵。从后者来看,明显是募兵制。这种世军制度,把军与民分别立户籍,称为军户。军皆世籍的制度,让农民沦为真正意义上的依附人格,毫无行动的自由。由于农民难以承受繁重的军役,自明中叶以后军户大量逃亡的情况出现。明王朝依据地形和设防需要,在各地设置了卫或所。明初实行的卫所制度,最后也是以募兵制为归

---

① 颜元:《颜元集·存治编》,第106—107页。

宿。嘉靖以后,确立了募兵制在明代军制中的主导地位。明朝军队作战的主力,逐渐以募兵为主。至戚继光抗击倭寇,兵士全是招募来的。但明朝有一个奇特的现象,那就是在实际作战中起作用的募兵制,在名义上却是不肯予以承认的。

明末出现了颜元所说的情况,即"人人皆兵"而实际上"可谓无兵"。兵士中多的是乞丐与滑棍,虚应粮饷,饥则相依,饱则飏去。平时均为兵士,打仗时却作鸟兽散。这是因为明末农民苦于辽饷、剿饷、练饷等冗费的加派,生活无有着落便去军营里混一口饭吃。"兵将不相习"的局面,本来就是明王朝统治者所希望看到的。明王朝最怕将领与兵士熟悉后,凭军事力量割据一方,但"兵将不相习"的军队,在任何情况下都不会有战斗力的。有明一代,将领不知分合奇正之势,兵士不知进退作战之法。

颜元提出取缔募兵制度,推行兵农合一的制度:"间论王道,见古圣人之精意良法,万善皆备。一学校也,教文即以教武;一井田也,治农即以治兵。"①颜元主张,寓兵于学,文武结合;寓兵于农,兵农合一。井田与学校二者,组成一个兵农合一、文武一体的实体。兵士都是农民,官吏皆为将领。无事时,将领为牧民之官;有事时,官吏即统兵之将。颜元指出,实行这种兵农合一的制度有九条好处:

> 一曰素练。陇亩皆阵法,民恒习之,不待教而知矣。一曰亲卒。同乡之人,童友日处,声气相喻,情义相结,可共生死。一曰忠上。邑宰、千百长,无事则教农、教礼、教艺,为之父母;有事则执旗、执鼓、执剑,为之将帅,其孰不亲上死长。一曰无兵耗。有事则兵,无事则民,月粮不之费矣。一曰应卒难。突然有事,随地即兵,无征救求援之待。一曰安业。无逃亡反散之虞。一曰齐勇。无老弱顶替之弊。一曰靖奸。无招募异域无凭之疑。一曰辑侯。无专拥重兵要上之患。②

这九条大体来说有四大优点:一、兵士与农民合为一体。寓兵于农,使农民在

---

① 颜元:《颜元集·存治编》,第 107 页。
② 颜元:《颜元集·存治编》,第 107—108 页。

农闲时经常习兵事武备,有事则兵,无事则民,召之即起,起而能战,便于应付突然事变。二、将领与兵士的关系以农村宗法血缘关系为纽带。平日兵士视将领为"父母",有事时是"将帅",皆为"同乡之人",互相愿意效力,有利于提高战斗力。三、可以有效地防范将领拥兵自重。四、可以大大减省军费开支,减轻国家与民众的负担。士兵与士兵皆系同乡之人,亲友相处,情义相结,情况相互了解得很深,冒领军饷、虚增军事开支的现象也可以杜绝了。

颜元认为"兵农合一"就能克服中国军队制度以往出现过的弊端。其实,这是一种标准的乌托邦。实行"兵农合一"的前提,要具备一定的经济条件,即有大批自耕农阶层作为依托。唐代行府兵制,军事装备是要求农民自己置办的。农民如果没有一小块土地的话,是没有财力去置办军事装备的。著名的《木兰诗》中有"阿爷无大儿,木兰无长兄,愿为市鞍马,从此替爷征"等句,"市鞍马"是木兰代父从军的前提,故后面有到东市买骏马、西市买马鞍下的垫子、南市买马笼头、北市买长鞭等置办军事装备的诗句。明末农民大量的流离失所,说明大量的自耕农阶层已不复存在。清初的情况较明末略微好一些,但也不足支撑自耕农阶层的广泛存在。颜元的"兵农合一"在当时是缺乏实施的经济基础的。说颜元的主张为乌托邦,并不是说历史上没有实行过"兵农合一"。"兵农合一"的府兵制,在唐初就实施了七八十年,后来不再实施,是因为自耕农阶层的存在与巩固发生了问题。唐末农民大起义,也是流民大量出现的必然结果,根本之因还是土地兼并在起作用。颜元冀望"兵农合一"所带来的好处,是在不变更封建制度的前提下,为巩固封建制度所做的努力。

第三节　废科举　行征举

一、"坏人才"的"科目世界"

与"富天下""强天下"主张相配套的是"安天下"的主张,即"举人才,正大经,兴礼乐"。按照他一以贯之的见解,人才是政事、治平的根本。安定天下的实现,是离不开人才的。"举人才"在当时唯一的途径是科举制度。对科举制

度,颜元是持否定态度的,他认为选拔人才的良策在于恢复古代的征举。颜元认为科举制度的祸害很难用语言来表达:

> 为治去四秽,其清明矣乎,时文也,僧也,道也,娼也。①
>
> 天下人之入此帖括局也,自八九岁便伊唔,十余岁便习训诂,套袭构篇,终身不晓习行礼、义之事,至老不讲致君、泽民之道,且无一人不弱不病。灭儒道,坏人才,厄世运,害殆不可胜言也。②

颜元认为,社会要达到大治,得去除四个毒瘤:僧与道指佛教与道教,娼为妓女,时文就是八股文的选本。一些文人把中举士人的文章,选出若干篇作为范文,刊印出来供应举的士人揣摩学习,这就是时文。时文在明中叶后盛极一时,出现了许多名选家,如张溥、吴应箕、艾南英等人,"一时为天下所宗"③。黄宗羲慨叹:"自科举之学盛,世不复知有书矣。六经子史,亦以为冬华之桃李,不适于用。先儒谓传注之学兴,蔓词衍说,为经之害,愈降愈下。传注再变而为时文,数百年亿万人之心思耳目,俱用于揣摩剿袭之中,空华臭腐,人才阒矣。"④很清晰地勾勒出"时文"——程朱"传注"——六经子史的替代过程。颜元说"套袭构篇",黄宗羲讲"揣摩剿袭",都是以"时文"为对象说的话,他们的学问是缺乏个性、只知道抄袭的。黄宗羲指责科举制度造成"空华臭腐"的学风,是说做学问脱离了经世致用的轨道;颜元认为科举制度的后果更为严重,形成了"灭儒道,坏人才,厄世运"的祸害,而且这种祸害是无法用语言来描绘的。亲身参加过科举考试的他们,黄宗羲对科举制度提出了改革的方案,颜元觉得弊端丛生的科举制度是要推倒的。

颜元认为科举制度的弊端主要有三个方面:一是叫人们的思想趋于同一,扼杀人们的思维自由,走"套袭构篇"的路子;二是让人们倘徉在"文墨世界"

---

① 颜元:《颜元集·颜习斋先生言行录》卷下,第748页。
② 颜元:《颜元集·颜习斋先生言行录》卷下,第678页。唐代明经科,主要用帖经法,即从所要考的经书中随机抽一句,用纸贴住首尾两端,要应试者说出这句话是什么。考生觉得难记,就总括经文编成歌诀,便于记诵,称"帖括"。帖括后泛指科举应试文章。
③ 黄宗羲在《仇公路先生八十寿序》一文中,举了13个"一时为天下所宗"的选家,他与这些选家是有交往的。见沈善洪主编:《黄宗羲全集》第10册,第682页。
④ 黄宗羲:《传是楼藏书记》,载沈善洪主编:《黄宗羲全集》第10册,第136页。

中,不知"习行"与济世安邦的实事;三是败坏人才,这是最大的弊端。这些足以令颜元义愤填膺了,其做出否定性的结论也就难免了。

先说"套袭构篇"格局的形成。科举制度的创立,是中国人才选拔制度上的开创性变革。血缘关系与世袭制不再是决定人才高下的因素,而以考试成绩作为选拔人才的标准。这扩大了人才选拔的范围,评定标准也显得相对客观合理一些。这从制度层面上,较好地消除了地主阶级内部世族与庶族的界限,提高了广大下层寒士的政治地位。

明清两朝,步入暮年的科举制度,以陈腐的内容来禁锢人们思想的自由,它使明清两代士人丧失了唐宋时期士人在政治生活中的那种自主精神。明清两代承袭了元代定程朱注疏为尊的做法。《明史·选举志》记载,明初的"科举定式"为"初场试四书义三道,经义四道"。于四书,考生必须遵循朱熹之注疏,即《四书章句集注》。五经中除了《礼记》还保留古代注疏外,其余经书全纳入了程朱理学的范围。二程与朱熹学说,在其开创之际,均不囿于旧说,有自己独特的见解。但当程朱理学一旦和专制主义文化的需要相结合,成为科举取士的标准后,本身也就僵化成为束缚人们的桎梏。洪武二年(1369),明太祖在诏令中明言:"国家明经取士,说经者以宋儒传注为宗……其有剽窃异端邪说、炫奇玄异者,文虽工弗录。"①不同于"宋儒传注"解释的考生,不但入不了仕途,而且其所著书将付有司治罪或焚掉。明代文字狱开始的直接动因即在于尊程朱"传注"为独断性的意识形态。1644 年清兵入关,清朝首次科举于顺治三年(1646)举行,大体照搬明朝成例。科举制以"宋儒传注"为考试内容,使得整个社会学风倾向于理学。清初有个中医叫徐灵胎,写了许多富有劝世意味的"道情",总名为《洄溪道情》,其中有一首"刺时文"。它生动地描述了醉心于科举的士人是如何迷恋于"高头讲章"的:"读书人,最不济。烂时文,烂如泥。国家本为求才计,谁知道变作了欺人技。三句承题,两句破题,摆尾摇头,便道是圣门高弟。可知道'三通''四史'是何等文章?汉祖唐宗是哪朝皇帝?案头放高头讲章,店里买新科利器,读得来肩背高低。口角嘘唏,甘蔗渣儿嚼了又嚼,有何滋味?辜负光阴,白白昏迷一世。就教他骗得高官,也算是百姓朝廷的晦气。"那些整天钻研八股、时文的人,不仅对天下大事、国计民生茫无所知,就是

①　无名氏:《松下杂钞》卷下。

对历史文化也是知之甚少的。《通典》《通志》《文献通考》《史记》《汉书》《后汉书》《三国志》，士人都不知道。知识贫乏到了惊人的地步。

于是万千考生据"传注"陈陈相因地空发议论。颜元指出：

> 自幼惟从事做破题，捭八股，父兄师友之期许者，入学、中举、会试、做官而已。自心之悦父兄师友以矢志成人者，亦惟入学、中举、会试、做官而已。万卷诗书，只作名利引子，谁曾知道为何物！①

颜元的指责是击中时弊的。在这些取得功名而进入仕途的士人中间，文史知识是毫无价值的。"套袭构篇"的思维方式的约束，使万千考生的心思用于对程朱传注的揣摩剿袭之中。"万卷诗书"不是用来充实自身的知识结构，作用仅是"名利引子"。士人这一中国古代社会最具活力的精英，一生挣扎攀爬在从童生、秀才到举人、进士的阶梯上。

次说"至老不讲致君、泽民之道"。隋唐开创的科举考试，要求考生具有较为全面的文化素养，所试内容有诗赋、策问、帖经、杂文等。如果说，科举制度在它的前期（唐宋时期）造就了较多经邦济世的人才的话；那么，在科举制度的后期（明清时期）则使众多士人囚禁于八股文的枷锁中。唐代，以理财富国著称或以诡谲多智闻名的名臣贤相，如刘晏、裴度、狄仁杰等，都是从科举之路走出来的。宋代，一些出身寒酸但有真才实学的下层知识分子，以勤奋好学而位居高官并名留青史的，如吕蒙正、寇准、范仲淹等人，都是科举中的佼佼者。据学者对南宋宝祐四年（1256）《登科录》的统计，在601名宋朝进士中，平民出身的有417名，官宦子弟为184名。② 到明清两朝，像唐宋那样的名相贤臣很少见了。明末的倪元璐，是时人目为颇有才能的名臣，其筹划国计民生亦多虚应故事。崇祯问他："今国用匮拙至此，生之者众，为之者疾，何所措手？"他的回答很巧妙："陛下圣明，不妨经济并用，臣儒生，但知因民之情，藏富于国耳。"③崇祯常以军事与财政之事询问礼部尚书兼内阁大学士温体仁。温体仁谦逊地答对说："臣夙以文章待罪禁林，上不知其驽下，擢至此位。盗贼日益众，诚万死

---

① 颜元：《颜元集·存人编》卷二，第138页。
② 顾学文：《真实的宋仁宗要"庸常"得多》，《解放日报》2020年5月23日。
③ 陈鼎：《东林列传》卷二。

不足塞责。顾臣愚无知,但票拟勿欺耳。兵食之事,惟圣明裁决。"崇祯听了这番话,通体舒泰:"帝以为朴忠,愈亲信之。"善于窥测帝意的温体仁,是一个标准的庸才,窝里斗是他的特长:"未尝建一策,惟日与善类为仇。"①"惟圣明裁决"同倪元璐的"陛下圣明"一样,是比唯唯诺诺更为高明的曲意奉承。至甲申鼎革,左副都御史施邦曜、户科都给事中吴甘来等人舍身赴难,在殉节的美名下作千秋鬼雄,不愧为明清易代之际的忠臣,但这又恰恰反映了因科举而造成的官员缺乏才能的真实情形。颜元尖锐地指出,孔孟的经书、程朱的注疏,是培养科举大军的基本教材,它们对国家全无好处,只是为朝廷增加些冬烘气的"老学究":

> 渐至今日,旷代不见一帝臣王佐之才,千里不见一礼乐和好之家,数乡不见一孝弟忠信之人。徒闻家家程注、朱注,人人套文、钞策,子、午科也,卯、酉科也,乾坤全坏于无用。老学究但能诵读注解,静坐谈论,皆纯儒、大儒,从祀孔子庙庭,而三事、三物道上,不见一人焉。②

士人从"程注""朱注"中得到的是一些社会政治与伦理方面的知识,而有关国计民生的自然科学知识、防御外敌的军事谋略、治理国家的经邦济世之学等,则基本上是不讲的。颜元指责科举制度下出不了"王佐之才",这是一个精辟的见解。武侠小说泰斗金庸在《碧血剑》的后面,附了一篇七万多字的长文《袁宗焕评传》。金庸的结论是,袁宗焕之所以被崇祯皇帝杀死,为两人性格的冲突所导致的。文中有一段话引人深思:

> 明朝读书人如何废寝忘食的学八股文、考进士,读一下《儒林外史》就很清楚了。明朝派去带兵、指挥大军,和清军猛将锐卒对抗的,却都是这批熟读诗云子曰、书法漂亮、八股文做得很好的进士。明末抗清有三个名将,功勋卓著:熊廷弼是万历二十五年的解元,万历二十六年的进士。孙承宗是万历三十二年进士第二名。袁宗焕是万历四十七年进士。他们三

① 《明史·温体仁传》。
② 颜元:《颜元集·习斋记余》卷九《驳朱子分年试经史子集议》,第 566 页。

个是文官,幸亏碰巧有用兵的才能。本来明末皇帝的运气不坏,做八股文考中进士的文人之中居然出现了三个军事专家。然而文官会带兵,那就是危险人物。明朝皇帝罢斥了其中一个,杀死了另外两个。别的奉命统兵抗清的八股文专家们可就没有军事才能了。杨镐,万历八年进士,指挥大军,全军覆没。袁应泰,万历二十三年进士,指挥大军,全军覆没。王化贞,万历四十一年进士,指挥大军,全军覆没。①

金庸以小说家的流畅语言写出来的这篇长文,依据却是大量的原始史料。在文章的注释中,我们见到了《明史》《明通鉴》《清太祖实录》《三朝野记》《烈皇小识》《明清史料》《荆驼逸史》《崇祯长编》《东华录》《清史稿》等史籍,还较多地引用了袁崇焕的诗文。徐光启的《徐氏庖言》、赵翼的《廿二史札记》与梁启超的《袁宗焕传》,还有吴晗与朱东润的著作,都出现在注释中。金庸一生就只写过这么一篇历史学的文章,他把"八股文专家"里涌现不出"王佐之才"的情况真实地道明了。因为他们脑海中装满的是忠孝节义的观念,并且会似施邦曜那样尽忠了事,以答谢皇恩。他们会按"程注"与"朱注"中所说的那一套,身体力行"存天理,灭人欲"的道理。因此他们会面对艰难的局面而想不出对策来,在"陛下圣明""圣明裁决"的颂词中苟且地生存下去。指望这样知识结构畸形的官僚去辅助君主解决内忧外患,无疑是缘木求鱼。那些在诗云子曰熏陶下、擅长时文而进入仕途的官员们缺乏处理实际事务的才能,难以实现"致君泽民"的功效。

再说"坏人才"的危害。科举制度的核心是人才选拔的标准,而遴选出来的却是颜元所说的"不足有为"的"庸庸辈":

> 上辄曰选士,曰较士,曰恩额,曰赐第;士则曰赴考,曰赴科,曰赴选。县而府,府而京,学而乡,乡而会,其间问先,察貌,索结,登年,巡视,搜检,解衣,跣足,而名而应,挫辱不可殚言。呜呼! 奴之耶,盗之耶? 无论庸庸辈不足有为,即有一二杰士,迫于出仕,气丧八九矣。……况今之制艺,递相袭窃,通不知梅枣,便自言酸甜。不特士以此欺人,取士者亦以自欺,彼

---

① 金庸:《碧血剑·袁宗焕评传》,生活·读书·新知三联书店1994年版,第728页。

卿相皆从此孔穿过,岂不见考试之丧气,浮文之无用乎? 顾甘以此诬天下也! 观之宋、明,深可悲矣。①

"问先,察貌,索结,登年,巡视,搜检,解衣,跣足"这些办法,是针对考生的舞弊手段而采取的。"朝为田舍郎,暮登天子堂",一旦进入仕途就意味着权力与财富的到手,个人名声的高扬。科举制以机会均等的方式,使广大士人有了以自身才能进入那令人羡慕的仕途的可能性。其中的佼佼者表现出了无可非议的创造力,留下了名垂青史的勋劳。伴随着少数佼佼者的是大量的侥幸者。诱人的官位与艰难的科考形成鲜明的反差,以很小的代价去获得高官厚禄就成为一些考生的共识。自唐代开始就出现了"枪手"与"挟带"等现象。"枪手"是雇高手代考以期得到好成绩,"挟带"是把与考试相关的内容带进考场。对士人进行严格的搜查是考试前的例行公事。自南宋以后,"挟带"盛行。"挟带"的主要内容是四书、五经与程文。② 考生把它们写在布条上,布条或当作腰带,或当作衣服的夹里,或放在笔管中与砚台底部,甚至藏在鞋底里或特制的蜡烛中,手段五花八门。万历年间状元赵秉忠参加县考时,因一考生被查出鞋底里有"挟带",虽时值大雪严寒,考官逼令全体考生脱光鞋袜,赤脚站在雪地上。从"问先,察貌"到"解衣,跣足",一系列对考生的搜查手段,在颜元看来,这是有损于士人的人格,把士人看作是奴才、盗贼。③ 没吃过梅枣,便斗胆敢说梅枣酸或甜,让这样奴性心态的人去做官,结局只是彰显"浮文之无用",岂有他哉!

颜元认为科举制度就其实质来看其危害超过了秦始皇时的焚书坑儒:

> 天下尽八股,中何用乎? 故八股行而天下无学术,无学术则无政事,无政事则无治功,无治功则无升平矣。故八股之害,甚于焚坑。④

---

① 颜元:《颜元集·存治编》,第 115 页。
② 把历次考试中的优秀考卷汇集成册,这叫程文。
③ 在颜元之前,顾炎武已注意到这种情况:"今日考试之弊,在乎求才之道不足,而防奸之法有余。……《金史》:'泰和元年,省臣奏:搜检之法虽严,至于解发袒衣,索及耳鼻,殊失待士之礼。'""朱子论学校科举之弊,谓:'上以盗贼待士,士亦以盗贼自处。'"(顾炎武:《日知录》卷一七《搜索》,黄汝成集释,中州古籍出版社 1990 年版,第 406—407 页)
④ 颜元:《颜元集·颜习斋先生言行录》卷下,第 691 页。

"八股行而天下无学术",是说有真才实学的人同中举是无缘的。宋应星一生"五上公车不第"的惨痛经历,使他从春秋方富的 29 岁一直苦苦地耗磨到两鬓见霜的 45 岁,只有转向了同功名进取毫不相关的科学技术领域,才使他写就了名垂青史的《天工开物》;李时珍一生中三次乡试不中,未能敲开进入仕途的门径,后投身于药物学的研究中,遂有饮誉世界医学界《本草纲目》的面世。颜元认为朝廷从"八股"中选人才必然导致"无学术""无政事""无治功"的结局。

其实颜元是生活在一个"科目世界"里的。冯梦龙有一篇小说,主人公鲜于同是一位神童,但应试多次未中。46 岁他对别人说:"只是如今是个科目的世界,假如孔夫子不得科第,谁说他胸中才学?"①冯梦龙于 1646 年去世,比颜元早了半个多世纪。冯梦龙已认准,人们是在"科目世界"里过日子。"科目世界"不只关系着个人的命运,而且涉及整个家庭的兴衰;与"科目世界"相关的人才选拔制度所打造出来的价值观念,广泛而深刻地左右着这个社会的政治、经济、教育与社会风俗等诸多方面。难以割舍的应试情结,使人们纠缠于八股文而难以自拔。这样的情况一直绵延到 19 世纪,令陈独秀的母亲还感受到"科目世界"的威力:"因为那一时代的社会,科举不仅是一个虚荣,实已支配了全社会人的一般生活。"②颜元对"科目世界"如此激烈的抨击,自然是惊世骇俗的。他认为如果不废除科举制度的话,败坏人才的灾祸始终伴随着朗朗乾坤而无止息。③

二、以征举代科举

颜元主张废除科举制度,而代之以征举制度。他说:

> 窃尝谋所以代之,莫若古乡举里选之法。仿明旧制,乡置三老人,劝农,平事,正风,六年一举,县方一人。如东则东方之三老,视德可敦俗、

---

① 冯梦龙:《警世通言》卷一八《老门生三世报恩》,人民文学出版社 1956 年版,第 257 页。

② 陈独秀:《陈独秀文章选编》下册,生活·读书·新知三联书店 1984 年版,第 556 页。

③ 冯桂芬记载当时一位狂士饶廷襄说的话:"三年一科,今科失而来科复得,一科复一科。转瞬而其人已老,不能为我患,而明祖之愿毕矣。意在败坏天下之人才,非欲造就天下之人才。"(冯桂芬:《采西学议——冯桂芬、马建忠集·校邠庐抗议》卷上《改科举议》,郑大华点校,辽宁人民出版社 1994 年版,第 64 页)

才堪莅政者，公议举之，状签某某深知其才德，兼以事实之，县令即以币车迎为六事佐宾吏人。供用三载，经县令之亲试，百姓之实征，老人复跻堂言曰：某诚贤，则令荐之府，呈签某令深知其才德，亦兼以事实之，则守以礼征至。其有显德懋功者，则荐之公朝。余仍留为佐宾三载，经府守之亲试，州县之实征，诸县令集府言曰：某诚贤，则府守荐之朝廷，呈签某守深知其才德，亦兼以事实之，则命礼官弓旌、车马征至京。其有显德懋功者，即因才德受职不次，余仍留部办事，亲试之三载。凡经两举，用不及者，许自辞归进学。老人、令、守，荐贤者受上赏，荐奸者受上罚，则公论所结，私托不行矣。九载所验，贤否得真矣。即有一二勉强为善，盗窃声誉者，焉能九载不变哉！况九载之间，必重自检饬，即品行未粹者，亦养而可用矣。①

实行征举法的要点是：一、由下而上，层层推荐；二、重在实际才能，试之以事，验之以用；三、官民共同考察，从中发现人才；四、渐次升擢，使人才见用，用尽其才；五、实行荐举人责任制，以防舞弊。颜元的方案，是对汉代察举与征辟制度的修正与完善。

汉代察举与征辟制度的核心是推荐。察举是由州、郡等地方长官在自己管辖区内进行考察，选拔统治阶级需要的人才，以孝廉、茂才、贤良方正等名目推荐给中央政府，经过考核，任以官职。征辟则由皇帝或地方长官直接选任自己认为有才干的人进行征聘。察举与征辟，对于以往实行的"世卿世禄"制来讲是一大进步。然其间的徇私舞弊不胜枚举，至东汉末年已形成一种社会危机，士人能否被举荐做官取决于乡间的舆论。个人在道德生活方面的表现，如为乡里所称誉，则同通经学一样，是走上仕途的重要途径，这叫"经明行修"。东汉末年，乡评在有的地方已经形成了制度，如汝南许劭的"月旦评"，实质是以道德评议来遴选人才。察举征辟制成为社会风气后流弊是很大的，不但造成朋党为奸、相互吹捧的风气，而且使一些虚伪奸诈的人借此招摇撞骗。察举不实情况的出现也成为必然。察举制中不乏德行高妙、耿直不阿的真名士，但

---

① 颜元：《颜元集·存学编》，第115—116页。

更多的是言行不一、追求虚誉的伪名士,如"服中生五子"的赵宣就是一个典型。① 按名教要求,父母死后子女服孝三年。子女在这三年是无法像往常那样生活的,更不要说行房事了。赵宣墓道中守丧二十年,却生下了五个子女,赵宣确为伪名士,像赵宣这样的士人当时是很多的。范晔为此专立《独行传》,专门收集这些"修情刻容""以就声价"的士人的事迹。人才的名实不符已蔚为东汉末年的社会风尚。人才荐举制及由此而兴的乡议,是造成这一情况的社会根源。更为形象的是葛洪引汉末人之话:"时人语曰:举秀才,不知书。察孝廉,父别居。寒素清白浊如泥,高第良将怯如鸡。"②这种现象的出现,说明以推荐为核心的察举制与征辟制已弊端丛生。为什么颜元要重新提倡历史上弊端丛生的征举制以替代科举制呢?

颜元的出发点还是功利论,即以所取人才是否有实用价值为标准。他自己也觉得他的人才选拔方案不可能做到万无一失,但即使如此也比科举制好得多:

> 选举即不能无弊,而所取为有用之才;科举即使之无弊,而所得多无用之士。③

> 王契九问:"取士乡举、里选,行之滋弊。"先生曰:"犹胜时文。如一邑方举一人,一方有不肖之者、约,党酒食贿赂之家,而登其子弟,将三方皆不肖乎? 即皆不肖矣,他邑独不得一良者、良约乎? 三四举而得一贤,或三四邑而得一贤,所得不既多乎? 当不至如时文,百千举而不见一贤也。"④

他认为人才选拔制度是否有弊端得以所取人才是否有用为标准。科举即使做到没有毛病,但得到的都是无用之辈;荐举制即使有问题,但所取的皆为有用之才。颜元把它的功利论彻底贯穿到人才选拔制度上了。颜元看到了科举制的种种毛病,欲对征举制做些改革,以做到人才选拔方面的名实相符。颜元的

---

① 《后汉书·陈蕃列传》。
② 葛洪:《抱朴子》卷一五《审举》。
③ 颜元:《颜元集·颜习斋先生言行录》卷上,第642页。
④ 颜元:《颜元集·颜习斋先生言行录》卷上,第645—646页。

方案有三个方面值得关注:一、考察权不能操于少数人手中。颜元设想由公举出来的德高望重的老人、民众与官吏共同组成人才考察队伍进行考察。二、确立定期检查制度,且以实际效果为检查标准。检查的年限为三年、六年、九年。"兼以事实之",就是以实际政绩为标准来检查。三、为防止徇私舞弊的产生,需明确荐举人责任制。荐奸者当受上罚,荐贤者当受上赏。颜元的主张有别于两汉的推荐。两汉的推荐是自上而下的,它与社会下层的多数人基本上无关。由高级官员荐举,虽说也调查舆论,但却是在一个相当小的范围内进行的。颜元设想的推荐方式是自下而上的,涉及社会下层的多数人。荐举"三老"——"劝农""平事""正风"这三个农村基层机构的负责人是以社会舆论为准绳的。荐举制也有它的优点,那就是人与人的直接接触,而不像科举制那样一以文章为去留。人与人的直接接触有利于认识人的全部,不仅是文章、学问,而且还包括德性、实际才能;不仅可见一时表现,还可考察平日表现。

我认为这仅是颜元的良好愿望。从发展的角度与机制本身看,考试制毕竟要比荐举制高明得多。不能因为以考试为核心的科举制出现了弊端,就把考试这一机制完全否定。科举制就其本质而言的五大原则,即自由报名、统一考试、平等竞争、择优录取、公开张榜,仍为现代考试制的核心。科举制的诸多弊端,是同它考试内容僵化有关。①

人才选拔制度,在任何一个社会里都是社会风气的方向盘。以什么样的标准去选拔人才,其影响是广泛而深刻的。它对社会风气形成的影响、教育内容的确定,以及一代人的志向选择,起着风向标的作用。人才取舍的标准,会对整个社会的价值趋向产生难以估量的影响,并以不同的途径左右着人们的内心,形成牢固的意识。"荐贤者受上赏,荐奸者受上罚",颜元主张的责任追溯制度,应当说是他人才观中较有创意的方面,对当代中国政治生活也有着一定的借鉴意义。当代中国政治生活的一个突出的现象就是贪官越来越多、贪官级别愈来愈高。其产生原因是多方面的,但缺乏责任追溯制度是一大原因。

---

① 荐举人才的制度,并没有从历史舞台上消失,只是不再成为主流罢了。泰州学派的创始人王艮,曾两次被高官推荐到朝廷。王艮 47 岁时,"抚台刘公梅谷节疏荐";55 岁时,"御史吴疏山悌疏荐"。(见董燧:《年谱》,载王艮:《王心斋全集》,第 72、75 页)只是为主张"明哲保身"的王艮拒绝了。清初,康熙为笼络人心而设的博学鸿词科,也是一种变相的荐举制。

现在方兴未艾的关于问责制的种种议论，问责只是查处责任当事人，而根本没有涉及让责任当事人得以飞黄腾达的推荐者。各级组织部门的官员，不对民众负责，其荐举之人一旦出了事情谁都能推卸责任。因为没有一种制度设定为推荐贪官的有关官员要受罚，荐举好干部的官员要予以奖励。就此而言，颜元的设想与当今的问责制相比，不乏可资借鉴的地方。

第四节　恢复"封建"　分权而治

一个幅员辽阔的国家，有着中央与地方的行政机构在权力分割方面的矛盾。自秦汉以来，中国历代思想家、政治家均注重"封建"制与郡县制之间的区别，对这两种不同的政治体制的优劣与利弊，做了反复深入的讨论。柳宗元的《封建论》、顾炎武的《郡县论》为这场历时两千多年讨论中的代表性论述。颜元站在复古主义立场上讨论这两种政治体制要求恢复"封建"，并对柳宗元的主张做了指责。但不能一味责怪颜元，因为他是针对明亡的历史教训而发的，他对过分集权的批评也不是一点道理也没有的。

"封建"制，是指周朝那样的封疆土、建诸侯的分封制，是处理中央与地方关系的一种政治体制。周代设公、侯、伯、子、男五等爵位，受爵者则拥民受土；土地与人民一起被分封给开国功臣与王室亲戚，由他们进行管理。周天子的目的是让诸侯国起到藩维王室的作用，这就是"封建"制的目的。各封国诸侯有政治、经济、军事等诸方面的权力，世代相袭。春秋以降，周天子逐渐失去一统天下的威权，诸侯割据争雄。秦并诸侯，统一天下，废除"封建"制，改行郡县制，建立了大一统的中央集权制国家。这意味着特定的"封建"制时代的终结。郡县官吏由皇帝任用、委派，并可以随时调动撤换。郡县制的核心是地方集权于中央。中国的政治体制从此开始由贵族的世袭制演化为君主专制。与此相应，行政管理层面上则由贵族政治转向了官僚政治。汉初实行的是"一国两制"，即"封建"制与郡县制并存。汉代一些思想家认为，周代行"封建"制八百余年，而秦朝行郡县制仅几十年。汉初又出现了对同姓王的分封，欲以血缘关系为纽带，维护刘氏家族一姓的长治久安。然而汉景帝时诸侯王觊觎中央政权，吴楚七国以"清君侧"为由，发动了叛乱。经此变动后，汉承秦制实行郡县制,此后一直沿用了两千余年。

　　明王朝的覆亡,使得颜元亲眼看到君主专制制度给社会造成的祸害,为此他主张恢复"封建"制:"非封建不能尽天下人民之治,尽天下人才之用尔。后世人臣不敢建言封建,人主亦乐其自私天下也,又幸郡县易制也,而甘于孤立,使生民社稷交受其祸,乱亡而不悔,可谓愚矣。"①这段话包含有两层意思,一是批判家天下观念,一是提倡民本思想。对柳宗元的《封建论》,颜元是极为不满的。他想通过复"封建"制,来分化专制君主的权力,改变少数人控制天下的状况。颜元责备秦始皇说:

　　　　秦人任智力以自雄,收万方以自私,敢于变百圣之大法,自速其年世,以遗生民气运世世无穷之大祸,祖龙之罪上通于天矣。文人如柳子厚者,乃反为"公天下自秦始"之论,是又与于不仁之甚者也。②

颜元认为不实行分封制,是人主把天下当作自己私家产业心理的体现。一个王朝创兴之初,人主的家族成员与勋臣们,与人主同忧劳、共生死。大业既成,对有汗马功劳的勋臣不裂土分封,无论如何是讲不过去的。另一方面,他认为"封建"制亡国论是一种偏见。对"封建"制应该做全面的、具体的分析,"封建"制有消极的一面,也有积极的一面。它可以起到藩维王室、抵御外侮、监督朝奸的作用。颜元此说固然有一定的道理,但前提是中央政府的力量非常强大时这种作用才能充分发挥出来。一旦王室衰微,藩国便不易控制了。"封建"制的消极方面是拥兵震主,形成尾大不掉的格局。但颜元认为,只要中央政府有意识地加以限制就行了。他指出,侯伯平日只能畜马数十匹和拥有相应数目的甲士,有事、受命则召起田卒,"伯师不私出,列侯不私会。如此者,有事则一伯所掌二十万之师,足以藩维,无事而所蓄士马不足并犯。封建亦何患之有?"③如此,"封建"制便有利而无弊了。颜元的想法近乎天真而不切实际,他忽略了一点,即踏上了政治轨道并在其中经历了政治实践的人们,无不感觉到权力欲望的无限制性。身居高位、拥有一方势力的诸侯、藩王,很少有人不

---

① 颜元:《颜元集·存治编》,第111页。
② 颜元:《颜元集·存治编》,第113页。
③ 颜元:《颜元集·存治编》,第111页。

想进一步扩张自己的政治势力范围。汉初"七国之乱"的发生,就与生活在政治轨道中人们权力欲的无限膨胀相关。

　　颜元以"自私""不仁"去指责柳宗元,表明他是站在社会历史发展的对立面上的。柳宗元在《封建论》中的见解是符合社会历史发展方向的。唐中叶,有关郡县制与分封制优劣的争论再起。这是当时藩镇割据现实的映照。柳宗元认为藩镇割据系兵骄将悍引起,与郡县制无甚瓜葛。他从理论上详细阐述了郡县制优于分封制的观点,其中最引人注目的是提出了"势"的概念。他总结了秦汉以来有关郡县制与分封制的争论,将分封制的产生、发展以至于衰亡而为郡县制所取代看作是"非圣人之意,势也"①;明确指出人类历史发展有着客观必然之"势",并用"势"来解释社会政治制度的演变。这不仅否定了以往的各种天命史观,如董仲舒的"三统"说、邹衍的"五德始终"说,而且否定了自古已存、源远流长的圣人史观。柳宗元指出,秦始皇行郡县制是出于私心,是为了树立个人权威与统治天下臣民,但客观上却符合了历史发展的必然趋势,故为"公之大者":

　　　　秦之所以革之者,其为制公之大者也;其情私也,私其一己之威也,私其尽臣畜于我也。然而公天下之端自秦始。②

柳宗元觉察到了历史发展的客观趋势与参与历史活动的人物主观动机之间的矛盾。周王朝实行的"封建"制,柳宗元断言并非出自公心,而是为了保卫一姓的天下的需要。应当说,《封建论》是一篇论述中国政治制度演变史的杰作。自两汉以降,政治敏锐的贤识之士大多觉察到"封建"制进到郡县制是社会历史种种因素综合演进的合理结局,决非个人或集团的爱憎所能左右。颜元将"自私"的罪名加于柳宗元的头上,是无见于各种合力而形成的社会历史发展的大趋势。

　　在恢复"封建"制问题上,李塨不同意老师的主张。李塨反对专制主义统治,但他主张通过加强郡县官吏的权责来分化专制君主的权力。他说:"郡县

---

① 柳宗元:《柳河东集》卷三《封建论》,上海人民出版社 1974 年版,第 48 页。
② 柳宗元:《柳河东集》卷三《封建论》,第 48 页。

而重权久任,即兼封建之利。"李塨不赞成恢复分封制,认为"时势不同",不能"徒泥往迹"。① 李塨在《存治编·书后》列举了七条理由,结论言"郡县自可行,不必封建始可行也"②。李塨的见解比颜元实际些,也比较符合社会历史发展的现实。明代著名博物学家谢肇淛(1567—1624),在颜元出生前几十年时就指出"封建"制的不可行:"三代之法,有必不可者:井田、封建是也。井田无论已。封建以厚骨肉,甚善也,然各守其疆,政集结不一,一不便;本支既繁,贤愚异类,二不便;国有大小,遂启争端,三不便;盛时制驭,犹怀不逞,委裘之际,将若之何,四不便。"③谢肇淛所作的"四不便"之分析,对封建制的弊端已经说得很清楚。颜元激于对"家天下"观念及所造成种种祸害的痛恨,片面夸大了秦以前"封建"制的作用,抹杀了秦以后改行的郡县制在符合社会历史发展方面的积极作用。颜元恢复"封建"的主张,是缺乏历史发展认识的观点。

当中央集权日益对国家与民族的兴亡构成实质性威胁时,思想家自然会思索前人选择的得失成败。顾炎武以毕生精力写成的《日知录》,对清以前的历史有着全面的探讨。"寓封建之意于郡县之中,而天下治矣",这样的主张是以往反对中央集权的历史性延续。④ 顾炎武这一著名论断,是力图对以往的分权与集权的争论做出一个历史性的总结来。颜元的主张并没有超出亭林的范围,他是真心实意地期望在中央集权不变的前提下,恢复"封建"以避免中央集权过分造成的诸多弊端。如官僚主义、埋没人才、吏治效率低下、军队作战能力衰弱等病症,在颜元心目中,只要行"封建"似乎都能得到解决。这只能说是颜元的一厢情愿,但同时也应注意到这种善良的愿望,是对明末社会"家天下"现实的抗议。⑤

以上不难看到,颜元对现实的政治现象与政治制度是强烈不满的。他不满土地兼并的现况,期望通过井田制的恢复来实现"均田";他指责现存的募兵

---

① 李塨:《平书订》卷二《分土》,载陈山榜、邓子平主编:《颜李学派文库》第 4 册,第 1116—1118 页。
② 颜元:《颜元集·存治编》,第 118—119 页。
③ 谢肇淛:《五杂组》卷五,载《明代笔记小说大观》第 2 册,上海古籍出版社 2007 年版,第 1811 页。
④ 顾炎武:《顾亭林诗文集·亭林文集》卷一《郡县论一》,第 12 页。
⑤ 批判"家天下"的观念是明清之际启蒙学者的共识,最激烈的是黄宗羲与王夫之。颜元的指责不及他们,但在改变这一观念与设想方面,显得较为丰满,故有"以我易天下"的主张。"家天下"是指:帝王认为天下一切财物与臣民都是自己的私有财产。详见朱义禄:《论黄宗羲"公天下"观念与民生思想》,《宁波市委党校学报》2013 年第 6 期。

制度,主张兵农合一;他想否定科举制度,主张实行古代的征举制;他看到了明代君主专制过分集权所造成的诸多弊病,要求恢复"封建"分权。他从社会经济、政治、军事、选士以及文化等方面,拟定了变更现实社会的一整套方案。他抱着昌明学术以挽回气运的信念,认为一旦"有国者"把他的主张付诸实施,社会面貌就会为之大变,美好的世界就会出现。

　　颜元的主张也不无可取之处。他是出于惩罚暴政而提出的。颜元认为,天下应以"生民气运"为重,而不应以一姓王朝为重。国君昏暴,诸侯理应奉天命去讨伐暴君。这样,民众虽遭受战争的痛苦,但总比天下安危系于一人所造成的苦楚要轻一些。明清之际,高度集中的集权体制的诸多弊端已充分暴露。顾炎武尖锐地指明:"今之君人者,尽四海之内为我郡县犹不足也,人人而疑之,事事而制之。"[1]这就促使颜元去思索中央集权与地方分权的关系问题,以期为解决这些弊端寻找良方。中央集权下的郡县制,有利于经济文化交流及多民族的大融合等。放权于地方,允许地方有一定的自治,会激发地方的主动性与积极性。对一个广土民众的帝国来说,在中央集权与地方分权之间,如何保持适当的张力,找到对双方均为有利的平衡,那是一个永恒的难题。一如顾炎武所指出的那样:"封建之失,其专在下。郡县之失,其专在上。"[2]分封制与郡县制,表面上看似乎是完全对立的政治体制,其实核心问题是如何正确处理集权与分权,这是难以分开也是无法避开的国家统治权力的两极。如同物体运动时的离心力与向心力构成了弹性张力一样,仅执其一端而不顾及另一端,必定会使物体失去活力。作为两种不同的政治体制,应该说是各有利弊的。集权与分权是至今依然困扰着中华民族的一个大问题,值得中华儿女做进一步的思索。

第五节　"以我易天下"的宏大抱负

　　颜元提出"富天下""安天下""强天下"的 22 字的富国强民的施政纲领,其

---

[1]　顾炎武:《顾亭林诗文集·亭林文集》卷一《郡县论一》,第 12 页。
[2]　顾炎武:《顾亭林诗文集·亭林文集》卷一《郡县论一》,第 12 页。

气魄之宏伟是同时代的启蒙学者所不及的。许多有关颜元的著作,都会诠解它的具体内容,但内容之后的"所以然"却极少诠解。我在《颜元李塨评传》一书中粗粗有所涉及,现今觉得应该从颜元学说的整体来思索这"所以然"。这22字方针,是出自他的"以我易天下"的宏伟抱负:

> 思以我易天下,不以天下易我,宏也;举国非之而不摇,天下非之而不摇,毅也。①
>
> 夫凡读圣人书,便要为转世之人,不要为世转之人。②

"以我易天下"与"为世转之人"的含义是一样的,那是颜元想要变更社会现实种种弊端的迫切思想的真实写照。支撑"以我易天下"理论的有三个方面。第一是强烈的担当精神,即通过自身的努力为民众与社会谋福祉,是他社会功利论在个人责任感上的体现。为此他豪迈揭出"天下不敢任,吾门人任之"的经世济民的旗号,期望他的学生一起来做"劳济生民"的实事。

第二个因素是"万物一体"论:

> 思天地一我也,我一天地也;万物一我也,我一万物也。既分形而为我,为天地万物之灵,则我为有作用之天地万物,非是天地万物外别有一我也。③

"万物一体"论虽说在王阳明之前已见端倪,但较为完备的表述则为王阳明《传习录下》:"盖天地万物与人原是一体,其发窍之最精处,是人心一点灵明。风、雨、露、雷、日、月、星、辰、禽、兽、草、木、山、川、土、石,与人原是一体。故五谷禽兽之类,皆可以养人,药石之类,皆可以疗疾。只为同此一气,故能相通耳。"④这是说,自然界的一切东西与人相通,缘由是"同此一气"。王阳明的"万物一体"论的前提,不是心一元论而是气一元论,这是绝对应该关注的。作为气一

---

① 颜元:《颜元集·颜习斋先生言行录》卷下,第 677 页。
② 颜元:《颜元集·颜习斋先生言行录》卷上,第 627 页。
③ 颜元:《颜元集·颜习斋先生言行录》卷下,第 680 页。
④ 王阳明:《王阳明全集》卷三《传习录下》,第 107 页。

元论的颜元,接受"万物一体"是一点障碍也不会有的。颜元的接受是加上了自己的新意的。既然"天地""万物"与"我"都是合一的,且人之所以尊贵在于"我"处于"天地万物之灵"的位置上,如此"我"自然能搅动"天下"了。颜元充分高扬了人的主观能动性,说自己要为"转世之人",而不能被动地成为"世转之人"。"转世之人"树出"以我易天下"的大旗,那是无可非议的事了。此种旁若无人的胸襟,只能出自阳明心学及其后学或信仰者身上。①

"以我易天下"这样一种一往无前、气吞山河的气概,既是陆王心学在颜元宇宙论上打下的深深的烙印,更是这一烙印应用于经济、军事、政治等领域的反映。

第三是同颜元力倡的"狂者进取"的人格意识相关。讲"狂者"得从《论语·子路》说起。孔子说:"不得中行而与之,必也狂狷乎。狂者进取,狷者有所不为也。"孔子把人格分为三等,"中行"最高,"狂者""狷者"是对仅次于"中行"之士的称呼。狂,为富有进取心,志气激昂者;狷,为能谨厚拘守,不失其身者。尽管孔子对"中行"给予最高的赞誉,但颜元对那种一言一行能做到"过与不及"的中庸式的人并不青睐。他对狷者也赋予了圣贤、豪杰的内容,但从他一生言行来看,他更倾心于狂者。颜元对三种人格的理解,充分显示出他讲究实用的学术品性,渗透着功利论的气息。从颜元论著看,他倾心于"狂者"而很少议及"狷者"。"狂者"有一种豪迈的气概,有着"勇往有为"的品性:

> "狂者进取",是夫子状他一段勇往有为意思。凡作想遇事,都向前铺张去做,常常挞起精神,故谓之"进";凡取道德,取人物,取功名,好提挈到手做一番,故谓之"取"。每好进而不好退,好取而不好舍;其退时亦是他进处,其舍时亦是他取处,是狂者真面目也。进而取法古人,只其中一意耳。"狷者有所不为",是夫子状他一段谨饬古板意思。凡作想遇事,都向里收敛,将来常常把定门阃……每当进时亦好急流勇退,每当取时却是得

---

① 比颜元早一些,阳明心学的笃信者、明清之际大学者张岱(1597—1685),他直截了当地说:"以世转我则不可知,以我转世则何不可知?"(张岱:《四书遇》,朱宏达点校,浙江古籍出版社 1985 年版,第 79 页)张岱是一位多才多艺的文化巨匠,在哲学、史学、文学、音乐、戏曲、园艺、天文、历法、音韵上皆有较高的造诣。张岱一家四代皆嗜好阳明心学,其曾祖父张元忭,是浙中王学的中坚力量,张岱一生中受阳明心学影响极大。参见朱义禄:《论张岱与阳明心学——兼论家族传承在阳明心学传播中的意义》,《浙江学刊》2018 年第 2 期。

舍便舍，是狷者真面目也。守有余，只其中一意耳。天地间惟此两种人，遇大圣人鼓动得起，造就得成，驾驭得出，虽不及"中行"，皆可同心共济，有益苍生也。①

王阳明是以"狂者"自居的："我今信得这良知真是真非，信手行去，更不着些覆藏。我今才做得个狂者的胸次，使天下人都说我行不掩言也罢。"②王阳明"狂者胸次"的本质特征就是高扬人的主体性。凡是信仰过王学的人们，是极易受王阳明"狂者胸次"论感染的。被人们称为"真陆王"的颜元，其"以我易天下"的抱负是同他"狂者进取"的人格意识密不可分的：王阳明讲"狂者胸次"是说自己的言行是光明磊落、知行合一的。因为王阳明相信自己的"良知"是判别正确与错误的标准，"狂者胸次"的主心骨是"良知"。颜元对"狂者胸次"是认可的，但易为"狂者精神"则又在"进取"上添进己见。一是把不知退却的进取精神与"格物"新义（"好提挈到手做一番"）结合起来。就是"退时亦是他进处"，在退却时也不放弃进取的念头；就是"作想遇事，都向前铺张去做"，一定要亲手去干一番事业。二是认为"进取"就是担当精神。断言"狂者"即使"不遇大圣人"，也要"自己担当"。这样才能"在上在下，亦能鼓动得人，造就得人，驾驭得人，虽不及'中行'无破绽，然亦能各成一局，领袖一时"③。

　　对一个人来说，年轻时迷恋过的东西，不会在他内心中轻易消失，往往会通过不同的形式表现出来，表现方式因人而各异。一般人是通过怀旧、回忆的形式，哲学家则会把这些东西进行改造后纳入自身思想体系中，即使其在晚年激烈地抨击它。如朱熹早年信禅宗，晚年激烈地批评佛教，但与学生交谈中不时流露出禅味来，说"某也理会得昭昭灵灵底禅"④。而颜元早年被称为"真陆王"，晚年却对阳明心学有猛烈的指责，但不妨碍他将阳明心学纳入自身的思想体系中，王阳明的"狂者胸次"被衍化为"狂者进取"。

　　担当精神、"万物一体"论与"狂者精神"这三个因素综合在颜元身上，是支撑他提出"以我易天下"的宏大抱负的精神支柱。"以我易天下"的观念是颜元的理

---

① 颜元：《颜元集·颜习斋先生言行录》卷下，第 661 页。
② 王阳明：《王阳明全集》卷三《传习录下》，第 116 页。
③ 颜元：《颜元集·颜习斋先生言行录》卷下，第 661 页。
④ 朱熹：《朱子语类》卷一〇四。

想所在,但一个乡村老儒是不具备实现它的客观条件的。其实任何一个惊世骇俗的设想,要构思出来绝对不是件易事。"药方只贩古时丹",用龚自珍这一诗句来形容颜元"以我易天下"的复古色彩,那是最恰当不过的了。颜元以古代的语言形式表达自己的思想要求和对现实的不满。这样不但可以保护自己免于封建专制的迫害,也可以从古代思想资料中选择武器,以便开展对现实社会的批判活动。

第六章 颜元的教育思想

　　教育是教育者以人类所积累起来的知识、经验、技能传授给被教育者,使之转化为受教育者个人文化财富的过程。这一转化的有效进行是历代教育家们思考的课题。于是对教育方法、教育内容、教育目标等方面的研讨,就具有永恒的价值了。在颜元一生47年的执教生涯中,他不像理学家那样有较长的时段在书院讲学,除了晚年有不到半年时间主讲漳南书院外,主要的教育活动是在博野与蠡县一带。一个身上沾满泥土的乡村儒生,能在中国教育史上获得一席之地,足以证明颜元的教育思想有其独特之处。讲中国教育史,可以对颜元有不同评价,但绕开颜元是不行的。颜元批评宋明以来的习静教育、书本教育,而倡导习动教育、习行教育;在教育内容上反对经书训诂、背诵语录、八股帖括,主张代之以"六艺"为核心的"三事三物"的实学。这些别致而出新的主张,均是在恢复"圣学真传"的主张下提出的。

第一节　对理学教育的批判

　　颜元的一生,是从事教育活动的一生。24岁时,他就在家乡开办私塾,开始向学生灌输自己的教育理念:"始开家塾,训子弟,王之佐、彭好古、朱体三从游。"[1]39岁时,他获准归宗,便迁至祖籍博野县北杨村。两年后,"时及门日众"。为方便教学,遂从以往教学经验中总结出20条学规,"每节令读讲教条,诸生北面恭揖,令一长者立案侧高声讲毕,又一揖而退"[2]。62岁时,他应郝公函三聘,答应主讲漳南书院。去世的当年,颜元还对学生讲解《孟子》,言孟子得"圣学真传",强调"乾坤之祸,莫甚于释氏之空无,宋人之主静"。[3] 临终之

---

① 李塨:《颜习斋先生年谱》,载颜元:《颜元集》,第712页。

② 李塨:《颜习斋先生年谱》,载颜元:《颜元集》,第742页。

③ 李塨:《颜习斋先生年谱》,载颜元:《颜元集》,第792页。

前,令颜元耿耿于怀的仍是宋儒带有浓郁禅宗气息的"主静"说对社会的祸害。

颜元曾对比他心目中的孔学和理学在教育方面的差别:

> 请画二堂,子观之:一堂上坐孔子,剑佩、觿、决,杂玉、革带、深衣。七十子侍,或习礼,或鼓琴瑟,或羽籥舞文、干戚舞武;或问仁孝,或商兵、农、政事。服佩皆如之。壁间置弓、矢、钺、戚、箫、磬、算器、马策、各礼衣冠之属。一堂上坐程子,峨冠博服,垂目坐如泥塑,如游、杨、朱、陆者侍,或返观打坐,或执书吾伊,或对谭静敬,或搦笔著述。壁上置书籍、字卷、翰砚、梨枣。此二堂同否?①

这样的比较给人以寓言式的感受,罗列了两者在服饰、教育设备与学习活动上的差异。习行六艺、文武兼备的是孔子及其众多弟子,读书、打坐的是游酢、杨时、二程、朱熹、陆九渊等理学家。颜元对宋明理学进行批评时,都会树出一个榜样,那就是孔子。不可否认,理学家对中国古代教育是有着积极作用的。宋初,胡瑗、孙复、石介等人辟佛老,建书院,昌明儒学,讲学之风大盛。继而濂洛之学兴起,对"性与天道"这一孔子不多谈的哲理大加阐发,成为书院讲习的主要内容。理学家对当时文化事业的兴盛,无疑是有着推动作用的。但理学思想对书院的长期控制,又有它固有的弊端。具体地说,宋明的理学教育不外两项:一是习静教育,即"返观打坐""对谭静敬";一是书本教育,即"执书吾伊""搦笔著述"。颜元对此展开了系统的批评,并提出了习动与习行教育。

一、对习静教育的批评

在颜元心目中,习静教育是静坐、主敬与清谈的教育。颜元认为,这无疑是半日当和尚,半日当汉儒:

> 静极生觉,是释氏所谓至精至妙者,而其实洞照万象处皆是镜花水

---

① 李塨:《颜习斋先生年谱》,载颜元:《颜元集》,第 749 页。

月,只可虚中玩弄光景,若以之照临折戴则不得也。①

　　朱子"半日静坐",是半日达摩也,"半日读书",是半日汉儒也。试问十二个时辰那一刻是尧、舜、周、孔乎? 宗朱者可以思矣。②

理学家普遍认为,静坐有使人洞照万象,获得正觉及平息心中杂念的功效。周敦颐"主静立人极"的修养方法,其归宿是"无欲"。"静"是指主体自身排除感性欲望后呈现的精神状态。明初理学家陈白沙自述静坐体会时说:"舍彼之繁,求吾之约,惟在静坐。久之,然后见吾此心之体隐然呈露,常若有物。日用间种种应酬,随吾所欲。"③明代理学家以静坐摒除心中杂念,以观"未发之气象",都是寻求"心体"的呈现。与陈白沙有类似感受的,除了聂双江外,最有名的当为王阳明的龙场悟道。静居默坐的王阳明,澄心静虑,去除内心一切杂念,以求吾性自足。王门后学如罗洪先、王龙溪与罗近溪等,在自述为学时,都讲到了静悟里所经历的神秘感受。罗洪先讲得详细些:"未几入深山静辟,绝人往来,每日块坐一塌,更不展卷,如是者三越月,而旋以病废。当极静时,恍然觉吾心虚寂无物,贯通无穷,如气之行空,无有止极,无内外可指,动静可分,上下四方,往古来今,浑成一片,所谓无在而无不在。"④朱熹虽无这样的体验,但认为静坐可以去掉邪念是确定不移的:"当静坐涵养时,正要体察思绎,只此便是涵养。不是说唤醒提撕,将道理去却那邪念妄念。只自家思量道理时,自然邪念不作。"⑤"道理"就是至善的"天地之性"。"邪念不作"是指杜绝了与外界事物接触后而产生的种种人欲。实现道德禁欲主义,就是朱熹教育学生的主要目的。

　　而颜元从自身经历说明静坐是不能息掉杂念的:

　　　　予戊申前,亦尝从宋儒用静坐功,颇尝此味,故身历而知其为妄,不足

① 颜元:《颜元集·存学编》卷二,第69—70页。
② 颜元:《颜元集·朱子语类评》,第278页。
③ 陈献章:《陈献章集》卷二《复赵提学》,孙通海点校,第145页。
④ 罗洪先:《罗洪先集》卷八《答蒋道林》,徐儒宗编校整理,凤凰出版社2007年版,第298页。
⑤ 朱熹:《朱子语类》卷一二。

据也。天地间岂有不流动之水,天地间岂有不着地、不见沙泥、不见风石之水!①

他从亲身践行理学静坐的感受中知道,静坐乃妄邪之见。如同天地间没有不流动的水一样,没有不与泥沙、风石混杂的水一样,以静坐洞察万象是缺乏依据的。颜元进而点出了理学家静坐与禅宗的内在联系,皆是让人进入"半日达摩"的状态。主动与主静是颜元与理学家的分水岭所在。颜元认为专习静功培养出来的是一批身体病弱、精神萎惰的书生,会给社会带来无穷的灾难。"但到三十上下,耗气劳心书房中,萎惰人精神,使筋骨疲软,天下无不弱之书生,无不病之书生……千古儒道之祸,生民之祸,未有甚于此者也。"②颜元强调,"主静"教育不仅使学生难以知道客观事物的真相(洞照万象),反而带来"镜花水月"般的具有宗教意味的神秘心理体验。

造成习静教育的另一因素,是理学家的主敬功夫。颜元认为这种功夫是有害的:

> 吾尝言"宋儒主敬而废六艺,是假儒门,虚字面,做释氏实功夫",不知释氏亦讲"敬以直内"也。③

"敬"是自我体验的涵养方法,即专心一意于心中之理,不能有丝毫松懈和怠慢。朱熹称之为"圣门之纲领,存养之要法"④。朱熹对"敬"如此重视,在于它是主体进行自我改造、消除罪恶人欲的根本方法:"敬则天理常明,自然人欲惩窒消治。"⑤"主敬"与"主静"均以"无欲"为目标,本质上并无不同。在朱熹的修养功夫中,"静"和"敬"是统一的,都是涵养心性本原的功夫。

颜元指明,包括二程、朱熹在内的理学家们倡导的"敬以直内",同禅宗是相通的:

---

① 颜元:《颜元集·存人编》卷一,第129页。
② 颜元:《颜元集·朱子语类评》,第272页。
③ 颜元:《颜元集·朱子语类评》,第282页。
④ 朱熹:《朱子语类》卷一二。
⑤ 朱熹:《朱子语类》卷一一九。

如谓一室内主静敬,便足明天下理,而不必历练,是率天下而禅也。①

颜元认为"敬以直内"含有割断人们的意识与外界客观事物的联系之意。这与他以"六艺"为核心的事功之学是冲突的。颜元认为,人们要"明天下理",必须经过事上的"历练",要经历反复实践方能明理。理学家是离开事物做"主敬"功夫,是"率天下而禅"。向外与向内,是颜元与理学家的重要分歧所在。

习静教育形成的另一方面的原因是理学家在"性命之理"上的清谈:

仆妄谓性命之理不可讲也,虽讲,人亦不能听也;虽听,人亦不能醒也;虽醒,人亦不能行也。所可得而共讲之,共醒之,共行之者,性命之作用,如《诗》《书》、六艺而已。即《诗》《书》、六艺,亦非徒列坐讲听,要惟一讲即教习,习至难处来问,方再与讲。讲之功有限,习之功无已。孔子惟与其弟子今日习礼,明日习射。间有可与言性命者,亦因其自悟已深,方与言。盖性命,非可言传也。②

颜元认为,教师对学生讲授的内容应该是与具体事物相关的"六艺",而不是抽象的"性命之理"。"六艺"讲了后一定要去"习行",待"习行"中发现困难方能再次讲授。"性命之理"只能是学生从内心去体验,无法由教师讲解。如果学生对"六艺"精通的话,自己也能体悟出内中某些与"性命之理"相关的道理来。讲授"性命之理",在颜元看来,是难以取得实际效果的。获得"性命之理"的最好办法是"习行"。颜元认为,孔子很少谈论"性与天道"的缘由就在于此。

总而言之,习静教育弊端重重。静坐使人身体衰弱、精神萎靡,起不到去除杂念之用,却有祸害天下生民之实;主敬让人目光向内、厌事败事,杜绝客观事物和环境与人之间的联系;清谈心性,令人轻视实学、追求玄虚,忘却"习行"的意义与价值。废弃事业,败坏习俗,贻祸家国,就是习静教育的恶果:

为爱静空谈之学,久必至厌事,厌事必至废事,遇事即茫然,贤豪不

---

① 颜元:《颜元集·颜习斋先生言行录》卷下,第688页。
② 颜元:《颜元集·存学编》卷一,第41页。

免,况常人乎? 余尝言误人才,败天下事者,宋人之学。不其信夫![1]

颜元34岁前迷恋静坐以求获得正觉。旁人讥笑他也不动摇,有时宁愿耽误读书也要去静坐,去希求"孔颜乐处"。但在思想转变后,他现身说法,揭露静坐在追求"正觉"时的虚妄,认为静坐是缺乏客观依据的。

颜元认为宋、明的理学教育是集了汉代训诂、魏晋清谈、唐代禅学与乡愿之大成的教育:

> 宋、明之训诂,视汉不益浮而虚乎? 宋、明之清谈,视晋不益文而册乎? 宋、明之禅宗,视释、道不益附以经书,冒儒旨乎? 宋、明之乡原,视孔、孟时不益众悦,益自是,"不可入尧、舜之道"乎?[2]

在颜元心目中,理学家那套训诂,比汉儒更为飘浮不实;理学家的清谈,较魏晋有过之而无不及,晋人只留下了《世说新语》,宋明理学家却留下了大量的著作与语录;理学家禅悦之风盛行,又喜道教,把佛、道的思想塞进经书的注释中,形成"儒名释实"的格局;尤为可恶的是,理学家培养出来的人多是乡愿。这与"尧舜之道"相差何其远矣!

二、对书本教育的批评

书本教育是指集训诂、诗文、制艺大成于一体的教育,其主要特征是读书与讲书。颜元认为执著读书有害于身心健康,造成书生的文弱多病。他说:

> 既废艺学,则其理会道理、诚意正心者,必用静坐读书之功,且非猝时所能奏效。及其壮衰,已养成娇脆之体矣,乌能劳筋骨、费气力,作六艺事哉? 吾尝目击而身尝之,知其为害之巨也。吾友张石卿,博极群书,自谓秦汉以降二千年书史,殆无遗览。为诸少年发书义,至力竭偃息床上,喘息

---

① 李塨:《颜习斋先生年谱》,载颜元:《颜元集》,第776页。
② 颜元:《颜元集·习斋记余》卷九《夫子志乱而治之滞而起之》,第557页。

久之,复起讲,力竭复偃息,可谓劳之甚矣。不惟有伤于己,卒未见成起一才。①

颜元认为士人不究心于"六艺",他们领会道理时就会在静坐读书上用功。这会对身心健康带来灾难。颜元好友刁蒙吉致力于读书,昼诵夜思不息,结果是遗精痰嗽无虚日。将死之前三个月,已出言无声;其好友张石卿,是对颜元人性论的形成影响颇深的学者,览尽史书并编成讲义,因讲学辛劳过度而力竭。历史上自成一家之言的思想家,都有发愤勤读的经历,颜元也不例外,他早年勤学苦读,并以此作为人生的精神支柱。颜元对学生说:"某平生无过人处,只好看书,忧愁非书不释,忿怒非书不解,精神非书不振。夜读不能罢,每先熄烛,始释卷就寝。汝等求之,但得意趣,必有手舞足蹈而不能已者,非人之所能为也。"②颜元认为,自己的长处就是喜欢读书,读书可以解愁、消怒,能够提振人的精神,一旦知晓书中"意趣",有了自己独特体会后,就会手舞足蹈一番。但颜元认为,如果人一味执著于读书而不去"习行",必定会损伤身体。

颜元指责朱熹是带领人们陷入"故纸堆"的罪魁祸首:

千余年来率天下入故纸堆中,耗尽身心气力,作弱人、病人、无用人者,皆晦庵为之。③

朱熹对于读书确实是到了痴迷的地步,他把读书当作人的精神支柱。而颜元不以为然,断言这是叫人服毒药,"但入朱门者便服其砒霜",他自称是服砒霜的受害者:"仆亦吞砒人也,耗竭心思气力,深受其害。"④颜元反对静坐读书有许多理由:一是不符合他的功利论,静坐读书没有产生有益于国计民生的社会效果。二是败坏人才,造就不关心世事的无用老学究。以"事功"为宗旨的学者认为,只有用心治世、对社会难题出谋划策、从事救国方略等这些实际工作才是有价值的,颜元也不例外。三是他希望废除科举制度,反对以"程注""朱

① 颜元:《颜元集·存学编》卷三,第72—73页。
② 颜元:《颜元集·颜习斋先生言行录》卷上,第627页。
③ 颜元:《颜元集·朱子语类评》,第251页。
④ 颜元:《颜元集·朱子语类评》,第249页。

注"之书为开科取士的钦定经典。颜元批评科举制度,进而指责社会上死读书的风气,有其正确之处。

颜元由此提出不要学生"多读书"的主张却有它的片面性。颜元说:

> 近年来但见有才器,便戒勿多读书,尤戒人观宋人《语录》《性理》等。①

"宋人《语录》《性理》"之类著作中有许多存理灭欲的禁欲主义说教,更不乏维护封建伦理与等级制度、权威主义的言论,但也不能因噎废食,把它说得一无是处。把《朱子语类》说成是"砒霜",那是走向了极端。《朱子语类》第二卷是朱熹和他的学生讨论自然现象及其规律。如果朱熹对自然界不感兴趣,他的学生是不会把天文历法、天体运行、气象变化、潮水涨退等内容记录下来的。可知颜元笼统地排斥朱熹之学也有不确的地方。颜元在教育实践中十分注意与理学家相区别,哪怕是取名上也是动足了脑筋:

> 宋儒只是书生,故其学舍直曰"书院",厅事直曰"讲堂",全不以习行经济为事。故刚主谓余"漳南书院宜仍名'习斋',堂匾宜去'讲'字",予则有苦心也。②

对文人、学者来说,一个书斋的名号,一个学校的名称,往往是他们个人志向、学术宗旨的集中体现。短短几个字浓缩了他们所主张的,也包含了他们所厌恶的。这就是颜元所说的用心良苦。

崇尚讲说而轻视习行的书本教育,颜元认为对国计民生一无好处:

> 自汉唐诸儒传经讲诵,宋之周、程、张、朱、陆,遂群起角立,亟亟焉以讲学为事……然世道之为叔季自若也,生民之不治自若也,礼乐之不兴自若也,异端之日昌而日炽自若也。③

---

① 颜元:《颜元集·朱子语类评》,第249页。
② 颜元:《颜元集·朱子语类评》,第257页。
③ 颜元:《颜元集·存学编》卷一,第41页。

讲学之风起于汉代,经唐代形成书院雏形后,至宋时达全盛。宋时书院林立,应天、岳麓、睢阳、石鼓四大书院名闻天下。理学借助书院得到发展和传播,书院因理学兴盛而呈现出兴旺气象。颜元对明代繁荣的讲学活动也持批判态度,断言它只能使世道日衰、生民不治、礼乐不兴、异端日炽。做学问应该有助于治道、有补于世用,这是颜元出于功利论所作的价值判断。他认为,宋明理学家或蛰居书斋,或讲学书院,其误国害政已非一日。宋儒中讲学最勤奋的首推朱子,朱子这种以讲学为事业的责任心,在教学活动中是难能可贵的,但颜元却予以痛诋:"可惜先生苦心苦功,此半幅述之悉矣。试问如孔门七十子者,成就几人,天下被治平者几世? 明行吾道而异端顿熄者几分?"①颜元认为师生应以"习行"为主,以讲读为辅,用于"习行"的时间,在比例上理应超过花在讲读上的时间,"用力于讲读者一二,加功于习行者八九,则生民幸甚! 吾道幸甚!"②颜元并不轻视书本知识的学习,这从他主持漳南书院时所设置的众多科目可看出。他强调的是学生通过"习行"去掌握经世致用的本领,反对那种浮慕博雅而去追求无用的知识的学风。

站在教育发展的立场上看,颜元的批评过于偏激。颜元说:"读书愈多愈惑,审事机愈无识,辨经济愈无力。"③书本是知识的载体,不只是白纸黑字;书本是潜在的生命,不只是呆死的纸张。过去的已经沉默,前人的著作还在用无声的语言在说话。能够流传千古的书本,是人类文化的精髓所在。讲学活动,使现今人们与以往文化传统建立了联系,同时让人们呼吸到现实的清新气息。宋明时期的讲学活动,形成了诸如讲会的制度。它提倡以自我研究为主,以师友砥砺为辅。老师向学生讲学,不是满堂灌,而是取启发式,起到举一反三之效。平心而论,讲学活动在中国教育思想史上具有相当重要的地位,不仅对教育事业而且对中国思想史的发展起了重大的促进作用。颜元对宋明理学教育的批判,有它正确的方面,也有不当之处。

---

① 颜元:《颜元集·存学编》卷三,第 75 页
② 颜元:《颜元集·存学编》卷一,第 42 页。
③ 颜元:《颜元集·朱子语类评》,第 252 页。

第二节　习动与习行的教育方法

指明了习静教育与书本教育的诸多弊端后,颜元提出了习动和习行的教育方法。习行和习动在本质上是一致的,只是论述的层次不同。颜元指出,习动于个人和国家均有莫大的益处。他说:

> 吾辈若复孔门之学,习礼则周旋跪拜,习乐则文舞、武舞,习御则挽强、把辔,活血脉,壮筋骨,"利用"也,"正德"也,而实所以"厚生"矣。①
>
> 吾尝言一身动则一身强,一家动则一家强,一国动则一国强,天下动则天下强,益自信其考前圣而不谬矣,后圣而不惑矣。②

就个人而言,习动使人身体健康,筋骨强壮。习礼中的人体动作,习乐中舞蹈的演习,武术、御马、习射的军事活动等等均能收到强壮身体的效用。这是颜元一贯倡导的"利用""正德""厚生"的"尧舜三事"在教育领域的应用。推而广之,家庭、国家乃至于整个天下,按照习动的要求去做,必会收到强家、强国、强天下的实效。

习动的教育方法,就是要求学生主动地去寻事情去做,并在做事过程中提高自身的精神素养。颜元说:

> 养身莫善于习动,夙兴夜寐,振起精神,寻事去作,行之有常,并不困疲,日益精壮;但说静息将养,便日就惰弱。③

习动不仅能增进身体健康,而且能让人的精神保持旺盛状态。用力于实际事务有去掉杂念的功效:"吾用力农事,不遑食寝,邪妄之念,亦自不起。"④这是颜

---

① 颜元:《颜元集·颜习斋先生言行录》卷下,第 648 页。
② 颜元:《颜元集·颜习斋先生言行录》卷下,第 669 页。
③ 颜元:《颜元集·颜习斋先生言行录》卷下,第 635 页。
④ 颜元:《颜元集·颜习斋先生言行录》卷上,第 624 页。

元长期务农后思想上提升的结果。在持久的农事生活中，他一直和客观的自然界有着密切的接触。这使他形成一个坚定的信念，那就是学习的过程应该是动态的，而不是静止的。

习行教育法，整体上是"学"与"行"反复互动的教育法。颜元说：

> 孔子开章第一句，道尽学宗。思过、读过，总不如学过。一学便住也终殆，不如习过。习三两次，终不与我为一，总不如时习方能有得。①

《论语》开章第一句是"学而时习之，不亦乐乎"，是说在不断地温习中感受学习带给人们的快乐。颜元在他的著作中，一再引用此话，而其对"时习"的理解，与孔子原意有不同。颜元把学习分成四种情况，即"思""读""学""习"。"思"与"读"不如"学"，"学"又不及"习"。要真正牢固把握客观事物的知识，只经过了几次"习"是不行的，"终不与我为一"。唯一的办法是不断地"习行"，即"时习"才能得到真正的知识。读书也是如此："四书、诸经、群史、百氏之书所载者，原是穷理之文，处事之道。然但以读经史、订群书为穷理处事以求道之功，则相隔千里。然但以读经史、订群书为即穷理处事，曰道在是焉，则相隔万里矣。"②颜元认为，读儒家经典、历史书籍、百家著作，是告诉人们穷究事物之理、处理世间事务的指导原则。但读者若以为这些书中讲论的原则就是"求道之功""道在是焉"，那就谬误了。颜元认为，专门讲论书本而不去"习行"是徒劳无益的。为指导"习行"而讲理论上的知识是需要的，但经过初步讲论后，应该立刻"习行"。"习行"再遇到困难，再讲解理论，又回去"习行"。两者相较，颜元强调"习行"的分量更重，讲论的功夫要少得多。表面上看，颜元似乎也注重理性认识与感性经验的结合，实际上颜元有着唯经验论的倾向，更多的是强调感性经验的主导地位。

颜元论说的弊端表现在轻视理性，贬低人的思维理解能力上：

> 万初问明理之学。先生曰："治世之民愚，愚正其智也。乱世之民智，

---

① 颜元：《颜元集·颜习斋先生言行录》卷下，第 668 页。
② 颜元：《颜元集·存学编》卷三，第 78 页。

智正其愚也。三代之士，习行以为事，日用而不知，功绩备举。近之儒，思讲以名学，洞悉而大明，精粗俱废，自以为操存明理，无不知无不能也，而实一无知能焉，可哀也。"①

依颜元之见，三代盛世中民众愚昧得很，只知道"习行"，而不懂得其中的道理。百姓"日用而不知"，看上去很愚蠢，实际上却是智慧的象征。乱世社会中，民众智力大有长进，个个都懂得许多道理，却是愚蠢的体现。其结果是社会并没有进步，而是百事俱废。依照颜元的见解，社会中人们的理性意识愈是发达，这个社会就愈没有希望。颜元对民众思维理解能力是极度轻蔑的，甚至认为对民众应采取愚民政策，反而会形成"愚正其智"的局面。颜元的教育方法也有糟粕，就是轻视理性在人的认识过程中的积极因素。"习行"固然是进行学习的重要方法之一，但不能以偏概全。无论在教育活动中，还是学习活动中，讲解、理性思维均具有其他方法不可替代的功能。人们在学习的起始阶段，也许会更多地依赖于实物，借助于感性认识。而在学习的更高阶段，理解能力与理性思维就显得更为重要了，尤其是寻求事物内部联系与客观规律时，概念、判断、推理、想象、分析、综合等理性思维的手段是不可少的。而且至今为止，有一些学科的研究，尚未进入人类能够"习行"的地步。如颜元所讲及的天文学、地理学等领域，人类上天入地的手段还有限得很。我们在注意颜元教育方法的合理因素时，还应当充分认识到其中所包含的非理性主义的成分。

第三节　因材施教

颜元教育方法的另一突出之处是因材施教。在他的人性论里，颜元主张人性"惟其同一善，故曰近"，又说"惟其有差等，故曰不同"，实际上是说人是共性与个性的统一体。言人性皆善是说相同处，但不否认人的禀赋有一定程度的不同。他说：

---

① 颜元：《颜元集·颜习斋先生言行录》卷下，第 694 页。

> 人之质性各异,当就其质性之所近、心志之所愿、才力之所能以为学,则易成圣贤,而无龃龉扞格终身不就之患。……人之质性近夷者,自宜学夷;近惠者,自宜学惠。今变化气质之说,是必平丘陵以为川泽,变川泽以为丘陵也,不亦愚乎?①

学生的素质、性格、志趣、才力各不相同,颜元认为应当分别对待,因材施教,在承认个性差异的前提下,顺其自然,就容易造就"圣贤"(人才)。造就人才,重要的是破除束缚,去掉阻碍他们自由发展的那种整齐划一的做法。理学家"变化气质"的做法是愚蠢的,如同把丘陵铲平变成河流、沼泽一样。颜元高度重视人的个性:"吾性所自有,吾气质所自有,皆天之赋我。无论清、厚、浊、薄、半清、半厚,皆扩而充之,以尽吾本有之性,尽吾气质之能,则圣贤矣,非变化其本然也!"②在他看来,人的个性差异并不妨碍他们成为人才。各色各样人才的造就,须顺应他们"本有之性",让每个人"自在""自有"的本性有充分发展的机会。

颜元强调"本有之性"的"扩而充之",但又重视人后天主观能动性的发挥:

> 人赋性质愚,耕田凿井,勤力养家,无负于天矣,亦无负于亲矣。赋性聪秀,不能出众自强,以才德见于世,如天之生我何? 如亲之育我何? 故下之为秀民,中之为豪杰,上之为圣贤,在乎人自为耳。③

颜元认同人的赋性有"质愚"与"聪秀"的差异。"质愚"的人自强不息,做一个能够养家糊口、无负于亲的"秀民"即可。而颜元更强调的是,人要通过"自为",即自身的努力,以"才德见于世"。"自为"程度的不同,造就了"秀民""豪杰"与"圣贤"的区别。人的天赋固然是一个条件,而发挥主观能动性是人的才能与德性得以"出众"的更为重要的条件。既要依据各人的天赋条件,但又充分重视人的后天努力去进行因材施教,是颜元长期教育实践积累后的理论提升。他认为学习次序有先后,应根据不同年龄教授不同的内容:"将艺之小者,

---

① 颜元:《颜元集·四书正误》卷六,第 230 页。
② 颜元:《颜元集·颜习斋先生言行录》卷下,第 664 页。
③ 颜元:《颜元集·颜习斋先生言行录》卷下,第 672 页。

令子弟幼者习之；艺之大者，令子弟之长者习之。"①他的学生钟錂写道："錂见先生教幼童数也，语之九数不令知有因法，九数熟而后进之因，因法熟方令知有乘，乘法熟方令知有归除。教礼教乐亦然。所谓'盈科后进'也，所谓'循循善诱'也。"②颜元的因材施教是他"习行"思想在教育领域的体现，清人尹会一《健余札记》卷三翔实地记载了这方面的情况："颜习斋先生殁后，迄今四十余年矣。一二言理学者，犹乐道闻。闻其偶入乡塾，与幼童讲诱、掖、奖、劝四字，云：'如教小儿学步，诱者；张开步也，掖者；奖者，奖其能行走也；劝者，劝其嗣后照此行走也。'比方甚明，即可想见先生之诲人矣。"这不见于《颜元集》中，却说明了颜元的因材施教法被贯彻到了幼儿教育领域之中，也说明颜元的教育思想在他生活的河北地区影响之深远。

　　因材施教的观念是颜元的平等思想在教育思想中的反映。这与近代思想先驱龚自珍的个性解放思想极为相似。"我劝天公重抖擞，不拘一格降人材"，这是龚自珍的名言，而在其背后支撑它的是这样的见解："各因其性情之近，而人才成。"③颜元的见解并不逊于龚自珍，"就其质性之所近成圣贤"的观念同龚自珍的主张并无二致，只是颜元的表述比龚自珍更加古色古香而已。

第四节　"六艺之教"

　　颜元认为学术是人才之本，有实学才能出真才。在教育内容上，他反对经书训诂、八股帖括、静敬语录的"虚文"，主张代之以"三事""六府""三物""四教"的实学：

> 　　三事、六府，尧舜之道也。六德、六行、六艺，周、孔之学也。古者师是以教，弟子以是学，居以养德，出以辅政，朝廷以取士，百官以举职。六经之文，记此薄藉耳。④

---

① 颜元：《颜元集·存学篇》卷四，第97页。
② 颜元：《颜元集·颜习斋先生言行录》卷下，第676页。
③ 龚自珍：《龚自珍全集》卷五《与人笺五》，上海人民出版社1975年版，第338页。
④ 颜元：《颜元集·习斋记余》卷一《删补三字书序》，第401页。

依颜元之见,三代治世时学术、政治、教育是三位一体的。"三事""六府""六德""六行""六艺"等,既是学术的根源,又是教育的内容——教师所教、学生所学,也是政治的纲领。六经不过是记载古代圣道的文簿,不是圣道本身。"三事"中除"正德"有道德规范方面的内容外,其他为关系国计民生的学问。颜元谈及教育内容时,多半是指"三物"。他经常说的孔子"四教",即"文、行、忠、信",为"三物"所概括。颜元理解的孔子"四教"与"三物"名异而实同。"孔之'文'即周之'六艺','行'即周之'六行','忠信'即总括周之'六德'也。"①

颜元声称"三事""三物""四教"是古圣先贤的学术统绪,在尧、舜时为"三事",到周公时演化为"三物",孔子时则易为"四教",实质均是以事物为教。颜元认为《大学》一书得古圣真传,书中所讲的修身、齐家、治国、平天下无往而不是"正德""利用""厚生":

> 修身者,正身之德,利身之用,厚身之生;齐家者,正家之德,利家之用,厚家之生;推而错之治、平,出其修、齐者,与国、天下共之而已。②

颜元说,圣贤所传事物之教,学即所用,不在于记诵。做学问不在于解读经书,而在践行"三事""三物"。"三物"之中,颜元尤重"六艺":"学自六艺为要。"③"六艺"是教育内容的根本,"六德""六行"一定要通过"六艺"来体现。"先之以六艺,则所以为六行之材具,六德之妙用。艺行则行实,行实则德成矣。"④教育内容上技艺优于德行的这个安排,是颜元不同于理学的实质性差别所在,也是颜元教育思想的一大特色。

颜元指出,自二程以降,理学家在教育学生时,注重德性而轻视技艺。二程说:

> 致知,但知止于至善,为人子止于孝、为人父止于慈之类,不须外面。

① 颜元:《颜元集·朱子语类评》,第 281 页。
② 颜元:《颜元集·习斋记余》卷九《驳朱子分年试经史子集议》,第 564 页。
③ 颜元:《颜元集·颜习斋先生言行录》卷上,第 624 页。
④ 颜元:《颜元集·四书正误》卷三,第 194 页。

只务观物理,泛然正如游骑无所归也。①

　　问:"人有日诵万言,或妙绝技艺,此可学否?"曰:"不可……圣人与天地合德,日月合明,六尺之躯,能有多少技艺? 人有身,须用才,圣人忘己,更不论才也。"②

二程把"致知"的对象框定为孝、慈之类的道德意义上的善,认为人们不必去探究自然界的"物理"。如果向外"务观物理"的话,就会使人处于无归宿的状态中。在二程看来,天人合一的"圣人"才是人的理想所在。

　　陆九渊的主张与二程、朱熹类似,但说得干脆了当:

　　仁义忠信,乐善不倦,此等皆德行事,为尊为贵,为上为先。乐师辨乎声诗,祝史辨乎宗庙之礼,与凡射、御、书、数等事,皆艺也,为卑为贱,为下为后。③

"德行"与"六艺"的关系,是尊卑、贵贱、上下、先后的关系。技能的地位是低下的,这与颜元主张的"学自六艺为要"形成鲜明的对比。"礼"为行为准则、典章制度与仪礼仪式;"乐"包括诗歌、器乐和舞蹈;"射"指射箭;"御"指驾驶战车,是指基本军事技能。"书"和"数"即习字和算术,是学习一切文化知识的基础。其实"六艺"作为中国古代学校的主要教育内容,已包含有强烈的道德要求在内,如儒家的诗教、乐教、礼教等。④ 朱熹的"格物穷理"说,令他对自然现象的观察得出一些有意义的见解来。但与道德人伦相比,朱熹觉得对自然界的了解和人们制造器物的技艺毫无价值可言,理学的根本性质和价值判断决定了他对科学活动的鄙视态度:

---

① 程颢、程颐:《二程集·河南程氏遗书》卷七,第100页。
② 程颢、程颐:《二程集·河南程氏遗书》卷一八,第191页。
③ 陆九渊:《陆九渊集》卷一五《与陶赞仲》,第193页。
④ 即使与技艺有密切关联的射箭,儒家也不是要求准确性与穿透力,而是强调姿态是否合乎礼仪以观其德行。《礼记·射义》:"射者,进退周还必中礼。内志正,外体直,然后持弓审矢。固持弓审矢然后可以言中,此可以观德行矣。"

如今为此学而不穷天理、明人伦、讲圣言、通世故，乃兀然存心于一草一木、器用之间，此是何学问！如此而望有所得，是炊沙而欲成其饭也。①

朱熹认为，"穷天理，明人伦"是人生目标所在，也是"讲圣言"的终极追求，如果沉浸于"一草一木"（自然界）的考察与"器用之间"的研究（器物制造及其用途）绝对是算不了学问的。期望从"草木器皿"来求知，犹如烧沙子要得到米饭一样是完全不可能的。在理学家那里，技艺被看成是对德性修养毫无用处的东西。

颜元则反其道而行之，在价值判断上断言技艺比德行更重要，并声明以"六艺之学"教授生徒为己任，他说：

凡为吾徒者，当立志学礼、乐、射、御、书、数及兵、农、钱、谷、水、火、工、虞，予虽未能，愿共学焉。②

"六艺"中有技艺方面的内容，如诗歌的写作、器乐的演奏、书法的掌握、射箭的技巧、驾车的本领、数学的演算及其在制造器物中的具体工艺等等。这些都要求人们作"务观物理"的努力，其结果就是知识的获得。人的知识是对客观自然现象的认识与对事实秩序的把握，在以农业、手工业为主的古代社会里，知识的凝固与升华往往是以技艺的形式表现出来的。对技艺的看法，实质上是对古代社会的科学知识的价值判断。技艺是对古代各种生产技术的概括，是众多的劳动者、工匠通过生产实践发明创造出来的，是古代科学的摇篮，许多理论也是从技艺中总结归纳出来的。致力于技艺，合乎人的利益，是人们谋利求福的手段，又能培养人的理性力量和科学精神。颜元倡导"六艺之学"完全是从经世致用角度出发的，是托言经典倡导技能之学。他认为"六艺"之所以重要，是因为它用之于个体，有强健体魄、陶冶性情的功用；用之于世，有齐家、治国、平天下的实用效果。颜元要求学生研习的并不限于六艺，举凡兵、农、钱、谷、水、火、工、虞，天文、地理等一切对人生与社会切实有用的学问，他都主张研

---

① 朱熹：《朱文公文集》卷三九《答陈齐仲》。
② 李塨：《颜习斋先生年谱》，载颜元：《颜元集》，第 743 页。

习。《颜习斋先生年谱》35 岁条载:"八月,为王法乾书《农政要务》:耕耘、收获、辨土、酿粪以作区田、水利。"①有过农业生产经历的人们都知道,这短短 14 个字,内涵是相当丰富的,涵盖了土壤品性的辨别、有机肥料的制作以及如何在农田中施用、农作物的灌溉与庄稼的收割等。44 岁时,他还曾亲自御车载粪。长期务农的实际活动,不仅使他认识到懂得技艺对人的生存所具有的价值,更使他认清了客观世界的真实性和生产实践对社会的意义。

在颜元的教育课程中,最重要的学科是"礼",颜元平日习礼也最勤苦。31 岁时,他"书一岁常仪功于日记首"②。"常仪功"即每日或定期举行的礼仪,往后有所增订,为他教育学生的重要内容。他每日讲学,必与诸弟子行相见礼,见长者必行礼,对妻妾以礼相待以示不欺暗室,越礼之事记于日记,以示心灵上的自责。颜元的"礼",主要是狭义的"礼",他习行古代的冠、婚、丧、燕居、士相见礼等。③ 习"礼"是他教育学生的主要科目:

> 某欲其子从学托人言于先生。先生曰:"吾之所学者礼,其子从吾游,则其家必设祠堂,家长率家众朔望为礼,子必拜父,孙必拜祖,度能之则来。"人曰:"但学中尽职可耳,何须虚礼为?"先生曰:"不然。世有抗命废职之子妇,皆因废礼故也。"④

这是颜元在社会上享有声名后的事情。颜元坚持拜他为师有个前提,即家中得立祠堂,以期有习"礼"的基本条件,学"礼"是成为他学生的先决条件。不过当时人们以为,"礼"是虚伪做作的一套仪式,颜元不同意这一说法。在李塨所作的《颜习斋先生年谱》中连篇累牍的是关于颜元习行礼仪的记载。试看 55 岁所记的习"礼"情况:"凡祭神用今仪,通三献,诣位读祝,共十二拜。……春祭祖考,秋祭考,俱大齐。季秋特祭孔子,孟春祀户,孟夏祀灶,季夏祀中霤,孟

---

① 李塨:《颜习斋先生年谱》,载颜元:《颜元集》,第 727 页。
② 李塨:《颜习斋先生年谱》,载颜元:《颜元集》,第 720 页。
③ 自西汉儒家被确立为正统思想以后,"礼"一般涵盖广、狭二义。广义的"礼"是指等级制度和伦理道德。纲常名教、礼教,为广义的"礼"的习用语。这里含有封建等级制度和政治原则,也有以忠孝为核心的道德原则与以仁、义、礼、智、信为具体条目的道德规范。狭义的"礼"仅指仪式,如冠礼(成年礼),还有婚、丧、祭、宴等礼仪及其他交往仪式。
④ 颜元:《颜元集·颜习斋先生言行录》卷下,第 631 页。

秋祀门,孟冬祀水,俱中齐。清明、十月朔,从族众祭祖墓,亦中齐,皆用成仪。凡朔望、节令、亲忌日、已生日及祭外亲友,或同老幼祭分派族人墓,俱小齐,用减仪。"①在此前后还有很多类似的记载,不再复述。照此计算,大约三五天,颜元就有一个重要的祭礼。那些繁文缛节,细大不捐,但在颜元心目中都是大问题。他认为,习"礼"涉及天下、家国的兴衰治乱。他觉得习"礼"对人有活络血脉、强壮筋骨、却病延年、涵养德性的益处:"孔门习行礼、乐、射、御之学,健人筋骨,和人血气,调人情性,长人仁义。一时学行,受一时之福;一日习行,受一日之福;一人体之,锡福一人;一家体之,锡福一家;一国、天下皆然。"②应当说,繁文缛节是要求人们的肢体做很多动作的,因而经常习"礼"对人的身心健康有一定的益处。这一说法有一定的道理,但必须考虑到狭义的"礼"与广义的"礼"之间并非截然割裂。狭义的"礼"是叫人明白人与人之间有着上下、尊卑、长幼、夫妇之别,也就是让人从仪式中知晓封建伦常与等级秩序。一如《礼记·大传》中所说的:"亲亲也,尊尊也,长长也,男女有别,此其不可得与民变革者也。"儒家认为这些永远不能变动的差别,就是礼教所要求于人们的东西。颜元对程朱理学的抨击不为当局所喜欢,但他拥护礼教的主张为统治者所认同。尽管颜元有许多出格的议论,但他没有像李贽那样受到统治者的迫害,其学说也为清廷所容忍,原因就在这里。颜元对"礼"的践履花去了其一生大半的精力。这与国计民生实在是风马牛不相及,也同他以"事功为首"的学术宗旨无内在关联。这是颜元教育思想中陈旧、落后的地方。

颜元也很重视学"乐"。他16岁时喜俗乐,37岁时从王法乾学琴,其后复从张函白学琴,到晚年复学吹箫。他认为音乐有涵养德性、陶冶性情的功用。颜元继承了《乐记》"致乐以治心"的主张。《乐记》认为,"礼"的作用是从外部规范人们的行为,而"乐"的作用在于"治心",也就是影响人们的情感,唤起人们向善的情感。颜元在48岁那年,鼓琴时招来了一只小蝎子,就用足踢开。这时他自己反思道:

思舜作乐致凤仪,予弹琴而召蝎。盖予有暴躁之气,正如方启蛰之小

① 李塨:《颜习斋先生年谱》,载颜元:《颜元集》,第762页。
② 颜元:《颜元集·颜习斋先生言行录》卷下,第693页。

蝎,近阴气而少阳和,宜取为戒。乃更为舒徐和缓之韵,三弄而罢。①

舜演奏乐器致凤凰来舞。这是一个传说,但对有圣人崇拜观念的颜元来说,他不得不思忖为何自己与圣人演奏效果有这么大的区别。颜元思忖自己有"暴躁之气",因而易为"舒徐和缓之韵",以求达到"阳和"的境界。正是习乐对于调理性情的妙用,故颜元每逢四、九日,均令其弟子歌诗习乐,同时主张在学校中设立"乐律"特科。

"射"与"骑"是军事活动中的技艺,颜元把它们作为教育内容之一,同他文武结合的主张密切相关。颜元认为:

> 使人人能兵,天下必有易动之势;人人礼乐,则中国必有易弱之忧。惟凡礼必射,奏乐必舞,使家有弓矢,人能干戈,成文治之美,而具武治之实。无事时雍容揖让,化民悍劫之气;一旦有事,坐作击刺,素习战胜之能。②

这与他反对静坐读书的主张相一致。颜元是个身体力行的思想家,自青年时代起他就习射,射术很高明。颜元要求学生每逢五、十习射。至于"御"并不是驾驭战车,而是骑马。他的骑术也很高明。37岁时,数人骑马并行,其中一人坠马,众人惊慌失措,唯独颜元驾驭自如。55岁时,他曾学习在马上舞双刀。57岁时,颜元至商水,"以'吴名士'刺,拜李子青木天,与言经济,木天是之。先生佩一短刀,木天问曰:'君善此耶?'先生谢不敏。木天曰:'君愿学之,当先拳法,拳法武艺之本也。'时酒酣,月下解衣,为先生演诸家拳法,先生笑曰:'如此可与君一试。'乃折竹为刀对舞,不数合,击中其腕"③。李子青是武术名家,喜欢经世之学。颜元与他交谈的是"经济"之事,颜元的器识令李子青折服。但李子青好胜,想以武术取胜来挽回面子,结果被颜元用竹子点到,象征性地击中他的手腕。如不长期习武,单凭颜元少年时学到的一些武功,要想取胜是万

---

① 颜元:《颜元集·颜习斋先生言行录》卷上,第652页。
② 颜元:《颜元集·颜习斋先生言行录》卷上,第638页。
③ 李塨:《颜习斋先生年谱》,载颜元:《颜元集》,第772页。

万不能的。在主讲漳南书院时,他以骑马、举石等活动为教育内容之一。

颜元亦爱书法,19 岁时,其师贾珍命他书对联悬之学塾中堂,可见其书法是不差的。颜元 35 岁时,始学数学。他向吕文辅求教天文六壬之数。除研习"六艺"外,颜元还对漳南书院所设置的学科,如兵、农、钱、谷、水、天文等都有过相当的钻研,前已论及,此不赘。

颜元所倡导的艺能之学,他并不是样样皆精,但在当时崇道贱艺的社会习俗流行情况下,颜元这些教育思想是难能可贵的。从这种教育思想出发,颜元在 62 岁主持漳南书院时,进行了教育内容方面的改革尝试:

> 议书院规模,建正厅三间,曰"习讲堂"。东第一斋西向,榜曰"文事",课礼、乐、书、数、天文、地理等科。西第一斋东向,榜曰"武备",课黄帝、太公及孙吴诸子兵法,政守、营阵、陆水诸战法,并射御、技击等科。东第二斋西向,曰"经史",课十三经、历代史、诰制、章奏、诗文等科。西第二斋东向,曰"艺能",课水学、火学、工学、象数等科。……门内东直曰"理学斋",课静坐,编著程、朱、陆、王之学;直西曰"帖括斋",课八比举业,皆北向,以应时制,且渐引之也。①
>
> 书"习讲堂"联云:"聊存孔绪励习行,脱去乡愿、禅宗、训诂、帖括之套;恭体天心学经济,斡旋人才、政事、道统、气数之机。"②

书院还设有"理学斋"与"帖括斋",编写程、朱、陆、王之学的教材,讲解八股文。后书院遭水灾淹没,仅存在了四个月。颜元设此二斋,无非是应景罢了。在书院中,颜元和学生一起讨论兵农合一,辩论古今大事,一起习礼、歌诗,研讨书法与数学,并举石担与打拳。这些体现了颜元德、智、体全面培养的教育思想。漳南书院里教育内容的设置,已略具现代学校的雏形,在当时极具创造性。与传统教育相比,颜元的教育内容具有以下两个明显的特点:一是注重文武结合,与他一贯反对静坐读书的主张相一致;二是特别重视技艺方面的教育,重视培养学生的实际能力。

---

① 李塨:《颜习斋先生年谱》,载颜元:《颜元集》,第 777—778 页。
② 李塨:《颜习斋先生年谱》,载颜元:《颜元集》,第 778 页。

颜元希望创造一个"国富兵强,民安物阜"的社会,他认为这种情况的出现有待于教育内容的变革,造就出有用的"转世"人才,并使气运"返文于实"。他的古香古色的语言中蕴含着新的理论趋向,如他所提倡的火学、工学等,古来皆不立于学宫,这大概是受了西洋近代文明的影响。明末,西学东渐,方以智所著的《物理小识》、徐光启编译的《农政全书》,是学者们接受西学的实况,且这种新风气遂为当时的士人所认同。颜元的好友杨计公,"知兵,能技击,精西洋教学"①。由此推知,颜元对于书院制度的改革,大约也受了西洋近代科学的影响。

第五节　崇圣情结与培养目标

一、"学为圣人"的文化渊源

论述颜元的培养目标时,不能不考虑他的崇圣情结。颜元认为无真才实学的书生充塞天下的局面不能再继续下去了,教育应以"学为圣人"为培养目标。

"举人才"是颜元"安天下"的主心骨。颜元认为教育应受到特别重视,不可等闲视之:

> 近世概以闲署目教职,某深为司铎者耻之。昔人言本原之地在朝廷,吾则以为本原之地在学校。朝廷,政事之本也。学校,人才之本也。无人才则无政事矣。令天下之学校皆实才实德之士,则他日列之朝廷者皆经济臣,虽有不愿治之君相,谁与虚尊虚贵,作无事人、浮文人、般乐人者。令天下之学校皆无才无德之士,则他日列之朝廷者皆庸碌臣,虽有愿治之君相,谁与为养民、教民,作办艰危、兴礼乐、定成平事者。故教职最闲,实最

---

① 李塨:《颜习斋先生年谱》,载颜元:《颜元集》,第 747 页。

要也。①

以往的人们，认为"本原之地"是在朝廷中，是在贯彻当权者意志的行政机构里；颜元没有附和旧说，突出了"本原之地"在学校的主张。在"本原之地"的选择中，颜元以学校替代朝廷。颜元认为，学校是整个社会中最重要的部门。即使皇帝与宰相不想把天下治理好，但学校里皆是"实才实德之士"，培养出来的都是"经济臣"，还有谁愿意去做"无事人""浮文人"，谁愿意去羡慕"虚尊虚贵"的名声！反之，学校里都是"无才无德之士"，皇帝与宰相都想把天下治理好，结果是没有能为国家"作办艰危"事情的人。颜元对学校职能的定位，已经超越了学校的主要功能是培养人才的传统见解，他断言学校有左右整个社会治乱的作用，是关系天下能否治理好的关键。这与黄宗羲的"公其是非于学校"的主张，有异曲同工之妙。学官一般被认为是清闲的职位，颜元认为这是社会轻视教育的错误观点的产物，"教职"表面上看来最清闲，但其实质上是最重要的。

颜元教育学生要立志成为圣人。这与他一生中浓重的圣人崇拜心态相关：

学者，学为圣人也。②

人须知圣是我做得。不能作圣，不敢作圣，皆无志也。③

在颜元著作中，"圣道""圣门""圣教""圣绪"等带有"圣"字的词汇，随处可见。尧、舜以至于孔、孟这些历史上的圣人，是颜元心慕身追的理想人格，是他一生憧憬的对象。颜元的崇圣情结极为浓郁。圣人崇拜、天命崇拜与祖宗崇拜，是儒家文化，也是中国传统文化的三大崇拜。

圣人崇拜自古沿袭至今的原因，可从下列方面做简略的说明：第一，对圣人的崇拜，虽说起于孔子，但根本原因是社会期望出现一位伟大的人物，来结束诸侯的割据局面实现大一统。圣的原始意义是"闻声知情"，从耳闻的事物

---

① 颜元：《颜元集·习斋记余》卷一《送王允德教谕清苑序》，第 403—404 页。
② 颜元：《颜元集·颜习斋先生言行录》卷下，第 670 页。
③ 颜元：《颜元集·颜习斋先生言行录》卷下，第 668 页。

中知道内中的奥秘。聪明能干、多知明德的人就是圣人。儒家以仁义道德而尊圣,道家以自然无为而崇圣,墨家以事功原则而希圣,法家以苛法暴力而扬圣。出发点不同,但归宿却一致,即拯救黎民百姓于水深火热之中,结束分裂的战争状态,成为儒、道、墨、法各家的共识。诸子对圣贤的历史性呼唤终于得到了回应,威震六合的秦始皇,在他几次巡行中,都把自己和圣人等同起来。《史记·秦始皇本纪》中记载,"皇帝躬圣,既平天下"(二十八年泰山刻石),"大圣作始,建定法度"(二十九年芝罘刻石),尤为明显的是三十七年会稽刻石:"群臣诵功,本原事迹,追首高明,秦圣临国,始定刑石,显陈旧章。""大圣""秦圣",就是秦始皇,其意甚明。此后握有至高无上权力的封建帝王,就被普天下的臣民称作圣人了。①

第二,在中国古代历史上,雄踞首位的圣人是生前未曾走运的孔子。孔子被奉为仪范百世、师表万世的至圣先师。尊孔崇圣,有着封建帝王维护统治秩序的强烈政治意图在内,也与历代知识阶层持之以恒的崇拜相关。前者是行政权力的外在强制,后者是社会精英的内心自觉。各个时代中,不同学术文化领域中的杰出人物,均视孔子为圣人,并对之顶礼膜拜。司马迁把孔子列入世家,认为历史上众多的君主、贤人"时则荣,没则已",唯独布衣孔子不因时光流逝而失去为人们憧憬的光环,"自天子王侯,中国言六艺者折中于夫子,可谓至圣矣"②。这对确立孔子圣人的地位功绩甚大。之后,历代思想家、文人脑海中根深蒂固地存在着对孔子的崇拜。王阳明有"满街人都是圣人"之说,只要每个人把"良知"体认得明白即可:"自己良知原与圣人一般,若体认得自己良知明白,即圣人气象不在圣人在我矣。"③黄宗羲的《明儒学案》列了《北方王门学案》,记录了七位学者的生平与著作选辑。其中张弘山(1503—1578)是代表人物,他是山东荏平人,拜阳明再传弟子徐樾为师。他提出"圣吾无异"的观点:"圣人、吾人所以异处,只在学不学耳!圣人不是天生的,全是学成的。"④圣人与常人的差别,只在于"学不学"而已。颜元"学者,学为圣人"之说,是对秦汉

---

① 参见朱义禄:《从圣贤人格到全面发展》第2章,陕西人民出版社1992年版。
② 《史记·孔子世家》。
③ 王阳明:《王阳明全集》卷一《传习录上》,第59页。
④ 张弘山:《张弘山集》卷二《语录》,载穆孔晖、尤时熙等:《北方王门集》,邹建锋、李旭等编校,上海古籍出版社2017年版,第641页。

以降直至明代的圣人崇拜传统的承袭,其中不乏阳明心学的烙印。

第三,崇圣情结深入民间。在孔庙遍布全国各地的中国古代,孔子成了一棵庙食天下的参天大树;与数以千计的孔庙相比,更多的是读书人家中所供奉的难以计数的木牌。

第四,自先秦以降一直沿袭至近现代的"动欲为圣贤"的文化心态。20世纪初,著名学者章士钊说过一段发人深省的话:"中国人之思想,动欲为圣贤、为王者、为天吏、作君、作师,不肯自降其身,仅求为社会一分子,尽我一分子之义务。"① 严复于1898年揭示了国人主权意识的极度淡薄和对孔圣人的顶礼膜拜两者孰轻孰重的关系。② 这些论述表明圣人崇拜千古如斯地沁入了中华民族的心灵深处。颜元是一位以恢复孔孟之学正宗地位为使命的学者,其圣人崇拜的心理要比章士钊、严复所说的时人要浓重得多。颜元对自己憧憬过的对象,如周敦颐、朱熹等均以"真圣人"称之;对自己能够培养的学生,也以"学做圣人"为目标。

二、"圣庸同一"在"立志"与"工夫"

颜元主张"圣庸同一",与理学家圣人观有明显不同:

> 圣人亦人也,其口鼻耳目与人同,惟能立志用功,则与人异耳。故圣人是肯做工夫的庸人,庸人是不肯做工夫圣人。试观孔子是何等用功,今人孰肯如此做?③

理学家把"圣人"看作是与凡人对峙的神化人物,如前举二程所说,"圣人"是"与天地合德,日月合明"的,能体悟"天人合一"的境界。颜元认为圣庸同一,二者无本质上的不同,区别只在能否"立志用功"上。颜元从两个角度论证了

---

① 陈独秀:《独秀文存·调和论与旧道德》,安徽人民出版社1987年版,第565页。
② 严复在《保教余义》中说:"中国人之斤斤与外人相持,亦均以新法之有碍孔教为辞,若欲以国殉之者。旅顺、威海、胶州之割,关税、厘金、铁路、矿产之约,举国视之不甚措意。……独至春间,独逸营兵狼即墨孔庙之事,乃大哗愤。士夫固然,商贾行旅之徒,亦颇有汹汹。"(王栻主编:《严复集》第一册,中华书局1986年版,第84页)
③ 颜元:《颜元集·颜习斋先生言行录》卷上,第628页。

圣庸平等,一是从人的生理基础上说二者是平等的:"父母生成我此身,原与圣人之体同;天地赋与我此心,原与圣人之性同。"①二是从实现天赋上说二者是平等的。他强调每个人只要充分发挥它的天赋,完全可以成为圣贤:"只就各人身分,各人地位,全得各人资性,不失天赋善良,则随在皆尧、舜矣。如推货者不饰贾,不伪货;鞭役者不罔上,尽下分,斯皆尧、舜矣。"②学术界对颜元教育思想的研究,提及过"圣庸同一",但常常戛然而止。依我之见,这一主张是让平等意识的明媚春光照进了原先被神化了的领域。这与李贽、黄宗羲、顾炎武、傅山、唐甄等启蒙学者的平等思想是一脉相通的③,只是不像上列几位那样激烈,而且主要体现在政治领域。颜元的"圣庸同一"比较温和地体现在教育目标的培养上。"圣庸同一"并不是说人们不作主观上的努力就能成为圣人了,天赋的条件固然要有,但更看重的是后天的志气。

颜元认为,圣人是肯下"工夫"的"庸人",这个"工夫"不是别的,就是个人的意志。立志成圣是颜元教育学生时经常说的话:

> 凡在下而立心、立身、立家、立业,在上而立政、立功、立位、立社稷、立国邑,皆是。我欲成立,谁不想成立?便推欲立之心去立人。这达字便是"在家必达"、"在邦必达"、"赐也达"、"不成章不达"、达道、达德、达尊等达字。我欲通达,谁不想通达?便推欲达之心去达人。这一欲字,把千古帝王、百代圣贤、愚夫愚妇心事都通同无隔。这立、达两字,把帝典王道千百事功、千百政务、圣人一贯、成己成物千百作用都统括无遗。④

这不是解释《论语·雍也》中"己欲立而立人,己欲达而达人"的意义,纯粹是有着浓郁王学色彩的志向宣言书。王阳明"圣人在我"的主张说,"圣人"原本在自己心中,关键在于有没有立下成为圣人的志向:"志不立,天下无可成之事,虽百工技艺,未有不本于志者也……立志为圣,则圣矣;立志为贤,则贤矣。"⑤

---

① 颜元:《颜元集·颜习斋先生言行录》卷上,第 668 页。
② 颜元:《颜元集·颜习斋先生言行录》卷上,第 649 页。
③ 参见朱义禄:《逝去的启蒙——明清之际启蒙学者的文化心态》,第 84—94 页。
④ 颜元:《颜元集·四书正误》卷三,第 190—191 页。
⑤ 王阳明:《王阳明全集》卷二六《立志》,第 974 页。

颜元的"立""达"两字，及"圣人一贯""统括无遗"的话，是从王阳明那里衍生出来的。"立"就是立下志向，"达"就是达到目标。他教育学生要立下远大的志向，不只显现在个人身家上，更体现在为社会、国家建功立业上。自己怀有远大志向还不足以成就"千百事功"，要使他人也立下宏大的志向。

颜元最害怕的是，人没有立下远大的志向：

> 庸人苦无气，气能生志，学者患无志，志能生气。志气环相生，孟子志气之说，真体验语。①

意志具有选择与专一的双重品性，当人们一旦选择了某种理想人格作为追求目标时，专一的品性对人们行为的规定与支配具有决定性的意义："日夜专向一事用力，终身不倦者，乃是志。"②志又从哪里来呢？颜元举出孟子关于志气的主张作为根据。孟子说："夫志，气之帅也；气，体之充也。夫志至焉，气次焉，故曰：'持其志，无暴其气。'"意志是主宰，坚强的意志能使人浑身充满豪勇之气，同时"志"与"气"又相互影响，"志壹则动气，气壹则动志也"③。这就是颜元所说的，"气能生志""志能生气"的根据。这里的"气"不是客观存在着的一种物质，而是一种精神或心理状态，类似于今天所说的勇气。有了做圣人的勇气，才能立下远大的志向；反过来，坚持远大的志向，又会起到保持豪勇之气的作用。

能"立志用功"的人，就是胸怀经邦济世远大志向的人。颜元"学为圣人"的培养目标，是他"事功为首"的学术宗旨在教育领域里的映照：

> 人必能斡旋乾坤，利济苍生，方是圣贤。④
> 孔子与三千人习而行之，以济当世，是圣人本志本功。⑤

① 颜元：《颜元集·颜习斋先生言行录》卷下，第668页。
② 颜元：《颜元集·颜习斋先生言行录》卷下，第681页。
③ 《孟子·公孙丑上》。
④ 颜元：《颜元集·颜习斋先生言行录》卷下，第673页。
⑤ 颜元：《颜元集·四书正误》卷一，第157页。

他认为有"利济苍生"的责任感与能"斡旋乾坤"的人才无愧于"圣贤"的称号。以自己的学识去做有利于天下的实事是圣人固有的意志与应尽的义务。"圣人"这一理想人格的实现最后落实到事功上。他期望"有国者诚痛洗数代之陋,用奋帝王之猷,俾家有塾,党有庠,州有序,国有学。浮文是戒,实行是崇,使天下群知所向,则人才辈出,而大法行,而天下平矣"①。

颜元认为通才与专才皆为圣人。通才是能担当险重繁难大任的通儒,专才是精通某一方面的人才:

> 上下精粗皆尽力求全,是谓圣学之极致矣。不及此者,宁为一端一节之实,无为全体大用之虚。如六艺不能兼,终身只精一艺可也。②

"兼六艺"为通才,"精一艺"为专才。衡量专才的标准是对社会有用:"学须一件做成便有用,便是圣贤一流。试观虞廷五臣,只各专一事,终身不改,便是圣。"③这是因为治国安邦,各个领域中的事务繁多,而人的精力有限,颜元主张造就庞大的专门人才的队伍,使之分别掌管国家中的各项事务。"人于六艺,但能究心一二端,深之以讨论,重之以体验,使可见之施行,则如禹终身司空,弃终身教稼,皋终身专刑,契终身专教,而已皆成其圣矣。"④而某些综合性的领域,需要高级的通才总其成。他说:"禹之治水,非禹一身尽治天下之水,必天下士长于水学者分治之,而禹总其成;伯夷之司礼,非伯夷一身尽治于天下之礼,必天下士长于礼学者分司之,而伯夷掌其成。推于九官、群牧咸若是。"⑤在中国古代社会中,水利工程对农业生产有着关键性的影响。任何一个水利工程,涉及的面都非常广泛,因而既要有专才分而治之,也要有通才总揽其成。这里面有分工与统领、分析与综合的辩证关系在内。颜元举的例子很古老,但却包含任用专才与通才协调管理国家的道理在内。

圣人应具备什么样的素质呢?这集中体现在颜元所塑造的有着进取精

---

① 颜元:《颜元集·存治编》,第 109 页。
② 颜元:《颜元集·存学编》卷一,第 54 页。
③ 颜元:《颜元集·颜习斋先生言行录》卷下,第 667 页。
④ 颜元:《颜元集·颜习斋先生言行录》卷下,第 670 页。
⑤ 颜元:《颜元集·存学编》卷一,第 43 页。

神的"狂者"身上。相比于"向前铺张"的外露型的"狂者","狷者"不是锋芒
毕露的,而是"向里收敛"内缩型的。"狂者"的处世哲学勇往直前,"狷者"
却是"有所不为",即"好急流勇退"之人。在颜元心目中,这两种人都属于圣
贤一类,当然他更推崇的是"狂者"。"狂者"就是颜元真性情的写照,它意志
力强,魄力大。他期望自己的学生成为"狂者",因为"狂者"是担荷理想的最
好人选。颜元认为,教育的目的就是培养"狂者"这样经世致用、担荷圣道、
转移风气的"转世之人"。颜元的培养目标很清晰,就是培养能够"为生民造
命"的经世致用的人才。"儒者学为君相百职,为生民造命,为气运主机者
也。……但习行一德、一行、一艺,皆大人学、君子儒也。儒之处也惟习
行……儒之出也惟经济。"①颜元的培养目标,是同他功利思想、担当精神的立
场相一致的。

颜元培养人才的目的,虽然强调了经世济民,但还留有维护封建纲常的烙
印,即"学者,学为人子,学为人弟,学为人臣也"②。在他的心目中,传统道德是
每个学生要遵循的,他只是不同意理学家们那种道德价值至上的观念;在道德
与事功的关系上,他又是把事功放在第一位的。明清之际,在新与旧、死与活
的多种矛盾环境交织中生活的哲学家,只能以激烈的方式去抨击以往的问题,
以革除某些弊端为己任。当然,做到这一点,也是得了时代风气之先声,而要
颜元与传统道德彻底决裂是非历史主义的苛求。

"圣庸同一"在"工夫",在当今还是有价值的。习近平在2014年5月4日
与北京大学师生举行座谈会,在《青年要自觉践行社会主义核心价值观》的讲
话中提出,青年践行社会主义核心价值观的要点为四条:一是要勤学,二是要
修德,三是要明辨,四是要笃实。在阐发笃实时引用了颜元的话:"四是要笃
实,扎扎实实干事,踏踏实实做人。道不可坐论,德不能空谈。于实处用力,从
知行合一上下功夫,核心价值观才能内化为人们的精神追求,外化为人们的自
觉行动。《礼记》中说:'博学之,审问之,慎思之,明辨之,笃行之。'有人说:'圣
人是肯做工夫的庸人,庸人是不肯做工夫的圣人。'"习近平强调了"于实处用
力",肯定了"做工夫"是"庸人"转为"圣人"的关键的观点。颜元的"工夫"不

---

① 颜元:《颜元集·习斋记余》卷三《寄桐乡钱生晓城书》,第440页。
② 颜元:《颜元集·颜习斋先生言行录》,第624页。

是理学家的"静坐主敬",而是与客观事物相接触时的"习行"。

中华民族的腾飞需要一大批撸起袖子干实事的人,而青年则是其中的主力军。颜元教育思想中的一些见解,经过某种意义上的转换,可以融入社会主义核心价值观的体系之中,这是不争的事实。

第七章　李塨的生平、著作及其对宋明理学的批判

第一节　李塨的生平

一、家境与名号

李塨(1659—1733),字刚主,号恕谷,直隶蠡县(今属河北)人。李塨的父亲李明性为明季诸生,学行为乡里所重。李塨的家境本富裕,到他青年时家业衰落。清初施行圈田令,满族贵族以暴力强占京畿附近地区及山东、河南等地的大量土地。李塨一家因地产被圈,连日常生计也难以维持:"家素饶,经沧桑变,田被圈,又兄弟多,故拙于用,至难堪。乃与人言,绝口不道贫。"①因力田不足养亲,李塨兼习医卖药。25 岁时父亲去世,众弟尚幼,家计负担全落在李塨身上,除种田、行医外,还靠教书补贴收入,以维持家庭生活。李塨脚踏实地地去从事农业生产,在给友人的信中说自己的外形与农夫无异:

> 奉亲携幼,远窜荒鄙,躬耕灌园。冬底务闲,尚有人象。入春以后,面目黧黑,手涂足泥,尘封麋发,僬僬趋走,与土芥细民,同范一模。②

李塨说在冬天农闲时尚有人的模样。春耕以后,脸晒得黝黑,手足上沾满了泥巴,头发上全是尘土,行走匆匆,与农夫无别。这与颜元的人生经历相似,两人因家贫在青年时代皆务农,也因贴补家用而行医、教书。

---

① 冯辰、刘调赞:《李塨年谱》卷一,第 24 页。
② 李塨:《恕谷后集》卷五《与温载湄书》,载陈山榜、邓子平主编:《颜李学派文库》第 3 册,第 755 页。

晚年时,李塨家境有较大的好转。李塨自 37 岁开始南游,其间得到了郭子坚、郭子固兄弟经济上的大力鼎助。在京师时,他广交海内名流以弘扬颜学,因学识渊博与有创见为文人、学者所重,且得到达官贵人的青睐,不再为经济所窘迫,后佐理陕西富平县县政。之后,李塨于 53 岁时回家务农,谢绝世事:"祖乡被圈后,湫隘之甚,不能容塨兄弟五股。塨请奉母,移居齐家庄,学农圃,以谢世务,以奉先传。"①祖上的农田被政府圈走后,留下来的土地地势低洼,无法养活兄弟五人。李塨提出,由他奉养老母,迁居齐家庄。李塨经过长达六年的辛勤劳作,走上了富裕之路。他的学生冯辰向他转告了"人议先生力农致富"的话,李塨对此非常坦然地答道:"非以求富也,聊以自守也。平生志欲行道,今年已迟暮,知无用矣。故遁迹田园,胼手胝足,则雄杰之余勇也;不稼不穑,胡取廛囷,则风人之退守也。"②李塨的意思是说,到了晚年,以往志向难以实现了,只能在田园辛勤劳作,让自己的"余勇"得以发挥。

李塨的名和号,名塨为父亲李明性所命,"恭欲其谦,土欲其实"③。"恕谷"则为李塨的自号:

> 思仁道大,求之惟恕,曹家蕞村中,一路甚深似谷,长而通似恕,乃自号恕谷,志勉也。④

李塨以地形为号,这可从文化史的角度去分析。古人以地名为号,乃以号明志。《周礼·春官·大祝》"辨六号"注:"号为尊其名,更为美称焉。"即号是名、字以外对人的尊称或美称。春秋时已有称号的现象出现,而特盛于明清时代。《水浒传》里一百零八将,人人都有一个别号。《水浒传》为小说家言,然附和魏忠贤的阉党王绍徽所作的《东林点将录》,是货真价实的史籍。后者仿《水浒传》,对东林党人均取一个别号,如点黄宗羲的老师刘宗周为"赤发鬼刘唐",点黄宗羲的师长文震孟为"圣手书生萧让"。

号为心声,别号是个人椎心泣血经历的浓缩,是个人文化心态的真实写

---

① 冯辰、刘调赞:《李塨年谱》卷五,第 146 页。
② 冯辰、刘调赞:《李塨年谱》卷五,第 161 页。
③ 冯辰、刘调赞:《李塨年谱》卷一,第 1 页。
④ 冯辰、刘调赞:《李塨年谱》卷二,第 39 页。

照。如黄宗羲以梨洲为号，是对以往举义兵抗清经历的怀念。黄宗羲在杖锡寺一带结寨抗清，失败后避乱于梨洲山。痛定思痛后写成的《留书》与《明夷待访录》，均署梨洲，寓有抗清志向不变之意。在明清鼎革之际，一些有强烈反清意识的士人，取别号以示自己志向的不变。明末的"八大山人"朱耷，所画鱼鸟每作"白眼向人"之状。他是明代宁王朱权的后裔，以"八大山人"为号，这四个字连写起来，像"笑之"，更像"哭之"，既哭又笑，寄托了朱耷的复杂情绪。

　　号的选定对思想家来说，体现了他个人的学术旨趣。李塨以恕谷为号，是表明自己以光大孔子之道为己任。众所周知，孔子的学说宗旨在于求"仁"。在《论语·里仁》中曾参释"仁"为"夫子之道，忠恕而已矣"。曾子以"忠恕"去概括"夫子之道"的观点为后世所认可。李塨在晚年还阐述着自己取号的缘由："李子，李孝悫先生之长子也，名塨，尝求仁不能，期勉于恕，因以恕谷名其乡，而为号焉。"[①]李塨认为自身与孔子所期望的"仁"还相差很远，而"忠恕之道"还可期望做到。李塨取号恕谷，有两点可以肯定：一是要在学术上恢复孔学的真面目，二是视程、朱、陆、王皆非孔学。这与李塨所论古学实而有用、今学虚而无用的主张相通。到李塨生活的时代，战争基本上已结束，刀光剑影的生涯对一般人来说是不大可能，社会处于相对平静的状态，安居乐业的心绪已在人们心中蔓延开来。清廷的统治渐趋稳定，民族矛盾走向缓和，民族融合景象显露出苗头。他晚年总结性的著作取名《拟太平策》也从一个侧面反映了人们要求安居乐业的心理。怒目金刚、有着不共戴天之仇式的名号不再流行，而代之以谦和、平实性质的名号。这也是社会处于稳定年代的象征。

二、师事颜元

　　40 岁拜毛奇龄为师前，李塨对颜学是亦步亦趋的。之后李塨的治学思路始趋向考据，屡屡引起颜元的非议，但李塨坚持不改，而其光大颜学的努力也始终未变。李塨幼时就受了儒家文化的熏陶。4 岁时，由父亲口授《孝经》、《内则》、古诗等。8 岁入小学，读经书。15 岁娶颜元好友王法乾的妹妹为妻，

---

① 　冯辰、刘调赞：《李塨年谱》卷五，第 207 页。

三年后其妻去世。19 岁时应岁考,进县学为生员第一名。21 岁时与邢台李毅武订交,"时闻颜习斋先生为圣人之学",两人便一同拜访了颜元。① 李塨认为颜元的学说是孔学的正宗,随即抛弃八股文,专心向颜元求学。李塨对颜元奉若神明:"今思先生倡明圣道,为秦火后第一人。先生躬行,当代无伦比。"②这次访问对李塨来说,是一个重要的转捩点。在此之前,李塨在父亲李明性的指导下,接受的是系统的理学教育,在八股文上下过功夫。在此之后,他以躬行、发扬颜学为努力目标。他说:

> 及弱冠,从颜习斋先生游。先生言:"圣道至宋儒而歧,其内地功力,皆参杂释、老,而所谓问学者,又只诵读训诂,迂阔无用,将周孔兵农礼乐之实学,一概蔑略。"教塨力求古圣旧辙,置《日谱》以纠察身心,学礼,学射,学韬钤,学数,凡古今成败经济大端,日夜研究。至于经、史、子、集,皆翻阅之,以为实行之考证,非务占毕也。如是者几至四十,以乐无传,入浙拜河右先生问乐,因从而学焉。③

此时李塨尚无独立的见解。他跟从颜元、王法乾问学,相互交流日记,以期达到规过劝善的目的。据李塨年谱记载,"习斋评先生《日谱》曰:'学习多于读作,快甚。'……十月,斋戒。往杨村会学,质日记,考经济,演礼,习琴,习射"④。日谱就是日记,自明代中叶后,文人、学者立日谱之风盛行。据李塨自述:"立《日记》,以圣贤相勉者几三十年,至卒不懈。"⑤日谱既是个人道德修养的重要课程,也是与他人沟通思想的文字载体。"质日记"是指相互交流日记以作切磋。切磋就有评议的事儿,有师生互评、父子互评、朋友互评,故颜元对李塨《日谱》有简短的评价。这是李塨仿效颜元之处。写日记以及互质是颜李学派得以流传的因子之一,这在后面再论。

颜元勉励李塨要学以致用、关心民众的疾苦:"学者勿以转移之权委之气

---

① 冯辰、刘调赞:《李塨年谱》卷一,第 5 页。
② 冯辰、刘调赞:《李塨年谱》卷三,第 104 页。
③ 冯辰、刘调赞:《李塨年谱》卷三,第 78 页。
④ 冯辰、刘赞调:《李塨年谱》卷一,第 14 页。
⑤ 冯辰、刘赞调:《李塨年谱》卷二,第 38 页。

数,一人行之为学术,众人众之为风俗,民之瘼矣,尚忍膜外?"①李塨感动泣下,接受了颜元的经世致用之学。李塨对友人李毅武说:"读尽《论语》非读《论语》也,但实行'学而时习之'一言,即为读《论语》",李塨表示自己要"习礼、乐、射、御、书、数以致用"。②23岁时,李塨立下一个警言:"咫尺习斋,天成我也,不传其学,是自弃弃天也。"③两年后,父亲李明性在弥留之际,叮嘱李塨要遵循颜元之教导。康熙二十八年(1689),李塨31岁时拜颜元为师。颜元对李塨的影响主要体现在经世致用的意识深入李塨的心灵,经世济民的精神在李塨的身上扎下了根。这一意向,在同费密的学生张丰村论学时表述得很清楚:

> 纸上之阅历多,则世事之阅历少;笔墨之精神多,则经济之精神少。宋明之亡,此物此志也,望贤者勿溺。④

颜元以空虚的"文墨世界"作为程朱理学的代称,并对之进行强烈的指责。李塨断言"纸上之阅历多""笔墨之精神多",是宋明王朝覆灭的重要因子。25岁时,李塨阅《经世实用编》,听颜元为他讲解虞学、火学。读董仲舒的《春秋繁露》后,李塨感触良多:

> 阅《春秋繁露》,书后云:"汉之儒者,宋人独推董子,今观其遗书,乃知为臭味也。《阴阳》《五行》十余篇,则《太极图说》《西铭》之滥觞。言'米出禾中,而禾未可全为美;善出性中,而性未可全为善'。"则性有恶。图之乘韦,与孔孟罕言性天,及言性善者大异也。独是"明道而不计功"二语,宋儒以为学宗,则班史误易其字,而非广川本意也。⑤

李塨这个评论从颜元的功利论出发,有三点值得注意:一、他认为宋儒推崇董仲舒的道义论,是浅薄之见。为理学家所推崇的张载《西铭》、周敦颐《太极图

---

① 冯辰、刘赞调:《李塨年谱》卷一,第8页。
② 冯辰、刘赞调:《李塨年谱》卷一,第10页。
③ 冯辰、刘赞调:《李塨年谱》卷一,第11页。
④ 冯辰、刘赞调:《李塨年谱》卷二,36页。
⑤ 冯辰、刘赞调:《李塨年谱》卷一,第21—22页。

说》，无非是从《春秋繁露》中衍生出来的。二、他认为董仲舒的人性论与孔子很少说的"性天之教"不合，更与孟子的性善论"大异"，董仲舒的人性论与孔、孟的人性论有很大区别。三、他认为，班固《汉书》将董仲舒的话改为"正其道不谋其利，修其理不计其功"，尤其是把董仲舒的"不急"改为"不计"，致使含意发生了根本性的变化。"明道而不计功"不合董仲舒的原意，但却被"宋儒以为学宗"。李塨的辩解是正确的，董仲舒虽主张道义重于功利，但没有像《汉书》中说得那么绝对。李塨认为，如果按照班固的意思去行事，必然造成"学无事功，举世陆沉"的恶劣后果。① 李塨以事功为学宗的观点跃然纸上。是年，李塨著《瘳忘编》，同时杂录《尚书》《周礼》《礼记》和史书中关于"经世大略"的论说，分别加以案语，意在阐明"经世大略"，批评宋明理学之无用："宋、明学者如华子病忘，伏首诵读而忘民物，一旦大难当前，半策无施，惟拼一死，并忘其身。"② "华子"系先秦道家的学者，《庄子·让王》与《吕氏春秋·贵生》均有关于他的记载。"贵生"是"华子"思想的宗旨，认为保全生命比获得整个天下更为重要。李塨用此典故是说明：宋明理学家只知埋头读书，对经世济民的大事是不顾的。"一旦大难当前"，一点对策也想不出来，只知殉身以报效朝廷。恰如"华子"，丢却了"贵生"的宗旨（"并忘其身"）。28岁时，李塨著《阅史郄视》，摘录史书中有关经世致用的事例，分别加以论断。

李塨在与许三礼的论学书中，借"孔门传习"一词表达了经世致用的意向：

> 孔门传习，由以兵，求以足民，赤以礼乐，未尝有所谓先读某书，后读某书，训诂翰墨也。即有时诵读，则诵《诗》以习乐，观《书》以知政耳。夫人精力有几，乃不力礼乐兵农之学，水火工虞之业，而徒骛于读览著述，何为哉？③

"孔门传习"是指孔子以来儒家相沿的传统。李塨认为，孔子教学生是以学问有利于国计民生为准绳的，孔门弟子所做的事以实用为主。子路尚勇，有军事才能；冉求懂经济，善于理财；公西赤熟悉礼乐，适宜从政。"孔门"中从来没有

---

① 冯辰、刘赞调:《李塨年谱》卷一,第22页。
② 冯辰、刘赞调:《李塨年谱》卷一,第22页。
③ 冯辰、刘赞调:《李塨年谱》卷二,第32—33页。

教学生先读什么书、后念什么书这样的传统。李塨认为即使诵读经书也得与实际相联系。读《诗经》就要习乐舞,看《尚书》就要知政治。不去从事有利于国计民生的事业,而只知道读书著述,那是毫无意义的。许三礼是与黄宗羲、颜元有过学术交往的一位学者兼政界要员,治学强调功利论。许三礼(1625—1691),字典三,号酉山。康熙十二年(1673)授海宁知县,前后任职八年。在任期间重视文化教育事业,兴办多所书院。颜元见到了许三礼的《河洛源流》《圣学直指》等著作,后者内有"肩荷世道,救济生民,治能辅治,乱能拨乱"等语。他便寄书给许三礼,请教用何种办法与途径去实现救济生民之道。^① 许三礼的主张与颜元、李塨的见解是相当一致的。李塨听到友人"言许酉山学品,乃拜之求教",认为"今遇有道,所见多合"。^② 30 岁那年,李塨提出了"古之学实,今之学虚"的实学主张。^③ 这标志着他的经世致用意识的成熟。31 岁时,他去北京谒见许三礼。谒见那天,恰值许三礼因病去世,大恸而返。李塨也对不涉世事的科举制度大加鞭挞:"举业聪明,则世事不聪明,时文不庸腐,则世事庸腐。甚矣,时文之害世也!"^④康熙三十五年(1696),38 岁的李塨完成了《大学辨业》四卷,此书为李塨的成名作,有着明显的考据学的意味,这是不同于颜元为学风格的著作。

三、"遍质当代夙学"以光大颜学

李塨治学思路的变更,有社会学术思潮演变方面的因素,但也同"遍质当代夙学"的思路分不开:

> 如塨者窃不自揣,志欲行道,如不能行,则继往开来,责难谢焉。当此去圣既远,路岔论歧,非遍质当代夙学,恐所见犹涉偏固,不足闲道。又挽世警众,必在通衢,僻谷引吭,其谁闻之?^⑤

---

① 颜元:《颜元集·习斋记余》卷三《与都察院许西山书》,第 424 页。

② 冯辰、刘赞调:《李塨年谱》卷二,第 31—32 页。

③ 冯辰、刘赞调:《李塨年谱》卷二,第 42 页。

④ 冯辰、刘赞调:《李塨年谱》卷二,第 46 页。

⑤ 冯辰、刘赞调:《李塨年谱》卷二,第 88 页。

李塨 37 岁以后曾几次别师南游,自称"遍质当代夙学"的目标是"志欲行道",即宣传、发扬其师颜学。他广结海内名流。当时名士如梅文鼎、万斯同、毛奇龄、王源、阎若璩、胡渭、方苞、戴名世、孔尚任等都与他有交往。他致书费密论学,费密也作书回答。他读过潘平格的《求仁录》,潘平格的弟子毛孝章也曾来访论学。李塨"行道"的内容就是宣扬颜学。颜元的足迹很少迈出闾巷,而李塨屡莅京馆,西至关中,南及吴越,遍交贤豪名士,交接公卿大臣,颜元之名亦因之远播。李塨的主观愿望如此,而且他也达成了。李塨认为一种学说只是在闭塞的地方大力宣扬("僻谷引吭"),谁能知道?一定要在交通便捷的地方对众多的人们讲解("挽世警众,必在通衢"),才能达到良好的效果!

　　"遍质当代夙学"是李塨好学精神的体现,他从青年一直持续到老年。18岁时,李塨就知道转益多师的好处:"人知学之为美,而不知问之益。海内贤喆穷年所学者,吾一问而得之,其益岂不大哉!"[①]他问学不囿于颜元一人,有机会就向学有专长、素负众望的学者虚心求教。26 岁时,"阅徐圃臣《天元历法》,从其门人姚苏门算日月交食"[②]。李塨学生恽鹤生言其师:"学礼于习斋,学琴于张而素,学射于赵思光,学数于刘见田,学书于彭雪翁,学兵法于王五公。"[③]这一概括并不全面,只是大体而言。如李塨 28 岁时,"学琴于冯颖明";37 岁时,"学歌于(冯)颖明";38 岁时,"(郭)子固邀游西山,传先生骑射";48 岁时,"问西洋三角算法于吴子淳"。[④] 从康熙十八年(1679)到康熙五十一年(1712)这 33 年,是李塨广泛求学、接受和传播颜学的时期,其间也有自身学术上的创新。无论是设馆授课,还是佐幕官僚,他每到一处便遍交名士,切磋学术,以宣传颜学为己任,使颜学随之传播于大江南北。这一时期,李塨善于通过师友间的问学来充实自己。

　　下面从理论上对人们的社会交往做些剖析。社会交往应该从人的本性角度加以考察。生活在社会关系中的人是要与他人交往的,交往的范围如同学、师友、亲戚、同事、同行等等。交往的内容可以是物质的,也可以是精神的。就

---

① 冯辰、刘赞调:《李塨年谱》卷一,第 4 页。
② 冯辰、刘赞调:《李塨年谱》卷一,第 27 页。
③ 恽鹤生:《李恕谷先生传》,载冯辰、刘赞调:《李塨年谱》附录,第 224 页。
④ 分见冯辰、刘赞调:《李塨年谱》,第 29、54、56、113 页。

李塨而言，他的交往基本是精神上的，交流的内容主要是学术问题。社会交往对个体来说，是一种基本而必要的活动，是人的本性能力的一种体现。有喜欢孤独的人，但这毕竟是少数。法国思想家蒙田说："没有交流对我来说就没有快乐：我独自产生的生气勃勃的，却又不能告诉他人的思想无一不使我痛苦。"①李塨虽未像蒙田那样，从人的主观的苦乐来论交游，但他十分有感于切磋学术时带来的无穷乐趣：

> 严师诤友，摘爬瑕类，得省得改，如脱宿垢。更有海内名流，风生四座，徐出一言，群贤谬折。所谓圣道在兹，有目共睹。亦有后进英奇，离尘扪天，刮摩日月，指画溪陵，此会友折中之乐。②

在茫茫人海中，人们寻觅知音。在与"严师诤友""海内名流""后进英奇"的学术交往中，李塨认为收到了显著的效果：一是使自己的学问得以新陈代谢，如同去掉身上的陈年老垢一样；二是在交往的过程中，自己得以明白"圣道"的所在。《礼记·学记》有"独学而无友，则孤陋而寡闻"之语。柳宗元以之批判其当时人不愿从师、以利交友的恶习，认为人成长的重要途径之一是靠师友的帮助。而"道"是拜师交友的原则。有利于"道"的实现，即使"佣丐"也不妨交之，不以贵贱分别众人；相反，公侯贵族若逆反于"道"，也不妨离开之。柳宗元认为，在人的成长和发展过程中，师友起到了"以成以增"的作用。③ 李塨强调与师友学术上的交往能起到"如脱宿垢""圣道在兹"的效果。这与柳宗元的观点有异曲同工之处。从一个人的成长来说，师友的指导和帮助是取得进步的一个重要因子。师友是人社会活动圈中的一个重要组成部分，任何一个学者在追求学识的过程中，走弯路是正常的，要在学术上有长足的进步，离不开师友的帮助。朋友的点拨往往使人少走弯路，师长的教诲使人正视缺点而趋于完美。李塨在学术思想上主动吸收众家之长，而学问的广博度超过其师颜元。这同李塨广泛与师友交往的实践分不开。李塨断言："自古圣贤无有不资朋友

---

① 转引自查尔斯·霍顿·库利：《人类本性与社会秩序》，包凡一、王湲译，华夏出版社1989年版，第59页。
② 李塨：《恕谷后集》卷九《乐说》，载陈山榜、邓子平主编：《颜李学派文库》第3册，第799页。
③ 柳宗元：《柳河东集》卷一九《师友箴》，第341页。

而成者。"这一点可谓他的切身体会："走四方,凡海内道学才俊、通儒文士,无不委曲纳交者,是以极愚至陋,而于身心颇有功力,经济颇有见解,礼乐兵农经史颇有论著,考古几过万卷,皆朋友力。"①李塨感受到与师友的交往在学者成长过程中的积极作用。李塨自述,他此举的目的是让颜元学说传于"天下万世":"如守习斋之道,而专发晦,覆蔽渐灭矣,何以明行此道于天下万世乎?故不得不通声气,广交游也。有从者,此道传,有排者,此道亦传。"②李塨认为"习斋之道"即使为他人所反对,在传播颜元学说上同样是有积极意义的。"思古'学问'二字相连,今人不好学,尤不好问。予每交一人,必求尽其长,勉于问也。"③此足见李塨的交往欲望是何等强烈。

四、名倾朝野

李塨在晚年回忆师友交往时说:"交游尽天下之选,是天之成我也。"④下面就结合他的生平以及李塨心目中的"天下之选",分析他是如何名扬天下的。

李塨结识郭子坚、郭子固兄弟,为其与天下名士的交往提供了物质基础。先说哥哥郭子坚:"郭金汤,字子坚,汉军人。本姓张氏,父尽忠为郭氏子,因冒其姓。……因恕谷言笃信颜先生之学,上书愿为弟子。出知桐乡县,延恕谷至,爱礼甚厚。时恕谷年四十无子,子坚忧之,为之置姜,购别室以居,又为刊其所著《圣学成法》、《讼过则例》二书。……恕谷游浙东访师友,遣役赍资斧,听所之。"⑤郭子坚任桐乡知县时,李塨(37岁)应聘去佐理县政。郭子坚为他置备住房、衣食、纳妾,为其出资刊刻学术著作,提供出游时的费用及供差遣的佣人。次年,李塨入京,在弟弟郭子固处担任家庭教师。再说弟弟郭子固:"郭金城,字子固,子坚弟也。康熙二十一年,由正蓝旗官学生试特等,授内阁中书。召试,论奏称旨,擢刑部员外郎。精研名律,十四司稿皆倚定。……晋兵部郎

---

① 李塨:《恕谷后集》卷四《答冯枢天书》,载陈山榜、邓子平主编:《颜李学派文库》第 3 册,第 744 页。
② 冯辰、刘赞调:《李塨年谱》卷三,第 121 页。
③ 冯辰、刘赞调:《李塨年谱》卷三,第 79 页。
④ 冯辰、刘赞调:《李塨年谱》卷五,第 160 页。
⑤ 戴望:《颜氏学记》卷一。《颜李弟子录》,载陈山榜、邓子平主编:《颜李学派文库》第 5 册,第 1576 页。

中,旋擢御史。……子固初好读书,工为诗。及与恕谷游,恕谷出颜先生《存学编》使观,子固立起愿师事先生,遂谢绝笔墨,讲求天文、地理、兵农、射御诸学。"①郭子固为朝廷高官,听李塨宣传颜元学说后,抛弃了以往喜欢的诗文,而愿习行"六艺"之学,以颜元私淑弟子自居。在重视等级制度、官本位意识浓郁的古代社会里,一个学者能够得到高官的青睐,接踵而来的往往是名声大振。没有这位御史的提携,李塨是不可能在京师站稳脚跟的。

李塨41岁时与阎若璩论学于淮安。42岁时晤王源,两人论学极为契合。李塨自言:"生平知交,雅重毛河右、王昆绳、方灵皋。"②王源,字昆绳(1648—1710),顺天府大兴(今属北京)人,平生敬仰诸葛亮与陈亮,著《兵论》32篇。李塨《王子传》曰:"魏禧见而奇之,曰:'此诸葛君之流。'"③王源因大学士徐乾学招致天下名士而来到京师,在京师结识李塨,李塨对他讲述了颜元的主张。王源深以为是,遂由李塨绍介师事颜元。王源"文名远噪,公卿皆握手愿交"④,在京师时曾参与修《明史》,《明史·兵志》就出自他的手笔。李塨与王源成为挚友后,成功地说服他归于颜元门下。这对李塨来说具有双重的意义:一为颜学的壮大输送了新鲜的血液,二为推动自己在京师的声名,进而宣扬自己的学术思想。

王源的学术宗旨是利济天下,为社稷、生民建功立业。这也是他以56岁高龄拜师颜元的原因所在。康熙四十二年(1703),王源西行,两人依依不舍。李塨"赠以四言:力行,阐道,延才,保身"⑤。王源回赠了一首五言长诗,对颜李之学做了形象化的提炼:

> 宋儒谈性命,高视汉与唐。静坐观道妙,无乃迷禅宗。读书浩无涯,终归章句功。不习射御数,不知水火工。谓此形下粗,吾乃掇其英。顾以经世事,甘心让豪雄。……自与李子交,炳然见周行。风雷还相薄,山泽原相通。李子生螯吾,謷训本家承。师传得绝学,一洗群言空。三物以为纬,四

① 戴望:《颜氏学记》卷一〇《颜李弟子录》,载陈山榜、邓子平主编:《颜李学派文库》第5册,第1576页。
② 冯辰、刘赞调:《李塨年谱》卷五,第170页。
③ 李塨:《恕谷后集》卷六《王子传》,载陈山榜、邓子平主编:《颜李学派文库》第3册,第766页。
④ 李塨:《恕谷后集》卷六《王子传》,载陈山榜、邓子平主编:《颜李学派文库》第3册,第768页。
⑤ 冯辰、刘赞调:《李塨年谱》卷三,第99页。

教以为经。不言达性天,下学德乃崇。不格学外物,博文约在躬。即此为
修齐,即此造平成。①

这是一首标准的哲理诗,这里所录的一部分批评了宋儒高谈性命的"性天之
教",宋明理学"谈性命"、"迷禅宗"、"静坐观道"、鄙视"六艺"等特点被点出;
颂扬了颜李学派经世致用的学风,他认为颜、李提倡的"三物""四教"就是儒家
经典所说的"修齐治平"。

　　同年,李塨晤万斯同。万斯同对李塨的钦服与赞美,对李塨名倾朝野起到
了关键的作用。万斯同(1638—1702),字季野,浙江鄞县(今浙江省鄞州区)
人。他是黄宗羲学生中史学造诣最高的一位。康熙十七年(1678),清廷开博
学鸿词科以笼络名士学者。浙江当局推荐他,并强令出仕。万斯同的遗民情
结很炽烈,不愿应命。恰好因母丧在昆山居忧的徐乾学,聘他到昆山撰写礼学
方面的著作。② 康熙十八年(1679)八月,徐乾学守孝期满,即邀请万斯同北上
修史。万斯同向黄宗羲辞行,黄宗羲告诫他,在京师要与清廷保持一定的距
离。万斯同到京后,徐元文按例授以七品官,任翰林院纂修官,万斯同坚辞,
"请以布衣参史局,不置衔,不受俸"③。开始,京师的一些纂修官官气十足,不
把这位布衣放在眼中。不久其史学才能折服了众多的纂修官,虽说修史实权
掌握在总裁之手,但他在修史中的才能逐渐显现,形成明史修订依赖于他的格
局。万斯同不是纂修官,却稳操总裁之柄。《明史稿》为其一手亲定。时负天
下重名,被时人誉为学术权威:

　　　　季野夙有讲会,每会讲,皆显官主供张,翰林、部郎、处士,数十人环坐
听季野讲。一日会讲于绍宁会馆,先生亦往。众拈郊社,季野向众揖先生
曰:"此李先生也,负圣学正传,非余所敢望。"④

----

① 冯辰、刘赞调:《李塨年谱》卷二,第99页。
② 昆山三徐都是顾炎武的外甥。老大徐乾学、老二徐文元、老三徐秉义,皆为康熙时的朝廷大员。
　　徐乾学官至内阁学士、左都御史,又是《明史》撰修的总裁。老二徐文元充任经筵讲官(皇帝
　　的老师)、刑部尚书、文华殿大学士。老三徐秉义先是任吏部侍郎,后擢升内阁学士。
③ 全祖望:《全祖望集汇集校注·鲒埼亭集内编》卷二八《万贞文先生传》,朱禹铸汇校集注,第
　　518页。
④ 恽鹤生:《李恕谷先生传》,载冯辰、刘赞调:《李塨年谱》附录,第225页。

以万斯同的声望,他称李塨是"圣学正传",让李塨的名望增添了许多光彩。李塨名动朝野一事中,还要提及毛奇龄。李塨于39岁南游那年到杭州拜访毛奇龄,向其问乐,后遂师事毛奇龄。李塨与颜元均擅长弹琴,但就乐理的研究而言,李塨比颜元要执着、深入得多。对音乐的酷爱是李塨师事毛奇龄的原因所在。25岁时,李塨就已经"阅《律吕精义》"[①]。

《律吕精义》是明代郑王世子朱载堉的主要著作。在这部著作中,他提出了对近代世界音乐发展起了无可比拟的推动作用的十二平均律。[②] 十二平均律是一种数理调音体系,是把八度分为十二个不完全相等的半音的律制。任意两个相邻半音的音程值为2的12次平方值。这种律制是为旋宫转调的方便而设立的。一段音乐,原来是C调要变到G调去演奏、演唱,就是旋宫。依据十二平均律,各相邻两律间的振动比为2的12次平方值。只要将第一条被定为基音的弦的长度,除以2的12次平方值可得出第二条的弦长。这为乐器制造与音乐实践提出了重要的理论数据。在朱载堉以前,长期沿用的是三分损益法。这一方法既不适宜进行变调,也不便于演奏和声。演唱或演奏若有变调的要求,乐器也立即随之更换。朱载堉运用了精确严密的计算方法并做了大量实验,解决了历史上未能妥善处理的旋宫转调问题。西方第一个把十二平均律付诸实践的是德国音乐家巴赫。他于1722年和1744年创作了《平均律钢琴曲集》上下两卷,被公认为世界音乐史上最早把十二平均律系统地应用于创作实践的作品。此后十二平均律在理论与实践上被人们普遍地接受,巴赫的钢琴曲成了划时代的作品。近现代乐器制造都是用十二平均律来定音的。李约瑟对朱载堉有很高的评价:"朱载堉虽然远离欧洲,但他是'文艺复兴时代的人'。"[③]

李塨青年时就研读这部具有近代科学因素的《律吕精义》,说明他是善于

---

① 冯辰、刘赞调:《李塨年谱》卷一,第20页。

② 朱载堉(1536—1611),字伯勤,号句曲山人。明仁宗朱高炽庶子郑靖王的后代。其父朱厚烷嗣郑王,他被册封为郑世子。朱厚烷于嘉靖二十九年(1550),遭诬告被废为庶人,朱载堉被夺除世子冠带。从此他发奋攻读,并开始著书立说。明穆宗登基,大赦天下,朱厚烷恢复王位。万历十九年(1591),朱厚烷卒,朱载堉辞爵让国,潜心于学术研究,一生著作甚多,主要有《乐律全书》。该书包括了《律历融通》《律吕精义》《律学新说》《算学新说》《乐学新说》《操缦古乐谱》等。涉及历法、数学、物理学、音律学、音乐学、乐器制造、乐谱、舞谱、绘画等方面的内容,包含着极为丰富的科学思想。

③ 转引自戴念祖:《朱载堉——明代的科学和艺术巨星》,人民出版社1986年版,第304页。

接受新鲜事物的。《李塨年谱》一书中大量记载了他与毛奇龄几十年间讨论音乐的言论,内中不乏文人之间相互吹捧之语,但也真实地反映了其对乐理的爱好与钻研。两人讨论音乐、《周易》,"片时毛纸十余往复"①。毛奇龄对李塨在音乐方面的见解十分器重,毛奇龄收到李塨寄来的《乐律》后称:

> 大奇大妙,不谓通人之学,能推广未备,发摅尽变至此……必如吾恕谷者,真盖世豪杰也。②
>
> 奇矣!奇矣!《十二律旋相为宫隔八相生诸图》《器色七声旋宫相生图》,俱发天地之房;《五音七声十二律旋宫相生图》,俱一理分剖,而尽其变化,坐而言之,起而可行。③

两人在交往中各有图谋。毛奇龄对李塨赞誉有加,又对颜学时加贬抑,意欲李塨顺从自己。李塨另有主见,他要把从毛奇龄那里学来的经传训诂作为手段,来论证颜元的"事物之教"。李塨按照这一指导思想完成的第一部论著,就是他扬名京师的《大学辩业》。但不管如何,学界名流人物之一毛奇龄的器重对李塨的扬名有推波助澜的作用。

至于方苞,是李塨认定的生平知交之一。两人在王源寓所相识,虽私交甚厚,然学术上分歧甚剧。后方苞罔顾事实,在为李塨所写墓志铭中有诬及好友的内容,引起李塨学生的不满,遂成清代学术中一件公案。李塨知道方苞不肯违背程朱而依从颜元,但还是想争取他一起光大颜学。李塨从其交往的经历中深知,与方苞这样深得康熙青睐的名流结交对自己的扬名帮助甚大,这是他与方苞私交不错的原因。

李塨的学问受到朝廷公卿大臣们的重视,是他42岁时的事。康熙三十九年(1700),都御史(从一品)吴涵聘请李塨为塾师,教授两个儿子、一个侄子。通常情况下,父亲对子女是有期望值的,选择的先生也必定是自己非常认可的。吴涵认定李塨是有学识的学者,并出资为李塨刊印学术著作。吴涵也十分赞同李塨关于"六艺之教"的主张。大约也是吴涵,说服了少宰徐秉义一起

---

① 冯辰、刘赞调:《李塨年谱》卷三,第66页。
② 冯辰、刘赞调:《李塨年谱》卷三,第76页。
③ 冯辰、刘赞调:《李塨年谱》卷二,第76—77页。

出资为李塨刻印学术著作。两人经常向其他朝廷要员介绍李塨的学术成就。43 岁时,李塨已扬名于公卿朝庙:

> 　　故一时显达如王颛庵相国,王士祯尚书,许酉山侍郎,许时庵司空,窦克勤、冉永光二太史,于名世、郭子固二御史,或造寓延访问道,或盛馔招延论学。……时三藩平后,朝廷向文学,四方名士竞会都门,闻先生名,无不过从者。先生亦欲广结名流,以自证所学。①

一时名流显达于李塨,或造寓访问求学,或盛馔招待论学,但李塨不是那种趋炎附势的人。李塨与公卿大臣结交,为的是弘扬师说与证实己说。时万斯同修《明史》,纪与传写成了,但表与志尚未完成,"因言于王尚书鸿绪来拜,且请筵,谋延先生馆其府,同修《明史》,先生辞"②。按常理,能参与官修正史是一般学者翘首企望的事,李塨却不为所动。吴涵对李塨讲及李光地向康熙推荐他的事情,李塨认为自己并不合适,并请吴涵为他作辞却之。"十四王子在西陲,使人两次千金延聘,避如江东。"③李塨这种不慕权贵的品性,在清初学者中是少见的。令李塨誉满天下的因素是他新颖而又渊博的学识。行文至此,有必要对李塨的众多著作做些概述。

第二节　李塨著作概述

　　李塨的著作不仅远比颜元要多,而且较为系统与完整,不似其师多为言行录与书札。李塨晚年对这一差异自白道:

> 　　颜先生以天下万世为己任,卒而寄之我。我未见可寄者,不得不寄之

---

① 恽鹤生:《李恕谷先生传》,载冯辰、刘赞调:《李塨年谱》附录,第 225 页。
② 冯辰、刘赞调:《李塨年谱》卷二,第 86 页。
③ 李塨:《恕谷后集》卷一三《李子恕谷墓志》,载陈山榜、邓子平主编:《颜李学派文库》第 3 册,第 851 页。

书,著书岂得已哉!①

李塨的著作多而系统,是因为他觉得颜学"未见可寄者"。李塨与颜元一样,一直在众多的问学者中挑选继承人。他原想把继承颜学的责任交给王源,但王源先他而去,直令李塨有孤单之感。继而把希望寄于冯辰身上,旋又发现冯辰才能并不出众,难以担当重任。转而属望于恽鹤生,但恽鹤生师从李塨时,已年近半百,比李塨只小了六七岁。其后,他又对年仅二十出头的程廷祚期望殷切。程廷祚是在结识恽鹤生后始闻颜学,并致书李塨,表示愿学之意。程廷祚虽说少年气盛,但学术火候尚欠缺。这也许是李塨年过花甲还在勤奋著述的缘故吧。

康熙十九年(1680),22 岁的李塨效法颜元记日记,以自检言行的得失。这本《日谱》为门人冯辰、刘调赞编写《李恕谷先生年谱》提供了主要的材料。康熙二十二年(1683),25 岁的李塨阅读《经世实用编》,并听颜元讲学,把自己所体会到的经世济邦内容书于《斯与集》。同年著《瘳忘编》,"瘳",病愈也。"瘳忘"就是病好了把什么都忘了。他与颜元一样有着担当精神:"余尝谓:掌内能运天下,胸中能包天下,肩上能担天下,即为真帝、真王。"②要古代人没有皇权思想,就像人自拔头发要摆脱地心吸力一样,是不可能的事。李塨虽说托诸于帝王,实为接其师的"担当精神"而言。

康熙二十五年(1686),28 岁时,李塨著《阅史郄视》五卷,正卷四,续卷一。"郄",同"郤",空隙之意,出自《庄子·知北游》:"人生天地之间,若白驹之过郄。"意谓人生在天地间,似骏马从缝隙中驰过一样,只是片刻的工夫。李塨的意思很明白,就是在他人不注意的地方着眼。孙勷在序中说:"其于诸史中众人嚣嚣置论不休者,都不滥及,而独措思于其要者、切者,若兵农诸大政,尤三致意焉。"③他把二十一史中有关经邦济世且可行的内容整理成册,并加以评述。吴涵看后写下了对该书的感想:

---

① 冯辰、刘赞调:《李塨年谱》卷五,第 186 页。
② 李塨:《瘳忘编》,载陈山榜、邓子平主编:《颜李学派文库》第 4 册,第 1097 页。
③ 孙勷:《阅史郄视序》,载陈山榜、邓子平主编:《颜李学派文库》第 4 册,第 1033 页。

余每谓天下无无用之学,其学而无用者,惟佛、老二氏与帖括秀才而已。盖空谈性命,则必以事功为粗迹;高语文章,则必以综理为琐务。自古及今,宇宙河决鱼烂,皆坐此病。今读恕谷先生所著《阅史郄视》五卷,实获我心。苟欲澄叙官方,振兴士类,以此书为正鹄,可也。①

吴涵跋文以佛、老之学为无用,此与李塨主张相近;同时认为,该书洋溢着浓郁的经世致用气息,与宋明理学以"事功为粗迹"的观点相对立。《阅史郄视》书中李塨盛赞陈亮:"陈亮,盖世奇才也。中兴诸论,字字石画。"②与其师颜元以陈亮为"大圣贤、大英雄"的意思相同。此外,《阅史郄视》一书在史评中有辩证思维的因素:"天下有一法即有一弊,唯在权其弊之轻重何如耳。周行封建,其亡也以封建;汉重郡县,其亡也以郡县;唐有藩镇,其亡也以藩镇。"③

康熙二十七年(1688),李塨30岁,编成《恕谷诗集》,收诗307首。因李塨交友广泛,故多应酬之作。他一生中很多时间与农耕相伴,田园诗颇多,内中不乏清新之作。如《有子侄之圃》一诗:"联袂两三个,寻芳四五弓。瓜儿方点翠,枣子渐涂红。"④这首诗通俗又简明,表明了自己对农家乐趣的向往。李塨并非严格意义的诗人,但诗是他心情的真实流露。康熙二十九年(1690),李塨32岁时纂《讼过则例》,是依据刘宗周《纪过格》删订而成:"一、微过,本之浮也;一、隐过,七情之过也;一、显过,九容之过也;一、大过,五伦之过也;一、从过,百行之过也。"⑤这是一本自查个人行为过失的著作。

康熙三十五年(1696),李塨38岁,完成《大学辨业》四卷,这是他的成名作。是书提出了格物致知的新解,由达官显贵出钱刊刻,学界名流纷纷作序,如阎若璩评之曰"至德不孤,斯文尚在,不意老年见此奇特",胡渭评之曰"论学皆躬行心得之言,非耳目剽窃所能道,总以救静见空、泛滥诵读之弊,其足翼圣道",孔尚任评之曰"再四披订,仁见圣道之日昭而江河流也,何快如之",均对《大学辨业》做了高度的肯定。⑥万斯同对此的评价相当高,前已论及。王复

---

① 吴涵:《阅史郄视序》,载陈山榜、邓子平主编:《颜李学派文库》第4册,第1034页。
② 李塨:《阅史郄视》卷三,载陈山榜、邓子平主编:《颜李学派文库》第4册,第1067页。
③ 李塨:《阅史郄视》卷二,载陈山榜、邓子平主编:《颜李学派文库》第4册,第1046页。
④ 李塨:《恕谷诗集》卷下,载陈山榜、邓子平主编:《颜李学派文库》第3册,第952页。
⑤ 冯辰、刘赞调:《李塨年谱》卷二,第44页。
⑥ 李塨:《大学辨业·题辞》,载陈山榜、邓子平主编:《颜李学派文库》第3册,第983—985页。

礼、王源等人称此书论证精确。此书阐发《大学》义理并发挥了颜元之学,认为《大学》中的"格物致知"是指学习礼、乐、射、御、书、数六艺,"学礼、学乐类,必举其事,造其极也"。李塨以颜元对"格"的诠释为准则,"格义同'搏',颜习斋谓'格物之格如之,谓亲手习其事'"①。"格物致知"在李塨看来是一定要亲手做实事,并达至极致。而李塨认为以空谈"性天"为内容的"格物致知",无非是佛教的"空幻"之论:"朱子《孟子注》以'知性、知天'为'格物致知','存心养性'为'诚意、正心、修身',盖欲先上达而后下学也。至陆、王,则又以为上达即下学也。两派不同于此。不知不先下学,所谓上达非上达也,非大本也,皆佛氏之空幻耳。"②李塨的"下学",是指人亲手与事物相接触,去做种种的实事。

　　同年,李塨著《圣经学规纂》二卷、《论学》二卷。前者摘录《论语》《中庸》《孟子》《尚书》《易经》《周礼》《礼记》中的一些言论详加解释。《论学》辑录了与友人辨学的言论及对程朱理学信徒痛斥的话,这些友人有毛奇龄、万斯同、王源、胡渭等人,还有那位不顾事实真相而以"理世界"的观点来看待万事万物的程朱理学信徒钱丙。这在后面有详细分析。此书强调习"六艺"的必要,指责静坐读书以明理之说。

　　康熙三十七年(1698),李塨40岁,入京应酬会试,获交万斯同、胡渭、王源、孔尚任等人。此年的著作有《学礼》与《小学稽业》。两书皆五卷,前者包括《冠礼》《婚礼》《丧礼》《祭礼》《士相见礼》各一卷。后者是李塨一部关于幼童教育的专著,内中的课程设计颇能体现李塨对颜元教育思想的发展。康熙三十九年(1700),李塨42岁时《恕谷后集》成。这是一本共十三卷的文集,收有书信、序跋、志传、铭赞、论说等多种体裁的文章,共165篇。先前李塨曾有《恕谷集》,但结识王源后,李塨为王源的学识与气度所折服,于是尽弃前作。此后为文,风格为之一变,友人李汝懋评《恕谷后集》曰"渊源圣经,旁罗百氏,雄洁奥化,不名一家,其《恕谷后集》乎!"③康熙四十年(1701),李塨43岁时始注《周易》,54岁时刊刻《周易传注》七卷。这是李塨用力甚勤、系统而完整的一部易学著作。李塨强调,圣人作《易》的宗旨,是专门为了"人事"这一专题而作的,无关于"天道":

---

① 李塨:《大学辨业》卷二,载陈山榜、邓子平主编:《颜李学派文库》第3册,第993页。
② 李塨:《大学辨业》卷二,载陈山榜、邓子平主编:《颜李学派文库》第3册,第999页。
③ 阎镐:《恕谷后集序》,载陈山榜、邓子平主编:《颜李学派文库》第3册,第709页。

　　　　自田何传《易》而后，说者棼如，而视其象恑惋，征其数穿凿，按其理浮游。而尤误者，以《易》为测天道之书，于是陈抟《龙图》、刘牧《钩隐》、邵雍《皇极经世》并起，探无极，推先天，不惟《易》入于无用，而华山道士，青城隐者，异端隐怪之说群窜圣经，而《易》之不亡脉脉如线。夫圣人之作《易》，专为人事而已矣。[①]

　　这是自成一家之说。李塨不同意把《周易》与"天道"牵涉在一起，认为是不合《周易》本义的。应当撇开"天道"，着眼于"人事"。《系辞下》明言：《易》之为书也，广大悉备，有天道焉，有人道焉，有地道焉。"《周易》的作者，把"天道""地道""人道"作为研究对象，想建立起一个包罗万象的体系并对它进行哲学上的概括。由于历史上种种解释《周易》的著作在"天道"上增添了众多的"异端隐怪之说"，这使得李塨激而不言"天道"。邵雍的《皇极经世书》一书，在李塨看来就是令易道归于"异端隐怪"的典型。《皇极经世书》以《周易》六十四卦的推衍说明天地万物生成之前就存在着一种先天图式，并论证了天地万物都是按照这一先天图式所生成的，带有浓郁的神秘感和宿命论的色彩。李塨认为易道的诠释不能再在"天道"上做文章。他觉得应该在"人事"上去发挥《周易》中的义理，进而把"天道"纳入"人事"中："人，天所生也，人之事即天之道也。"[②]"人事"的具体内容，将在后面详述。

　　康熙四十三年（1704），李塨46岁，修订《颜习斋先生年谱》。这是一部有关颜元思想研究极具价值的力作，颜元一生的心路历程皆在其中有翔实的记载。

　　康熙四十七年（1708），李塨50岁，作《平书订》十四卷。《平书》为王源所作，今已不存。《平书》论述分民、分土、建官、取士、制田、武备、财用、河淮、刑罚、礼乐十事，分上、中、下三卷，由十五篇论文组成，其中《武备》有上、下两篇，李塨认为无关经制而删去，故《平书订》为十四卷。王源以喜兵法著称于世，王源拜颜元为师时，师生间当纵论兵法。李塨对王源《平书》提出的问题和见解做了深入的探究，并将己意与颜元、恽鹤生的观点附于书后，以《平书订》为名。

<hr>

① 李塨：《周易传注序》，载陈山榜整理：《颜李丛书》，河北人民出版社2018年版，第700页。
② 李塨：《周易传注序》，载陈山榜整理：《颜李丛书》，第700页。

颜李学派的经济思想与社会政治主张,在《平书订》中得到了系统的发挥。王源的《平书》已佚失,多亏李塨的《平书订》才保存了《平书》的精华。

同年成《学乐》四卷,此为李塨一生嗜好音乐的产物,"著《学乐》卷四,录与河右先生考习诸语,并歌舞诸法,琴箫诸法"①。

康熙五十年(1711),李塨 53 岁,著《学御》,"著《学御》,骑法、饲法、相法,得之瑞生者也"②。李塨在 51、52 岁时,到陕西富平县助友人杨慎修理政,一位叫蔡瑞生的把总自称后学向李塨求教。李塨对他讲述了儒学与佛教的区别,二人又在射箭与技击上有过较量。蔡瑞生是一位武将,他向李塨传授了如何骑马、养马、相马的方法。

康熙五十一年(1712),李塨 54 岁,他为一系列的儒家经典作注,直至 68 岁。计有《春秋传注》四卷、《诗经传注》一卷、《论语传注》一卷、《大学传注》一卷、《中庸传注》一卷。这些著作的写成,说明他在治学方法上已与颜元有所不同,即重视经学的考据,为受毛奇龄的影响所致:"塨《传注》之文,实授于毛河右先生。先生曰:'注经必宜洁古,古则理足而辞易明,断不可如宋人禅语乡谈,一概污秽拉杂。'"③

康熙五十九年(1720),李塨 62 岁,成《传注问》,包括《论语传注问》《中庸传注问》《大学传注问》。

雍正五年(1727),李塨 69 岁,始著《拟太平策》,于 71 岁完成。李塨著此书的目的是向清廷上"治平之策":

> 宋人有云:"儒者,为往圣继绝学,为万世开太平。"今幸际太平之世,明四目,达四聪,令士皆得陈言,而不思治平之策,则有负于儒矣! 非为下之义矣!④

"为往圣继绝学,为万世开太平"是宋代学者张载说的,原话为"为天地立志,为

---

① 冯辰、刘赞调:《李塨年谱》卷四,第 127 页。
② 冯辰、刘赞调:《李塨年谱》卷四,第 138 页。
③ 冯辰、刘赞调:《李塨年谱》卷五,第 166 页。
④ 李塨:《拟太平策序》,载陈山榜、邓子平主编:《颜李学派文库》第 4 册,第 1183 页。

生民立道,为去圣继绝学,为万世开太平"①,这是张载为后世引用最多,并为后人习称的"横渠四句教"。张载(1020—1077),陕西眉县人,世称横渠先生,是关学的创始人。居住在山河大地的人们,创造出灿烂的历史与文化,此即"为天地立志"。张载认为民众选择正确的命运,确立生命的价值,即"为生民立道"之意。"为去圣继绝学",是要把以往的圣人所开创的学术传统继承下来。②"为万世开太平"是希望出现一个理想的社会。"太平"相当于《礼记·礼运》中所说的大同社会。"横渠四句教"体现了张载无与伦比的宽广胸襟,是他人生哲学的精华和对理想社会的寄托所在。《拟太平策》一书为李塨在雍正初年撰写,此时社会已相当稳定。李塨一生中受益于清廷要员处甚多,尽管他自己有时很谦逊,也主动辞掉些找上门来的美差,但他这样的个人际遇,已难以再像颜元那样耿耿于民族气节。基于上述情况,李塨觉得,不向当局陈上自己的见解,就有负于"儒者"的称号。

雍正六年(1728),李塨70岁,写成《天道偶测》一卷。

雍正九年(1731),李塨73岁,著《评乙古文》一卷。

李塨写了那么多的著作,他是以类似于宗教徒般的热情担荷起传播颜学的使命的:"自念衰惫,每惧颜先生之道一旦堕地,日月翳昏,民物惨愤,午夜辗转,未尝不泣下而沾衣也。"③李塨认为,有经世意识的"豪杰"与"庸人"是有明显差别的:"窃以为庸人之病,酒色财而已。豪杰之病,则一在旷怀天下而不恤家室,一在忧世而不乐天。"④这里的"病"不是生病之意,而是说心中考虑的首要事情是什么。"庸人"只忧患自己物质上的个人享受是否满足,而"豪杰"忧患的是天下之事,个人及其家室是置之脑后的。雍正十年(1732),74 岁的李塨自知病将不起,作《李子恕谷墓志》。讲了自己名号的来历与家世的相关情况,

① 张载:《张载集·张子语录》,中华书局 1978 年版,第 320 页。
② 朱熹认为,周敦颐、二程上承孟子,自己接上了周、程。他在《大学章句序》中说:"河南程氏两夫子出,而有以接乎孟氏之传。"且在《中庸章句序》中重申这一观点,"老佛之徒出,则弥近理而大乱真矣",亏得"程夫子兄弟者出,得有所考,以续夫千载不传之绪"。见朱熹:《四书章句集注》,第 2、13 页。
③ 李塨:《恕谷后集》卷一《送恽皋闻序》,载陈山榜、邓子平主编:《颜李学派文库》第 3 册,第 720 页。是书作"五夜辗转",于理不通,"五"当作"午"。
④ 李塨:《恕谷后集》卷五《与来俨若书》,载陈山榜、邓子平主编:《颜李学派文库》第 3 册,第 753 页。

追述了青年时"学成致用"的意识与转益多师的经过,对于从师颜元,遇达官扶掖,以及一生撰述情况,均作了交代。次年,一生以继承与弘扬颜学为使命的李塨去世。

据《李塨年谱》的记载,李塨的著作尚有《治平事》《四书言仁解》《祭礼》《士相见礼》《开东北水利》《治河利运》《人论》《与斯集》《辟佛书》等,今已不见有传。

第三节　李塨对宋明理学的批判

一、"于圣道南辕北辙"

李塨在 39 岁时所撰的《上颜先生书》,对宋明理学做了系统的、全面的清算:

> 宋儒学术之误,实始周子。周子尝与僧寿涯、道士陈抟往来,其教二程以寻孔、颜乐处,虽依附儒说,而虚中玩弄,实为二氏潜移而不之觉。二程承之,遂以其依稀恍惚者,为窥见性天,为汉、唐儒者所未及。不知汉、唐儒者原任传经,其视圣道固散寄于天下也。宋儒于训诂之外,加一体认性天,遂直居传道,而于圣道乃南辕而北辙矣。①

这是一个清算理学的纲领。李塨断言,"宋儒"与"圣道"背道而驰。李塨认为,理学以周敦颐为开山祖,打着儒家的旗号,实际上是吸取了佛、道二家的思想。二程为周敦颐的学生,对孔子所不大讲的"性天"大作发挥,与汉、唐儒者传授经典的做法有极大的区别。李塨分八个方面讲述宋明理学与"圣道"是如何"南辕北辙"的。我按问题分三个方面来论述。

第一,李塨认为,理学开山祖周敦颐依附于儒学以自名,却以佛家、道家为

---

① 冯辰、刘赞调:《李塨年谱》卷二,第 58 页。

主要思想来源。李塨指出太极图出于道教,"太极,乃《参同契》'水火匡廓'、'三五至精'二图合之,为丹家修炼之用,《道藏真元品》明载之,《易经》无此也"①。周敦颐在世时默默无闻,迨及南宋,二程的理学信徒始上溯至周敦颐。朱熹从胡宏处得到周氏遗书,重新发掘太极说的价值,作《太极图说解》《通书解》。南宋宁宗赐周敦颐谥"元"。《宋史·道学传》认定"二程之学,源流于此"。周敦颐自此成为理学的鼻祖,朱熹大力吹捧的"太极图",成为理学内部聚讼不已的话题。朱陆鹅湖之争中,陆氏兄弟即提出疑问,"太极图"是不是道士之学? 清初,黄宗羲、黄百家父子和颜元均对"太极图"提出了异议。朱彝尊对"太极图"做了一番考辨,理清了"太极图"的来龙去脉。黄百家的主张与朱彝尊相类,认为"太极图"属于道士修炼内丹的图解,与毛奇龄、胡渭视"太极图"为道士修炼外丹观点不同。擅长考证的毛奇龄从《云笈七签》中发现"太极图"的原型出自五代人彭晓的《周易参同契分章通真义》所附录诸图之中。毛奇龄把内中的"水火匡廓图"与"三五至精图"合起来,恰好拼成周敦颐的"太极图"。② 李塨与毛奇龄经常论学,故知道"太极图"的真相。

第二,李塨指出,理学家把心思倾注于"性天"上,并视之为头等大事,与孔子的主张截然不同。《论语·公冶长》中有一段话:"子贡曰:夫子之文章,可得而闻也;夫子之言性与天道,不可得而闻也。"孔子开创的儒学,关注点集中在现实世界的伦理、政治方面,对人性论与宇宙论("性与天道")的内容未能探幽寻微。宋明理学对"性与天道"有理论上的建树,但过分偏重"性与天道"的阐发,倾心于"内圣"而忽略了"外王",关注于"性天"而贬低了"事功"。对此,李塨有针对性的批驳:"至宋明诸儒,又以汉唐训诂,未窥本源,乃举圣门不可得闻之性天,立'主静、观中、致良知'等名以补苴之。上之虚摸太极,下之日役章句。至于礼、乐,则以为缓图;射、御、书、数,则以为鄙事。"③"上之虚摸太极"句矛头直指理学开山祖周敦颐,"下之日役章句"则针对理学集大成者朱熹。李塨认为理学家立了"主静""观中""致良知"等名目作为"内圣"的必修功夫,而对"六艺"或搁置以缓行,或以卑鄙之事视之。李塨断言这与孔圣人的主张背

---

① 冯辰、刘赞调:《李塨年谱》卷二,第58页。
② 参见王茂、蒋国保等:《清代哲学》,第125—135页。
③ 李塨:《恕谷后集》卷六《冯君传》,载陈山榜、邓子平主编:《颜李学派文库》第3册,第761页。

道而驰，"教人以性为先，明与圣门'不可得闻'，'不可语上'相反矣"①。

第三，李塨认为理学以静坐为习与儒家传统不相合。他从经验论出发，认为一个人在童年、青少年时期以思动为乐事；到了老年则多以习静为安身立命的所在。而后天静坐，专注于向内心寻觅为人之根本则是自古以来没有的事情。李塨指出，这些观点源自佛、道，不合儒家经典，也非儒家圣人孔、孟的主张：

> 自周濂溪以主静立教，程、朱、陆、王因之，用白昼静坐，以为存心立本。考之古经，无是也。……《易》曰"终日乾乾"，行事也。是古经自天子以至庶人，无白昼静坐者。宰予昼寝，孔子责之；子贡求息，孔子斥以惟死乃息。古鸡鸣凤兴，不惟君子孳孳为善也，即小人孳孳于利，亦终日无暇焉。战国时，庄列学起，南郭子綦隐几而坐，嗒焉丧我，为静坐观空之始。后佛、道二派祖之，参禅入定，闭目垂帘，公然昼废，乃异端也。吾儒胡为染之哉？②

宰予白天睡觉，孔子责之为"朽木不可雕"，具见《论语·公冶长》。"子贡求息"事见于《荀子·大略》，内中有子贡与孔子的对话，颇能体现孔子的精神境界。子贡出于疲倦的缘故，提出了停止事君、奉亲、帮助妻子、交接朋友乃至停止耕种等想法。孔子答道在处理人伦关系与从事农业生产的过程中确实有艰难的地方，但不能因此而停止努力。孔子对子贡五个"焉可息哉"的反问，是强调生时应永不懈怠地从事各项事情，到死方能休止。李塨又举了《孟子·尽心上》中的例子，说明即使是儒家所贬低的像盗跖这样的"小人"，为了牟取私利，也一刻不停止自己的努力。李塨指出，静坐之事起自庄子。"南郭子綦隐几而坐，嗒焉丧我"，出自《庄子·齐物论》。南郭子綦是楚昭王庶弟，做过楚庄王的司马，因居南郭，故名南郭子綦。"嗒"形容离形去智的样子，"丧我"就是"坐忘"。这是端坐而浑然忘物、忘我的精神境界，为庄子心目中人生的最高境界，即通过静坐修养彻底忘掉周围世界、自身的智慧与形体，以实现精神上的绝对

---

① 冯辰、刘赞调：《李塨年谱》卷二，第58—59页。
② 李塨：《恕谷后集》卷一三《论宋人白昼静坐之非经》，载陈山榜、邓子平主编：《颜李学派文库》第3册，第844—845页。

自由。庄子的静坐为佛、道二教继承下来。李塨认为这就是异端邪说。

在李塨看来，人生活在世界上就应该为某一目标的实现而不停地活动。"君子终日乾乾"出自乾卦之《象传》，一般理解为君子每日行事而不息。李塨重视这句话，是要说明圣人作《周易》的宗旨是"专为人事"的。李塨的治学方法与颜元有所区别。他虽说还是从经验论入手，但增加了经学考据作为批评静坐的手段。颜元在提出自己主张时，于经书上所说内容之真伪是不考虑的。

二、"主敬皆主静"

李塨指出宋儒的"主敬"与"主静"并无本质区别：

> 宋儒讲主敬，皆主静也。主一无适，乃静之训，非敬之训也。盖自《太极图说》以"主静立人极"，标此岔路，其后不惟杨龟山、李延平静坐体验"喜怒哀乐未发气象"，朱子议其似坐禅入定也，即程子与游、杨等讲学，忽然闭目端坐，门人候之，雪深尺余乃醒。试思从古圣贤有此否耶？①

周敦颐提出的"主静"说引起理学家的高度重视。由于"主静立人极"的主张中佛、道因素太明显，故二程以"主敬"代"主静"。二程认为敬可包括静。二程倡"主敬"时，不完全否定静中工夫。二程的"万物静观皆自得"是说"静观"以后见万物皆充满了盎然的春意。这是用主观之"静"见出客观之春意。主体不"静"，被七情六欲搅得如痴似醉，就谈不上"静"。这一"静"中思虑和体验的工夫，为杨龟山、李延平等人所发展，即"静"中体验"喜怒哀乐未发气象"，并直接影响到朱熹。"杨"即杨龟山，"游"为游酢，二人与谢良佐、吕大临为程颐四大弟子。李延平即李侗（1093—1163），为南宋学者，是程颐三传弟子，朱熹早年从游其门，学者称延平先生。后来朱熹将其语录编为《延平语录》。在李塨看来，历来被视为尊师佳话的"程门立雪"的典故，正好证实了程颐的静坐工夫，与古代圣贤所作所为是格格不入的。李塨觉得不管"主静"还是"主敬"都是隔绝人与客观事物的接触，使心体处于虚寂的状态，使人产生厌事厌物的心

---

① 李塨：《论语传注问》，载陈山榜整理：《颜李丛书》，第 1517 页。

态,损害人的健康,进而荼毒社稷生民。"试观宋儒,用佛门惺惺法,闭目静坐,玩弄太极,探蹑性天内地,不杂于二氏乎? 终日章句吾伊,经济安在?"①李塨觉得,宋儒的静坐深受佛教的影响,迷恋于章句之学,而缺乏经世济邦的胸怀。

李塨由指责"主静"而扩及知行之辨,批评宋明理学重"真知"轻习行,称其为无用之学:

> 《说命》曰:"知之匪艰,行之惟艰。"宋儒则以真知为重,言人有真知,所行自然无失,不能行只是不能知。至明,王阳明遂专以为心源澄澈,诸事可办,创为"致良知"之说。而今之儒者,亦群讥其为禅矣。②

自伪古文《尚书》提出"知难行易"后,知行关系一直为历代思想家所关注。宋明理学家对此多有发明,如程颐的"知行相资"说、朱熹的知行"并进互发"说、王阳明的"知行合一"说等,对知行关系,即认识与行为的关系,有不少真知灼见,但他们过分强调以知代行,即李塨所批评的"真知即行"。程颐首先明确提出这一主张:"学者须是真知,才知得是,便于工作,便泰然行将去也。"③朱熹继承了这一观点。王阳明对知行关系的解释,不乏辩证法的因素,但他所谓一念发动便是行的观点,把行为的动机放在知行关系的首位,是"真知即行"的另一种说法。在李塨看来,几百年来学术的许多误区,就在于理学家"真知即行"的主张:"宋儒则以真知为重,言人有真知,所行自然无失,不能行只是不能知","以致数百年学术尽误","道学"也就"相率为迂腐无用之学"。④ 李塨的指责是有见地的。"真知即行"的主张,会把知放在比行更为重要的地位,使人们重知轻行,此其一也;"真知即行"的主张,势必导向静坐,有意地割断人们与客观事物之间的必然性,此其二也;有时候人们对客观对象是有真实认识的,囿于种种主客观原因,认识了也不一定能够实行,此其三也。"真知即行",不能说一点道理也没有。因为人在采取行动前,都认为取得了对客观事物的真实性

---

① 李塨:《恕谷后集》卷四《与方灵皋书》,载陈山榜、邓子平主编:《颜李学派文库》第 3 册,第 740—741 页。

② 冯辰、刘赞调:《李塨年谱》卷二,第 59 页。朱熹对敬的应用有具体的描述:"坐如尸,立如齐,头容直,目容端,足容重,手容恭,口容目,气容为,皆敬之目也。"(《朱子语类》卷一二)

③ 程颢、程颐:《二程集·河南程氏遗书》卷一八,第 188 页。

④ 冯辰、刘赞调:《李塨年谱》卷二,第 59 页。

认识,但人们在达成目标的实际活动中,一帆风顺是罕见的。人们在先前认定的真实性认识不一定同实际情况相合,这要求人们进行新的探索。原先被认为的"真知"反而成为人们进一步认识客观事物的障碍。李塨是从功利论出发,是以"有用"为准绳,一切"无用"的学问,在他看来讲得再好也是白说。

三、"一主一奴"的程、朱与陆、王

李塨对程、朱、陆、王皆持反对的态度:

> 陆稼书任灵寿,邵子昆任清苑,皆有清名;而稼书以子昆宗陆、王,遂不相合,刊张武承所著《王学质疑》相诟厉。及征噶尔旦,抚院将命稼书运饷塞外。稼书不知所措,使人问计子昆。子昆答书云:"些许小事,便尔张皇;若遇宸濠大变,何以处之? 速将《王学质疑》付之丙丁,则仆之荒计出矣。"①

这里涉及三个人物:陆稼书、邵子昆、张武承。稼书是陆陇其的字,他是清初极端的尊朱派,认为明王朝不是亡于农民起义,也非亡于朋党倾轧,而是亡于王学在明末的猖狂。其尊朱言论颇有影响力,断言"阳明之学不息,则朱子之学不尊"②。武承是张烈的字,他作《王学质疑》一书以攻击阳明学。颜元有《阅张氏〈王学质疑〉评》《张氏总论评》《〈王学质疑〉跋》三文,文中畅论自己对宋明各学派的看法。邵子昆其人不详,但从李塨文看,当为王学信徒。他见陆陇其接到运粮任务后,惊慌失措,一副不知怎么办的样子,就写了封信给他。邵子昆说,遇到些许小事就如此,若遇像朱宸濠这样的藩王叛乱,不知你该如何慌张了,速将《王学质疑》付之一炬("丙丁"),这就是我替你想的办法。此事的有无,我们不得而知。历史上确有些人在民族与国家生死存亡关头,还在高头讲章上下功夫,李塨对此虚浮无用之风有尖锐的指责:"宋枭患凉州寇暴,欲多写《孝经》,令家家习之,庶或使人知义。盖勋谏以为不急静难之术,徒取笑

① 李塨:《中庸传注问》,载陈山榜整理:《颜李丛书》,第 1541 页。
② 陆陇其:《三鱼堂文集》卷五《上汤潜庵先生书》。

朝廷。果如其言。宋明之儒,见多与宋枭类。陆秀夫于偬偬败亡之秋,犹日进《大学衍义》,与陈败而讲《老子》,梁亡而谈若空,不同一可笑也哉!"①宋枭之事见于《后汉书·盖勋传》。宋枭认为凉州经常有动乱发生的根子在孝悌忠信未深入人心。他下令每家抄写《孝经》,让民众明白其中的道理,以抑制"寇暴"的发生。盖勋认为这不是好办法,规劝宋枭。宋枭不听,把自己意见上报朝廷,"果被诏书诘责,坐以虚慢征"。李塨觉得,"宋明之儒"在大难临头前的作为与宋枭相类。如被后世视为大忠臣的陆秀夫,以蹈海死义赢得无数的赞美之词。李塨不纠葛于陆秀夫背负南宋幼帝赵昺跳海之事,而是从他辅佐幼帝的行为着手评价。《大学衍义》为南宋大儒、理学家真德秀(1178—1235)所作。他以经筵侍读身份向宋理宗讲理学,深得宋理宗的信任。《大学衍义》的宗旨是把《大学》当作帝王为学、为治之本。在生死存亡之际,陆秀夫还天天把《大学衍义》进呈给十岁的幼帝,只会让后世人们感到可笑。李塨从史实的角度证实了"宋明之儒"面对现实时束手无策的无能。

李塨读了《王学质疑》后,下了一段批语:

> 武承之驳陆王何其明耶,然酷护程朱。夫教人以性为先,程朱不犹之陆王耶? 乃一主一奴? 何耶?②

颜元在《朱子语类评》中对朱熹和陆九渊做过比较,认为朱学之害甚于陆学。李塨与颜元一样,从功利论的角度对朱陆之学做了尖锐的批评,认为程朱与陆王无非是一家子,区别仅为"一主一奴":

> 程朱诸儒出,慨然欲任圣绪,其志诚豪杰之士,而沿流既久,寻源为难,知训诂不足为儒,而内益之以心性,外辅之以躬行,变笺疏之名为章句语录,以为发明圣道。非仅训诂,自谓超汉唐而接孔孟矣。孰意汉后二氏学兴,宋儒又少闻其说。于是所谓"存心养性"者,杂以静坐内视,浸淫释老,将孔门不轻与人言一贯性天之教,一概乖反。处处谈性,人人论天,而

---

① 李塨:《阅史郄视》卷一,载陈山榜、邓子平主编:《颜李学派文库》第4册,第1039页。
② 冯辰、刘赞调:《李塨年谱》卷二,第44页。

外以孝弟忠信为行,注经论道为学,独于孔门之礼、乐、兵、农、执射、执御、鼓瑟、会计,忽焉不察,以为末务。又诿之以《小学》已失,而遂置之。于是退处则为乡党自好,立朝愿为讲官谏臣。所称特开门户以转世教者,不过如是。……率天下之聪明杰士,尽网其中,以空虚之禅悦,怡然于心;以浮夸之翰墨,快然于手。自明之末也,朝庙无一可倚之臣,天下无复办事之官。坐大司马堂,批点《左传》;敌兵临城,赋诗进讲。其习尚至于将相方面,觉建功奏绩俱属琐屑,日夜喘息著书,曰:"此传世业也。"以致天下鱼烂河决,生民涂毒。呜呼!谁实为此?无怪颜先生之垂涕泣而道也。①

此为李塨50岁时写给方苞的信中所谈内容,主要包括:一、以继承"圣绪"自任的程朱理学,高谈孔子很少讲论的"性天之教",将训诂、笺疏变换为章句之类的高头讲章,而师生的对话袭用佛教的语录体。其最终结果是将人们与实际事务隔离开了。二、受佛道影响,理学家提倡"静坐内观",以"禅悦"之风浸渍人的内心,视孔门以"六艺"为核心的实学为"末务"。三、对事功的轻视,使明末缺乏经邦济世的人才。朝廷里没有可以倚重的大臣,天下没有能够办理实事的官吏,"以致天下鱼烂河决"。比照明末实际情况,李塨的批评入木三分。前举倪元璐、温体仁这两位以程朱理学为敲门砖进而步步高升的大臣,在"陛下英明""圣明裁决"的字眼下,遮盖了他们没有解决国计民生重大问题的不作为。在李塨的描述中,指挥军事的厅堂上,武官们在批点《左传》;敌人兵临城下时,官吏们作诗研讨;将相们以建功立业为琐屑小事,以著书立说留名万世为大事。李塨的描述似乎有点夸大,然而甲申鼎革之际,"敌兵临城,赋诗进讲"之事,民间尚存有遗风。纪昀的两位曾伯祖纪曾星、纪曾辰在崇祯十五年(1642)"闻大兵将至河间,又拟乡居"之时,一邻叟说,今日如有尉迟敬德、秦琼在,就不会兵临家门了。两人听了后,就同邻叟争辩起来。争辩的焦点是,门神是神荼、郁垒还是尉迟恭、秦琼。双方旁征博引,反复辩论。"次日将行,而大兵已合围。破城,遂全家遇难。"纪昀的先人姚公发了一通议论:"明之季年,道学弥尊,科甲弥重。于是黠者坐讲心学,以攀援声气;朴者株守课册,以求取

① 李塨:《恕谷后集》卷四《与方灵皋书》,载陈山榜、邓子平主编:《颜李学派文库》第3册,第741—742页。

功名。……死生呼吸,间不容发之时,尚考论古书之真伪,岂非惟知读书与外事之故哉!"①明末因"道学弥尊""科甲弥重"下形成的"注经论道为学"的习气,让士人们对经邦济世的大事关注甚少。明清易代的原因是多重的,理学家的空虚学风难逃其责。李塨说理学家及其信徒们"处处谈性,人人论天",印证了左都御史施邦曜这位心学的信徒在自尽前留下的那首诗,从中不难知晓明代的覆亡与理学的空虚学风是有一定关联的。

---

① 纪昀:《阅微草堂笔记》卷二一《滦阳续录三》,上海古籍出版社 1980 年版,第 512 页。

第八章　李塨的宇宙观与倡导实学

第一节　理气合一的宇宙观

一、"气外无理"与"阴阳生万物"

从先秦到明清之际,中国古代哲学的发展已经经历了两千多个年头。在先秦哲学里,论争的中心是天人关系与名实关系,其中包含着心物关系。东汉末年佛教传入神州大地,佛教对心物关系的认识,理论上的深刻远远高于儒家。到了宋明时期,理学家从佛教那里汲取了所需的养料,着重探索了心物关系,并和知行之辩紧密地结合起来。颜元论述自身哲学思想时涉及了"物""知""心"这三项。宋明理学家形成了气一元论、理一元论与心一元论这三大宇宙观流派。张载与罗钦顺、二程兄弟与朱熹、陆九渊与王阳明,分别为三大流派的主要代表。这三大宇宙论体系,着重探索了心物之辨与理气之辨,这也是宋元明清时期激烈争论的中心议题。这一时期,众多理学家及对理学有过批判的哲学家,他们的学说之间有很大的区别,但理论构架无法逾越这三大体系。

颜元是气一元论者,李塨遵循师说,主张理气一元论,认为气外无理。且看李塨与学者王复礼的对话:"草堂曰:'颜先生言理气为一,理气亦似微分。'曰:'无分也。孔子曰:一阴一阳之谓道。以其流行谓之道,以其有条理谓之理,非气外别有道理也。'"①颜元"理气为一"的主张,是对程朱理学气外有理、理先气后观点的否定。王复礼对颜元的观点并不完全赞同,李塨察觉后,以"非气外别有道理"之说,对颜元观点做了肯定。

---

① 冯辰、刘调赞:《李塨年谱》卷二,第63页。

李塨在辨别"理"字来历时做了论说：

> 理字圣经罕见，惟《易》"穷理"、《中庸》"文理"、《孟子》"理也"三言，乃指道之条理，余皆言道。自宋儒以理为谈柄，而道字反轻，传至今日，智愚皆言理而罕言道矣。窃谓即以理代道字，而气外无理。①

以朱熹为代表的宋儒承认"气"的存在，但认为"气"只是构成万物的材料，"理"才是生成万物的根本。万物是由"理"与"气"结合而成的，而以"理"为根本。"有是理便有是气，但理是本。"②能生"气"的"理"，又是先验的、超越于万物之上的精神性本体："万一天地万物都陷了，毕竟理在这里。"③万物有成毁，而"理"超出成毁之外，是永恒的、独立的存在。李塨认为，朱熹强调的"理"，在古代典籍（"圣经"）中是很少用及的，更多的是以"道"来表示。"道"从首、从走，为人们走路时必经的地方，后引申为规律。要清算理学，不拔掉"理"能生"气"这一障碍，说得再多也无法击中要害。于是李塨继承颜元"理气为一"的见解，提出"气外无理"的主张。"气"是生成万物的根本，万物之中的"理"就不能游离于"气"之外。

李塨是气本论者，认为世界本原是阴、阳二气：

> 圣经言道，皆属虚字，无在阴阳伦常之外，而别有一物曰道曰理者。《易》曰："立天之道曰阳与阴，立地之道曰柔与刚，立人之道曰仁与义。"则道者乃阴阳、刚柔、仁义之通名，不在阴阳、仁义前也。④

依李塨的意思，阴阳是"气"，刚柔是阴阳二气的属性。阴阳二气刚柔相推产生了天地万物，也即"阴阳在前"。"阴阳在前"是针对朱熹"理在气先"的理本论而发的。朱熹断言在万物产生之前先存在着一个"理"的世界。这个"理"运动的结果就派生出了天地万物："实理流行，发生万物，牛得之为牛，马得之为马，

---

① 李塨：《中庸传注问》，载陈山榜整理：《颜李丛书》，第 1540 页。
② 朱熹：《朱子语类》卷一。
③ 朱熹：《朱子语类》卷一。
④ 李塨：《论语传注问》，载陈山榜整理：《颜李丛书》，第 1516 页。

草木得之为草木。"①李塨的"阴阳在前"是说在"阴阳"二气外，没有一个产生万事万物的本体。所谓"理"（"道"）是存在于人们头脑中的概念，是用来称呼客观事物的。李塨运用名实之辩来论证自己的观点。李塨认为"阴阳在前"的意蕴是："阴阳"二气是根本性的实在，"理"这样的"通名"是派生的，是人们抽象思维中用来描绘客观实在"阴阳"的概念。"通名"不可能在"阴阳"之前产生，是先有"阴阳"后有"通名"的。李塨在与学生讨论中提出了"阴阳生万物"的主张：

> 敬庵问《中庸》朱注"五行化生人物"之说，先生曰："阴阳生万物"，《易》言也；"五行生人物"，则汉后之误语也。五行乃流行于世，为人用者，如蠢然木，顽然金，且赖人培植之，销治之，焉能生人哉！②

"阴阳"二气就是万物生成的根本。"阴阳"二气的运动化生出来具体事物："阴阳往来，正如由路。春夏井泉凉，地上暖，谓之阴往阳来；秋冬井泉温，地上寒，谓之阳往阴来。天地以此运行，非路而何？……若以道为定名，为专物，则是老庄言道，曰'道生天地'，曰'有物混成，先天地生'。其视道也，非虚位，而实异端之说矣。"③"阴阳"二气的运动，如同人们经常走的路一样，是人们感觉得到的。地上温度，夏暖冬凉；井里的水，冬暖夏凉。这样的变动都是"阴往阳来""阳往阴来"的产物。道家老庄所说的"先天地生"的"道"乃是人们思维中的抽象概念（"定名"），不能把它看作是实实在在的"专物"。不然的话，就要陷入"异端之说"中。"异端"就是把抽象概念作为具体事物产生依据的"理"世界。

李塨举了个例子反驳主张"道生天地"的先验论。他说：

> 阴阳、刚柔、仁义其实也，谓之道者名也。如甲有身，实也；呼甲身曰长人，其名也。今谓"甲身不是长人，长人在甲身先，所以为甲身者也"，而

① 朱熹：《朱子语类》卷二七。
② 冯辰、刘调赞：《李塨年谱》卷五，第168页。
③ 冯辰、刘调赞：《李塨年谱》卷五，第166页。

通乎？①

某甲身材较高那是客观存在的实际,因"实"而称呼甲为"长人",这是由"实"而形成的抽象概念("道")。先有某甲客观存在的事实,人们思维中才会萌生出"长人"的"通名"来。"通名"就是共相,某甲就是殊相。李塨强调共相是后于殊相的,殊相就是具体的感性事物。共相产生于殊相之前,正是朱熹"理"世界的主心骨所在。朱熹否认共相产生于殊相的客观情况,只是截取了共相摹写现实事物这一环节并加以无限夸大。李塨认可共相有摹写现实事物的作用,可用"道"来概括"阴阳、刚柔、仁义"等客观内容。李塨强调不能把客观内容之"实"说成是后于"通名"的"虚"。李塨的"阴阳在前,通名在后"的主张,在本体论上是关于精神实体与具体事物之间关系的争论。李塨的观点,是基于经验事实的朴素唯物主义的见解,但就驳斥"理能生气"说而言是相当有说服力的。

颜元对鬼神的认识,显露了他朴素唯物论的局限性。李塨认为鬼神也是阴阳二气的产物,故而认为鬼神是客观存在的:"盖天地之中,人物之外,实有一种鬼神上下其间。"②雍正二年(1724),蠡县暴雨,河水危涨及堤岸,两岸庄稼有淹没之危险。李塨作祭河神文向河神祷告,适值河水退去。李塨相信鬼神的存在,并认为他们能够行福善祸淫于人间。这一观点是不足取的。作为经验论基础的感觉在许多场合是不能正确地解释客观实在的。基于感觉的经验能够一定程度上说明客观实在,但无法区别真相与假象、正常与不正常的幻觉。一些感觉是有欺骗性的,如把筷子一端插入水中,水中筷子看起来是歪的,拿出来却是直的。李塨作祭河神文后河水告退,这是一种巧合,它给人们带来幻觉或者说不寻常的感觉。李塨没有认清这一点,又拉扯苏轼来为自己的主张寻求依据:"东坡言'神可感而人难感',其信然邪!"③以经验论为基石而缺乏思辨深度的朴素唯物论,在理解某些现象时出现差错是必然的。李塨承认有一个"天"这样的人格神能够主宰人世间:"或问天有上帝乎？曰:有,门

---

① 李塨:《周易传注》卷五,载陈山榜整理:《颜李丛书》,第 851 页。
② 李塨:《恕谷中庸讲话》,载陈山榜整理:《颜李丛书》,第 1556 页。
③ 冯辰、刘调赞:《李塨年谱》卷五,第 183 页。

有神,山有神,岂天而无主宰之神乎?"①这比孔子"敬鬼神而远之"的态度还倒退了些,陷入"万物有灵"论的泥坑中。

二、"理见于事"

由"理气为一"宇宙观,就会推导出"理见于事"的理事一元论。李塨说:

> 朱子云:"洒扫应对之事,其然也,形而下者也;洒扫应对之理,所以然也,形而上者也。"夫事有条理曰理,即在事中。今曰理在事上,是理别为一物矣。理,虚字也,可为物乎? 天事曰天理,人事曰人理,物事曰物理。《诗》曰"有物有则",离事物何所为理乎? 且圣道只在其然,故曰"无党无偏,王道平平",道学专重所以然,故曰不见那物事。②

> 理字则圣经少见,《中庸》文理与《孟子》条理同,言道秩然有条,犹玉有脉理,亦虚字也。《易》曰"穷理尽性,以至于命,理见于事,性具于心,命出于天",亦条理之义也。③

这两条材料可从五个方面分析。一、"理"字在儒家经典("圣经")中是很少使用的。李塨提出这一说法是为了给自己的主张找权威上的依据。凡是打着"古学"复兴旗号以批评"今学"的思想家大多类此。二、李塨把"物"与"事物"等量齐观,在引了《诗经》"有物有则"的话后,接着就说"离事物何所为理乎?"在李塨那里,"气"与"事"都是用以表示存在的范畴,"气"是表示一般存在的范畴,"事"是表示具体存在的范畴。④ 三、提出"理见于事"的主张,以"理"为事物的客观规律、条理。"理"是抽象的,它必须依存于具体事物中。如玉石中的脉络、纹理是以客观存在着的玉石为载体的。四、客观事物,如自然界的事物、社会人事各有特定的规律。"天事曰天理,人事曰人理,物事曰物理",后者是以前者为载体的。五、李塨认为"圣道"注重"其然",而理学专重"所以然"。

---

① 冯辰、刘调赞:《李塨年谱》卷一,第 19 页。
② 李塨:《论语传注问》,载陈山榜整理:《颜李丛书》,第 1534 页。
③ 李塨:《论语传注问》,载陈山榜整理:《颜李丛书》,第 1516 页。
④ 参见姜广辉:《颜李学派》,中国社会科学出版社 1987 年版,第 135 页。

李塨前四个方面分析得很在理,很有说服力,但第五个方面的指责暴露了李塨经验论的浅薄。朱熹在讲到"物"与"理"的关系时,主张穷究事物的"所以然之故":"至于天下之物,则必各有其所以然之故与所当然之则,所谓理也。"①其中"所当然之则"是讲规范在先,"所以然之故"是研讨事物背后的"理"。这是理性主义的分析方法。理学专重"所以然",实是中国古代理论思维深度进入一个新水平的标志。李塨以"圣道"注重"其然"而否认"所以然",是李塨经验论的不足与缺陷所在。

　　"理见于事"要求人们于具体事物中求"理",从而否定"理"凌驾于具体事物之上的"理"世界。李塨指出理学家把精神性的"理"凌驾于具体事物之上,是视"理别为一物"。李塨这一指责对理学的根本谬误做了有力的批驳。朱熹的理一元论与古希腊亚里士多德的"四因"说很相似。"理"作为生物之"本"相当于形式因,"气"作为生物之"具"相当于质料因。在朱熹看来,先有抽象的概念,后有具体的质料来构成事物。朱熹说:"形而上者,无形无影是此理;形而下者,有情有状是此器。"②人们在制作器物时先要有个概念在脑海中。如造房子,人应该先有房子的概念,这是"无形无影"的"此理";但造房子还得有质料,如木头,这是"有情有状"的"此器"。推而广之,朱熹认为自然界的万物以及人类的产生也是如此:"未有此物,而此理已具;到有此物,亦只是这个道理。"③朱熹以人造器物的活动来比附自然界的造化,说明万物的起源与生成。这势必导致人们把头脑中关于万物的抽象概念当作产生万物的精神性本体。朱熹的"理"世界,忘记了人们关于房子的观念是来源于客观实在的事物。人们最先住山洞,然后进化到半地下的穴居(如半坡人居住的房子),再由茅草屋进化到木结构与砖木结构(西方以石材为主)房屋,一直到今天的以钢筋混凝土为主要材料的现代化房子。正是在无数次的造房过程中,人们才抽象出关于房子的概念。朱熹把人们无数次实践后形成概念的过程抽掉了,进而以房子的抽象概念作为造房子的根本所在。李塨指责理学家"理别为一物"的观点,其大体意蕴与上面我所阐述的相近,只是他是从朴素经验论中直觉地感到

---

① 朱熹:《朱子全书》第6册《四书或问·大学或问上》,朱杰人等主编,上海古籍出版社2010年版,第512页。
② 朱熹:《朱子语类》卷九五。
③ 朱熹:《朱子语类》卷九五。

了这一点。

李塨认为理学家及其信徒们执"理"为一物,沾沾自喜,实际上使人迷失于虚妄之中。李塨以钱丙为例来说明:

> 钱丙不讲学问,不讲持行,专以明理为言。年来加以狂怪,将《大学》、《中庸》、《古文尚书》、《易·系辞》、《周礼》、《仪礼》、《礼记》、《春秋》三传,有见者,有未见者,望风而诋曰:"我理见以为如是,虽古圣起,吾不信也。吾信吾理而已矣。"近又移之于医,自《素问》以至刘、李之书,及诸《本草》,皆斥为非,惟取张氏《伤寒》,尚指其中一半属伪。而曰:"人参不补,石膏不寒。半夏无毒,不必姜制。"遂谋出而行医。予问之曰:"君曾习医乎?"曰:"否。""亦识药乎?"曰:"否,皆以理断之耳!"……然则不目见,不身试,何由以理断之耶?且君之以理断,即当前莫辨也。天下之物因形以察理,则理可辨。而今君曰:"吾但论理。"有甲者,本颀而晰,君曰"矮而黧",且曰:"彼形不可凭,而理可凭。"夫理者,物之脉理也。物形既置,理安傅哉?君与人争田,听论者问旧契非君田,问证人非君田,观疆界形迹非君田。君曰:"吾心之理,固以为吾田也。"此亦无如之何矣。"明理"二字,老生常谈,然不意其弊至此。①

钱丙("君")是作为理学忠实信徒的代表为李塨所列举。钱丙的价值判断标准是一准于"理"。读书如此,鉴别中草药也如此。《黄帝内经》由《素问》与《灵枢》两部分组成,是现存较早的一部重要医学文献。《本草》为《神农本草经》的简称,它成书于东汉时期,是最早的一部药物学专著。后世有大量关于中草药的著作以"本草"命名,集大成者是明代李时珍的《本草纲目》。故李塨以"诸《本草》"称之。《伤寒》是《伤寒杂病论》的简称,是东汉著名医学家张仲景的著作。以上所列,皆为中医经典文献,文献中许多结论都是历经实践而得出的。钱丙把《素问》《本草》全盘否定,指出《伤寒》一半为假,认为人参没有滋补价值,半夏没有毒性,把前人实践与理论上的总结全抹杀了。钱丙论人也不考虑他人的实际情况,身材颀长而白皙的甲,他要说成矮小而脸黑。钱丙与他

---

① 李塨:《论学》卷二,载陈山榜、邓子平主编:《颜李学派文库》第3册,第1023—1024页。

人在土地所有权上发生了争议,契约上所载、证人之所说、土地边界的形迹均证明这块田不是钱丙的。"但论理"的钱丙对客观的事实情况充耳不闻,只信"吾心之理,固以为吾田"。钱丙头脑中充塞的是程朱理学的"理"的世界,他认为这样别人拿他就没有办法了。李塨指责以主观臆想中的"理"去替代实际事物是"皆以理断之",而主张"因形以察理"。他认为任何一个事物都有它的形状,"察理"当根据事物的具体形状去考察。"物形"没有了,"理"也就失去它依附的根据了。换言之,"物形"是第一性的,"察理"是第二性的。钱丙并不一定实有其人,或许是李塨想象中寓言式的人物,特标举出来作为批评的靶子。李塨这样做的目的是要表明宋明理学重要特征之一"离事言理":

> 自宋有道学一派,列教曰"存诚明理",而其流每不诚不明。何故者?高坐而谈性天,捉风捕影,纂章句语录,而于兵农、礼乐、官职、地理、人事沿革诸实事,概弃掷为粗迹,惟穷理是文,离事言理,又无质据,且认理自强,遂好武断。①

钱丙就是李塨所说的"认理自强"、结论武断的典型。理学对关系国计民生的"实事",如兵农、礼乐、官职、地理、人事等,皆看作是等而下之的"粗迹",是不去认真考虑的。颜元远离现实生活的性理之学,非不得已则不予讨论,作《存学编》是为了批判宋儒的心性之学。李塨较多地表现其经学态度,为多种经书作了传注。《周易》是理学家用以发挥理气、心性的主要经典,李塨著《周易传注》,别出心裁地强调《周易》是纯属讨论"人事"问题的著作,他说:"《易》,为人事而作也。孔子于大象,如天地、健顺、云雷、屯难,而必曰'君子以之'。又曰'《易》道有四:以言,以动,以制器,以卜筮',又曰'百物不废,惧以终始',皆人事也。"②自汉代田何传《易》而后,解《易》者众多,或以象数成穿凿之说,或以义理为空浮游谈。尽管经过历史上如此多番的解读,《周易传注》一反理学家究哲理、探玄义的做法,而专门从与民众相关的实际事务上加以诠解。理学的兴趣在于离开事实去讲形而上之"理",至于现实生活中是否有依据,且不多

---

① 李塨:《恕谷后集》卷二《恽氏族谱序》,载陈山榜、邓子平主编:《颜李学派文库》第3册,第725页。
② 李塨:《周易传注序》,载陈山榜整理:《颜李丛书》,第700页。

作考虑。李塨把"离事言理"而无实际依据的"认理自强"的"道学"，也就是程朱理学称之为"今学"，并认为这同他理想中的"古学"是完全对立的。

第二节　批今复古倡实学

一、"古学实，今学虚"中的功利主义

在对理气、理事关系做了充分论证后，李塨就从宇宙观的探讨转向对"实学"的倡导。这是他对"今学"与"古学"做比较后得出的：

> 古之学一，今之学赟；古之学实，今之学虚；古之学有用，今之学无用。古今不同，何其甚也！古之为学也，明德、亲民、止至善为道，六德、六行、六艺为物。八岁就小学，学小艺，履小节，束发，就大学，学大艺，履大节，为学之序；春秋《礼》、《乐》，冬夏《诗》、《书》，为学之时。治己则祥，治人则当，施之国家，天地位而万物育，人多成材，宇内郅隆，有此术也。①
>
> 三代以上，以躬行实践为主。……沿至宋明，虚文日多，实学日衰，以诵读为高致，以政事为粗豪。邱濬为大学士，著《大学衍义补》，不期实行，但期立言。……至于明末，万卷经史，满腹文词，不能发一策，弯一矢，甘心败北，肝脑涂地，而宗社墟，生民燔矣，祸尚可忍言哉！②

首先，李塨认为，"古学"与"今学"（理学）的区别，是"实"与"虚"、"有用"与"无用"。邱濬（1421—1495）以《大学》为六经之总要，他觉得真德秀《大学衍义》一书，只论述格物、致知、诚意、正心、修身、齐家这些方面，而于治国、平天下有所缺失，他作《大学衍义补》的目的，是要补充后两方面的内容。李塨断言，《大学衍义补》只有理论，没有实行的意图。李塨批评宋明儒者崇奉"无用"

---

① 冯辰、刘调赞：《李塨年谱》卷二，第 42 页。
② 李塨：《平书订》卷三《建官上》，载陈山榜、邓子平主编：《颜李学派文库》第 4 册，第 1126 页。

之学说："宋儒内外精粗，皆与圣道相反。养心必养为无用之心，致虚守寂；修身必修为无用之身，徐言缓步；为学必为无用之学，闭门诵读。"①这是针对宋代以降，"虚文日多，实学日衰"的情况而发。

其次，李塨的"实学"思想是明清时期流行三个多世纪的实学思潮的重要组成部分。这一思潮，反省了以往社会在政治、经济、军事、文化、学术、教育等诸多方面存在的问题，强调学者要面向现实，做有利于国计民生的事业。许多学者提出了很多别开生面的见解，实学思潮与明末清初的启蒙思潮有着重合之处，但又不尽相同。前者比后者的范围更加广泛，延续时间也更长一些。就实学思潮发展历程言，"清代实学由盛至衰是经历了一个过程的。康熙中期，实学思潮虽然从总体上比不上明清之际那样昌盛，但是在哲学、科学、史学、文学、艺术等方面，实学仍保持着很大的影响，在内容方面，也有新的突破和发展"②。这一评议是比较公允的。平心而论，"新的突破和发展"和颜元、李塨公开打出"实学"的旗帜与作为官方意识形态的程朱理学相对抗是有一定关系的。在对抗中，颜李学派研讨了动静、性习、知行、理事、义利、体用等范畴，使实学有了长足的发展。

李塨的批评是从功利论出发的。李塨的"实学"与程朱理学的区别可归结为功利论与道义论的对立。"学无事功，举世陆沉"，这是李塨在 25 岁时就确立的学术原则，师从颜元后其功利色彩更加强烈。功利论的信条是追求效用或功效，是从效用的角度来判断学者或学派的价值。为民众和社会营造福祉与建功，是功利论者追求的目标。功利论者往往置个人安危于不顾，全身心地投入到实际事务中。道义论相反，主张从"性天之教"去寻求判断学者或学派。道义论有个鲜明的特点，就是把学问向个体内心收缩，进而提倡静坐主敬，排斥功利论的倾向。李塨认为，理学以诵读为主，腹笥很宽，万卷经史都装得下，但碰到实际事情，如军事战争，就一点办法也没有。李塨觉得学者或学派的价值在于是否有利于个人，有益于世道，施之于国家时有补于治道，并有造就众多有用人才的功能。宋明两朝积弱而亡，原因是"不期实行，但期立言"。

---

① 　冯辰、刘调赞：《李塨年谱》卷四，第 139 页。
② 　陈鼓应、葛荣晋等主编：《明清实学思潮史》下卷之"引论"，齐鲁书社 1989 年版。

李塨认为，学者要使自己的学问有用于世，就应致力于"孔门之礼、乐、兵、农、执射、执御、鼓瑟、会计"之学，即掌握与社会生活、生产有关的实际本领。他痛心疾首于孔圣人关于"六艺"之学的遗教被理学家束之高阁：

> 人必学能射，而由浅入深，始得其趣，未有全不能射，而即得射之趣者。后儒高阁六艺而言博其趣，是不能射而得射之趣也。有是理乎？陶渊明曰："但识琴中趣，何劳弦上声。"乃清狂高寄之言耳，今以为学术矣，其遗误后世不已甚哉。①

"六艺"在他心目中是一生要追求的学问。"六艺"之一的"射"，必须从实际的射箭活动中方能领会到无穷的乐趣。不是亲身经历一番由浅入深的历练，只是语言中领略"射之趣"是一点道理也没有的。"但识琴中趣，何劳弦上声"，出自《晋书·陶渊明传》："性不解音，而蓄素琴一张，弦徽不具。每朋酒之会，则抚而和之，曰：'但识琴中趣，何劳弦上声！'"这是说，陶渊明不擅弹琴，却在家中备琴一张，且是没有弦的。每逢友朋一起饮酒相会时就说，"只要领会琴中的真趣，又何必要琴上奏出美妙的声音呢？"这是魏晋玄学"得意忘言"说的形象化表述。② 李塨借以用来批评理学家那种脱离具体事物而寻求乐趣的主张。"穷理"的对象不是理学家所言"天理"，而是在生活中有实效的"六艺"之理。"请问穷理是搁置六艺，专为穷理之功乎？抑功即在于学习六艺，年长则愈精愈熟，而理自明也？譬如成衣匠学针黹，由粗及精，遂通晓成衣诀要。未闻立一法曰，学针黹之后，又搁置针黹，而专思其理若何也。"③成衣匠要知道做衣服的窍门，"由粗及精"，一定是在多次裁制衣服的实际操作之中得到的。搁置实际操作而"专思其理"，是得不到内中裁制衣服的要诀的。李塨在 53 岁时专心于农圃之事，在李塨心目中，"诀要"的知晓一定是在"犯手去做"的实际操作中得到的。

李塨复兴"古学"的主张被时人讥为"迂阔"。李塨从功利论做了回答，认

---

① 李塨：《论学》卷一，载陈山榜、邓子平主编：《颜李学派文库》第 3 册，第 1020 页。
② 关于"得意忘言"，参见朱义禄《玄学思潮》第五章"言意之辩"之"王弼的'得意忘言'论"，上海社会科学出版社 2006 年版。
③ 李塨：《论学》卷一，载陈山榜、邓子平主编：《颜李学派文库》第 3 册，第 1015 页。

为"迂阔"是同不关心实际应用的学问相关的。"古学"一点儿也不"迂阔"，"迂阔"的倒是"今学"：

> 今之学盖渐渍成习，万方一概，遂觉所入有合耳。然究其有切时用，请问，今之学古人官者，公坐堂皇，可向百姓讲性天著书乎？可向百姓作一诗、撰一古文乎？可向百姓作八股制义乎？曰：不可也。古制虽渐湮，而朝野君民，不能无礼；祭祀朝会，以及民间叠弄鼓吹，不能去乐。军旅之事，惟恃射御；刑名钱谷，必赖数书。则古学非古也，乃今日之急务也，而何云迂阔也？①

古代的官员会向百姓当面宣讲"性天"之学，要求百姓写诗作文，作"八股制义"吗？答案是否定的。古代制度现今渐渐地被人们遗忘了，但不代表它们在社会生活中没有了使用价值。如礼在政治与民间交往活动中、乐在宗教与民间喜庆活动中都被广泛地应用；射箭、骑马是军事活动必备项目；法律与财政的事情离不开书法与数学。李塨举例是要说明"六艺"之学实为社会生活中的"急务"，是须臾不可或离的。

李塨与理学的对峙，从形式上看是"古学"与"今学"的对峙，内容上则为"事物之教"与"性天之教"的对立，实质为功利论与道义论的对立。李塨以实学、有用之学代替虚学、无用之学，高擎复兴"古学"的大旗。李塨对理学的清算在清初是相当全面的，其间有一个主心骨即指出理学的根本错误是离事物以言理。李塨提醒人们勿为诗书所溺，废弃实事。他认为诵读乃致知之一事，但书中的道理非有切身历练不能有深刻体会。他说：

> 非教人废读书也，但专以读书为学则不可耳。且明理非尽由读书也，即如人日读书传亦知射，曰"志正体直"而与之决拾，颠倒错互，遂可谓晓知射之理乎？亦知乐，曰"以和为主"，而宫商音律入耳茫然，遂可谓晓知乐之理乎？故古人明理之功，以实事不以空文，曰"致知在格物"。②

---

① 李塨：《圣经学规纂》卷二，载陈山榜整理：《颜李丛书》，第 1675—1676 页。
② 李塨：《论学》卷二，载陈山榜、邓子平主编：《颜李学派文库》第 3 册，第 1024 页。

李塨这些观点基本上秉承自颜元。无论是射箭还是奏乐，书中所说的道理与实际操作是有着很大一段距离的。比如音乐，书中讲以和谐悦耳为准则，但若自己听了却是一片茫然，能够说懂得"乐理"吗？客观事物的道理是由"实事"而取得的，不是读些书籍（"空文"）就能知晓的。

在批判程朱理学或论述自己主张时，李塨总是标出"圣道""孔门""圣经"作为权威性的依据。李塨抬出圣人是因为程朱理学的势力太强悍了：

> 门下畏朱注痼人，以其为科场所遵，温饱荣耀，俱出朱注，安得不宝而奉之？今欲呼其聋寐，难矣！诚哉是言！即如方子灵皋，文行踔越，非志温饱者，且于塨敬爱特甚，知颜先生之学亦不为不深，然且依违曰"但申己说，不必辨程朱"。揆其意，似谚所谓"受恩深处即为家"者，则下此可知矣。①

"门下"指恽鹤生。"痼"指经久养成、不易克服的疾病，恽鹤生有过一段迷恋程朱理学的阶段，难以自拔。朱熹的《四书章句集注》是明清两代官方指定的权威书籍，士人对《四书》的理解必须以朱熹的注释为准绳。恽鹤生觉得"朱注"虽禁锢了人们的思想，但它"为科场所遵"，是士人飞黄腾达的敲门砖，哪能不把它当作宝贝？李塨赞同恽鹤生的观点，认为让世人从程朱理学的信仰中醒悟过来是很困难的事。即使像方苞，文章写得漂亮，又不为"温饱"所困，对颜元学说也知之甚深，也绝对不会去抨击程朱理学，认为只要伸张自己的主张就可以了。处境是如此的微妙，李塨就以圣人言说作招牌为自己的主张寻找合法性的依据。

二、"反虚而实"中的经学态度

李塨倡"古之实学"批评"今之虚学"是在圣人崇拜的前提下提出的：

> 且夫古之所为道，礼乐文物，体诸身而措诸世，为天地建实功，为民物

---

① 李塨：《恕谷后集》卷五《复恽皋闻书》，载陈山榜、邓子平主编：《颜李学派文库》第3册，第757页。

树实业,岂徒讲之口,笔之书?玩弄心性,含咀章句,轻礼乐名物,使二氏之空幻,俗学之浮靡,窜入其中,人才日萎,气运日消。虽侗然自附于古圣贤,而一如秦鼎之暗移而不觉。於戏!此天运圣道古今升降出入之大关也。……今之虚学,可谓盛焉。盛极将衰,则转而返之实者。……自此反虚而实,而尧、舜、孔、孟之学,复行于天下,庶有望乎![1]

盛极一时的"今之虚学",就是窜入了佛、道"空幻"因子的宋明理学。它以诵读、著述、"玩弄心性"为其主要内容,以败坏人才、不利国计民生为其恶劣影响所在,实为浮华不实的"俗学"。古代的"尧、舜、孔、孟之学"以"建实功"为主要内容,以"树实业"为其客观效果,是"体诸身而措诸世"的"实学"。尽管理学家打出了"古圣贤"的旗号来遮掩自己,但当今的学术思潮正处于"反虚而实"的拐点上。货真价实的"古圣贤"的"实学"复行天下已是必然的了。

同颜元一样,李塨有圣人崇拜的心态。这在他的著作中比比皆是,他做人的志向必以"圣人"为榜样,学问上的追求则以"圣道"为目标:

> 我辈居官,立志为圣贤,出政效帝王,皆分内也。[2]
> 夫学而不以希圣希贤卓然千古为志,虽行已无大错近,仅仅乡党自好者耳。[3]

"立志为圣贤"是李塨一生憧憬的理想。李塨强调不立下做圣人的志向,行为上即使没有差错,只是同流合污的"乡党"而已。李塨所处时代与颜元有别,这时天下渐趋平稳。李塨不再像颜元以遗民气节为重,认为做官与学做圣贤、为帝王效劳是士人应尽的责任,不应推辞。李塨不仅关心政事,而且两次去富平县帮县令杨慎修出谋划策,年过古稀还著《拟太平策》。这都是颜元所没有的。圣贤人格实现的首要条件是立志,这在前面有关颜元教育思想一节中已说及了。

---

① 李塨:《恕谷后集》卷一《送黄宗夏南归为其尊翁六十寿序》,载陈山榜、邓子平主编:《颜李学派文库》第 3 册,第 710 页。
② 冯辰、刘调赞:《李塨年谱》卷三,第 133 页。
③ 李塨:《恕谷后集》卷一《赠刘生序》,载陈山榜、邓子平主编:《颜李学派文库》第 3 册,第 720 页。

对有着圣人崇拜情结的人们来说,古代圣人早已逝去,只能从经典文本那里去寻求对圣人的体认,这就成了他们思维方式的核心。这种思维方式,我称之为经学态度,这是中国传统思维方式的重要方面之一。思维方式是内化于人脑中、与方法论相关的思考问题时的方式。人们在探索未知领域时要使无知转化为有知,知之不多转化为知之甚多,既需要运用物质手段,更需要正确的思维方式。在探索性的认识中,它是工具,也是主体思考问题时相对固定方法的综合。中国文化中的思维方式是复杂的、多层次的,如怀疑与自得、守一与会通、分析与综合、向外实测与反求心性等,但占据统治地位的则为经学态度。

经学态度就是以圣贤的言行、经典的著作作为自身思维方式的准绳。二程追随周敦颐寻求"孔颜乐处",颜元在信仰程朱理学时接踵其后,这是经学态度的表现。经学态度,从范围上说,是以解释经典为做学问的主要任务,认为经典上所说的都是正确的,经典上未讲的都不必讲;从立论上说,以经典的是非为标准,以圣贤的言行为准绳,并以此衡量历史上各学派的是非;从历史上说,汉儒重章句之学,讲究"师法",强调学生应遵守老师的传授,宋儒讲义理之学,主张依个人的心得体会来解释经典。在哲理的阐发上,宋儒是胜过汉儒的,但二者还有共通性,即力求从圣贤的言行与经典的著作中寻找立说的根据,而对经典文本的理解存在不同的途径,如重训诂的汉儒、重构义理的宋儒。

经学态度对人们的心灵影响至深。如梁启超在《清代学术概论》中说:

> 自汉武帝表彰六艺,罢黜百家以来,国人之对于六经,只许征引,只许解释,不许批评研究。韩愈所谓"曾经圣人手,议论安敢到?"若对于经文一字一句稍涉疑议,便自觉陷于"非圣无法",蹙然不自安于其良心,非特畏法网、惮清议而已。[1]

在中国封建社会里,儒家学说由于统治阶级的反复倡导,儒家经典具有宰制万态、牢笼百家的功用。举凡治国的道理、社会的准则、教育内容、做人的规矩、科学的知识都可以通过研读经书的活动得到权威的答案:"臣闻六经者,圣人所

---

[1]　梁启超:《梁启超论清学史二种·清代学术概论》,第11页。

以统天地之心,著善恶之归,明吉凶之分,通人道之正,使不悖于其本性者。故审六艺之指,则人天之理可得而和,草木昆虫可得而育,此永永不息之道"①,"吾于是知六经之道,大小悉备,后人詹詹之智,早不出圣贤范围之外也"②。自西汉的匡衡到清初的钱大昕,无不突出了经书的权威性与神圣性、经义内容的永恒性与适用的普遍性。经学态度为明清两代的文字狱找到一个恰如其分的理由:"曾经圣人手,议论安敢到?"但这并不意味着经学态度是应该抛弃的糟粕。历史上一些有独创精神的思想家,往往在经学外衣的掩护下去表达自己惊世骇俗的见解。被列为六经之首的《周易》,据《四库全书总目提要》统计,《四库全书》收录历代解《周易》的著作 575 部、3728 卷。这还不包括未被收入《四库全书》的易学著作。以明清之际而言,王夫之的《周易外传》、黄宗羲的《易学象数论》均以对《周易》的推衍、引申等来表达自己的思想,内中不乏大胆的创新,如《周易外传》中的哲学思想、《易学象数论》中的政治见解,都表现了一种更新而趋时的启蒙意识。李塨的《周易传注》专讲"人事",不讲"天道",也是很有创意的一部解释《周易》的著作,只是名声不及《周易外传》《易学象数论》显赫而已。它们都是力图通过经典文本的注释,来阐发个人的新见解。这是旧瓶装新酒,崭新的观点淹没在陈旧而古老的词汇与形式中。李塨自 55 岁后为众多儒家经典作注,计有《春秋传注》《诗经传注》《论语传注》《大学传注》《中庸传注》等,持续到其 68 岁。62 岁,又著《传注问》,包括《论语传注问》《中庸传注问》《大学传注问》等。恽鹤生认为李塨的经学态度是对颜元学说的补充:"恕谷承之(颜元),实大而声宏,信近而征远,充之以渊博,发之以光辉,而圣贤有体有用之学,盖益昌明于天下。"③恽鹤生与李塨相识后尽弃先前所信之学而师事颜元,故对颜元与李塨之间的学术差异了如指掌。"充之以渊博"是指李塨以考据之学来充实颜元学说;"发之以光辉"是指李塨以系列性的经学著作来光大颜元的学说。李塨除了上述的著作外,还有以考辨为主的《宗庙考辨》《郊社考辨》《田赋考辨》《禘祫考辨》等,大约是"信近而征远"的意思。颜元对训诂、考辨是不屑一顾的,这使他对理学的批判尖锐有余而学理上的根据不足,难以使人们真正地信服。李塨在经学方面的诠释,弥补了颜元学说这方

---

① 《汉书·匡衡传》。

② 钱大昕:《潜研堂文集》卷一五《答问》。

③ 恽鹤生:《李恕谷先生传》,载冯辰、刘赞调:《李塨年谱》附录,第 223 页。

面的缺失,这是恽鹤生所说"益昌明于天下"的内涵。

李塨很好地借经学态度来抒发自己的见解:

> 瑞生问圣学、俗学之分,先生曰:"圣学践形以尽性。耳聪目明,践耳
> 目之形也;手恭足重,践手足之形也;身修心睿,践身心之形也。形践而仁
> 义礼智之性尽矣。今儒堕形以明性,耳目但用于诵读,耳目之用去其六
> 七;手但用于写字,手之用去其七八;足恶动作,足之用去其九;静坐玩弄,
> 而身不喜事,心遇事迂板,身心之用亦去九。形既不践,性何由全?此一实
> 一虚,一有用一无用,一为正学一染异端,不可不辨也。"①

这是李塨在陕西富平县佐理县政时回答把总蔡瑞生时所说的话。李塨区别了
"圣学"与"俗学",即"古之实学"与"今之虚学",从人性论来说,这是"践形以
尽性"与"堕形以明性"的对立;从客观效果而言,为"实"与"虚"、"有用"与"无
用"的不同;就性质来看,为"正学"与"异端"的分野。李塨强调"圣学"与"俗
学"的对立,二者不容并存。李塨的"践形以尽性"来自颜元。《孟子·尽心上》
有"形色,天性也,惟圣人然后可以践形"等语,在孟子看来,人的身体容貌是天
生的,唯有圣人才能不愧于这一天赋。这有着先验唯心论的色彩,颜元"践形
以尽性"的观点对孟子思想做了新改造,增加了"主动"的内容:

> 予之视、听、言、动,果"克己复礼",践形而尽性也,则存性于身矣,诸
> 友信拙言而皆践形而尽性也,则存性于世矣。②
>
> 吾愿求道者,尽性而已矣;尽性者,实征之吾身而已矣;征身者,动与
> 万物共见而已矣。③
>
> 人心动物也,习于事则有所寄而不妄动,故吾儒时习力行,皆所以治
> 心;释氏则寂室静坐,绝事离群,以求治心,不惟理有所不可,势亦有所不
> 能。……闭户寂处,乌得不身日闲而心日妄乎!④

---

① 冯辰、刘调赞:《李塨年谱》卷四,第129页。
② 颜元:《颜元集·习斋记余》卷一《未坠集序》,第398页。
③ 颜元:《颜元集·存人编》,第129页。
④ 颜元:《颜元集·颜习斋先生言行录》,第646页。

孟子没有讲明圣人如何能够无愧于人的天赋,这为后人留下了各种解释的机会。颜元认为,"践形以尽性"必须建立在人身体"动"的基础上,不断地在事上"习行"。因为"人心"在本质上是动的,但不是盲动,而是在遇到实际事务时才有行动。颜元之"习于事"既有环境熏陶的意义,也有践履、历练的意义。颜元以"动"去"尽性",其"践形以尽性"的主张,相比于孟子,增加了后天环境与人的主观努力的环节,一扫理学与世隔绝、离群索居、身心俱废的弊端。颜元力斥理学家静敬养性的虚妄,以"主动""习行"去"治心",对抗宋儒的静敬。颜元认为,只要做到"践形","尽性"即在其中。关于人性的种种论辩也就可止息了。"仆所望者,明乎孔、孟之性道,而荀、扬、周、程、张、朱、释、老之性道可以不言也;明乎孔、孟不欲言之性道,而孔、孟之性道亦可以不言也,而性道始可明矣。"①颜元认为自己解决了"性道"的问题,已与"孔孟之道"相合拍。

李塨在这方面做了进一步的发挥。李塨认为与"圣学践行以尽性"相对峙的是"今儒堕形以明性"。在李塨看来,人的身体("形")是由耳、目、手、足、身、心等器官组成,这些器官各有其机能和作用。如耳、目是用于感受外界事物的,但"今儒"只用于读书,那是曲解了"耳聪目明"的作用。李塨的这一说法有合理之处。"耳聪目明"会在读书中得到应用,但认为"耳聪目明"只是"诵读"而已,耳目作用就去掉了一大半。李塨的意思是人只有在生活实践中充分发挥自身器官的机能及其作用,才能真正实现"孔、孟之性道"。理学家"静坐玩弄,而身不喜事",主张与事隔离的做法,只会使身心俱废。"一实一虚,一有用一无用"的结论,是从功利论出发;"一为正学一染异端",是从经学态度着眼。以上就《孟子》中人性论的文本与颜元、李塨的诠释做了较为详细的剖析。李塨同颜元一样,认为人性只有在实践中才能实现,这在中国古代无疑是有价值的认识。李塨的实践,主要是个人的实践,内中有相当多的道德践履的因素,如李塨所说的"形践而仁义礼智之性尽"。这与今天所说的社会实践有所区别,但不应该苛求古人,应当从他们对经典文本诠释中所发出的新意去理解他们的创造力。

在中国古代社会里,儒家经典处于至尊的地位,人们要阐发独创性的主张,得假托儒家经典文本做出新的诠释。由于环境、时代与个人情况的不同,

① 颜元:《颜元集·存性编》,第33页。

假托者的期望值已与原先文本有很大的差别。在中国传统文化中,一些成为历史的聚焦点与现实的指示器的、具有永恒价值的著作往往披着合法的经学外衣。具有独到见解的思想家著书立说仍采取经学态度,这是在特定的社会文化背景之下唯一可以采取而又不致立遭毁版、问罪的途径,并使自己主张得以传播的合法手段。这可以为有独特见解的思想家减轻传统观念的压力,这个传统一直持续到近代。

应当承认,不同阅读主体所处社会历史情境的差异,以及他们的政治观点、个人际遇、教育水平、学术修养与兴趣爱好等因素所形成的期待视界的殊别,是其对经典文本进行重新解读的内在动力。这一动力也是经典文本在中国思想史上经常地被后人当作能发"新芽"的"老树根"的缘由。像《孟子》这样的经典文本,提供的是一种粗线条的原型,而非实证性的结论;是一种开放式的框架,而非封闭式的教条。这些特点,使它不致受时代的局限沦为明日黄花。经典文本往往成为后世启迪新观点的来源。因不同阅读主体所造成的差异化的内容形成了哲学史上的各种流派。对李塨的经学态度,我们应该做这样的理解。大凡传承愈久,变易就愈多,这差异化产生的新义与原先文本也相差较大。经典文本的意义是与时俱变的,永远是过去向着现在的一次又一次的新演变。不只是儒学发展史,就是中国哲学史的发展,也是由对众多经典文本所作诠释的层累积淀所构成的。这是中国文化史的规律与特点所在。

第九章　李塨的政治、经济、
军事与教育思想

以复兴"古学"为己任的李塨,他的政治、经济思想以"富强"二字为宗旨:"天下处处皆粮则天下富,天下人人习兵则天下强。"①李塨的政治、经济思想基本上是承继孟子的"仁政"学说,与颜元有一脉相承的地方,与颜元最大的不同处,是反对恢复裂土封侯的封建论,主张保持郡县制。李塨的教育思想有自己的特色,于颜元既有继承又有发展,尤其是儿童教育方面。

第一节　行"仁政"以趋"王道"

李塨撇开传统《周易》是关于"天道"之书的说法,断定它是专论"人事"的著作。这与传统对原始文本的论述差距很大。"天道""地道""人道"是《周易》作者申明研究的对象。如《系辞传》有"《易》与天地准,故能弥纶天地之道","古者庖牺氏之王天下也,仰则观象于天,俯则观法于地"等语。前者说《易》这本书包罗万象,囊括了天地万物的规律;后者说庖牺氏王天下时,仰观日月星辰,俯视山川泽壑。55 岁时李塨为《周易传注》作序时说"夫圣人之作《易》,专为人事而已矣","得圣人作《易》本旨,专为人事"。② 同年《李塨年谱》记载:《易》为人事而作……自田何传《易》而后,说者棼如,而视其象杻怩,征其数穿凿,按其理浮游,而尤误者,以《易》为明天道之书。"③李塨对易学史是很熟悉的,说汉代田何把《周易》广为传播后,衍化出象数派与义理派。拘泥于象数而多穿凿附会之说,是象数派的特点;把《周易》当作"明天道之书"的义理

---

① 李塨:《拟太平策》卷四《夏官》,载陈山榜、邓子平主编:《颜李学派文库》第 4 册,第 1197 页。
② 李塨:《周易传注序》,载陈山榜整理:《颜李丛书》,第 700 页。
③ 冯辰、刘调赞:《李塨年谱》卷五,第 147 页。

派,在道理上是不扎实的。《周易》有很多处论述天道与地道,而李塨撇开不讲,只在"人道"上发挥自己的见解,其依据是孟子的"王道仁政"。

李塨揭示出了治理天下的方法为"仁政"以实现"王道":

> 是易简之德,在天地,大生广生则曰生;在圣人,仁民爱物则曰仁,一德也。大宝之位,行仁之具也。聚人之财,行仁之事也。为农桑,为珍货,划然有理。丧、祭、宾、师,正其用财且名之辞。亲、义、序、列,禁其有财逸居之非。以义辅仁,而仁行矣,与天地合其德矣! 生生之谓易,《易》道尽于此矣。孟子曰使民"菽粟如水火",民无不仁,王道尽于此矣。此之谓"天下之动,贞无一"。①

这是李塨在解释《系辞》中"天地之大德曰生,圣人之大宝曰位"时生发出来的一段新义。他以孟子的"仁政"说来解释"易道",而最后落实于"王道"。这是一种经学态度。李塨认为权力就是行"仁政"的工具,把财富聚集起来是行"仁政"应尽的职责。能够给民众带来生生不息活力的"易道"就是孟子的"仁政"。他认为,如果让天下民众共同享用其所创造和积累的财富,财富就能同水火一样,取之不尽,用之不竭,那么,不但"仁政"为人们所接受,而且"王道"也在其中了。李塨所引孟子的话见于《孟子·尽心上》:"圣人治天下,使有菽粟如水火。菽粟如水火,而民焉有不仁者乎!"意思是说,圣人治理天下,做到粮食同水火那样取之不尽,百姓哪有不仁爱的呢! 孟子认为要"使有菽粟如水火",前提是搞好农业生产,减轻民众税收。在孟子看来实现这一前提的基础,就是"制民之产",此为"仁政"说在经济上的体现,即保证民众有一份固定的产业:"是故明君制民之产,必使仰足以事父母,俯足以畜妻子,乐岁终其饱,凶年免于死亡。然后趋而之善,故民之从之也轻。"②这是孟子对齐宣王说的话,意思是说能否做到"制民之产"是君主英明与否的标准。"制民之产"就是让农民有一份固定的地产,这叫"恒产"。实施的办法是,每家给五亩的宅基地,以作建造住宅之用;每家给一百亩土地,以从事农业生产;住宅四周种满桑树,50 岁左

---

① 李塨:《周易传注》卷六,载陈山榜整理:《颜李丛书》,第 872 页。
② 《孟子·梁惠王上》。

右的老人有衣穿,养些鸡、狗,70 岁左右的老人有肉吃;在农业生产上,孟子要求君主"勿夺其时",这样八口之家就可吃饱了;再办学校,"申之以孝悌之义";这样做,"然而不王者,未之有也"。①

"制民之产"如何实现呢? 孟子提出了井田制。李塨对此予以高度的认同,认为是天下富强的根本:

> 井田不可与封建并论也。封建不宜行,而井田必宜行也。不行,则民必不能家给人足,即圣君贤相,世世补救,差免流亡,而苦乐不均,怨咨痛疾,无可如何。且不行,则不能兵寓于农。……民不溥所养则贫,兵不出于农则弱,贫弱之天下可久支乎! 故曰:井田必宜行。②

《孟子·滕文公上》记载了孟子关于实行井田制的具体设想。滕文公差了毕战来问孟子关于井田制的事情。孟子认为要实行仁政先得从"正经界"开始。经就是界,指井田中纵横交错的界限。田界划分不正确,井田的大小就不均匀,就会产生不公平的事情。孟子设想以方九百亩的地为一里,划为九区,其中为公田,八家均私田各百亩,同养公田。孟子正经界、复井田的主张在后世影响非常深远。我国古代的典籍如《周礼》《礼记》《春秋榖梁传》《史记》《汉书》中多有类似的记载。《春秋榖梁传》宣公十五年载:"古者三百步为里,名曰井。井田者,九百亩,公田居一。"李塨对其师颜元恢复封建制的主张是不赞同的,并有多次的表述,但对井田制则反复申明其必行性,这大约与传统见解的根深蒂固有关。自两汉到清代,学者中有反对恢复井田制的,但大多数的学者们对井田制抱着笃信的态度。黄宗羲对井田制的向往已为大家所熟知,有明一代力主恢复井田制的学者为数众多。黄宗羲的老师刘宗周遇荒年便流露出"井田之意":"宗周居恒私慨,生今之世,安得视古太平之民,人人登饱暖全寿命,如所谓使民且富寿者而称之,则亦何道之几乎? 将必井而田,必肉而刑,虽圣人不可行于今日,亦师其意而已矣。语曰:'人情莫不欲寿,三王生之而不伤;人情莫不欲富,三王厚之而不困。'夫惟三王知天下之有同情也,而通天下之情

---

① 《孟子·梁惠王上》。
② 李塨:《平书订》卷七《制田第五上》,载陈山榜、邓子平主编:《颜李学派文库》第 4 册,第 1147 页。

以一之,则人人各遂其情矣,此井田之意也。"①刘宗周对比古今,认为古代的"三王"对天下人怀着深厚的同情心,希冀人人得以长寿且经济富裕。而让每个人的愿望得以实现的手段就是实行井田制。因弹劾大奸臣严嵩十大罪而入狱的杨继盛躬行过井田制。先前他因弹劾大将军仇鸾误国遭贬官。"故事,谪官者不事事,继盛乃日求民利病兴革之疏",按照官场的惯例,谪官是不干事的,杨继盛却不然,他心中始终装着民众的"利病"。有一次,"买民间最重赋地二千亩,仿古井田意,割授诸生,使亩入粟,以给笔札及婚丧之费"②。《明史》记载了徐贞明行井田而为地方官员所实施的事实。官至尚宝司少卿的徐贞明是一位水利专家。他在《潞水客谈》一书中提出:"修复水利,则仿古井田,可限民名田。"兵部尚书谭纶见书后说:"我历塞上久,知其必可行也。"接着,"顺天巡抚张国彦、副使顾养谦行之蓟州、永平、丰、玉田,皆有效"③。李塨在此氛围中,留恋"井田之意"是很自然的事了。

井田制能久久地吸引住古代思想家的目光,是因为这一制度能把农民有效地束缚在土地上,有利于古代社会统治秩序的稳固。对整个古代社会来说,孟子期望通过井田制来实现"制民之产"的"仁政",通过给农民固定的土地的方式,把农民永久性地束缚在土地上,实现劳动者与劳动资料的结合。"一夫不耕,或受之饥;一妇女不织,或受之寒。"④汉初贾谊此语,深刻地道出了以土地为基础、一家一户男耕女织的自然经济的稳定是国家的根本命脉所在。视土地为命根子的农民,是不愿意离开他得以生养的土地的。只是在天灾人祸的打击下,出于无奈而又无法保持土地的情况下,才会背井离乡。一旦这一情况出现,必然会产生大量流民,会对古代社会的安定造成致命性的冲击。历代农民大起义有好多次都是由于流民成为社会无法解决的严重问题后发生的。孟子的"仁政"学说,被当时看作是迂阔而不切实际的主张,那是由于战国时期的战争极为频繁。然而一旦社会步入相对稳定的时期,"仁政"说始终为有着社会责任感的思想家们所青睐,他们认为这是解决古代社会中经济矛盾的良策。对此王源有深刻的体会:"《平书》曰:'孟子以制民恒产为王政之本,然则

---

① 吴光主编:《刘宗周全集》第 4 册《绍兴府荒政引》,第 100 页。
② 孙奇逢:《孙奇逢集》中册《杨忠愍公传》,第 748—749 页。
③ 《明史·徐贞明传》。
④ 贾谊:《新书·无蓄》。

民产不制,纵有善治,皆无本之政也.'"①

　　由于土地在古代社会里是财富的主要象征,因而古代社会中出现的多余资本无不流向土地。李塨在青年与老年时都务过农,对这一现象有深切的感受。不同于中年时提出的"天下农分天下田"的主张,他在晚年时有所保守,提出了井田为上策、均田为中策、限田为下策的办法:

> 　　田有水可蓄泄者,则沟恤井之。无水而人民新造地,足分者则均之,一家八口百亩。……如不得均,则限之。一夫不得过五十亩,多者许卖不许买。宅亦有限。②

这段话是说,有蓄水条件田块采用挖沟的办法来实行井田制;无蓄水条件而新开辟的田块,土地足够分配的话,一家八口人平均应有一百亩的土地。如无法做到均田的话,就取限制的办法。一个农夫所有土地不得超过五十亩。土地多者只许卖出不许买进。宅基地的分配也采用上述有限占有的办法。包括均田、限田在内的这些办法,前人都已提出过,李塨并无新的内容。"多者许卖不许买",这种单向买卖限制的办法确为李塨的新见。在人类社会不同的发展阶段中,人们对财富的理解是不相同的。在工业社会中,工厂、机器与货币等有形的财物资本成为社会财富的主要象征。随着工业经济向知识经济时代的转变,另一类资本,即无形的智化资本(人才)的重要性凸现了,大有替代有形资本的势头。在农业社会里,土地占有的多少是衡量一个人财富的主要标准。有了土地就有了一切,它是经济实力、政治与社会地位的指示器,而前者是后二者的基础,即"邑有人君之尊,里有公侯之富"③,言简意赅地说明了这一点。官僚如此,商人也如此。中国历代商人在流通领域赚来的钱财大多用于在家乡购置土地,表面上看似乎是光宗耀祖,实际上是土地是财富的象征这一观念的体现。一般平民百姓也把购置几亩土地当作养老的命根子。农民就更不用说了。当不同的社会阶层都把注意力关注于经济力量、政治权威、社会地位象

---

① 李塨:《平书订》卷七《制田第五上》,载陈山榜、邓子平主编:《颜李学派文库》第 4 册,第 1145 页。
② 李塨:《拟太平策》卷二,载陈山榜、邓子平主编:《颜李学派文库》第 4 册,第 1188 页。
③ 《汉书·食货志》。

征的土地上时,任何力量也无法阻挡人们对土地占有的欲望。在土地被当作人们财富标志的古代中国,任何行政命令也是无法禁止土地自由买卖的。历代王朝实施多种方法,都难以抵抗土地兼并的势头就说明了一切。"多者许卖不许买",无非是李塨脑海中的冥想而已。

李塨还有一个农民以劳动力与收成来赎买置换地主土地所有权的设想:

> 非均田,则贫富不均,不能人人有恒产。均田,第一仁政也,但今世夺富与贫,殊为艰难。颜先生有佃户分种之说,今思之甚妙。如一富家,有田十顷,为之留一顷,而令九家佃种九顷。耕牛、子种,佃户自备,无者领于官,秋收还。秋熟以四十亩粮交地主,而以十亩代地主纳官。纳官者,即古什一之征也。地主用五十亩,则今日停分佃户也,而佃户自收五十亩。过三十年为一世,地主之享地利终身亦可,已矣,则地全归佃户。①

李塨是接着颜元说的,但有新的设计,一个地主有 1500 亩土地,自己保留 150 亩,1350 亩分租给 9 家佃户耕种。生产资料如耕牛、种子由佃户自备,无法备有生产资料的佃户先向官府借贷,待秋收后归还。佃户在秋收时,把 40 亩土地上的农产品收成缴给地主。10 亩的收成交给官府,是佃户代地主缴纳的。佃户以此种方式佃种 30 年以后,50 亩土地的所有权归农民所有。这颇类似于新中国成立以后,国家用 20 年的定息(每年为本金的 5%)去赎买资本家企业,最后企业由私人所有转变为国有财产。这可以称之为赎买式的"均田"。就其实质而言,是农民自备生产资料,以自己长期的劳动成果去赎买地主的土地所有权。李塨没有涉及如何实施的办法,主观臆断的东西多了一些。因为对人的一生来说,30 年是相当长的时期,生老病死的事情都可能在地主与佃户之间发生。佃户愿意,但地主是否愿意出租 90% 的土地还是一个疑问。没有生产资料的佃户如何向官府借贷生产资料,官府是否要建立相应的机构来操作这个事情。此外,半途如果发生个人意向转变又如何处置,这一切均得考虑进去。李塨没有论及这些具体问题,但他赎买式的"均田"方案至少有两个方面值得注意。一是他希望以渐进的、缓和的方式,而不是像李自成起义那样的激烈方

---

① 李塨:《拟太平策》卷二,载陈山榜、邓子平主编:《颜李学派文库》第 4 册,第 1188 页。

式,为农民取得土地所有权。二是他希望农民在"均田"的基础上保持"恒产",表明他对孟子"仁政"说十分青睐。孟子说:"无恒产而有恒心者,惟士为能。若民,则无恒产,因无恒心。"①孟子认为,对农民来说,要他们有比较稳定的想法,唯一的手段就是分给他们一份"恒产"。"三十亩田一头牛,老婆孩子热炕头"就是农民的理想天堂。孟子的"恒产恒心"说,虽说早在两千多年前就提出了,但并不因时光流逝而失去它的意义。重农是历代封建王朝的基本国策,皇帝象征性的耕田也罢,各级地方官下乡劝农也好,目的只有一个,那就是告诫农民要在自己的土地上安心种田。②李塨的逻辑是:"均田"—"恒产"—"仁政",最后达到"天下处处有粮"的理想。李塨想通过单向性的土地买卖限制、人均占有田宅数量限制与赎买式的"均田"相配合的办法,来达到防止土地兼并以缓和日益尖锐的社会矛盾。单向性的买卖限制、赎买式的"均田"方案,都是李塨经济主张中乌托邦因素的反映。尽管这些主张过于空泛而沉迷于主观的愿望,充满着天真、浪漫的想象,但这种想象的出现正好从反面证实了他们所处时代土地兼并的严重性。恰恰是现实经济生活中土地兼并太剧烈了,思想家才产生了用美好的想象来排除现实中差别的愿望。

第二节 "天下农分天下田"

土地问题上,李塨有一个相类于王源的主张,那就是"天下农分天下田":

> 或谓天下之田,恐不足授天下之人者。未思之言也。天下之口食,不坠于天,不涌于泉,不输于外国。今时民遇中岁,未至于饿莩相望也。况制产则地辟田治,收获自加倍蓰,乃忧田少不足于养乎? 惟以天下之农,分

① 《孟子·梁惠王上》。
② 汤显祖《牡丹亭》第八折《劝农》专述太守下乡劝农的情景。杜丽娘的父亲杜宝为南安府太守,按例要在春天下乡劝农:"时节时节,过了春三二月。乍晴膏雨烟浓,太守春深劝农。农重农重,缓俚征徭词讼。"(汤显祖:《牡丹亭》,徐朔方、杨笑梅校注,人民文学出版社 1982 年版,第31页)这在汉代就已形成惯例,且有"春行"这一专门名词。《后汉书·郑弘传》注:"太守常以春行所主县,劝人农桑,振救乏绝。"清代帝王则在北京先农坛经常举行有象征意义的籍礼。

天下之田。田无论多少,而四民上下之食皆足,断然也。①

这是李塨在评议王源"惟农为有田"论时提出的。王源在《平书》中主张:"今立之法:有田者必自耕,毋募人以代耕,自耕者为农,无得更为士,为商,为工。……官无大小皆不可以有田,惟农为有田者。"②王源的主张比李塨更激烈些,但实质都是讲一个内容,即只有耕种土地的农民才能够占有土地。王源认为,人们的职业不应当变动,农世代为农,不可变更为士、商、工。士、农、工、商四民分业定格论,并不是什么新见解,而是先秦时期观点的复述。王源要求职业分野固定化的主张,是把劳动者的职业看作是永不变动的。这实质上是反对佣耕现象的发生,保证有耕种能力的农民世代为农。与颜元相比,李塨、王源的主张显然是进了一大步。"天地间田,天地间人共享之"的主张,是比较模糊、不确定的。颜元所说的"人",还包括了"富民"在内,这从"一人而数十顷,或数十百人而一顷"一语中可得到证实。"人"既包括农民,也包括大量占有土地的地主、官僚与富人们。李塨的"天下农分天下田"、王源的"惟农为有田者"均主张土地的所有者不再是泛称的"人",而是专指"农"而言的。王源与李塨的著作中,经常出现"无立锥之地"的字眼,这是李塨、王源把颜元的"人"改为"农"的根由吧!

土地兼并是中国古代社会里不稳定因素中占有重要地位的一个。"天下农分天下田"是针对土地资源分配不合理而论的。③农业生产作为古代社会具有决定意义的生产部门,始终存在占有者与劳作者之间的矛盾。一方面,占人口绝大多数的小农占有很少的土地,劳动力资源异常充沛;另一方面,占人口极少数的皇室、官僚、地主占有大量土地,但他们不从事农业劳作,不是开发土地资源的人力。佃农的产生一定程度上缓和了这一矛盾,但没有从根本上解决问题。劳动力与劳动资料的分离,直接导致大量无业流民的出现。这样造

① 李塨:《平书订》卷七《制田第五上》,载陈山榜、邓子平主编:《颜李学派文库》第4册,第1150页。
② 李塨:《平书订》卷七《制田第五上》,载陈山榜、邓子平主编:《颜李学派文库》第4册,第1144—1145页。
③ 土地资源分配不合理之说,参考了孟繁清等著的《专制主义与中国封建经济》一书(河北教育出版社1996年版,第101—105页)。王源"惟农为有田"论,姜广辉在《颜李学派》一书中有分析,但他以为这一主张意在消灭地主土地所有,似还有可商榷之处。

成古代社会的农业生产无法按照正常的轨道运转。这一矛盾自汉代起就为有识的思想家所关注。董仲舒的限田主张是觉察到这一矛盾并力图纠正。统治者为了王朝的长治久安,企图从政策上做些土地占有关系的调整,如西晋推行的占田制、北魏到唐中叶实施的均田制等等。然而获得作为社会财富主要象征的土地的欲望,在古代社会的各个阶层中从来也没有止息过。贫困的人们把土地当作命根子,富有的人们想取得更多土地满足自己的占有欲。自耕农的破产是劳动力与劳动资料相分离的结果,随之而来的是古代社会的危机。这是中国古代社会里反复出现的周期性病症。

李塨的“天下农分天下田”说,是要解决土地资源分配不合理的现象,着眼点是让劳动力与劳动资料相结合,并保证它们之间不再分离。这与以往的均田、限田的主张有着较大的区别。这些主张只是在土地关系上做些调整,对社会上富有之人的兼并欲望加以一定的制约,而非消除土地资源分配不合理这一尖锐的矛盾。只有消灭地主土地所有制才能彻底解决这一矛盾。要李塨、王源具有这样的意识是不可能的。李塨晚年退回到井田为上、均田为中、限田为下的言论,足以证实这一点。但李塨、王源的土地思想中包含了极为宝贵的因素,那就是与劳动资料相结合的劳动者才能占有土地。换句话说,李塨、王源对皇室、官僚、地主占有土地的合法性持否定态度。这与传统的均田思想有很大的区别,从而开启了近代思想家“耕者有其田”的先声。土地问题在近代资产阶级思想家心目中也占有相当重要的地位。“耕者有其田”是孙中山一以贯之的主张,辛亥革命前他在与章太炎交谈中也表达了这个观点:

> 不躬耕者,无得有露田。……夫不稼者,不得有尺寸耕土,故贡彻不设。不劳收受,而田自均。(孙中山)
>
> 凡露田,不亲耕者使鬻之……露田无得佣人。(章太炎)[①]

“露田”指种植谷物的耕地。章太炎的《訄书》有几个版本,重订本《訄书》是几个版本中最富激情的。章太炎自 1902 年开始修订《訄书》,于 1904 年完成。

---

① 章太炎:《章太炎全集》第 3 册《訄书·定版籍》重订本,上海人民出版社 1984 年版,第 274—275 页。

孙、章的对话时间，当在 1899—1904 年之间。辛亥革命后，孙中山北上时对袁世凯说：

> 中国以农立国，倘不能于农民自身求彻底解决，则革新匪易；欲求农民解决自身问题，非耕者有其田不可。①

1924 年 8 月，孙中山在广州农民运动讲习所第一届毕业典礼上发表演说时认为只有解决了"耕者有其田"的问题，才算是彻底的革命。"天下农分天下田""惟农者为有田"与"不躬耕者，无得有露田""露田无得佣人""耕者有其田"，不仅从字面上相同，而且精神实质也一脉相通。孙中山与章太炎是否读过李塨、王源的著作，难以确定。至少章太炎、孙中山两人所处的时代里，土地兼并依然是中国社会难以解开的死结。同时也应看到，双方在出发点上有本质上的不同，李塨、王源两人是为了缓和当时的社会矛盾，以维护清王朝统治的长治久安；而孙中山、章太炎两人则是为了推翻清王朝的统治，把土地革命当作他们革命纲领中的重要方面。

第三节　"兵寓于农"

为了使中国富强起来，李塨提出"兵寓于农"的主张：

> 今拟制田能行，必宜兵寓于农。以下县计之，田一万二千顷，为户二万家，设兵五百，当四十家出一兵，而郡藩之兵亦出于县。大约二十家公选一勇力者，二十岁以上为兵，五十退之，另选。一家八口，二十家共一百六十口，除老弱妇人三分之二，少壮者五十三人而出一人，则五十二人皆募卒矣。②

---

① 《民立报》，1912 年 8 月 27 日。
② 李塨：《平书订》卷九《武备第六》，载陈山榜、邓子平主编：《颜李学派文库》第 4 册，第 1158 页。原文"慕卒"，不通。

照李塨的估算,每20家约有壮丁53人,选一人为正卒,其余52人为募卒。正卒是官兵、常备兵,募卒是乡兵、后备兵。对官兵的装备与训练办法,李塨有着具体的设想:"正卒为官司兵。凡甲胄器械二十家公应之。五官卒选一马卒,有一马,百家公养之。无事则业其家之农,有事上戍出征,皆领粮于官,定以数。乡巡三月试其射与击刺火器,有隙随时教试之。"①按李塨的打算,20家农民负担一个官兵的军事装备。至于骑兵,由一百家农民共同负担。这种军事装备由农民自己负担的主张可称之为"执干戈以卫社稷"。关于后备军的装备和训练办法,李塨也有设想:以一乡为基本单位,设一"巡",下辖十个保长。一百家出一保长,十家举一"甲首"。一乡共千家,每家出一人为乡兵。平时由保长巡逻,负责社会治安,"巡"也派人参与巡逻以配合之。有盗贼出现时,乡民举火发信炮为号,以让乡兵知道,附近的地方军事长官("县尉")闻炮望火,派人前来支援。②李塨认为军事战争与社会治安可以通过上面这些办法收到完美的效果。

李塨清楚地知道,实行"兵寓于农"的关键是农民拥有一定数量的土地。换句话说,中国社会必须保有一个相对稳定的自耕农阶层,使他们有足够的财力、物力来支撑"兵寓于农"的军事制度。按李塨的设想,被选上当官兵、马卒的农民,平时从事农业生产,战时则出征。他们所需的粮食皆由官府供给,在农业生产空隙时,随时进行操练。县里的军事长官,每年冬天到乡对农民进行军事训练。依据他们军事才能的高低给以必要的赏罚。再往上推,"郡别驾教其乡之军,藩司马教其藩之军,亦以三时冬月。而别驾与郡守,司马与藩侯、御史,间岁三岁,各阅其郡县军"③。李塨的意愿是良好的,是要解决募兵制的弊病。唐初实行的均田制,与之相配套的是府兵制。府兵制规定,兵士自备甲胄、粮食和衣装,平时存入官库,行军时领取使用。唐天宝年间,唐玄宗改府兵制为募兵制,此为均田制失效的证明。反过来说,府兵制在唐代能坚持一个时期,靠的是均田制。均田制如果能得到贯彻而长期坚持下去,中国古代社会里就要有一个较为稳定的自耕农阶层。均田制的失效,意味着国家用政权的力量去保证农民占有一小块土地的做法的破产。

---

① 李塨:《平书订》卷九《武备第六》,载陈山榜、邓子平主编:《颜李学派文库》第4册,第1158页。
② 参见李塨:《平书订》卷九《武备》,载陈山榜、邓子平主编:《颜李学派文库》第4册,第1159页。
③ 李塨:《平书订》卷九《武备》,载陈山榜、邓子平主编:《颜李学派文库》第4册,第1158页。

"寓兵于农"颇类似于古希腊城邦里公民"执干戈以卫社稷"的制度。希腊城邦普遍实行公民兵制度。公民们平时务农、经商、做工,战时即应征从军。作战所需马匹、甲胄、武器、给养、随从的奴隶等都需自己准备。他们在战场上冲锋陷阵,为国捐躯,并以此为荣。公民自己配备军事装备,在古希腊是城邦公民的义务所在。保卫城邦的独立和安全,出征侵夺土地和财富,是作为城邦所有者和城邦的公民的义务。公民尽军事义务的多寡与他在军队里的地位决定了他所享有的政治权利。这在公民身份与军人的身份保持一致的特点上有明显的反应。公民在古希腊城邦里是处于统治地位的统治阶级。"执干戈以卫社稷"的制度,在古希腊能久行不衰,同城邦制度密切相关。城邦属于全体公民所有,公民权意味着参政权,只是参与的深度和广度不同罢了。公民们认为自己是自由的,自由就在于不臣服于任何外在的权威,只服从他们自己制定的法律,也就是自治。公民把城邦的公共事务视为自己的事务,参加公共生活是公民生活中最本质性的组成部分。希腊人把不关心政治的人称为无用的人,而参与包括军事战争在内的政治活动是公民的一种生活方式。中国的农民,一直处于被统治的地位,其参与军事战争不是出自内在的自觉,只是为国家所役使而不得已罢了。要农民自觉自愿地为统治阶级做出军事方面的贡献,看起来是难以做到的。如果没有均田制为后盾,农民根本无力置备军用品。就此而言,李塨的"兵寓于农"的设想同颜元"兵农合一"的主张一样是无法实现的。

颜元的"兵农合一"是以教育与宗法血缘关系为纽带,而李塨则希望以建立健全的社会组织来实现"寓兵于农"。具体实施办法不同,但迷失于幻想是他们的共同处。李塨不赞同颜元的恢复"封建"说,认为郡县制搞得好会兼有两种政治体制的优点。在这方面,李塨并无增添多少新东西,也就不多讲了。

第四节　注重儿童教育

颜元要求幼童学习六艺,但没有具体方案。李塨在《小学稽业》上弥补了这方面的不足。当时流行的是朱熹编纂的《小学集解》,内容为收集立教、明伦、敬身、稽古等名言与故事,而重点在道德教育上。《小学稽业》有道德涵养上的内容,但更多的是理智与艺术方面的。《小学稽业》详细陈述了 8 岁到 14 岁时的学童应该学习的礼、书、数、乐四种学科的具体内容。李塨认为学礼应该从幼时开始:"时及八岁,则入小学。小艺小切,习从此始。"①礼的科目,有应对进退,事父母、长辈与教师,交友以及祭祀等方面内容,辑录了《论语》《礼记》《孟子》与贾谊《新书》等书中关于礼节方面的论述。最后辑录了司马光的语录,其中一条为:"凡诸卑幼,事无大小,毋得专行,必咨禀于家长。"②李塨在 23 岁时制订了学规二十一条③,大多与《小学稽业》中学礼的内容相同。《小学稽业》里学书的内容,是关于六书大意、字形、训诂、声韵、书法等,而于字形的认知与书法的练习讲得最多。依照李塨的主张,要晓得楷书的内容得先粗知篆文之意。学会如何把笔是儿童习书法的前提,为此李塨揭示了内中的诀窍:"先当身正次手直,肋腕用功肩臂力。虎口风眸形势具,把欲坚兮掌欲虚。"④把笔学会后,就要练习"永"字八法了。李塨转录了颜真卿与柳宗元"永字八法"的口诀。李塨认为,把握了这八种方法,就能把字写得秀丽遒劲。学数的内容,是九九表,珠算加减法、乘法、除法,《九章算术》等。这些都是与人生相关的实用技艺,是六艺中必须要学习的东西。

　　射与御没有列入《小学稽业》,因为这是成年人学习的项目。最具特色的是学乐方面,这在中国古代教育史上独树一帜,分为四个方面:律吕理论、器乐、诵诗、舞蹈。律吕理论的要点是"六律正五音",五音为宫、商、角、徵、羽,"六律正五音"是以十二平均律来校正五音或七声的基音。⑤ 前面对李塨"阅《律吕精义》"一语已有过详尽的说明。器乐是学习吹奏与打击乐器,包括金、石、土、革、丝、匏、木、竹等,这八种称之为八音,是古代制作乐器的材质。李塨说:"金如钟铎之属,钟以导乐,铎以节乐,若歌钟即编钟,则以倚乐。""金"类乐器,就是编钟;"石"类乐器,就是编磬;"土如埙缶之类";"革"是鼓一类的乐器;"丝如琴瑟之属";"木"为拍板;"匏即笙也";"竹如管籥篪篎之属"。⑥ 国人对编钟已有相当程度的了解,这与曾侯乙墓成套编钟的出土有关。至于"缶"

① 李塨:《小学稽业》卷三,载陈山榜整理:《颜李丛书》,第 1577 页。
② 李塨:《小学稽业》卷二,载陈山榜整理:《颜李丛书》,第 1586 页。
③ 参见冯辰、刘调赞:《李塨年谱》卷一,第 11—13 页。
④ 李塨:《小学稽业》卷三,载陈山榜整理:《颜李丛书》,第 1598 页。
⑤ 宫、商、角、徵、羽,加上变宫与变徵,就是七声。
⑥ 李塨:《小学稽业》卷五,载陈山榜整理:《颜李丛书》,第 1613 页。

为瓦质的打击乐器,但瓦易碎,保存下来的多为青铜缶。2008 年 8 月 8 日,北京奥运会开幕式上,一曲气势恢宏的《击缶而歌》,带着中华儿女的期盼与希望,呈现在各国民众面前。篴是笛的异体字。乐谱是用传统的工尺谱。[1] 在西方乐谱没有传到中国前,昆曲与京剧的教学均是使用工尺谱的。李塨全面罗列了古代的各种乐器,但许多乐器只有皇家机构才会置办。一般人家,即便家中蓄养有戏班的官僚,也不可能有编钟之类的乐器。李塨设想用如此齐备的乐器来教育儿童,带有浓重的乌托邦色彩。比较现实且能付诸教学实践的是舞蹈。李塨别出心裁地创造了一种"勺"舞。舞蹈分为文武两个部分:"节武舞以金铎,节文舞以木铎,相鼓则手执于胸前以辅铎者。每摇铎一声,则击鼓一声以应之。"李塨把自己教习儿童的"勺"舞给颜元观看,颜元观后大加赞美。李塨关于儿童教育的设想与实践,已接近于人的全面发展的教育理念,是应该大力肯定的。[2]

---

[1]　详见邱椿:《古代教育思想论丛》下册,北京师范大学出版社 1985 年版,第 292—296 页。

[2]　关于《小学稽业》的内容,邱椿先生在《古代教育思想论丛》下册"李塨论小学课程"一章中论述得更为详细。

第十章　颜李学派的传播：高徒胜过名师

大体上说李塨在世时，颜李之学的响应者是不少的。据戴望《颜氏学记》统计，颜元的弟子为108人，私淑弟子2人（郭子坚、恽鹤生），李塨的弟子为79人。如果与黄宗羲晚年在浙江讲学时做一比较，就会觉察到这是一个不小的数字。黄宗羲晚年潜心著述之余，在绍兴、宁波、海宁等地，恢复证人书院，讲学二十余年。据统计，其可考的学生在宁波的为66人，在海宁的为12人。

颜元在当时算得上是名师了，时人在他的头上，加上了"圣人"的光环："是时先生与王法乾，人皆以'圣人'称之。"[1]而李塨在颜元的众多门人中算得上是出类拔萃的。他不仅继承了颜元的学说，且自身有着别具一格的见解。熟知李塨的王源，有"李子学"之称。李塨45岁时送王源西行，并"赠以四言：力行，阐道，延才，保身"，王源回赠了一首很长的四言诗，内有"乃知李子学，江海源流长"等语。[2] 就传播自家学说的作用言，颜元与李塨相较差得太远。梁启超说："习斋是一位阒然自修的人，足迹罕出里门，交游绝少，又不肯著书。若当时仅有他一个人，恐怕这学派早已湮灭没人知道了。幸亏他有一位才气极高、声气极广、志愿极宏的门生李恕谷，才能把这个学派恢张出来。"[3]颜李学派创立者是颜元，但让这一学派声名四扬的却是李塨，这是一个不争的事实。梁启超这一断论不仅符合事实，而且道出了一个学术流派发展的规律，即学生在某一方面乃至于全面超过乃师的现象。本章的"高徒胜过名师"一词，仅指李塨在传播能力与客观影响方面是远远超越颜元的。颜元自叹，自己二十年的努力，不及李塨一年所做的。如果学生对老师之说亦步亦趋，新的学术流派就不会产生。朱熹有三位老师，为"武夷三先生"胡宪、刘勉之与刘子翚，皆当时名儒。分别向朱熹传二程的洛学。朱熹在继承的基础上，不墨守成说，创立了广大而精微、综罗百代的闽学，成为继孔、孟之后集诸先行学派大成的大贤。"高徒胜

① 李塨：《颜习斋先生年谱》，载颜元：《颜元集》，第745页。
② 冯辰、刘调赞：《李塨年谱》卷三，第99—100页。
③ 梁启超：《梁启超论清学史二种·中国近三百年学术史》，第217—218页。

过名师"，是学术流派不断涌出的动力。如清代中叶史学家赵翼所描绘的那样："江山代有才人出，各领风骚数百年。"当然更多的情况为"高徒出自名师"，这是学派流传的主要原因。毕竟只有少数的学生，能够戞戞独造，在学术领域中独辟出一片新天地。"高徒胜过名师"与"高徒出自名师"的相辅相成，方能构成学术流派赓续不断的局面，学术的发展才能呈现"才人""各领风骚"的气象来。

第一节　颜元所作的努力

当一个人有了不同凡响的见解后，就会按捺不住传给他人的心理冲动。颜元在 57 岁南游中州时向亲朋好友表明了这样的心声："苍生休戚，圣道明晦，敢以天生之身，偷安自私乎！"①不敢"偷安自私"是说不想把自家学说雪藏起来。立志"转一世之人"的颜元，是多么希冀自家学说能让他人知晓，改变人们笃信程朱理学的现状，以期在社会上产生较大的影响。这里就涉及颜李学派的传播了。颜元在这方面做了努力但效果却不太明显。

传播是人类运用符号借助于中介来交流信息的行为与过程。有意识的传播作为人类赖以生存与发展的基本方式之一，是人类除了劳动和语言以外，区别于动物的另一个重要标示。依据信息的不同性质，传播的类型众多，如新闻传播、科技传播、文艺传播、广告传播、文化传播等。学术传播归属于文化传播，这种传播在古代文人、学者之间是交往活动中产生的文化互动现象。

要想自家学说为人们所认同，颜元首先想到的是必须得到学界名人的肯定。他向孙奇逢、陆桴亭、李二曲等人寄去了自己的著作。孙奇逢(1584—1675)，直隶(今河北)容城人，字启泰，号钟元，学者称夏峰先生。天启年间，魏忠贤擅权，左光斗、魏大中、周顺昌等东林党人被诬下狱。孙奇逢不畏权势，倾身营救，义声震天下。他参加过抗清斗争，清亡归隐，累征不就，人称孙征君。后因田园被圈入旗，南徙于夏峰(即今河南辉县百泉山)讲学，从游者甚众。颜元在青年时代对孙奇逢就十分佩服，30 岁时约好友王法乾同访孙奇逢未果。

---

① 李塨:《颜习斋先生年谱》，载颜元:《颜元集》，第 768 页。

36 岁时，颜元给孙奇逢写了一封信。说自己与其门人王余佑为莫逆之交，不同意理学家二元化的人性论，认为"孟子之言性善最真"；又将著作寄上："某不自揣，撰有《存性》、《存学》二编，欲得先生一是之，以挽天下之士习而复孔门之旧。"①"一是之"是说颜元期望能从孙奇逢那里得到其对《存性编》与《存学编》的肯定，让士人笃信程朱理学的习气有所变化，让孔、孟学说以本真面目呈现在士人面前。惜乎孙奇逢没有回信给颜元。

颜元给江南大儒陆世仪的信的结果也是一样。信写于康熙十一年（1672），缘由是陆世仪观点与他相似："桴亭，名世仪，字道威，太仓人，隐居不仕。其学重六艺，言性善即在气质，气质之外无性。著《思辨录》。先生喜其有同心也，致之书。"②陆世仪虽说宗程、朱，但其学关心民生世运，注重六艺，以实用为指归："古者六艺，学者皆当学之，今其法不传。吾辈苟欲用心，不必泥古，须相今时宜，及参古遗法，酌而行之"，"今人所当学者，正不止六艺，如天文、地理、河渠、兵法之类，皆切于用世不可不讲。俗儒不知内圣外王之学，徒高谈性命，无补于世"。③ 从这条材料可知，陆世仪同颜元的主张何其相似！陆世仪在1672 年逝世，颜元收不到复信也是很正常的事了！

颜元通过友人李复元向李颙转交自己的著作："所有拙著《存性》、《存学》各摘一纸，拙《功课记》中亦摘一纸，幸直斧正修涂之，小子不胜西望，待教切切！贵地邻邑有李道丈名颙字中孚者，专讲阳明学，便求中转寄仆之拙著，与兹上道丈书一致意。"④李颙与孙奇逢一样，没有回信给颜元。笔者认为是颜元与孙、李两人的学术地位相差太大了！孙、李二人与黄宗羲被时论称之为"清初三大儒"。⑤ 不论在哪个时代，文人、学者之间的交往都是有圈子的，学术地位过分悬殊，是很难直接沟通的。囿于蠡、博一隅的颜元，直接想与"三大儒"中的二位打交道，希冀有"一是之"的肯定，或者有"斧正修涂之"的结果。这是颜元的一厢情愿，然而他欲自家学说"不胜西望"的殷切之心却溢于言表。

---

① 颜元：《颜元集·征君孙钟元先生书》，第 46—47 页。
② 李塨：《颜习斋先生年谱》，载颜元：《颜元集》，第 737 页。
③ 陆世仪：《思辨录》卷一《大学类》，引自杨向奎：《新编清儒学案》第 1 卷，齐鲁书社 1985 年版，第 611 页。
④ 颜元：《颜元集·寄关中李复元处士》，第 435 页。
⑤ 全祖望说："当是时，北方则孙先生夏峰，南方则黄先生梨洲，西方则先生（李颙），时论以为三大儒。"见《全祖望集汇校集注·鲒埼亭集内编》卷一二《二曲先生窆石文》，第 237 页。

41岁前，颜元对自己的学说是很欣赏的，持"深隐而人求焉"的态度："王文中何以不出？人隐见其命耳，天之用吾也，深隐而人求焉，故刘穆之困卧无裤，一朝而相宋；天之废除吾也，插标自市，而终不售。韩昌黎三上宰相书，何益哉？"①王文中，隋朝哲学家王通。隋文帝时上书《太平策》，不见用。遂退隐河汾间，以授徒著述为业。刘穆之是辅助南朝宋高祖刘裕打天下的功臣，"穆之内总朝政，外供军旅，决断如流，事无壅滞"，但"穆之家本贫贱，赡生多阙"。②韩愈中了进士之后，一个多月没有被授予官位，便写了《上宰相书》，说自己像一个快死的人，"饥不得食，寒不得衣"，请求宰相垂青他这个可怜人，赏给他一官半职。③颜元举这三个典故，表明人的一切是由冥冥之中的苍天决定的。刘穆之家境拮据，连日常生活用品也没有（"困卧无裤"），却"一朝而相宋"。大文豪韩愈失意时向宰相乞求官职，有什么用呢？老天爷不垂青于自己，即便把价格写明在标签上求出售，也是无人问津。颜元的学说不为时人知悉，是一个客观的事实。一如王源所言："北方学者多暗晦，寡交游，著述亦不传于天下。以予所闻，孙征君外，不过山右傅青主、关中李中孚数先生而已。既与杨刚主、张文升订交，乃知有五公山人及颜习斋诸君子。"④

41岁时，颜元发觉能够接受自家学说的人多不如自己，"今从吾者更不若吾，吾道其终穷矣乎！"⑤忧心忡忡的颜元觉得要改变信者寡少的现状，一方面，他倾注精力去发掘人才，培养更多的后继者；另一方面，在57岁时离开蜗居多年的蠡、博一带，南下到河南，为弘扬自家学说而努力。就前者说，据《颜氏学记》记载，他的学生有108人，有汉族的，也有满族的；有中下级官吏，也有商人与农民；年龄上差别亦很大，有几岁的蒙童，也有年龄大于他的70余岁的老叟；从地域分布看，主要集中在河北蠡县、博野、保定、衡水一带，河南也有一些，与其中州之游有关。弟子中比较有名的是李塨、王源、恽鹤生，而后二人是李塨引荐给颜元的。还有一位明皇室的后代朱敬，觉得明之亡在于"不务实事而囿虚习"，于是千里迢迢拜颜元为师，"朱敬，字主一，汤阴人。明宗室也。性孝

① 李塨：《颜习斋先生年谱》，载颜元：《颜元集》，第741页。
② 《宋书·刘穆之传》。
③ 韩愈：《韩昌黎文集校注》卷三《上宰相书》，马茂元整理，马其昶校注，上海古籍出版社1986年版，第155页。
④ 王源：《居业堂文集》卷四《李孝悫先生传》，万有文库本。
⑤ 李塨：《颜习斋先生年谱》，载颜元：《颜元集》，第744页。

友,从事圣学甚力。闻颜元先生名,不远千里率其少子本良至博野,习礼、乐、书、数,考水火诸学"①。这说明,颜元之学对人们是有一定吸引力的。

到了晚年,颜元下定决心南下中州宣传自己的学说,甚至认为完成此行,回老家坐以待死也安心了:

> 仆尝有言,训诂、清谈、禅宗、乡愿,有一皆足以惑世诬民,而宋人兼之,乌得不晦圣道,误苍生至此也。……辛未之岁,不惜衰萎,决计出游,欲自中豫绕雍、扬转青、徐而求师、寻友,庶几有如伊、孟、文忠者肩此一任,仆可以反庐安老以待毙矣。乃盘桓中州八阅月,二千余里,所见如张起庵师弟、孙征君、周铁邱、云骨子诸翁之门人,所闻如耿逸庵、李中孚、俞春山,大抵皆宋人之学,而更不及,仁义真充塞矣。非罢口敝舌,辩开一分宋学,孔子道一分不入。②

有感于宋明理学的空疏无用,且夹杂了禅宗,"惑世诬民",颜元不顾自身衰老的身躯,从博野出发,经顺德至安阳、开封,再到商水、上蔡后返回。行二千余里,时间近八个月。此行动机是通过寻求志同道合的人,以倡明自家学说。令他失望的是,一路遇到的同仁,"大抵皆宋人之学"。他深切体会到,不经辩论,不"辩开一分宋学",孔子的圣道就无法印入人们的脑海中。《颜习斋先生年谱》中详细记载了两桩事情,一是与孙奇逢学生张天章的论战,颜元胜出;二是与学界名宿张仲诚辩论一个月,结果不了了之。颜元向张天章讲述《存学编》的要旨是"习行",张天章的回答是:"学者须静中养出端倪,书亦须多读,著书亦不容己。"前一句话,是明代心学先驱陈白沙为学的要义;后一句话,显然是朱熹的观点。颜元反驳道"静中了悟,乃释氏镜花水月幻学",认为孔子之学以"三物之事"与六艺之教为核心,最后以"天章悦服"告终。③

与张仲诚的交锋,就艰巨得很。张仲诚中过进士,做过内黄县知县。他在学术上宗陆王心学,还有些自己的独特体会。他认为"修即在性上修,为学必先操存,方为有主",这是说注重于内心修养是第一位的。颜元答以"是修性,

---

① 戴望:《颜氏学记》卷一〇,载陈山榜、邓子平主编:《颜李学派文库》第 5 册,第 1573—1574 页。
② 颜元:《颜元集·寄桐乡钱生晓城》,第 439—440 页。
③ 李塨:《颜习斋先生年谱》,载颜元:《颜元集》,第 769—770 页。

非修道也",认为周公、孔子之道在于"以六艺教人",而"实事为六艺"。颜元觉得,认同这一条才"可言操存诚正"。在人才选拔制度上,张仲诚主"八股可也"。颜元认为"不复乡里选举,无人才,无治道"。各自坚持自己的观点,而不相让。到送行时,颜元对张仲诚说:"先生操存有年,愿进习行,以惠苍生。"①双方各持己见,客客气气分了手。

尽管南游中州让颜元的社会影响有所扩大,多了几位河南籍的门人。但从学术传播的角度言,颜元费力大而功效小。颜元主观努力了二十年,却不及李塨一年宣传之效。从学术创新来说,坚定了他"辩开一分宋学",入"孔子道一分"的主张,这与他"必破一分程朱,始入一分孔孟"的名言同义。

第二节　李塨在传播上的贡献

由于李塨在传播中做出的巨大贡献,使得颜李学派成为清初的显学。如徐世昌所言:"塨以颜元崛起闾巷,学初不显,塨为传其说于京师,与四方知名士正言婉喻,转相传布,声蜚风游,不数年遂被天下。"②

第一,李塨自觉将传播颜学作为自己的人生责任。康熙四十三年(1704),颜元逝世,李塨写了情深意长的祭文:"尝谓先生之力行为今世第一人,而倡明圣学,则秦后第一人。海内文士无论,即称笃儒致行者,与先生疏密,固大有间。而至于秦火之余,如董仲舒、郑康成、文中子、韩昌黎、程明道、张横渠、朱晦庵、王阳明,其于学术,皆襫此蹯彼,甚至拾沈捉风,浸淫虚浮,以乱圣道。呜呼! 千余年于兹矣。"③李塨对颜元的顶礼膜拜之情溢于言表,认为颜元是秦始皇焚书坑儒以后"倡明圣学"的楷模,是当今大儒中的"力行第一人"。纵观中国学术发展史,李塨觉得,无论是对儒学做出贡献的董仲舒,还是在注疏方面有成绩的郑康成;抑或创立了学派的张载、程明道与朱熹,乃至于在明代影响深远的王阳明,他们在学术上没有什么了不起的。这些人创立的学派并无新意,如同

---

①　李塨:《颜习斋先生年谱》,载颜元:《颜元集》,第770—772页。
②　徐世昌:《大清畿辅先儒传·师儒传》,载陈山榜、邓子平主编:《颜李学派文库》第10册,第3353页。
③　李塨:《颜习斋先生年谱》,载颜元:《颜元集》,第795页。

把衣襟掖在腰间,把东西累积在那里一样。在复兴实学的李塨看来,这些学派的学风是"虚浮"的,甚至"以乱圣道"。李塨觉得传播颜学是苍天赋予他的使命:"咫尺习斋,天成我也,不传其学,是自弃弃天矣。"①肩荷起传播颜学的使命是李塨从23岁就立下的责任,并一直坚持到生命终结之时。

第二,李塨利用一切机会结交政要、权贵及地方官员,以加大颜学的传播力度。这与颜元不喜与权贵相交往相区别。李塨与官员的接交,得从郭家兄弟说起。哥哥郭子固先是任刑部员外郎,后擢为御史。郭子固喜欢读书作诗,李塨向他推荐《存学编》。郭子固观后,放弃先前对诗歌的喜好,究心于天文、地理、兵农、射御等实学,并拜颜元为师。弟弟郭子坚在任桐乡县知县时,李塨以幕僚的身份帮助郭子坚出谋划策。郭子坚在生活上照顾李塨,又出资刊刻李塨所著《圣学成法》《讼过则例》二书。李塨到浙东访师问友,郭子坚出资遣役,一切听从李塨的安排。李塨通过弘扬颜学,让郭子坚成为颜元的学生。

李塨在游历浙东的过程中,结识了不少学者,如钱煌、毛奇龄、王草堂等人,从而让颜学首次传播到南方。颜学的传播与光大,得力于郭氏兄弟甚多。这是不争的事实。先是李塨进京时,在郭子坚家当家庭教师。就执教能力而言,李塨是出人头地的。再次进京后,不少官吏的子弟至李塨门下受教。

42岁时,"吴公匪庵请馆其府,传子侄以六艺学,先生许以后期"。待李塨进京,"吴公复请,乃馆其府,传其子关杰、用楫、侄师栻以数学、乐学"②。吴匪庵在弘扬李塨的名声上起了重大作用。他延请李塨当家庭老师。良好的教学效果令李塨的声名迅速地在京城传开,一些高官纷纷延请李塨到家中课馆。此其一也。吴匪庵不仅出资为李塨刊行著作,而且为李塨的著作写跋,此其二也。三是为美誉李塨营造舆论。次年,时任刑部尚书的吴匪庵在公卿大臣中对李塨大力推崇:"吴司寇、徐少宰每在朝端语诸公卿曰:'今有李恕谷者,学山文海,源源本本,不世之人也。'为先生刊《大学辨业》、《圣经学规纂》、《论学》。"③因而有王鸿绪聘请李塨到史馆参与《明史》修订一事,但被李塨拒绝

---

① 冯辰、刘调赞:《李塨年谱》卷一,第11页。
② 冯辰、刘调赞:《李塨年谱》卷三,第75页。
③ 冯辰、刘调赞:《李塨年谱》卷三,第83页。徐世昌在《颜李师承记》中载:"吴匪庵,名涵,浙江石门人。……匪庵《往送恕谷归里诗》,以'开绝学'望之。二人相知之深,盖非他人所能共喻之。"(第51—52页)

了。李塨从中得出一个结论，即传播一种学说（"志欲行道"）得在"通衢"之处（指京师）方能起到"挽世警众"的效果；相反，在偏僻的地方"引吭"高歌，"其谁闻之？"①这是他在43岁《与王源书》中总结传播经验时所说。

李塨一生有三次游幕生涯。游幕是指文人、学者在官府中充当出谋划策的幕僚。37岁在浙江桐乡县游幕时，李塨把颜学向南方拓展："南居，日以颜李之学告人。"②受李塨的影响，恽鹤生尽弃先前所学投入颜元门下。江苏武进的孙子房因受恽鹤生的影响，"乃北向遥拜先生（李塨）为师"，并题诗以明志："恕谷传人礼乐先，谁令斯道久云捐。恰逢小子三旬岁，遥拜先生万古贤。"③颜元的学生是没有长江以南的，李塨南下后，颜李学派门人中才有了浙江、江苏、安徽等地的人。安徽的程廷祚，经岳父知道颜李之学，虽未列入李塨门下，但受颜李之学影响颇深。关于恽鹤生与程廷祚的情况，将在后面详细展开。

51—52岁，李塨两次应友人杨慎修之请去陕西富平亲理县政，并取得了一定的政绩。杨慎修为富平县令时对李塨言听计从。李塨临行时还给杨慎修提出了"六戒二贵"的施政方针，即"戒高兴""戒骄奢""戒矜张""戒近小人""戒小术""戒奇异"与"贵闲暇""贵有恒"。④ 其中有关于个人行为与社会结交方面的内容，核心是孟子的民本思想。随着李塨西行，颜学还拓展到了关中："今岁游秦，李二曲门下士，皆以颜先生之学为然，黎长举学礼，鲁圣居学乐，蔡瑞生读孙吴，张潜夫学《平书》。"⑤颜元在世时招收的弟子没有陕西籍的与长江以南地域的。李塨收徒的情况与颜元相似，以蠡县、博野居多，但又呈现出西进与南下的新特色，西北方主要集中在关中，分布在西安、三原、富平、商州等地。《颜氏学记》中所列的温德裕是陕西三原人，因与李塨结交，"得见颜先生所为《存学编》，大喜"，遂在颜元死后"追执弟子礼"。⑥ 李塨的学生中陕西户籍学生有员从云、于鲸、杨慎修、达宸、蔡麟、张中、鲁登阙、陈光升、古葵、张少文十人。⑦ 南方分布比较分散，有九江、湖州、江宁、金华、南京、常州等地门人。李

---

① 冯辰、刘调赞：《李塨年谱》卷三，第88页。
② 刘调赞：《道传祠记》，载陈山榜、邓子平主编：《颜李学派文库》第3册，第842页。
③ 冯辰、刘调赞：《李塨年谱》卷五，第194页。
④ 冯辰、刘调赞：《李塨年谱》卷四，第133—134页。
⑤ 李塨：《与王昆绳书》，载陈山榜、邓子平主编：《颜李学派文库》第3册，第751—752页。
⑥ 戴望：《颜氏学记》，载陈山榜、邓子平主编：《颜李学派文库》第5册，第1575—1576页。
⑦ 戴望：《颜氏学记》，载陈山榜、邓子平主编：《颜李学派文库》第5册，第1579—1581页。

塨的弟子中官吏不少,有京师官员,也有地方官员(富平知县杨慎修、西平知县赵瓒等)。有些原先信从李二曲学说的人,转而倾心于颜李之学:"陈光升尚孚称后学,来拜,曰:'自去岁得《习斋年谱》、《大学辨业》于彭亭立,即知李二曲之学近禅,以颜先生为是。今闻教,愈有依归矣。'"①"去岁"为1708年,陈光升从友人处得颜李的著作。次年李塨51岁时到富平县游幕。陈光升知道后,就去向李塨请教。同年,"商州知县沈廷桢来拜,言天下惟先生一人,自称后学","商南知县于鲸来拜,称门生",均倾心于李塨之学。②

第三,广交师友的方针,在途经之地必定拜访学术名宿,与他们论谈以增加颜学的传播力度。这一方针在李塨37岁时就确立了:"每止宿,必访学人。"③39岁到杭州,"订《书解正误》。草堂至,以与河右有约,乃坐草堂于寓,倩观所订《正误》"④。王草堂,一位小有名气的学者,据说是王阳明的六世裔,一生以著书修志为业。王草堂不同意颜元"理气合一"的观点,李塨依据颜元的见解,讲了一通"非气外别有道理"的理由,王草堂以"然"答之。⑤ 这说明,李塨说服了王草堂。⑥ 同年,"过河右斋,问乐,拜求教"⑦。"河右"即毛奇龄,因对乐学都有浓郁的兴趣,两人走得很近,这在前面已论及。颜元未曾获得孙奇逢的肯定,毛奇龄对李塨却赞赏不绝,"必如吾恕谷者,真盖世豪杰也",说以往失传的乐学,"今得恕谷阐发之,千年之秘,为之一开"。⑧

李塨41岁时,"访淮安,访阎百诗,论学"⑨。阎若璩(1636—1704),字百诗,号潜邱。山西太原人,后迁居淮安。他用二十年的时间,考证出东晋梅颐所献的《古文尚书》为伪书,在当时学术界引起极大的轰动。

李塨42岁时,与王源相识,"晤王昆绳,论学甚契"⑩。两人情投意合,李塨

① 冯辰、刘调赞:《李塨年谱》卷五,第129页。
② 冯辰、刘调赞:《李塨年谱》卷五,第128—129页。
③ 冯辰、刘调赞:《李塨年谱》卷二,第53页。
④ 冯辰、刘调赞:《李塨年谱》卷二,第62页。
⑤ 冯辰、刘调赞:《李塨年谱》卷二,第63页。
⑥ 徐世昌在《颜李师承记》中说"王草堂,名复礼,钱塘人也,恕谷自桐入杭所交友也","草堂为学,初主调和朱陆,交恕谷,卓然窥见圣学本原,识益遽,著《四书集注补》《书解正误码》,驳朱注讹谬,率皆持之有据,辨而不争"。(第99—100页)
⑦ 冯辰、刘调赞:《李塨年谱》卷二,第62页。
⑧ 冯辰、刘调赞:《李塨年谱》卷三,第77页。
⑨ 冯辰、刘调赞:《李塨年谱》卷三,第72页。
⑩ 冯辰、刘调赞:《李塨年谱》卷三,第75页。

把他推荐给颜元，使得早已成为名士的王源成为颜元的弟子。同年，李塨“晤万斯同季野，胡渭生朏明”[①]。先说胡渭生。胡渭（1633—1714），清代经学家，地理学家。初名渭生，字朏明，号东樵。浙江德清人，考定“河图”“洛书”是袭用五代道士陈抟之说，邵雍、朱熹沿用其说方始盛行。万斯同对李塨的认识，有一个不认可到赞许的过程：

> 季野叔季，在史馆纂修，为河右所折，嗛之。季野见先生所作《河右全集叙》，不悦，故与先生虽屡过从，犹格格有退言。及将刊《大学辨业》，念季野负重名，必须一质，合则归一，不合则当面剖辨，以定是非。乃持往求正。逾数日，复晤，季野下拜曰：先生负圣学正传，某惭与先生识，久为所包，不知先生。某少受学于黄梨洲先生，讲宋明儒者绪言。后闻一潘先生论学，谓“陆释朱羽”，憬然于心。既而黄先生大怒，同学竞起攻之，某遂置学不讲，曰：“予惟穷经而已。”以故忽忽诵读者五六十年。今得见先生，乃知圣道自有正途也。[②]

万斯同与李塨交往甚密，但万斯同起初对李塨“不悦”。原因是李塨为毛奇龄的著作写了序言，而先前毛奇龄在史馆修《明史》时当面指责过万斯同，故而万斯同对李塨没有好感。李塨觉得应该把《大学辨业》给万斯同过目一下。若意见相合，那最好不过了；若有歧义，则准备与万斯同论辩一番。万斯同毕竟是以学术为重的学者，他为李塨《大学辨业》一书所折服，称赞李塨的学术造诣达到“圣学正传”的高度。这绝非万斯同的一时冲动。他讲自己早先师事黄宗羲，后闻知潘平格的学说，于是把天平倾向于潘平格。黄宗羲得知后勃然大怒，同窗又群起攻之。经过师友的指责后，万斯同不再关注“宋明儒者”之学，一头转向经书中去。半个多世纪后见李塨《大学辨业》，毅然决然断言这是“圣道正途”。接着他为《大学辨业》作序：“予读之，击节称是，且叹其得古人失传之旨，而卓识深造诣，为不可及也。”同年，在一次讲会上，他向大家推崇李塨：“此李恕谷先生也，负圣学正传，非予所敢望也。”[③]万斯同的大力赞誉令李塨在

---

① 冯辰、刘调赞：《李塨年谱》卷三，第 76 页。
② 冯辰、刘调赞：《李塨年谱》卷三，第 83 页。
③ 冯辰、刘调赞：《李塨年谱》卷三，第 84—85 页。

京师名声大噪，"自此摹《辨业》论学者沓至"①。也是这一年，李塨"拜孔尚任主事，论乐"②。孔尚任（1648—1718），山东曲阜人。孔子六十四代孙。作传奇剧本《桃花扇》，享誉于世。至于两人"论学"的具体内容不得而知。

李塨所结交的皆是学术大家，这是颜元无法企及的。李塨主动去论学的还有费密、许酉山、方苞、戴名世等人。李塨利用高官们的人际关系，又结识了众多学术界的名流。两股力量在不同场合张扬李塨的学识，使李塨的名望为社会所公认。

李塨在传播颜学时也并非一帆风顺。李塨自言生平知交有三人王源、毛奇龄与方苞。李塨与毛奇龄相处合拍，在音乐上志趣相投。毛奇龄拉拢李塨向自己的学术方向靠拢，而李塨与毛奇龄交往频繁是想把毛奇龄拉入颜元的圈子。结果是李塨受毛奇龄影响，逐渐向考证方面行进。在认识李塨前，王源在京师已声名卓著："其文名远噪，公卿皆握手愿交。"李塨记述王源在颜李之学传播时的作用说："颜先生崛起，树周孔正学，躬行善诱，志意甚伟，而传闻不出里闬。王子来学，渐播海内，如吴涵、万斯同、王复礼、郭金城、方苞、谢野臣、陶窳、恽鹤生，以名宦闻。人传布其说，而道日益著。"③文章虽有点客气的成分，但以王源的声名而拜颜元为师会在社会上引起连锁反应，这大大有助于颜元名声的高扬。李塨与方苞交情至厚，但学术见解却始终不合。李塨争取方苞是因方苞的名声与影响巨大。方苞（1668—1749），清代桐城派的先驱。他因为戴名世《南山集》作序而身陷囹圄。在理学大臣李光地的申说下，方苞不仅得到康熙的赦免，而且以布衣入值南书房。方苞由此开始了三十余年的官宦生涯，官至内阁学士兼礼部侍郎等职。李塨 45 岁那年在王源寓所结识了方苞。方苞对李塨的学问是佩服的，但他是程朱理学的忠实信徒。他断言黄宗羲与颜元为"蠹学者"，缘由是二人对程朱理学有过强烈的指责："二君以高名耆旧为之倡，立程、朱为鹄的，同心破之，浮夸之士皆醉心焉。……今之蠹学者，阴托于六经之中，则可犹弥甚矣。如二君者，幸而身枯槁以死，使其学果用，则为害于斯世斯民，岂浅小哉！"④李塨曾多次向方苞陈述颜元学说的要旨，对方

① 冯辰、刘调赞：《李塨年谱》卷三，第 86 页。
② 冯辰、刘调赞：《李塨年谱》卷三，第 77 页。
③ 李塨：《恕谷后集》卷六《王子传》，载陈山榜、邓子平主编：《颜李学派文库》第 3 册，第 768 页。
④ 方苞：《方苞集》卷六《再与刘拙修书》，第 175 页。

苟奉程朱理学为"圣学"的主张提出了严峻的挑战。但结果适得其反，方苞在李塨去世后写了一篇《李刚主墓志铭》，说李塨听从自己的规劝，由师从颜元而转向程朱。①

从总体上说，李塨的传播效果要比颜元好。这一点颜元敏锐地感觉到了。王法乾对颜元说，李塨与他人的交往过滥，颜元听后回答道："吾以为刚主不及吾二人在此，其胜吾二人亦在此。吾二人不苟交一人，不轻受一介，其身严矣；然为学几二十年，而四方未来多友，吾党未成一才。刚主为学仅一载，而乐就者有人，欲师者有人。"②颜元自忖二十年的努力及不上李塨一年所做，足见李塨传播才能的卓越。颜元感叹"吾其道终穷"，对推广自己的学说缺乏信心，是在1675年；到1718年，李塨"看陶甄夫《秦关稿序》"时见到，"颜李之学，数十年内，海内之士，靡然成风"等语，其间相隔了43年。③颜李之学在清初显赫一时，是李塨竭尽全力宣传颜元学说的结果。

第四，李塨尽力撰写著作，并通过刊行扩大影响，以期达到大范围传播的目的。深知学术传播真谛的李塨，觉得广泛的人际交往是学术传播的一个重要途径，但相较书籍来说范围还是狭小了些。李塨认为，一定要通过书籍的写作与刊刻来保证颜学以及"李子学"在较大的范围内得以传播，让颜李学派延续下去。为此他屡屡声称："思颜先生以天下万世为己任，卒而寄我，我未见可寄者，著书岂得已哉！"④这与颜元的主张大相径庭。颜元不看重学术著作的撰写，李塨则相反："圣道有其人则传之人，无其人则书其所变，期于传之后世，岂得已哉！"⑤李塨屡言著书，是为了传播颜元的"圣学"与自己的"李子学"，由此可窥见一二。

第五，尽量寻觅人才，作为传播颜李学派影响的手段。由于李塨充分运用了自己的人际关系与学术影响，当时信服颜学的人多起来。李塨西至关中，南下江南，北上京师，费尽心机去寻觅人才。李塨在50岁以后对颜学濒临失传的危机已有清醒的认识。他在不断地物色接班人，然坚定不移的仅有王源、恽皋

① 详见朱义禄：《颜元李塨评传》第五章"李塨与方苞的学术公案"，南京大学出版社2011年版。
② 李塨：《颜习斋先生年谱》，载颜元：《颜元集》，第753页。
③ 冯辰、刘调赞：《李塨年谱》卷五，第162页。
④ 冯辰、刘调赞：《李塨年谱》卷五，第185页。
⑤ 李塨：《恕谷后集》卷一一《给郑子书》，载陈山榜、邓子平主编：《颜李学派文库》第3册，第745页。

闻、冯辰等几个人。

恽皋闻从李塨那里接触到颜元著作后，把之前信仰的佛学、心学毅然决然地抛弃了，全心全意为传播颜李之学而努力。程廷祚觉得"圣学"失传已久，数百年来学者出入于朱熹或陆九渊，且朱、陆两个学派里的人以相互谩骂为能事。经由岳父知道风行海内的颜李之学后，他对颜学很是崇拜："自习斋先生出，举唐虞三代学教成规以正流失，廓清绍复之烈，未见有如见之者。"①李塨当时很兴奋，因为恽皋闻年龄过大，而冯辰虽年轻但天资较差，于是寄望于程廷祚："今乃忽得之足下，年少才高，议论辉光，肆映如伟矩烛天，此天特生之以使周孔之传不至堕地者也。"②程廷祚的内心却很矛盾，一方面觉得"国朝颜、李崛兴，乃能举其是非得失之大者，以与六经证其异同，而冀幸学者之一悟，可不谓先圣之功臣"；另一方面又认为"闻共诋程、朱之说，不可不为大惧也。某之惧，非敢不自立而甘于徇俗也"。③ 程廷祚对颜李之学心虽好之，但因官方大力提倡程朱理学，在士林中形成了尊奉程朱理学的风俗，让他萌生了恐惧之心，他在传播颜李之学上是有所退却的。

以刻苦自励为标志的颜李之学，还是存在着难以广泛流传的限制。李塨敏锐地感觉到："来执经下问者，亦不乏其人，然求其凝于心，行于身，实可经济于天下者，鲜见。"④人们对颜学的兴趣集中在探问学术上，见之于行动者极少。李塨不得不变通师法，晚年努力于著述且将重点放在对儒家经典的诠释上。

第三节　颜元与李塨个性的差异

颜元在他一生中用了浑身解数来宣传己说，经常把《存性编》与《存学编》寄给学术界的同仁，以广其说。57 岁时南游到中原，与当地学者辩论以伸张己见。他致书当时著名学者如孙奇逢、李颙与陆世仪，希望自己的主张得到他们

---

① 李塨：《恕谷后集》卷四《附程书》，载陈山榜、邓子平主编：《颜李学派文库》第 3 册，第 745 页。
② 李塨：《恕谷后集》卷四《答程生书》，载陈山榜、邓子平主编：《颜李学派文库》第 3 册，第 745 页。
③ 程廷祚：《青溪集·青溪文集续编》卷七《与宣城袁蕙书》，宋效永点校，黄山书社 2004 年版，第 392 页。
④ 冯辰、刘调赞：《李塨年谱》卷五，第 192 页。

的肯定,但并没有什么效果。与李塨相较,颜元在传播上收效甚微,李塨在传
播中力度之大、效果之显可说是显超其师。清初,颜李学派在神州大地上大放
光芒,做出主要贡献的是李塨。究其原委,颜李二人个性上的相异是至关重要
的因素。他俩的好友、亲戚王法乾明确地感受到了这一不同。他对颜元说:

> 吾近狷,兄近狂,李妹夫近中行也。①

李塨是王法乾的妹夫,颜元不以时人之非议而与王法乾深相结交多年。对李
塨和颜元个性了如指掌的王法乾,用孔子的话把二人个性的异趣勾勒得极为
传神。颜元多次讲及自己的气质是"狂妄"的:"某生于世,狂妄特甚,弱冠余,
便弃八股。"②"某生于世二十七矣,质赋狂躁。"③狂者,志气激昂,富有进取精
神。颜元言论激扬高昂,常有惊世骇俗之见。正是颜元有着"狂者进取"的人
格意识,方有"以我易天下"的大无畏气概,方有"为转世之人"的匡时救世的功
利论,方有强烈的"担当世道"的精神。颜元自信地认为,他降生在人间是苍天
让他成为狂者的。李塨的个性"近中行",正因为"近中行",故善于交友,在人
际关系的相处中能做到无过失且无不及。李塨为人恭谨谦和,善于妥帖地与
不同地位和性格的人相融。举个例子来说,万斯同与毛奇龄不和,而李塨与毛
奇龄关系良好,但他同时也想交结万斯同。李塨做出一个明智的决定,觉得要
把《大学辨业》送万斯同看一下,探测一下万斯同的看法后再定夺。这一招果
然奏效,万斯同为李塨的学术所折服。李塨在 25 岁时就确立了处理人际关系
的原则:"不可以强以难,不必摘其过,则人乐近。"④这一原则正是"近中行"人
格的真实写照。李塨在人格品性上与颜元的差别,在他们的青年时代(27 岁与
25 岁)就确立了。以往学术界的分析较多是从时代背景出发考察,笔者觉得个
性方面的因素应当高度重视。

　　李塨在 42 岁时就与颜元谈及交游之事:

---

① 冯辰、刘调赞:《李塨年谱》卷一,第 3 页。
② 颜元:《颜元集·习斋记余》卷七《祭李孝悫文》,第 531 页。
③ 颜元:《颜元集·习斋记余》卷三《寄祁阳刁文孝》,第 430 页。
④ 冯辰、刘调赞:《李塨年谱》卷一,第 21 页。

　　　　九月,吴公来请,乃入京。习斋谓曰:"勿染名利。"先生曰:"非敢求名利也,将以有为也。先生不交时贵,塨不论贵贱,惟其人。先生高尚不出,塨惟道是问,可明则明,可行则行。先生不与乡人事,塨于地方利弊,可陈于当道,悉陈之。先生一介不取,塨遵孟子'可食之则食之',但求归洁其身,与先生同耳。"习斋首肯。①

吴公为都御史吴匦庵。吴匦庵请李塨为其子女授课。李塨行前颜元告诫他不要争名利。李塨知道自己个性与老师有别,便直率地表明自己的想法。一、颜元不愿结交权贵,李塨认为这一点他做不到,但其结交有个原则,就是先看这个人的品行如何("不论贵贱,惟其人")。二、颜元有些自命清高的意味,李塨则转益多师,"惟道是问"。三、颜元不过问地方上的行政事情,李塨则不然,他不但坐而言,还起而行。其间有清廷的政权日益巩固的时代因素,也有李塨本人积极参政的心理因素。地方上各种事情的利弊,李塨能向当权者反映的就悉数上陈。至古稀之年,李塨还著《拟太平策》表达自己的政治意向。"今幸际太平之世,明目四、达四聪,令士皆得陈言,而不思治平之策,则有负于儒者,非为下之义矣。"②四、颜元不受别人的钱财,分文不取。李塨则多次接受权贵显宦们的馈赠,广交时贵,参与政治活动。这是他区别于颜元之处。但他也有个原则,就是洁身自好而不趋炎附势。颜元清楚自己与李塨相异的个性,是客观存在、无法变更的事实,在李塨做出洁身自好的承诺后也就默认了。

　　综上所述,与颜元个性上的差异,以及李塨身处的社会条件与学术氛围,加上想给颜学的流传作铺垫,这几个因素使得李塨对颜李学派传播上的贡献要远远大于颜元。俗话说,名师出高徒,但就两人为自家学派的传播情况言,却是高徒胜过名师。

第四节　日谱与颜李之学的传播

　　颜元与李塨通过写日谱的办法向学侣、门生、学者传递自身的观点,并将

---

①　冯辰、刘调赞:《李塨年谱》卷三,第 77 页。

②　李塨:《拟太平策序》,载陈山榜、邓子平主编:《颜李学派文库》第 4 册,第 1183 页。

其作为学术思想上的互动手段。颜李学派中的成员把日谱作为教材来使用，成为传播颜李学派学术的特殊手段。虽说这种办法在明清两代的个别学者中采用过，但持续时间长且效果甚佳的当数颜李派，其他学派均无法超越。明清两代，传播学术的主要手段是书院固定式讲学与各种形式的大大小小的讲会。因此我把以"互质"日记、日谱、年谱来传播学术思想的手段称之为特殊传播术。

日谱就是日记，年谱则为日谱的延伸，这是人们记述自身言行的常见形式。明清两代，写日谱在文人、学者中颇为流行。① 之所以为士林中人青睐，同宋明理学倡导的禁欲主义有关。大家比较熟悉的是黄绾的"红黑工程"，即黄绾用什么手段来记录呢？"以绳系手臂，又为木牌，书当警戒之言，藏袖中，常检之以自警。"②在木牌里写上警戒的语言是日谱的一种形式，不同的只是记录所用材质不是常用的纸张而是木牌。③ 颜元早年被人们称为"真陆王"的时光里有与黄绾相类的"黑白工程"，有正念时，记一白圈；生妄念时，画一黑圈。正念就是"天理"在心中，妄念为"人欲"滋生之念。李塨照着颜元的路子去做："十月，复日省功：'以圈为辨，失言黑圈左，失行黑圈右，妄念黑圈中，俱失纯黑，无失则白。黑白者，人禽之介也。'"④日谱的流行，同理学家禁欲主义思想有着割不开的关系。

颜元有写日记的习惯。颜元的日记数量庞大，但留下来的不多。李塨编纂《颜习斋先生年谱》时使用了大量的颜元日记。他说："颜先生《年谱》，甲辰三月以前，本之先生之追录稿，及塨所传闻，以后皆采先生日记。然日记共七十余帙，每岁日记不下七八十叶，嘉言卓行，不可胜收。"李塨没有全录这些日记，"塨守先生省减读鉴览之戒"，只是节录。⑤ 颜元日记中有一篇被完整地保存了下来，这就是《习斋记余》卷二中的《谷日筵记》，字数长达二千多字。时在李塨24岁时。为了取悦父亲李明性的欢心，李塨在"谷日"那天邀请了很多友

---

① 明初陈白沙有日录，见《手贴》："附此于日录，算一过，诸君其志之。"载陈献章：《陈献章集》，第78—79页。
② 黄绾：《明道编》卷二，第23页。
③ 明清之际的李颙，与黄绾一样使用木头材质来写日谱："肘后牌者，佩日用常行之宜于肘后，借以自警自劢，且识之于不忘也。"见李颙：《二曲集》卷一五《授受纪要》，第134页。
④ 冯辰、刘调赞：《李塨年谱》卷一，第26页。
⑤ 李塨：《凡例》，载颜元：《颜元集》，第699页。

人参加。"谷日"是汉族的传统节日,相传正月初八是谷子的生日。这天天气好的话,则当年丰收;相反,则歉收。颜元对这天的活动以日记形式做了详尽的记载。参加这天活动的有颜元、李塨、李父李明性,及李塨之弟,还有颜元与李塨的友朋刘肇南、张函白、王法乾、张文升、赵锡之、彭子谅、魏帝臣等人。他们聚在一起歌诗、技击、射箭、骑马,皆为"六艺之教"中的内容。李塨有乃师的遗风:"闻颜习斋先生为圣学,忘年爵来拜。入会,力涤宦习,立日记,以圣贤相勉者几三十年,至卒不懈"①,在颜元与李塨交往的圈子里,李明胜、刘焕章、王法乾、黄宗夏、王源、钟锳、恽皋闻、冯辰、是仲明、孙子房、李习仁、李习中等人均有作日谱的习惯。

颜元与李塨撰写日谱的主要功能有三个方面:

一是作为反省式的,以迁善改过为目的,以期提高自身的道德修养,向着理想人格圣人方向行进。李塨对此有明确的说法:"立日谱者,欲迁善改过以为圣贤也。"②人在一生中总是与过失相伴的,俗谚有"人非圣贤,孰能无过"就是这个意思。改掉过失,以求往后不再犯类似的错误,是人之常情。用文字记录下来先前的过失作为今后的警戒或自勉,即"迁善改过"。颜元在 30 岁时开始写日谱:"心之所思,身之所行,俱逐日逐时记之。"③颜元 37 岁时"内子言隐过不可记",颜元认为将过失真实地写下来方能有改正的机会:"夫凡过皆记,虽盈册无妨,终有改日也;若不录,即百过尽销,更愧,以终无改机也。"④李塨临死之前自作《墓志铭》,内中有"其于明德,则立日谱,逐时记身心言行得失勉改"等话,李塨忠实地把颜元的观点承袭了下来。⑤ 那位无路费而北向遥拜李塨为师的孙应榴,顺着李塨的路子走了下来:

　　既而读先生题目王昆绳《省身录》一则,慨然曰:"数载景仰,未得遂愿见先生之志,今以斯言自省,庶几如见与也。"乃逐句分注之日记,订为自省之要。⑥

---

① 冯辰、刘调赞:《李塨年谱》卷二,第 38 页。
② 冯辰、刘调赞:《李塨年谱》卷五,第 160 页。
③ 李塨:《颜习斋先生年谱》,载颜元:《颜元集》,第 717 页。
④ 李塨:《颜习斋先生年谱》,载颜元:《颜元集》,第 734 页。
⑤ 冯辰、刘调赞:《李塨年谱》卷五,第 207 页。
⑥ 冯辰、刘调赞:《李塨年谱》卷五,第 194 页。

王源的《省身录》是一部日谱,李塨在上面写了一段批语。孙应榴读后觉得虽然与李塨晤面请教的心愿无法实现,但读批语如见李塨一样,便把李塨的话逐句分录于自己的日记下面,作为自我反省的要诀:"自省心存密否,密则日记书一直画丨,否则书二斜画✕,且以画之大小,别存否之久暂。……每月朔,设案南窗下,省一月之记,某画几,某画几,记过之多少。"①这里见到一条传承行进的路线:王源作《省身录》—李塨写上批语—孙应榴视为"自省之要"。孙应榴把李塨的批语视为教材,逐日录于自己日记之下,作为自我反省的要诀。日记不只是"改善迁过以作圣"的载体,更具有指导的性质。这一点后文详述。

二是颜元与李塨强调日谱不仅是出自内心自觉的产物,更是与他人沟通思想、传播学术的重要手段。这种手段叫"互质"或"相质"。《颜习斋先生年谱》27 岁条载刁包钻研程朱理学为时人所青睐,魏象枢把日记给刁包求指教:"(刁包)孝母,研程、朱学。蔚州魏敏果公象枢甚重之,月送日记求正。"②魏象枢按月把日记寄给刁包,是期望得到刁包的指正。"求正"包含着自身学术思想与他人交流与互动的内涵,颜元与李塨在这方面可以说是身体力行的楷模。颜元在好友王法乾去世时写文章哭奠之,说自己知道王法乾有远大的志向,不因其口出狂言而躲开,却"闻而访之,遂定交"。此后两人"相勖以圣人为必可为,十日一会,立日记详记言行,以相质"③。这是两人之间通过日记来进行的思想的交流。"相质"也可以采取多人之间的互动来实现:"辰按:习斋、焕章、法乾、恕谷四先生,每会学,劝善规过,互无回护,且日记详录,不肯隐讳饰观。"④此为冯辰编纂《李塨年谱》时所加的按语,说明四人之间交流思想时大家掏出的都是心窝子里面的话,无所隐瞒。所谓"每会学",就是学术思想方面的碰撞,自然也包含学术传播的内容。"相质"有定期的,也有不定期、随机而发的。颜元 37 岁时,"刘焕章评先生日记,规以静穆,先生服之"⑤。再如李塨 55 岁时,"恽皋闻书先生日记曰:'近有毁先生于予者,予曰:久不相见,闻流言而不信,古人之交也,况常相见乎? 毁者遂止,然亦见君子于此时此世之难'"⑥。

① 冯辰、刘调赞:《李塨年谱》卷五,第 194 页。
② 李塨:《颜习斋先生年谱》,载颜元:《颜元集》,第 714 页。
③ 冯辰、刘调赞:《李塨年谱》卷三,第 73 页。
④ 冯辰、刘调赞:《李塨年谱》卷二,第 45 页。
⑤ 李塨:《颜习斋先生年谱》,载颜元:《颜元集》,第 734 页。
⑥ 冯辰、刘调赞:《李塨年谱》卷五,第 154 页。由此可知,颜李学派在南方的传播是有点艰难的。

有人在恽皋闻面前讲李塨的坏话,恽皋闻不相信并告知了李塨。从"恽皋闻书先生日记"一语看,李塨的日记在恽皋闻处。60 岁时,恽皋闻到北京,"相见甚喜,互质日记"①。

三是颜元与李塨把日谱作为传播自身学术思想的范本,以期吸引更多的受众成为颜学学派的信仰者。日谱作为向他人介绍自己学术思想的教材,向千里以外无法谋面的人传播,有着当今所说的远程函授的功能。《李塨年谱》45 岁条载:"昆绳仿先生日谱立《省身录》。先生与之书曰:'接华翰,言欲仿日谱,格以自省策,不负所生,不负圣贤,为之悚然起立。'"②王源准备写《省身录》来鞭策自己,而写作动机是出于模仿李塨的日谱。可以肯定的是,李塨是先给王源看了自己的日谱,否则就不可能有"欲仿"二字。至于与未曾谋面的人们相互交流,恽皋闻"仿恕谷共立《日谱》,考究身心之功过,后每相见,辄相与互证得失"③。

年谱亦用来向他人介绍颜李之学,有着今天所说的函授功能:

> 恽皋闻寄书至,并孙应榴子房日记一本。先生览其日记,自癸卯年三十岁,闻皋闻言服焉,遥拜先生为师,立日记,省过甚严,且分日习六艺。先生甚喜曰:"习斋之道南矣。"遥答拜之。锴修订《年谱》至此,因于旧箧中检其寄来日记阅之,其自叙二十后习静坐功,与友人是仲明为程、朱之学,见皋闻先生,始知静坐近禅。示以《恕谷后集》《大学辨业》《习斋年谱》诸书,始而疑,后惭服,阅至感慨处,不觉泪下,即似北上拜谒,因斧资不给,乃北向遥拜先生为师。④

这段话有三层意思:一、常州人孙应榴,初与友人是仲明皆笃信程、朱之学,20岁以后习静坐。恽皋闻知道后,说这是受禅宗影响的结果。于是把李塨的著作以及《习斋年谱》给孙应榴阅读。孙应榴读后先是怀疑,继而服膺颜李之学。二、孙应榴抛弃先前信仰的程朱之学,接受颜元、李塨的思想,而撰日记记录其

---

① 冯辰、刘调赞:《李塨年谱》卷五,第 162 页。
② 冯辰、刘调赞:《李塨年谱》卷二,第 92 页。
③ 徐世昌:《颜李师承记》,第 14 页。
④ 冯辰、刘调赞:《李塨年谱》卷五,第 193—194 页。

"习六艺"的情况。这令李塨激动不已,认为这是颜李学派在南方产生影响的标志。三、孙应榴沉浸于颜李之学,准备北上拜李塨为师。却因手头拮据,只能遥拜李塨为师。这里《习斋年谱》充当了函授教材的作用。恽皋闻是照着李塨的路子而为之:"承惠《颜先生年谱》、《四存编》及《辨业》、《学规》,敬展读毕,为之心开目朗,如霾雾豁而天日皎也,如腻得浴,如尘得刷,而身为之轻,而意为之爽也。先生之教我深矣!"①综上所述可知,函授的途径是李塨—恽皋闻—孙应榴,此函授的教材是年谱。从写日记(日谱、年谱)检点自身过失始,经"互质""相质"中介,即通过相互提出意见来提高自身的境界,再到把日记经千里传递作为函授教材,这就是颜李学派的特殊传播术的大要。当然效果是很好的,"教我深矣"之语就是实证!

---

① 冯辰、刘调赞:《李塨年谱》卷五,第150页。

第十一章　颜李学派在清代的流传与影响

以事功之学为宗旨的颜李之学,经过颜元、李塨、王源、恽皋闻等人主观上的努力在清初成为风靡神州大地的显学。对清初学术了解颇深的方苞说:"习斋无子,其《论性》、《论学》、《论治》之说,赖其徒李塨、王源发扬震动于时。"[①]《李塨年谱》65 岁载:"看陶甄夫《秦关稿序》,内有云:'颜李之学,数十年来,海内之士,靡然成风。'"[②]陶窳(1657—1719),字甄夫,湖南巴陵人,号楚江陶者。工诗文,精书画。陶甄夫是程廷祚的岳父,为程廷祚转信颜李之学的引导人。两个评议者一反一正的态度,颇能说明问题。方苞是颜学的反对者,以颜学为学术界的蛀虫;陶窳以"学以致用"为圣学,是颜学的信仰者。颜学信仰者的情况也可从李塨学生黄宗夏身上略窥一斑。黄宗夏先前信佛,知颜学后说:"颜元之学,如菽粟布帛,若暂离则饥寒矣。"[③]信仰者视颜李之学为无法离却的精神必需品,反对者贬其为"杀人"的工具,其间也有误解者。后世学者对其毁誉不一的评价,正是颜李之学所产生的深邃影响的明证。颜李学派在近代文化史上也有相应回响。

第一节　毁誉不一

如果说传播是出自主体的努力的话,那么影响则为客体的感受。这种感受体现为对他人的思想做出评价。历史上任何一个以自成体系的理论形态出

① 方苞:《方苞集》卷一三《刁赠君墓表》,第 375 页。
② 冯辰、刘调赞《李塨年谱》第 5 卷,第 163 页。陶窳生平详见程廷祚《外舅楚江陶公行状》,文章对其学术旨趣有一个概括:"公早弃制举业,独攻经史之学,能晰大义,善为诗文,旁及书画摹印,无不精妙。自号曰楚江陶者。尝自序曰:陶者喜读书,每恨不生定、哀间,与游、夏诸贤相上下。雅不好仙佛,亦不喜濂洛。谓学圣贤者于致用,安事虚谈性命,惫神章句耶?"见程廷祚:《青溪集·青溪文集续编》卷八,宋效永点校,第 403 页。
③ 戴望:《颜氏学记》卷一〇,载陈山榜、邓子平主编:《颜李学派文库》第 5 册,第 1579 页。

现在世人面前的学派,其所表达的思想、观念就是一种精神性客体。后来的学者对它的感受就是这一学派的社会影响所在。

一、反对之声:"习斋之说杀人"

对颜李之学持反对意见者,清代有张伯行、方苞、程晋芳等人,最激烈的是张伯行,他直截了当地指明颜学为"杀人"的利器:

> 今天下学术裂矣,李中孚以禅学起于西,颜习斋以霸学起于北。嗟乎! 正学其不复明于斯世乎? 自程、朱后,正学大明,中经二百年无异说。阳明、白沙起,而道始乱,延及中孚,嘘其余烬,一时学者,翕然从之。中孚死,其焰稍息。今北地颜习斋出,不程、朱,不陆、王,其学以事功为首,谓身心性命非所急,虽子思《中庸》亦诋訾无所顾。呜呼! 如此人者,不用则为陈同甫,用则必为王安石,是大乱天下之道也。……艾东乡曰:"李卓吾书一字一句皆可杀人。"今习斋之说,亦可杀人也。而四方响和者,方靡然不知所止,可慨也夫!①

张伯行(1651—1725),字孝先,号恕斋,河南仪封人。1685年进士,累官至礼部尚书。为官二十余年,是清初声名卓著的清官。学宗程朱理学,一生以张扬理学、批判心学为己任。著述甚丰,《四库全书总目提要》著录其著作就有十种。他有极为明显的独断论的倾向,对其他学派表示出强烈的排斥。他从反对者的角度把颜元学说的宗旨如实托出。张伯行不遗余力地维护程朱理学,具体地说有四点:一、以程朱理学为"正学",认为程、朱是"道统"的合法继承者。他认为程朱理学的出现是"正学大明"的标志。陈白沙为明初心学的倡导者,王阳明为集心学之大成者。"中孚"系清初三大儒之一李颙的字,李颙是心学延及清初的代表人物。在张伯行看来,这些人的学说使"道"混乱不堪,让程朱理学这一"正学"受到极大的冲击。二、张伯行视李颙之学为"禅学"、颜元之学为"霸学",认为他们的学说是破坏"道统"的罪魁祸首。李颙(1627—1705),号二

---

① 张伯行:《正谊堂文集》卷九《论学》,清乾隆刻本。

曲,清初著名学者。清廷以博学鸿词征召之,他以绝食坚拒终免。学术倾向上,他重视实学,反对空谈:"道不虚谈,学贵实效,学而不足以开物成务,康济时艰,真拥衾之妇女耳!"[①]"悔过自新"说虽为李颙自创,但保留王阳明心学的内省方法。清代学者大多认为,二曲之学兼综程、朱、陆、王而终以陆、王为归宿。这是张伯行把李二曲视作"禅学"的缘由。[②] 三、张伯行说颜元之学为"霸学",是"杀人之说"。艾东乡就是艾南英(1583—1646),江西临川东乡人,明末著名散文家,晚年与钱谦益相唱和,著有《天佣子集》。艾南英把李贽著作中批判宋明理学的主张,断言"一字一句"都有"杀人"的功效,是他把李贽("李卓吾")的学说当作异端之故。张伯行接过话头,说"习斋之说,亦可杀人"。究其内容,无非是说程朱理学是符合人的本性的,颜元提倡的"必去一分程朱,方入一分孔孟"就是"杀人"之具了。四、张伯行虽激烈反对颜学,但不得不承认颜元学说的影响力之大,"四方响和者,方靡然不知所止"。

与李塨有直接交往的方苞,对颜元的攻击也很厉害:

> 夫学之废久矣,而自明之衰则尤甚焉,某不足言也。浙以东则黄梨洲坏之,燕赵间则颜君习斋坏之。……二君以高名耆旧为之倡,立程、朱为鹄的,同心于破之,浮夸之士皆醉心焉。……不出于圣人之经,皆非学也。乃昔之蠹学者,显出于六经之外,而今之蠹学者,阴托于六经之中,则可忧弥甚矣。如二君者,幸而其身枯槁似死,使其学果为用,则为害于斯世斯民,岂其浅小哉![③]

方苞说清初,程朱理学受到南北夹击,南方是黄宗羲,北方为颜元,主要表现为:一、二人对程、朱的批评得到学者们的赞同。黄宗羲的哲学见解尤倾心于阳明,于程、朱极尽指责之力,这与颜元的态度相近。这引起程朱理学信徒方

---

① 李颙:《二曲集》卷七《体用全学》,第 54 页。
② 颜元 58 岁时,"观塨所辑《诸儒学案》。关中李中孚言:'吾儒之学,以经世为宗。自传久而谬,一变训诂,再变词艺,而儒名存实亡矣。'批曰:'见确如此,乃膺抚台尊礼,集多士景从,亦只讲书说话而已。何不举古人三事、三物之经世者,与人习行哉!'"(李塨:《颜习斋先生年谱》,载颜元:《颜元集》,第 773 页)颜元始终关注着李颙,力图与他交往,但又认为他的经世之学不够彻底。
③ 方苞:《方苞集》卷六《再与刘拙修书》,第 175 页。

苞的强烈不满。二、方苞视黄宗羲、颜元为学术界的蛀虫。认为颜、黄二人的手法不同于以往,而是"阴托于六经之中",干着败坏"圣人之经"的事情。三、方苞断言颜、黄二人的学说对社会及民众的危害极大。在给李塨的信中,方苞还拿出了儒家的天神崇拜为自己的主张辩护;"孔、孟以后,心与天地相似,而足称斯言者,舍程、朱而谁与? 若毁其道,是谓戕天地之心,其为天所不祐决矣。故自阳明以来,凡极诋朱子者,多绝世不祀。仆所闻具可指数,若习斋、西河,又吾兄所目击也。"①方苞的指责中,蕴含着人身攻击的内容,把颜元、毛奇龄批评程朱理学与二人无后嗣的事联系在一起,以人生中的偶然性事例攻击二人,缺乏说服力。方苞同张伯行一样,认同了颜学的影响力,即人们"醉心"于颜学的事实。

祭出天神崇拜去抨击颜、李的还有程晋芳,这见于他给袁枚的书信中:

> 绵庄寄足下与彼之札来,道颜李讲学有异宋儒者,足下以为获罪于天。仆颇不谓然,宋儒非天也。宋儒为天,将置尧、舜、周、孔于何地? ……颜、李文不雅训,论均田、封建太泥,其论学、性处,能于朱、陆外别开一径,足下不详其本末,不判其精粗。②

绵庄为程廷祚的字,作为李塨的门人,他与反对颜李之学的程晋芳有过争论。"足下"为称程晋芳,他认为颜李批程、朱就如同得罪了"天"一样。袁枚知道后,不同意这种说法。袁枚认为,如果程晋芳"宋儒为天"的主张成立,那么比"宋儒"地位更高的"尧、舜、周、孔"又当放在什么位置呢? 程晋芳(1718—1784),字鱼门,一字蕺园。乾隆三十六年(1771)进士。历官吏部主事、翰林院编修。博学多闻,于经史子集、天文地理、虫鱼考据俱有研究。后参与《四库全书》的编写。"喜读书,蓄书五万卷,丹黄皆遍。性又好客,延揽四方名流,与袁大令枚、赵观察翼、蒋编修士铨为诗歌唱和,无虚日,由此名日高而家日替矣。"③袁枚是当时声名极盛的学者,赵翼为著名的史学家,蒋士铨为乾隆时期诗人、戏曲家,时人称为"江左三大家"。程晋芳与他们诗文唱和,名声益彰。

---

① 方苞:《方苞集》卷六《与李刚主书》,第141页。
② 袁枚:《小仓山房文集》卷一九《与程蕺园书》。
③ 江藩:《国朝汉学师承记》卷七《程晋芳》,钟哲点校,中华书局1983年版,第109页。

在学术思想上,程晋芳笃信程朱理学,对颜李之学持反对意见。他的论据与方苞相同,认为颜、李批评程朱理学就是得罪了"天"。"天"不是指客观的自然界,而是能对人间社会发号施令的主宰。视"宋儒为天"是一种天神崇拜的观念,天神崇拜观念是儒家根深蒂固的信念之一。它源自原始的部落联盟时期,到殷周时期成为统治者的统治思想。在汉代,董仲舒对天人感应论做了进一步的阐发,认为"天"是有意志的人格神,用天神来论证人世间君权的合法性。此后,天神崇拜在社会上滋漫开来,为统治者、士人、民众等社会各阶层所接受。理学家的天理论,是天神崇拜的哲理化形态,以思辨哲学替代了董仲舒的粗糙神学。一直到辛亥革命前夕,资产阶级革命派树出"革天"的旗号,对孔子天命论、董仲舒天人感应论与宋儒天理论进行了批判研究。学界对民间广为流传的"皇天不负苦心人""万事不由人算定""各人头上有青天"等信天、畏天的天神崇拜观念,有相当深入的分析。① 清代中叶,文人、学者对天神的崇拜是根深蒂固的。以天神崇拜来诋毁颜李之学,是出自卫道者的心态。袁枚虽以文学家著称,但在古代文史哲是不分家的。袁枚视颜李之学为"别开一径",他是历史上第一个明确认可颜李之学是自成一家的学派。至于他对颜李之学的认同,后文将有论述。

二、赞扬之词:"负圣学正途"

对颜李学派持赞扬态度的有尹会一、邵廷采、万斯同、袁枚等人。

尹会一(1691—1748),字元孚,号健余,直隶博野人,雍正二年(1724)进士,历任湖广襄阳府知府、两淮盐运使、河南巡抚、左副都御史等职。乾隆十一年(1746)任工部侍郎,提督江苏学政,后转吏部侍郎,是一位声名显赫的高官。他的思想,虽倾心于程、朱,但有显明的实学倾向,为学以力行为宗旨。童年时见过颜元,但尚不理解颜学。"余方十岁时,犹及见先生,魁岸端严,听其议论,娓娓倾四座。自余稍知问学。先生之殁久矣。"②尹会一对颜元称赞有加:

---

① 参见朱义禄、张劲:《中国近现代政治思潮研究》,上海社会科学院出版社 1998 年版,第 157 页。
② 尹会一:《续北学编》卷三《颜习斋先生》。

行弥苦,守弥坚,德弥劭,遂卓然特立,于世运人亡、经残教弛之余,独行其是而不悔。始予垂髫,每闻乡里间语及先生,辄有"颜圣人"之目,而学者则或笑,或讪,或怒加诋毁,不解其所以。……如先生者,独勇于自克,跬步必谨,处蓬荜之中而举念不忘乎天下。蜀之日也,越之雪也,群吠所怪,不亦宜乎?①

尹会一的话有三个方面的含义:一、颜元在博野一带,已获得"圣人"这一儒家至高无上的称号。人们对颜元的敬仰已超越了通常的范围。二、对颜元的德性与学问大加称赞,认为颜元虽处草莽之中,依然有着强烈的担当精神。如同潮湿阴雨连绵的巴蜀,偶尔出了太阳;如同炎热的越地,居然下起了罕见的大雪。而颜元被许多小人攻讦,是正常不过的事情。三、人们对颜元诋毁之声不断,是因为他的主张"独行其是",富有独创性的见解,且不为人们所理解。尹会一在年幼时见过颜元,所言当为实录。

下面分析与李塨有直接交往的邵廷采对颜元、李塨的评议:

习斋先生谓学术至宋儒而歧,诚辟论,非苛论也。何也?宋儒谓静观未发气象,人生而静以上不容说,是中体落于偏枯,混入佛、老而不自知矣。而所云问学,又止于诵读、训诂,凡礼、乐、兵、屯,经世实用,一切蔑略,动而辄括。故终宋之世,竞议论而罕成功。②

自幼即有必为圣贤之志,后又从游习斋,力驱佛、老,讲求兵、农、书、数、礼、律诸务,综古者小学、大学之教以治其身,体全用具。凡所言行,直本孔、孟。举后世之所为程、朱,为陆、王,纷纷角异如衣败絮行荆棘中者,概置勿顾。于圣人之道,真有廓清摧陷之功。用工之勇且实,未有过于足下者。③

邵廷采(1648—1711)原名行中,字允斯,改名廷采,字念鲁,浙江余姚人,

---

① 尹会一:《健余文集》卷八《再与刘拙修书》。
② 邵廷采:《邵廷采全集·思复堂文集》卷七《答蠡谷李恕谷书》,陈雪军、张如安点校整理,浙江大学出版社2018年版,第333页。
③ 邵廷采:《邵廷采全集·思复堂文集》卷七《答蠡谷李恕谷书》,第330页。

是浙东学派中的一员,其学术以阳明之学为指归,与黄宗羲相近。他的名声在当时并不大,但他在浙东学派中的作用至为重要。他上承清代浙东学派创始人黄宗羲,下启浙东学派第三代传人邵晋涵、章学诚等人,是一个关键性人物。邵廷采略后于颜元而与李塨同时且与李塨有书信往来。他对颜李之学的论定有着直接的感性因素在内。他认为颜李学派的功劳是恢复孔、孟的"圣人之道",重树经世致用之学。一、他认为"宋儒"蔑视"经世实用",把注意力集中在"诵读、训诂"上,其中混入了佛、老的内容,决非真正意义上的儒学,此即"习斋先生谓学术至宋儒而歧"中"歧"的真实含义。二、他认为程朱理学只讲个人的心性修养,"静观未发气象",其学对社会不产生任何实际效果。三、礼赞颜李之学是由于其强调经世致用,"讲求兵、农、书、数、礼、律诸务",这是恢复了孔、孟圣贤之学的本来面目。这三条理由与邵廷采的学术倾向有关。邵廷采推崇阳明学,不满程、朱,其对颜元批评程、朱是赞同的。邵廷采为学强调经世致用,认为于经学之外,别求心性,失却圣人作经本意,力主"明经将以致用"①。他深契其师黄宗羲治学的真谛。黄宗羲在学风上是讲究学问与事功的统一:"道无定体,学贵适用,奈何今人执一以为道,使学道与事功判为两途。"②邵廷采早年著《规心录》一书,着重于内圣之学。黄宗羲读了以后,认为这种与实际事物无关的书还是不作为好,邵廷采听了以后就将《规心录》付之一炬。由上可知邵廷采的学术宗旨与颜元、李塨基本上是相同的。依据以上分析,可得出这么一个结论,清代学者对颜李之学的赞扬与抨击,同他们本人的学术倾向息息相关。大体上是相近者誉之,相异者毁之。

被时人誉为学术泰斗的万斯同对李塨评价甚高。万斯同认为李塨是孔、孟之学的继承与发扬者,学术上造诣高深。李塨 43 岁时,持《大学辨业》给万斯同"求正"。过了几天,万斯同抛弃以往对李塨的偏见,给予其很高的评价:"先生负圣学正途,某惭与先生识,久为所包,不知先生。"万斯同在当时已是京师中声名显赫的大学者。他受邀去京师修《明史》,当局按例授七品官俸,任翰林院纂修官。万斯同坚辞,要求以布衣身份参与,不置衔,不受俸,遵守其师黄宗羲之训条,即坚持遗民的气节不到清廷做官。在梨洲众多学生中,他年纪虽

---

① 邵廷采:《邵廷采全集·思复堂文集》卷一〇《诗经儿课小引》,第 493 页。
② 黄宗羲:《姜定庵先生小传》,载沈善洪主编:《黄宗羲全集》第 10 册,第 623 页。

轻但学识渊博。与黄宗羲亦师亦友的李文胤说他"善读书,其于经史之学,开卷了然,能得其纲领。余有所疑,质诸季野,始自信"①。史馆中的纂修官起初瞧不起他,后为其真才实学所折服。纂修官中有些人是有学问的,但功力确实不及万斯同。在修史的过程中,万斯同不居纂修之名,实操总裁之实。他的学问为时人所推重。万斯同在京师开设讲座,每月二至三次,每次一日,讲会资助者皆为显赫的高官。李塨亲历其事而记载之:"读书名士竞会都门,季野以博淹强记为之首。开讲会,皆显宦主供张。翰林、部郎、处士率四五十人,环坐听季野讲宫阙、地理、仓库、河渠、水利、选举、政刑诸项。不翻书,每会讲一事,口如瓶注。"②一位学界大佬,为京师高官奉为权威的人,把李塨之学誉为"圣学正途",这是何等崇高的评价。"圣学"在中国古代一般是同至高无上的学问同义的。学识渊博的万斯同的评价不是凭空而发,而是看了李塨《大学辨业》等著作后作出的。

由袁枚对程晋芳的态度不难发觉袁枚是赞同程朱理学的。袁枚是 18 世纪士林中有号召力的一位大学者。袁枚(1716—1798),字子才,号简斋,浙江钱塘人(今杭州)。天资聪明,为当地士人所赞叹。21 岁时,作《铜鼓赋》,不加修改,援笔立就。在博学鸿词科应试的二百多人中,袁枚的年龄最小。乾隆四年(1739)进士,后为翰林院庶吉士。历任溧水、江浦、沭阳、江宁等县知县。后绝意仕途,在江宁小仓山下修治随园。学者称随园先生。著作有《随园诗话》《小仓山房文集》《子不语》等。以诗文为海内文人、学者推许达六七十年。他的"性灵"说强调写个人的性情际遇,注重个人心灵的抒发。这一摆脱传统束缚的主张是有它深厚的哲学基础的。在理欲之辨上,他指责理学家禁欲主义的复性说,认为"性不可见,于情而见之……善复性者,于不空冥处治性,而于发见处求情"③。他重视人的情欲,认为圣人不可无情:"古圣贤未有尊性而黜情者。喜、怒、哀、乐、爱、恶、欲此七者,圣人之所同也。惟其同,故所欲与聚,所恶勿施,而王道立焉。"④圣人与常人一样,不可禁绝七情六欲。这种"王道本于人

---

① 李文胤:《杲堂文钞》卷三《送万贞一游江右序》。
② 李塨:《恕谷后集》卷六《万季野小传》,载陈山榜、邓子平主编:《颜李学派文库》第 3 册,第 768 页。
③ 袁枚:《小仓山房文集》卷二三《书〈复性书〉后》。
④ 袁枚:《小仓山房文集》卷二三《书〈复性书〉后》

情"的主张,与颜元的"人欲为人之真情至性"具有异曲同工之处。袁枚认为程晋芳从天神崇拜的角度指责颜元,道理上是讲不通的。

袁枚认为,颜李学派的独创性不容置疑。他说:

> 《黄氏日抄》称吕希哲习静,其仆夫溺死不知;张魏公自言有心学,符离之败,杀人三十万,而夜卧甚酣。宋学流弊一至于此,恐周孔有灵,必叹息发愤于地下。而不意我朝有颜李者,已侃侃然议之。①

吕希哲为北宋学者,与程颐同学于胡瑗,后师事程颐。为学主静,"晚居宿州、真、扬间十余年,衣食不给,有至绝粮数日者,处之晏然,静坐一室,家事一切不问"②。为了从静坐中体验出某种特殊的心理感受来,吕希哲不惧绝食。自己尚且如此,对家中其他人自然也不会关心了。他是理学家中一位主静的典范。"张魏公"指张浚,他多次参与抗金的军事活动。他认为武将打了败仗,有"心学"为安身立命所在,依然能安心睡觉。袁枚读了黄震的《黄氏日抄》深感宋明理学弊病之深。对颜元、李塨指明宋明理学的弊病,创出"别开一径"新说,他是持肯定态度的。袁枚认为不能因他们在土地、政治等方面的复古倾向,而抹杀他们学术上的功绩。袁枚的人性论观点与颜元同调,他也反对宋儒人性二元化之说。在袁枚心目中,气质之性是人情人欲的根源。如同刀一样,没有刀身就无法谈论刀的锋利。这里,袁枚立论的基础还是沿袭了南朝时期范缜的"形神相即""形质神用"的主张。这同颜元反对理学家"言性为二"的主张与"若无气质,理将安附"的见解完全相合。

袁枚与颜元气味相投,所见相同,故袁枚于程晋芳对颜元的指责大为不满,并加以反驳:

> 足下之言曰:"无宋儒,吾辈如禽兽而木石矣。"尤误也! 足下亦思汉、魏、晋、唐无宋儒,其间千余年,皆禽兽而木石? 亦思以孔子之圣,不能挽战国之末流,而以宋儒之贤,乃能救后世之习俗乎? 足下惧畏获罪于宋儒,

---

① 袁枚:《小仓山房文集》卷一九《与程蕺园书》。
② 黄宗羲、全祖望:《宋元学案》卷二三《荥阳学案》,载沈善洪主编:《黄宗羲全集》第 4 册,第 150 页。

并甘心获罪于孔子者,又何也?①

这自然令人想起李贽。李贽不以孔子的是非为判断真理的标准,写了《赞刘谐》一文,抨击了"天不生仲尼,万古如长夜"的论调。袁枚的说法与李贽有别。李贽是批孔的,故举出"羲皇"更为古老的圣人来。袁枚不批孔,所以用抬高孔子来贬低"宋儒"。袁枚这段话有两层意思:一、依着程晋芳的主张,世上没有"宋儒"的话,从汉至唐的人们"皆禽兽而木石"。这从常识上说不通。二、袁枚反问:像孔子这样的大圣人也无法挽救当时的弊端,以"宋儒"之"贤",就能救"后世之习俗"吗? 这两条都是从崇圣情结说的。在这种情结成为古人心理定势的时代里,这样的反问十分有说服力。袁枚虽对颜元的复封建、行井田的主张有所质疑,但他对程朱理学的尖刻抨击与他受颜元思想的影响不无关系。因袁枚与李塨学生程廷祚为忘年交,袁、程二人经常切磋学术:"余同试保和殿,通数语。已而官白下,相与为忘年交。得谢后,买山随园,所居宅相邻,益亲。每读书疑,必质先生。先生有所作,必袖来,或遣苍头索跋语。"②袁枚比程廷祚小25岁。在殿试时两人说过几句话。后袁枚在南京做官,两人成为忘年交。袁枚辞官后居于南京小仓山随园,与程廷祚相邻而居。二人经常切磋学术上的问题。当程晋芳非议程廷祚时,袁枚挺身而出为程廷祚做辩解。

三、误解之音:"源出姚江"

后世学者对颜李之学的属性存在误解,乃至把颜元当作王学的信奉者,以四库馆臣为代表:

> 其学主于励实行,济实用,大抵源出姚江,而加以刻苦,亦介然自成一家,故往往与宋儒立同异。③

---

① 袁枚:《小仓山房文集》卷一九《与程蕺园书》。
② 袁枚:《征士程绵庄先生菲苦墓志铭》,载程廷祚:《青溪集》,第415页。
③ 《四库全书总目》卷九三子部儒家类存目三《存性编》。

这是对颜学的误解。颜元于程、朱、陆、王在整体上是一视同仁的,如颜元视"朱学"与"王学"皆为"杀人"的利器。但在具体感受与学术宗旨上,颜元对程、朱批得更厉害,一点儿不留余地,于陆、王的批评则留有分寸。颜元沉浸于陆、王仅三年,而沉浸于程、朱为八年。殆其幡然觉醒,觉得在程、朱那里耗掉的时光太多了,有切肤之痛。清初陆、王已不能与程、朱相提并论。作为统治者的帝王,与一大批朝中握有大权的官僚,皆对程、朱青睐有加。"理学名臣"这一独特的称号也只见于清代。"必破一分程朱,始入一分孔孟"就是他南游时见"人人禅子,家家虚文"现实后提出的。对陆、王赞扬之言辞,颜元是从功利论角度去说的。对陆象山治荆州、王阳明擒宁王的功劳,颜元没有否认:

> 象山之学行,虽不免禅宗,还不全靠书本,即无修和。习行圣人成法以惠天下,犹省本来才力精神,做得几分事功,正妙在不以读书误人也。朱子更愚,全副力量用在读书。每章"读取三百遍",又要"读尽天下书",又言"不读一书,不知一书之理"。①

陆九渊的"几分事功",当指其"荆门之政"。陆九渊于绍熙二年(1191)知荆门,在一年又四个月的从政中,在军事、民务、法治、财政等方面取得了良好的政绩,荆门社会秩序良好,人情晏然。其实陆九渊治荆门是为了落实道德之"本心",而不是追求外在事功。② 以"事功为首"的颜元,他评价历史人物的标准是客观效果而非主观动机。陆九渊反对人们去读书,"正妙在不以读书误人",颜元觉得这和自己的心意相合,同时也是对朱熹"读一书知一书之理"主张的否定。按照颜元的见解,"理"是离不开"事物"的,应当从"三事""三物"中去寻求"理"。王阳明平定藩王叛乱,在颜元看来并不表明阳明心学是功利

---

① 颜元:《颜元集·朱子语类评》,第272页。
② 蔡仁厚在《朱陆异同与象山实学》一文中说:"本心呈现为实理,引发为实行,贯彻为实事,凝成为实德;而一切的实理、实行、实事、实德全都是'一心之朗现、一心之申展、一心之遍润'。象山心学这一类型的实学,是落实于作为道德之根的道德实体(本心),而不是落实于道德实践成就的价值成果(如像典章制度与政法经济)。"(《朱子学刊》第11辑,黄山书社2001年版)这段话说得不太简要,不过已经把握了陆九渊的学术宗旨。象山心学的宗旨,绝对不是要求人们目光向外、获取事功的:"精神全要在内,不要向外,若在外一生无是处。"(见《陆九渊集》卷三五《语录下》,第468页)

论一类的实学。他把王阳明这一赫赫功劳归于其个人"天资高"和手下将领的同心协力，以及偶然性（"随事就功"），而不是同他的学术宗旨相联系。

之所以专门论述后世对颜元的误解，是因为这种似是而非的观点为一些学者所袭用。阮元在《国史儒林传》中谓习斋之学"主于励实行，济实用，大抵亦出姚江，而加以刻苦，介然自成一家"。钱林《文献征存录》卷一亦谓"元论学虽宗王守仁，加以清剀洁悫，自为一家之说"。至乾隆年间官方修《四库全书》时，颜学已中绝了。《四库全书总目提要》的修撰者仅看了《四存编》就遽然下了断语，既未仔细研究，又因袭清初学术界"非程朱，即陆王"的成见，一见颜元字里行间对程、朱的排拒要较陆、王来得激烈，就定为"源出姚江"。《四库全书总目提要》影响深远，阮元、钱林等学者不加细辨也认同此说。需要承认的一点是，陆、王心学残留在颜元身上的痕迹要比程、朱理学多一点，而且有些论说还成为颜元学说的组成部分，如前面所说的"造命回天""以我易天下""狂者胸次"等。但这并不等于颜元以陆王心学为归宿，否则就很难理解颜元之学为"别出一派"的客观事实。赞扬、反对、误解这三种对待颜李之学的态度，在近代还继续着，但所包含的内涵已经与古代大不相同。近代中国所处的历史情境，人们价值观念的新变动，尤其是增添了异域文化因素及古今中西之争的制约，人们对颜李之学的评价呈现出五花八门的新气象来。

第二节　影响所及（上）

大约在康熙初年到雍正年间，颜李学说在社会上产生了巨大的影响。《颜习斋先生年谱》42 岁条记载，保定府经略阎鸣泰家中有人被妖怪迷惑，请道士驱之无效。妖怪自言无所畏惧，就是怕博野的"颜圣人"。这是民间的传闻，但颜元得"圣人"之称足见其学说的影响力。传播颜李之学的学者，在北方主要是王源，在南方则为恽鹤生与程廷祚。

一、王源

师事颜元时，王源已 56 岁。王源（1648—1710），字昆绳，北京大兴县人。父亲王世德为明末锦衣卫指挥。王源是康熙二十三年(1684)举人,与颜元一样嗜好兵法。"易堂九子"之一的魏禧见而奇之,他认为王源是诸葛亮式的人才。① 王源自称于古代名臣仅服膺诸葛亮与王阳明二人:"源尝以为孟子殁后千数百年,全体大用,才堪王佐之儒,惟诸葛忠武、王文成两人而已。"②尚书徐乾学开书局于吴中洞庭山,网罗天下名士。王源与刘继庄(1648—1695)由此而相识,一拍即合:"日讨论天地阴阳之变、伯王大略、兵法文章典制、古今兴亡之故、近代人才邪正,其意见之同,犹声赴响。"③刘继庄与王源同为大兴人,且两人为学均以经世致用为宗旨。王源40岁以后到京师,相国徐文元以贵宾待之,并时常咨询文史方面事情。王源著有《舆图指掌》一编、《兵法要略》二十卷、《读易通言》六卷、《平书》十四卷、《居业堂文集》二十卷等。

王源遇见李塨后,为颜李之学所折服,并师从颜元。李塨为王源作传时记述了此事:

> 予微言圣学,王子目瞪神懼,持予《大学辨业》去,是之。因与剧言颜先生明亲之道,令阅《存学编》。夜同榻卧,鸡鸣,蹴予以觉,起立曰:"吾知所归矣!吾自负有用,古文必会传世,然躬际太平,弢钤安事?文辞终属枝叶,非所以安身立命也。倩君价予,执贽习斋。"遂入博野颜先生学。时康熙癸未,王子年五十六矣。④

李塨对王源略略谈了颜学("圣学"),让王源生了敬畏("懼")之情。之后持《大学辨业》给王源看,得知王源对《大学辨业》的肯定后,李塨再与王源详细讲述了颜学,并对王源做出了"令阅《存学编》"的意见。王源的思想与颜李之学颇多吻合处,王源一下子顿悟了,遂对以往"古文必会传世"的观点产生了怀疑,觉得"文辞终属枝叶"。王源在晚年变更了原先的学术见解:"王子大悔,立

---

① 魏禧为"易堂九子"之一。"易堂九子"是明清之际有着地缘、亲缘色彩因避乱而结社的士人,以魏氏三兄弟(魏伯子际瑞、魏叔子禧、魏季子礼)与彭士望、邱维屏、李腾蛟、林时益、彭任、曾灿九人为主,也包括他们的门人弟子。聚集的地点在江西。
② 王源:《居业堂文集》卷七《与朱字禄书》,万有文库本。
③ 王源:《广阳杂记·刘处士墓表》,中华书局1957年版,第2页。
④ 李塨:《恕谷后集》卷六《王子传》,载陈山榜、邓子平主编:《颜李学派文库》第3册,第766页。

《省身录》，效习斋日记，以考纠身心得失。"①颜李学派以日谱为学术传播手段的情况，在王源身上得到了淋漓尽致的体现。先前王源以"异端"来看待颜李之学："宗夏言：'朱字绿见《大学辨业》，抵掌称是。'昆绳曰：'此昔年闻声而詈异端者，今乃服乎，可见人心有同然也。'"②"詈"，责骂之意。从指为"异端"的对象变成了服膺的学说，王源觉得这是人同此心之故！

王源思想立场转变的原因，是他的思想与颜李之学有相似之处。王源一生以豪杰自居，有着利济天下、为生民社稷建功立业的使命感："功在社稷生民谓之功，名垂千百世不泯谓之名，布衣可以建功名，宰相无能，不过富贵。"③这与颜元"事功为首"之学相通，是二人成为知音的纽带。王源并未获得施展才华的机会，便选择游历天下名山大川。63 岁时卒于淮安。王阳明是明代事功最为显赫的一位，但王源与颜元对此有共识，即认为阳明的事功与他的学问是分离的，不是融为一体的："然源虽力推阳明，又不敢以学为宗。何也？以其杂于禅也。"④王源的眼光是犀利的，王阳明的学说汲取了很多禅宗的内容，时人称之为"阳儒阴释"。王阳明径直把"良知"等同于禅宗的"本来面目"："'本来面目'即吾圣门所谓'良知'。"⑤"本来面目"出自《坛经》，在禅宗中指真心与本性，也就是"明心见性"，即觉悟到本心中有佛性即能成佛，这是王阳明汲取禅宗来讲"致良知"的思想来源。

两人对宋明理学均持激烈的批判态度。颜元以"实用"为原则批评了理学的虚空，侧重于学风；王源抨击了理学的虚伪，强调的是人格。王源说"讲道学者"连"小人"也不配，而是货真价实的"穿窬之盗"：

> 后世之儒，谓之道学，而近之讲道学鲜有不伪者，非借道学以掩其污秽而要禄位，即借之以投时尚而博声名，欺人不得不自欺，自欺不得大声疾呼，自以为真程、朱；又不得大声疾呼，力诋陆、王，以见其所以自命者至

---

① 李塨：《恕谷后集》卷六《王子传》，载陈山榜、邓子平主编：《颜李学派文库》第 3 册，第 766—767 页。

② 冯辰、刘赞调：《李塨年谱》卷三，第 91 页。

③ 王源：《居业堂文集》卷六《与汤西涯书》。

④ 王源：《居业堂文集》卷八《与方灵皋书》。

⑤ 王阳明：《王阳明全集》卷二《传习录中》，上海古籍出版社 1992 年版，第 67 页。

纯至正,而无一之不实。著书立说,纵横侈肆,无所不至,乃试问其心术,考其行事,不但不足为君子,并不足为小人,只成为其穿窬之盗,患得患失之鄙夫而已。①

王源认为,理学家及其信徒们("讲道学者")的特点是"伪":一、表里不一,借"讲道学"之名,行"要禄位""博声名"之实。二、欺人又自欺,为表明自己是"真程、朱",就声嘶力竭地"力诋陆、王",这是欺人;标榜自身行为是"至纯至正",而"行事"与"心术"不但不能说是君子,就是世人所鄙视的小人也称不上,这是自欺。三、以著书立说为手段,欲逞一己之私利。"讲道学者"在王源心里就是越墙偷东西的小偷。颜元认为相信朱熹的学说如服食砒霜一样。颜元、王源两人对"讲道学者"的丑恶嘴脸揭露得入木三分。

王源与颜元皆喜"谈兵"。"谈兵"即是经世致用之一方面。孙武的著作被尊为"百家谈兵之祖"②,这里的"兵"包括军事理论与制度、部队训练与兵器使用、军事谋略与作战战术等内容。有明一代,北方有游牧民族的威胁,南方有倭寇的持续骚扰。"谈兵"在明代中叶后成为学者关注的重要课题,有诸多理论著作与实用兵书面世。如吕坤《守城秘要》、李贽《孙子参同》、戚继光《纪效新书》与《练兵实纪》等。明亡后,"谈兵"成为一些有经世致用意识学者的首务。③ 王源与颜元可算其中的代表人物。王源著有《兵法要略》一书,今已佚失,然《兵法要略序》尚存。序中说,"余自幼喜谈兵","稍长,学孙武兵法,略知奇正虚实之术",后来,"读戚南塘《练兵》诸书与赵本学《续武经总要》而后恍然有得也"。于是他把自己的心得,"汇为《兵法要略》二十二卷,分上、中、下三篇",分别论述"用兵之方略""攻城守垒之法"与"古人用兵之往事"。④ 此外,王源《居业堂文集》卷一〇的《权论》《将论》《战论》《八阵论》等,皆为"谈兵"之作。

---

① 王源:《居业堂文集》卷八《与方灵皋书》。
② 永瑢等:《四库全书总目提要》卷九九子部兵家类《孙子》。
③ 钱谦益记述士人们"谈兵"时的兴致:"余在长安,东事方殷,海内士大夫自负才略,好谭兵事者,往往集余邸中,相对置酒,明灯促坐,扼腕奋臂,谈犁庭扫穴之举。"(见钱谦益:《牧斋初学集》卷三六《谢象三五十寿序》,上海古籍出版社1985年版,第1018页)顾炎武的好友归庄,"纵览六艺百家之书,尤精《司马兵法》"。(见归庄:《归庄集》,上海古籍出版社1984年版,第577页)
④ 王源:《居业堂文集》卷二二《兵法要略序》。

王源 56 岁时师从颜元,时年颜元已 69 岁。两人首次晤面时就"谈兵",
"谈兵"是颜李学派的重要特征之一,颜元与李塨均有"兵寓于农"的设想。颜
元问王源,给你数千名乌合之众,你用什么方法治理? 王源答以"莫先束伍"四
字,浸染兵家多年的颜元评价道:"子真其人矣。"①"束伍"是说以严明纪律为
治军主旨,并贯穿到组织编制、部队操练中。乌合之众是作战能力不强的一盘
散沙,经过"束伍"之后,才能使之有战斗力。颜元径赞王源是一个懂得治军的
人。颜元于 24 岁时手抄《孙子兵法》,朝夕把玩不休。晚年在漳南书院设武备
一科,有《孙子兵法》与攻守、水陆战法、射箭、技击等课程。颜元与王源一生都
沉浸于"谈兵"中。

利济生民的责任感、对宋明理学的批评与"谈兵"的嗜好,令王源向颜李学
派靠拢,"及闻颜先生学,乃著《平书》十卷"②。《平书》是王源的主要代表作,
"功在社稷生民谓之功"的内容尽在其中。③ 李塨对《平书》评价很高:"《平书》
若行,一县有百余儒官,万余练兵,家皆有食,士皆有用,游惰去,异端靖,其庶
乎!"④《平书》已失传,亏得李塨作了一部《平书订》,把《平书》的主要内容保留
了下来。两人之见基本相同,但也有不同处。李塨说:"官与吏、仕与学、文与
武之不可分,昆绳皆同愚见,独兵农分为二,稍有可议者。"⑤王源被李塨网罗进
来以后,对颜李学派的传播起到了推波助澜的作用。

二、恽鹤生

恽鹤生(1662—1741),字皋闻,武进人。从友人谢野臣处得知颜学大旨,
心向往之。康熙五十三年(1714)赴蠡县与李塨相见,两人畅谈三天,皆有相见
恨晚之感。此后倾心研读颜元与李塨的著作。因颜元去世无缘拜师,故自称
私淑弟子。恽鹤生善于思考,在对以往所说产生疑问之后,最后决定倾心于颜
李之学:

①　李塨:《颜习斋先生年谱》,载颜元:《颜元集》,第 790 页。
②　李塨:《恕谷后集》卷六《王子传》,载陈山榜、邓子平主编:《颜李学派文库》第 3 册,第 767 页。
③　《平书》中思想颇为独到,内容丰富,详见姜广辉:《颜李学派》第九章"王源思想研究",中国社
会科学出版社 1987 年版。本书主要就颜李学派的影响方面做分析。
④　冯辰、刘调赞:《李塨年谱》卷五,第 185 页。
⑤　李塨:《平书订》卷九《武备第六》,载陈山榜、邓子平主编:《颜李学派文库》第 4 册,第 1158 页。

承惠《颜先生年谱》、《四存编》及《辨业》、《学规》，敬展读毕，为之心开目朗，如霾雾豁而天日皎也，如腻得浴，如尘得刷，而身为之轻，意为之爽也。先生之教我深矣，苟有识知，能无感而佩乎！所痛沉没时俗，途穷日暮，闻道已晚，用自伤也。家世以制义发科，生不知学为何事，涉笔为文，即得父兄称赏，辄自矜喜。所遇明师良友，勉以读古书攻诗赋，已为超时出俗之学。此二十以前之一误也。既为诸生，家益落，假时文章句为人师。年益长，志科名益急，务制义益精，掇拾诸儒性理语，止供时文用，而无暇体究也。此三十以前之再误也。旋遇室人之变，贫困凄寂，夙妄自负，抑塞莫伸，遇方外人，作奇突语，似若可喜，遂甘心焉。而禅宗公案，棒喝拈提，颇有省会，愈增其妄。返观《语》、《孟》，都作妙义玄言，遂征昔人学佛然后知儒之说。此三十以后之大误也。而后此亦喜观阳明、心斋、近溪诸语录，竟以为真学如是耳，其误益坚。而见世俗专尊程、朱，因取而观之，见其言近于笃实，而亦自悔从前妄诞之非，尤服膺"主静"二字，以为圣贤之旨，而深愧未能也。……今读《存性》、《存学编》及《辨业》、《学规》，而知孔、孟之真，自有在也，而知宋世之不振，皆学术无用之故也。先生之教我深矣。然而窃用自伤者，六艺之事，不特身手未涉，即耳目亦少历焉。今年已半百，外强中干，蹒跚涩缩，举止无当，于此事遂已矣，不亦悲乎！[①]

恽鹤生这封写给李塨的信，是在康熙五十三年（1714）。恽鹤生申说其以往为学有五个错误：一误于"读古书攻诗赋"，此为 20 岁以前的事。读古书、攻诗赋是古人为学的必经途径，此误无可厚非。二误于热心"时文"，此为 30 岁以前的事。恽鹤生因家道中落，以讲授"时文"为谋生手段。三是相信"学佛然后知儒之说"而误于"禅宗"，此为 30 岁以后的事。因家庭发生变故，"贫困凄寂"，又听信僧人的话，遂热心于禅宗。然而，恽鹤生的感觉是"愈增其妄"。四是喜欢王阳明、王艮与罗汝芳的著作，误认心学为"真学"。心斋为王艮（1483—1541）的号，他是泰州学派的创始人。这是一位颇有传奇色彩的思想家，他本人为灶丁，年轻时煮过盐。著作今人整理为《王心斋全集》。罗汝芳（1515—1588），号近溪，泰州学派代表人物之一，后人论其学近禅宗。著作今人整理为

---

① 冯辰、刘调赞：《李塨年谱》卷五，第 150—151 页。

《罗汝芳集》。罗汝芳明言:"释氏轮回之说,信不诬矣。"①恽鹤生读了阳明心学及其后学著作后,视阳明心学为学问的真谛。五误认"程、朱为圣贤"。因为"世俗专尊程、朱",于是相信程朱理学的"主静"说,认为是继承了圣贤的宗旨。撇开30岁以前专心"古书""诗赋"与"时文"之外,恽鹤生把宋明时期的主要哲学流派学习一圈后,才真正理解到"孔、孟之真"在于颜李之学。

恽鹤生是善于思索的学者,"生平读书颇善疑"②。他思索了一个问题,即儒学的兴盛在历史上没有超过宋代的,但国势的孱弱在历代王朝中也没有弱于宋代的。在读了"《颜先生年谱》、《四存编》及《辨业》、《学规》"后,"而知孔、孟之真,自有在也,而知宋世之不振,皆学术无用之故也"。恽鹤生得交李塨时已年过半百。他认定以"实用"为宗旨的颜李学说才是真正意义上的孔孟之道。一个人在50岁左右时变更自己原先的观点,这绝对不是一件轻松的事情。好在恽鹤生始终有着怀疑精神,学术趣向多变,最后成为颜李之学中的重要成员。恽鹤生长于经学,"晚归常州,为一乡祭酒,故家子弟多从之游","其后常州问学为天下首,溯其端绪,盖自皋闻云"③,对颜李学派的南传,其功甚伟。

三、程廷祚

程廷祚(1691—1767),字启生,号绵庄。祖父是黄道周的好友。父程京萼,能诗工书,明亡不仕,与八大山人为友。廷祚是其长子。少时读书过目成诵,举凡经、史、子、集之书无不读。15岁时,他父亲的朋友知晓其才华,令作《古松赋》。一个上午成数千言,由此名声大噪。称颜李学说"海内之士,靡然成风"的陶窳,是将程廷祚引入颜李之学的领路人。陶窳是明末志士的后代,他在康熙三十九年(1700)由浙江至南京,与程京萼相晤。二人交谈甚欢,陶窳回去后致书程京萼,说要把他的两个女儿嫁给廷祚兄弟,程京萼答应了这门婚事。程廷祚为人有节操,拒绝了张廷玉招致门下的要求。此后杜门却事,以书

① 罗汝芳:《罗汝芳集·张承勋》,方祖猷、梁一群等编校,凤凰出版社2007年版,第584页。
② 冯辰、刘调赞:《李塨年谱》卷五,第150页。
③ 戴望:《颜氏学记》卷一○《颜李弟子录》,载陈山榜、邓子平主编:《颜李学派文库》第5册,第1578页。

史自娱,尤注力于《周易》,其治易主义理,以王弼、程颐的义理说为治易宗旨,著有《易通》《大易择言》《春秋识小录》《尚书通议》等。胡适在1936年把他的学术文章收拢在一起,因程廷祚晚年自号青溪居士,故文集以《青溪文集》命名,由北京大学印行。

康熙四十九年(1710),陶窳在商州知州沈廷祯那里做幕僚。次年,李塨应杨慎之约再到富平,七月游商州,视李塨为"天下第一人"的沈廷祯把李塨迎入州署,李塨遂与陶窳相识。程廷祚评价岳父陶窳的学术见解道:"雅不好仙佛,亦不喜濂洛,谓圣贤者贵于致用,安事虚谈性命,惫神章句耶?"[1]这是说,陶窳对高谈"性命"、以"章句"解读儒家经典的程朱理学是不喜欢的。他认为圣贤的学问是以"致用"为宗旨的,这活脱脱是一个颜李学派的信徒。婚后,程廷祚从岳父处得到《四存编》与《大学辨业》。这时程廷祚二十刚出头,是一个易被感化与善于汲取新鲜事物的时期,加上岳父的影响,他成了颜李之学的崇信者。24岁时,他写了封长信给李塨,表达向学的意愿。李塨隔了三年多后在康熙五十四年(1715)才收到此信。李塨正为颜李之学后继无人发愁,程廷祚的来信对李塨来说是一个强有力的鼓舞,喜悦之情见诸李塨的复信中。李塨信中说自己"读已而喜,再三读不自休",称赞程廷祚"才愈弱冠,而卓见圣道如此","足下年少才高,议论辉光,肆映若传炬烛天"。之所以如此表扬一位后生,是因为李塨正处于"求其明于心,行于身,宣畅于言语,发挥于事业,可全以付者寥寥"[2]的困局中。然而李塨这一美好的愿望未能实现,这在下面会讲到。

程廷祚被李塨寄予厚望,他思想中烙有颜李之学的深深印记。颜元的气一元论为程廷祚所承袭:"今夫天地之间,飞者、走者、跂行啄息者、植者、顽者,皆禀一气以生成。"[3]对程朱理学"贵理贱气"的观点,他表示了异议:"自后儒之学兴,而天下乃群然贵理而贱气矣……夫气安可贱乎?自天地而下,一气而已。"[4]这里的"宋儒",当指程朱理学的理本论而言。朱熹认为理是万物所以形成的道理,是根本所在;气是形成万物的具体材料,亦不可缺。程廷祚所说的"贵理贱气"是针对朱熹而言的。这与颜元反复指责朱熹学说的主张完全相

---

① 程廷祚:《青溪集·青溪文集续编》卷八《楚江陶公行状》,第403页。
② 李塨:《答程启生书》,载陈山榜、邓子平主编:《颜李学派文库》第3册,第745页。
③ 程廷祚:《青溪集·青溪文集》卷七《原心》,第167页。
④ 程廷祚:《青溪集·青溪文集》卷七《原气》,第168页。

通,不同的是指责的内容有所差别。颜元"舍形而无气"的见解,为程廷祚原汁原味地继承了:"夫以形色为性,则气之外无性矣。"①李塨视《周易》为一本"专为人事"而作的著作,程廷祚略略变通了一下,认为《论语》是一部"立人道"的经典:"《论语》者,六经之统会,大道之权衡……其道易知,其教易从,要在率天下以立人道而已矣。"②不过程廷祚最终没有成为颜李之学的接班人。这从程廷祚读《存学编》后的题词不难知晓:

> 古之害道出于儒之外,今之害道出于儒之中。习斋先生起于燕、赵,当四海倡和、翕然同风之日,乃能折衷至当有以斥其非,盖五百年间一人而已。故尝谓为先生者,其势难于孟子,而其功倍于孟子。读其书,则其语言行事之实,可得而知也。③

有两点要注意的:一、程廷祚认为古代有碍于儒学发展的"害道",是儒家之外的各家;当今阻碍儒学发展的,则在儒学的内部。"儒之中"是指程朱理学。二、他对颜李之学持褒扬的态度,认为颜学崛起于北方,文人学者"翕然同风"。他视颜元的出现是五百年才一遇的事情,认为颜元的功劳要大于孟子。尽管程廷祚把颜元的地位抬高到亚圣孟子之上,但碍于文化专制主义的现实,他不敢像李塨一样公开宣扬颜学。康熙五十一年(1712),朝廷诏令朱熹从祀孔庙,这表明程朱理学的官学地位已树立。这一措施让程廷祚感到非议程朱势必经受政治上莫大的压力。颜元当年批评程朱理学时"身家之虞"的担心,到程廷祚生活的年代里变成活生生的事实了。这对以往诋毁程朱理学的程廷祚来说是当头一棒。他再不敢把颜、李的著作轻易示人,怕抵触当局,引出灾祸。以诋毁朱子而著名的毛奇龄,亦采取明哲保身之举。全祖望说毛奇龄"所最切齿者为宋人,宋人之中所最切齿者为朱子","西河晚年雕《四书改错》,摹印未百部,闻朱子升祀殿上,遂斧其板"。全祖望评论"其明哲保身亦甚矣"。④
　这种矛盾心情在《与宣城袁蕙纕书》中有充分的体现。袁蕙纕是颜李之学

---

① 程廷祚:《青溪集·青溪文集》卷七《原气》,第169页。
② 程廷祚:《青溪集·青溪文集》卷六《〈论语说〉自序》,第154页。
③ 戴望:《颜氏学记》卷九《绵庄》,载陈山榜、邓子平主编:《颜李学派文库》第5册,第1550页。
④ 全祖望:《全祖望集汇校集注·鲒埼亭集外编》卷一二《萧山毛检讨别传》,第998—999页。

的信徒,程廷祚对袁蕙纕广为传播颜李之学的做法感到开心:"幸遇足下研精圣学,不以成见自画,独有乐乎恕谷之书,且哀辑之书以广其传,真斯道之幸、前哲之幸。"袁蕙纕对程廷祚甚为不满,指责他"不以颜、李之书示人"。程廷祚在答书中说"承反复于某不以颜、李之书示人,其故有可得而言者。盖学者束缚于功令,而习见之蔽锢于其中也,非一日矣","然而闻共诋程、朱之说,不可不为大惧也。某之惧,非敢不自立而甘于徇欲也。……当举世未能信从之日,而强聒不舍,必有加以非圣之谤而害其道者,不可之大者也"。① 程廷祚说自己不宣传颜李之学,原因有三个:一是"束缚于功令",二是"习见之蔽锢",三是怕惹上"非圣之谤"。前两方面已如前述,而"非圣之谤"在古代是滔天大罪。中国古代社会里,言论上占统治地位的是天子与圣人,人们以天子的话为金科玉律,不得违背;以圣人的话为衡量真理的尺度,也不可抗衡。二程与朱熹在时人看来是"圣贤之徒",是不能讥讽的:"程、朱奋乎百世之下,以斯道为己任,此诚圣贤之徒,而非可妄加讥评者也。"但他对颜李之学始终是赞美的:"国朝颜、李崛兴,乃能举其是非得失之大者,以与六经证其异同,而冀幸学者之一悟,可不谓先圣之功臣而宋贤之益友与?"如果"坐视其道(颜李之学)之终晦,亦不可也"②。这是说,听任颜李之学的自然消却是不可以的。程廷祚的心情是极为纠结的,既不愿意得罪程朱理学,又认为颜李之学是"先圣之功臣"。这也说明,颜李之学在此时已有快要失传了的征兆。

第三节　影响所及(下)

一、吴敬梓

行将湮没不传并不等同颜李之学影响的消失。作为吴敬梓的挚友,程廷祚在与吴敬梓交往过程中,潜移默化地把颜李之学传递给吴敬梓。程廷祚是

---

① 程廷祚:《青溪集·青溪文集续编》卷七,第392—393页。
② 程廷祚:《青溪集·青溪文集续编》卷七《与宣城袁蕙纕书》,第392—393页。

吴敬梓从兄吴檠的同学,比吴敬梓年长十岁。但二人是半师半友的知交。程廷祚好治经,吴敬梓晚年亦治经;程廷祚著《诗说》,吴敬梓也著有《诗说》;程廷祚作有《莲花岛》传奇,吴敬梓留下一部《儒林外史》;程廷祚醉心颜、李"礼乐兵农"的实学,吴敬梓则把"礼乐兵农"写入《儒林外史》后半部,寄托治国利民之纲领。①

吴敬梓的家族与李塨是有交往的。吴敬梓的曾祖吴国对任顺天学政时,于康熙十六年(1677)主持府院考试,把19岁李塨录取为"县学生第一名"。他对李塨的文章大加赞赏,"吴公深喜先生文,开雕行世"②。吴敬梓很崇敬吴国对。吴国对不只是自己家族中科举取得最高的功名的人,而且是使其家族在全椒县成为望族的标志性人物。此外,吴敬梓的长子吴烺师从刘箸,刘箸为李塨的门人。③ 吴敬梓因家族矛盾不得已移居南京三年,这恰恰是李塨到南京讲学之时,依据以上关系,他极有可能去听李塨讲学。

《儒林外史》这部中国小说史上讽刺小说的杰作,于科举制度对人的摧残有全面的揭露。第14回中马二先生,随便拿起一篇八股文,就讲得出许多起承转合、含蓄吞吐之法,但听起别人讲及李清照、朱淑贞的名字,便失望地想:"这些甚么人? 料想不是管功名的了,我不如去罢。"最妙的是第20回,另一位时文选家匡超人,只选过一二回时文,便向牛布衣夸口自己选本如何畅销:

> 不瞒二位先生说,此五省读书的人,家家隆重的是小弟,都在书案上,香火蜡烛,供着"先儒匡子之神位"。牛布衣笑道:"先生,你此言误矣! 所谓'先儒'者,乃已经去世之儒者,今先生尚在,何得如此称呼?"匡超人红着脸道:"不然! 所谓'先儒'者,乃先生之谓也。"④

匡超人用错了词闹了笑话,不仅与牛布衣狡辩一番,还吹出更大的牛皮:"弟选的文章,每一回出,书店定要卖掉一万部,山东、山西、河南、陕西、北直的客人,

---

① 参见孟醒仁、孟凡经:《吴敬梓评传》,中州古籍出版社1987年版,第181—182页。
② 冯辰、刘调赞:《李塨年谱》卷一,第4页。
③ 戴望:《颜氏学记》卷一〇,载陈山榜、邓子平主编:《颜李学派文库》第5册,第1582页。
④ 吴敬梓:《儒林外史》第20回,人民文学出版社1978年版,第246—247页。

都争着买,只愁买不到手","惟有小弟的选本,外国都有的"。① 这就是颜元所说的"文墨之祸","中于心则害于心,中于身则害其身"。颜元对科举制度种种弊端的抨击是抽象的,吴敬梓则通过一个个活生生的艺术形象呈现在读者的面前。匡超人是其中的典型。匡超人本是淳厚朴实的农家子弟,悉心照料卧病在床的父亲。父亲每次出恭时,匡超人定是跪在地下,把父亲双腿捧在肩头上,让匡太公安稳自在地方便。他手勤脚快,白天杀猪,晚上磨豆腐,一天只睡两个小时。后与一批知名文士交往,逐渐蜕变。结识潘三后,他顺着潘三的安排顶替金跃上考场。金跃中了秀才,他赚了二百两银子。而潘三是个包揽市府词讼、拐带人口、代雇枪手的恶棍。明清两代以八股文为主要取士形式的科举制度,使千百万人的聪明才智用于谋取功名。明清两代,名登科甲的衮衮诸公不下上万,但其中找不出几位经邦济世的人才来。大多士子不仅对天下大事、国计民生一无所知,就是历史文化知识也贫乏得很。马二先生不知李清照为著名词人,匡超人不晓"先儒"的确切含义,这在明清两代是普遍的现象。"文墨之祸"对匡超人带来的身心之害,就是极度的虚伪与自我的吹嘘。

颜元提出的理学"杀人"的观点,在《儒林外史》中也得到了艺术的再现。第 48 回里有"徽州府烈妇殉夫"一节,对王玉辉这个饱受程朱理学熏陶的秀才描绘得活灵活现。王玉辉读了十几年的理学书籍,到头来赞扬与怂恿自己三女儿绝食殉夫,还自认为这是青史上留下美名儿,能够万古留传的事情! 这"死的好! 死的好!"②六个字,让人们形象地见到了理学这"温柔的一刀",是如何祸害了千千万万有着青春活力的女性。

《儒林外史》以冷嘲热讽的笔调著称于世,但同时也用些庄严的笔触宣扬颜李之学中的"礼乐兵农"。小说着力描写了文人祭泰伯祠的隆重场面以宣扬古代礼乐。这是由迟衡山发起的,由虞育德、庄绍光、杜少卿等人参与,在南京用古礼古乐祭祀贤人吴泰伯。③ 泰伯作为吴姓的始祖与孔子称颂的贤人,在江

---

① 吴敬梓:《儒林外史》第 20 回,第 247 页。
② 吴敬梓:《儒林外史》第 48 回,第 554 页。
③ 泰伯,古公亶父之长子、周文王之伯父。其弟为仲雍、季历,季历生子昌(周文王)。古公亶父欲把王位传于幼子季历,以便使季历之子昌能继位以兴周。泰伯与仲雍知道后避让至江南,断发文身,于吴(今江苏无锡东)建国,为吴国之始祖,也是吴姓的祖先。泰伯为孔子称颂的贤人:"泰伯其可谓至德也已矣。三以天下让,民无得而称焉。"(《论语·泰伯》)

南一带是人们心中的古代楷模。在第34回中，迟衡山对庄绍光说："小弟为泰伯祠的事，奔走了许多日。"庄绍光答道："这千秋大事，小弟自当赞助效劳。"①作为正面人物之一的庄绍光，吴敬梓是以程廷祚为原型敷陈的。这"千秋大事"与吴敬梓的人生理想有关。他一方面抨击理学，另一方面又为找不到出路而苦恼。程廷祚关于"礼乐兵农"的主张，颇合吴敬梓的心意。吴敬梓39时岁对别人说："方今履泰交，礼乐重敷陈。"希望老朋友也来参加礼乐活动。为此不惜卖掉江北老家唯一的老屋，建成一座泰伯祠。吴敬梓想通过以古礼古乐祭祀泰伯这一活动，成就一些人才，与以功名富贵为诱饵的败坏人才的科举制度相抗衡。②小说借庄绍光之口，把祭祀泰伯列为"千秋大事"，实寓有吴敬梓的人生理想在内。小说中宣扬的另一件大事是，萧云仙在青枫城筑城植树、开荒劝农、兴修水利、举办学校等等。如果说祭祀泰伯是为了振兴"礼乐"，那么，有着高超武功的萧云仙在取得军事胜利后，在青枫城屯垦多年，则为"兵农合一"的事，"监督筑城，足足住了三四年"，"出榜招集流民，进来居住，城外就叫老百姓开垦田地"，同时兴修水利沟洫，"开得高高低低，仿佛江南的光景"，又发动民众，"今日在这一方，明日又在那一方，一连吃了几十日酒，共栽了几万棵柳树"。请了一位沈先生，"将带来驻防的二三千兵内，拣那认得字多的兵选了十个，托沈先生每日指授他些书理。开了十个学堂，把百姓家略聪明的孩子都养在学堂里读书"③。小说第40回描绘的这种情景，与颜元富国安民的三件大事——垦荒、均田、兴水利——何其相似！吴敬梓虽未有"兵农合一"的直接描述，但把四川松潘改造成江南光景的乐土，士兵的作用是至关重要的。"筑城"三四年，战乱刚结束，萧云仙动用的只能是士兵。待时局稳定后，方能把流民叫来开荒，把民众固定于土地上。这是颜李之学"兵农合一"思想的艺术化表现。这一理想并没有真正实现，因为这些公益事情的开支大大超过了工部核准的预算。萧云仙只得用家中七千金补足以了事，巩固新乐土的理想也成为泡影。

　　综上所述，吴敬梓的《儒林外史》受颜李之学的影响十分明显。胡适有个大胆的推断："我读了这个二十卷的《青溪文集》"，"我知道了程廷祚和《儒林外史》的关系，和戴震的关系，和颜李学派的关系。从此，我们也可以明白《儒

---

① 吴敬梓：《儒林外史》第34回，第402—403页。
② 参见孟醒仁、孟凡经：《吴敬梓评传》，第266—267页。
③ 吴敬梓：《儒林外史》第40回，第462—464页。

林外史》是一部宣扬颜李学派的思想小说。"①在找不到确实的证据去推翻胡适的见解时,笔者总体上认同胡适的论断,但笔者更关注的是哲学与文艺小说之间,缘何存在着这样的互动关系。对这类意识形态不同领域相互渗透的文化现象,笔者有必要做一些理论上的剖析。

一种哲学理论要渗透到文学作品中去,成为文学家创作时的指导原则,前提是这种哲学理论或在社会中占有统治地位,或在一段时间得到广泛流传并为人们认可。这是一种带有规律性的文化现象,古今中外概莫能出此藩篱。以理学为例,它自宋以后开始在意识形态领域显露;明初,它的统治地位才得以真正确立。理学家所宣扬的以"天理"为支柱的愚忠观念,在明代中叶后的通俗小说中作为形象化诠释的条件就齐备了。"常言道:'君教臣死,臣不死不忠;父叫子死,子不死不孝。'"②这样的话在理学家的著作中未曾出现过,但在《西游记》中已成为"常言"。这同朱熹所说的"臣子无说君父不是底道理,此便见君臣之义处"并无区别。③ 这句话的潜台词是,君主的见解臣下必须无条件服从。陈淳是朱熹晚年的高足。他认为,忠就是掏尽自己心中的一切:"须是无一毫不尽方是忠。如十分底话,只说得七八分,犹留两三分,便是不尽,不得谓之忠。"④作臣子的不得存有一分一毫的私心,要把自己的全部身心交给君主,这便是真正意义上的忠。朱熹与陈淳话虽说得不一样,但均是愚忠观念的力倡者。以 20 世纪 80 年代为例,"拨乱反正"的政治见解在得到社会大多数人认同后,接踵而来的便是"伤痕文学"的走红。颜李之学产生后,出现了"数十年来,海内之士,靡然成风""四方响和者,靡然不知所止""发扬震动于时"等现象。因而在吴敬梓生活的年代里,颜李之学渗透到文学作品中的前提已具备。对颜李之学与《儒林外史》的关系,当作如是观。

---

① 胡适:《北京大学新印程廷祚〈青溪文集〉序》,载陈山榜、邓子平主编:《颜李学派文库》第 9 册,第 2946 页。在《颜李学派的程廷祚》一文中,胡适断言:"《儒林外史》的作者吴敬梓是他的朋友,他的集中有《与吴敏轩书》,又有《与金孺人墓志》,金孺人就是吴敬梓的姐姐。《儒林外史》里用气力描写的庄绍光就是程廷祚。"载陈山榜、邓子平主编:《颜李学派文库》第 9 册,2942 页。

② 《西游记》第 78 回。类似的言论又见于《封神演义》第 22 回:"君乃万国之元首,纵有过,臣且不敢言,尚敢正那君之过!父有失,子亦不敢言,况敢正父之失!所以'君叫臣死,臣不敢不死;父叫子亡,子不敢不亡'。"

③ 朱熹:《朱子语类》卷二三。

④ 陈淳:《北溪字义》卷上《忠信》,中华书局 1983 年版,第 27 页。

二、戴震

戴震与程廷祚是同乡,比程廷祚小 32 岁。戴望在《颜氏学记》中说:"乾隆中戴吉士震作《孟子绪言》,始本先生此说言性而畅发其旨。"①谓戴震的人性论本于颜李之学。到了 20 世纪 20 年代,梁启超断言:

> 我深信东原的思想有一部分受颜李学派影响而成的。②
>
> 子高说戴东原作《孟子绪言》,其论性本自习斋,最为有识。③

子高为戴望之字,著《颜氏学记》十卷。梁启超理由有三条:一、方苞之子方用安是李塨的学生,方苞与李塨论学不合,方用安多袒护李塨。戴震和方苞家的人素有来往。二、李塨在江南大力宣扬颜学之时,有一位叫是仲明的士人,既与李塨又与戴震往复论学,且都有论学书札存世。戴震可能通过是仲明知道颜李之学。三、程廷祚与程晋芳私交甚深,而戴震与程晋芳是挚友,通过程晋芳会知道些颜李之学。梁启超认为,戴震是从与方苞的子弟及其友人接触中,以及李塨在江南大力宣传颜元学说的活动中得闻颜李之学的。梁启超承认自己未得到确切的史料证据,但梁启超的见解是有一定道理的。

到了 20 世纪 30 年代,胡适通过对其乡先贤程廷祚著作的整理与研究,得出了一个结论,即戴震的思想是颜李之学的发扬光大,其间的中介是程廷祚:

> 颜李之学,到程廷祚而经过一度解放,到戴震而得着第二度更彻底的解放。解放的太厉害了,洗涮的太干净了,我们初看戴震的思想,几乎不认得他是从颜李学派出来的了!④
>
> 我读了这个十二卷的《青溪文集》,我所以搜寻这部书的三个动机差不多完全满足了。我知道了程廷祚和《儒林外史》的关系,和戴震的关系,

① 戴望:《颜氏学记》卷一,载陈山榜、邓子平主编:《颜李学派文库》第 5 册,第 1384—1385 页。
② 梁启超:《饮冰室合集》文集之四十《戴东原哲学》,中华书局 1932 年版。
③ 梁启超:《梁启超论清学史二种·中国近三百年学术史》,第 247 页。
④ 胡适:《颜李学派的程廷祚》,载陈山榜、邓子平主编:《颜李学派文库》第 9 册,第 2942 页。

和颜李学派的关系。从此，我们也可以明白《儒林外史》是一部宣扬颜李学派的思想小说。①

胡适的研究比梁启超的猜测细致许多。如果换一下角度，从思想史发展前后相续的过程来观照的话，程廷祚、颜元的一些见解已融入戴震的思想体系之中。程廷祚继承颜元的观点有主张气一元论的宇宙观、否认二元化的人性论、气质形色是性等；也有接过李塨的见解而说的，如认为《论语》是一部"率天下以立人道"②的书，就是李塨"圣人作《易》本旨，专为人事"主张的翻版。胡适引了程廷祚以"理"为"条理"的材料后，得出结论："说理为脉理条理，是李塨之说（见于他的《周易传注》《传注问》），程廷祚的话，上承颜李学，下开戴震的新理学。"③比较下面程廷祚与戴震的材料，可知戴震承接了程廷祚的人生哲学：

> 天地一交而生生不已，至善之原由此开，而物感之端亦由此启。其端则有三：饮食也，男女之欲也，乐生恶死也。是三者，名为物感而亦发于至善之性。④
>
> 仁义礼智非他，不过怀生畏死，饮食男女，与夫感于物而动之者皆不可脱然无之。⑤

两人都力主性善。程廷祚说明了"物感"三项内容的来源。戴震想要说明孟子"仁义礼智"善端的内涵，是接着程廷祚说的，"感于物而动之"为"物感"一语的延伸。戴震的意思是说，如果连向往生存和害怕死亡、希求物质欲望与接触外物而生的感情欲望都没有，怎么会有恻隐（仁）、羞恶（义）、恭敬（礼）、是非（智）的观念呢？"仁义礼智"不是别的，不过是悦生怕死、人与外物接触时萌生的感情欲望（包括与异性接触时产生的情欲）。"仁义礼智"的道德观念存在人的欲望之中，欲望不是理学家所讲的邪恶的本源。程廷祚的话中已囊括戴震

① 胡适：《北京大学新印程廷祚〈青溪文集〉序》，载陈山榜、邓子平主编：《颜李学派文库》第9册，第2946页。
② 程廷祚：《青溪集·青溪文集》卷六《论语说序》，第154页。
③ 胡适：《颜李学派的程廷祚》，载陈山榜、邓子平主编：《颜李学派文库》第9册，第2935页。
④ 程廷祚：《青溪集·青溪文集》卷七《原性》，第171页。
⑤ 戴震：《孟子字义疏证·性》，载张岱年主编：《戴震全书》第6册，黄山书社1997年版，第184页。

思想的意思,不同的是讲述角度的差异。程廷祚从"天地一交"中讲"至善之性",戴震则用以说明孟子性善论的基石是建立在人的欲望之中。程廷祚肯定欲望是至善的,不像理学家那样认为欲望是邪恶的。① 畏惧"诋程朱"罪名的程廷祚,骨子里对理学家的人性论是持否定态度的。

从人类思想史系统发展的角度来观察,颜元"以学术杀人"同戴震的"以理杀人"之间,有着思想前后承继与发扬的关系。戴震"以理杀人"的论断,绝对不是突然冒出来的,而是从颜元指责宋明理学为"杀人"工具这一"先行原则"的理路生发出来的。两相比较,颜元表现为言辞激烈而理论粗糙,不像戴震那样有细致深入的理论阐明。戴震比颜元高明之处,不在于他易"学术"为"理",而在于他指明了理学"以理杀人"的独断论的本质。戴震说:

> 人莫患乎蔽而自智,任其意见,执之为理义。吾惧求理义者以意见当之,孰知民受其祸之所终极也哉!②

戴震指出,自己最害怕的是把自身的意见当作真理。"任其意见,执之为理义"是戴震思想中最具透析力的洞见。从人的认识能力来说,意见与真理是有区别的。客观现实中的矛盾,反映到人的头脑里就演变成了问题。人们对同一问题的看法或认识往往不同,极易产生分歧。分歧多种多样,有细微差别,有重大分歧,也会既有所见又有所蔽。人们对同一认识对象产生不同意见是正常的,不可能一刀切地将人们的想法整齐划一。真理是确定不移的,当人们的思维与现实相一致时,即为真理。真理标志着主观认识同客观现实相符合。一位学者或者一个学术流派,如果把主观意见当作客观真理,必定会对社会与民众造成致命的危害:"凭在己之意见,是其所是而非其所非","其所谓理,无非意见也。未有任其意见而不祸斯民者"。③ 戴震尖锐地指出,独断论的本质就是把主观意见当作真理。一个人在发表意见时,其中到底有几分真理,在没有经过实践检验和逻辑论证前是难以确定的。理学家们把一家意见作为范围百家的真理,合乎"理"便认作真理。程朱理学大讲特讲"理欲之分",把善、公、

---

① 朱熹说:"众人物欲昏蔽,便是恶底心。"(见《朱子语类》卷三一)
② 戴震:《孟子字义疏证·理》,载张岱年主编:《戴震全书》第6册,第153页。
③ 戴震:《孟子字义疏证·理》,载张岱年主编:《戴震全书》第6册,第154—155页。

利等美名归于"天理",将恶、私、利等秽名归于"人欲",实际上是把要求生存、免除饥寒、男女爱慕、成立家室等正常的欲望一概斥之为邪恶的"人欲"。戴震认为"天理"是尊者、长者、贵者用来责备卑者、幼者、贱者的工具:"尊者以理责卑,长者以理责幼,贵者以理责贱,虽失,谓之顺;卑者、幼者、贱者以理争之,虽得,谓之逆。"这里的"理",就是封建等级制度的抽象表述、三纲五常的哲理化,是"上"治"下"之罪的理论基础:"于是下之人不能以天下之同情、天下所同欲达之于上;上以理责其下,而在下之罪,人人不胜数指。人死于法,犹有怜之者;死于理,其谁怜之。"①戴震说自己最怕的就是这种情况的出现。理学"理欲之分"的主张,成了杀人不见血的软刀子。酷吏以"法"杀人,人们还会对被杀之人产生同情心;但违反"天理"而被杀之人,谁也不会对其萌生同情心。这就是学术界用反对"以理杀人"来概括戴震的缘由。如果认为戴震之前没有类似的主张面世,那是不符合思想史发展的连贯性这一本质特征的。相区别的是,颜元激烈有余而道理讲得不够精透;戴震则条分缕析,丝丝入扣,道理讲得十分精透。程廷祚死后百余年间,颜李之学渐少为人所知。戴望生活的年代访求颜、李的著作已十分困难。

---

① 戴震:《孟子字义疏证·理》,载张岱年主编:《戴震全书》第6册,第161页。

第十二章　颜李学派在近代的回应
及其文化增殖（上）

第一节　颜李学派的重光

　　自戴望编纂《颜李学记》后，埋没了一个多世纪的颜李之学重见天日，之后有缪荃孙、陈虬、宋恕、孙宝瑄、朱一新、刘师培、章太炎、程仲威、邓实、黄节、徐世昌、钱玄同、梁启超、胡适、李石曾等人对颜李之学做出了不同的诠释。颜李学派的形象，如同儿童手中的"变形金刚"那样，在人们心目中不断变更。大体而言，有五种类型。第一种类型是认为颜李之学与传入中国的西学的新思潮相通，一些学者着力发掘颜李之学与西学相通之处，如缪荃孙、宋恕、刘师培、章太炎、梁启超等，认为颜李之学与西方的教育制度、自然科学、哲学与政治有默契的地方，与当时时势不谋而合。梁启超甚至以为，颜李之学比美国哲学家杜威的实用主义"更加彻底"。第二种类型是对颜李之学持贬斥与谩骂的立场。朱一新认为，颜李之学看上去很美好，实质上讲的都不合孔子的道理；程仲威则不讲学理，咒骂颜元是"本朝之孟贼"。持此立场的并不多。第三种类型是把颜李之学视为传统的精华，但情况比较复杂。20世纪初，以搜集颜李著作为使命的有国粹派领军人物邓实与大总统徐世昌。邓实尊"颜习斋之学"为"国学"，视君主专制服务之学为"君学"，以期为推翻清廷做思想上的准备。徐世昌与他的同僚成立四存学会，所整理刊行的《颜李遗书》乃是今颜李著作收得最全的一套。徐世昌利用政治上的权势，让颜元与李塨从祀孔庙，认为现今讲的西学在颜李之学那里就具备了。他们逆时代潮流而动，以倡颜李之学为名行尊孔之实，与定孔教为国教保守思潮相配合，以期同新文化运动相对抗，负面的因素显露无遗。第四种类型是从学术发展史角度去思索的。梁启超与胡适力求证实戴震学说的渊源是颜李之学。胡适花了十年左右时间来证明，其中起关键衔接作用的是颜李学派的传人程廷祚。第五种类型以李石曾为代表,他以实际行动把颜李之学的"主动求实"精神应用于留法勤工俭学运动中。

颜李学派的"众生相",是与近代中国面临千年以来未有的大变局及古今中西之争成了制约近代中国的主旋律相关联的。这在后面详述。本书用"增殖"的缘由是,"增殖"为滋生之意,滋生的新东西有正面的,也有负面的。

一、戴望刊行《颜氏学记》

一个学者只活了 37 岁,却在学术思想史上留下了令人难以忘却的印记。这种类型的学者并不多,戴望就是其中之一。不是因为他在今文经学上的深刻见解,而是在世人不知颜元与李塨为何许人、他们的著作湮没无闻的时刻,戴望把颜李之学重光于世。他编纂的《颜氏学记》,为颜李学派的流传添上了一笔浓墨重彩。戴望的好友姚谌对他的学术旨归有个评说:

> 子高幼时即穷力为文章,其立言大旨必通乎经而期适于用。已乃稍变为训诂之学,已又治宋儒者言,已又习为习斋、恕谷之说。盖自始学以至于今数变易矣,而大旨期于有用。①

戴望为学"期于有用",与颜李之学反复申言的"实用""习行"的功利论在精神上是相通的。戴望访求颜、李原著的过程十分艰巨:

> 每举颜、李姓氏,则人无知者。会稽赵㧑叔,当世之方闻博学振奇人也,闻望言悒焉如已忧。于京师求颜、李书不可得,则使人如博野求之,卒不可得。戊辰春,京师大姓鬻书三十乘于乔氏,乔氏以簿录遗㧑叔,按簿而稽之则得焉。因喜过望,携书归,驰传达金陵。望既复全见颜氏书,而李氏书虽颇放失,视旧藏为备。②

---

① 姚谌:《景詹闇遗文·赠戴子高叙》,宣统三年(1911)归安陆氏校刊本,第 22 页。
② 戴望:《颜氏学记序》,载陈山榜、邓子平主编:《颜李学派文库》第 5 册,第 1379 页。

戴望生活的时代,人们不知道颜元与李塨的名姓,两人的著作更是难觅。像赵之谦这样博学多闻的学者,在北京想寻求颜李的著作也是难以找到的。一个偶然的机会,京师一家"大姓"把家中藏书出卖时,把售书目录告诉了赵之谦。赵之谦(1829—1884),字㧑叔,号梅庵,清代著名书画家,学识渊博,以孤傲不随俗著称。赵之谦告诉戴望,颜、李两人的著作尚存于世。"全见颜氏书",是说颜元存世的著作全部找到了。李塨的著作虽有缺失,但可以自己家中的藏书补全。戴望大喜过望,把书携回南京,圆了戴望少年时代的梦。14 岁那年,他从家中藏书见到了颜元的著作,是李塨赠送给他五世祖戴又曾的。不久又见到了恽皋闻、王源撰写的颜元与李塨的行状与传记,"始惊叹以为颜李之学,周公、孔子之道也"①。这是他见到颜元与李塨部分著作后的想法。访得颜元全部著作已是 1868 年,那年戴望已 32 岁了。

颜李学派在清初显赫一时后失传的根由,同颜李学派本身的主张有关。近代学者陈登原认为,颜李之学一度湮没无闻,因为"其道太苦"之故:"追随颜氏者,大都律身贞苦,故后人视为畏途,而不敢入焉。"②颜学有类似墨家那样的味道,颜元有"以苦为乐"的主张。有一个叫颜羽的人向颜元诉说"多子之苦",颜元回答道:"人世苦处都乐,如为父养子而苦,父之乐也;为子事父而苦,子之乐也;苟无可苦,便无所乐。"颜羽没有为颜元所说服,"羽终言为苦"。③ 一个学派的创始人,他的主张连族人都不相信,要流传自然是困难重重。就颜、李之学本身而言,有容易接受却难以践行的地方。李塨晚年察觉了这一事实:"来执经下问者,亦不乏其人,然求其凝于心,行于身,实可经济于天下者,鲜见。"④此外,是同颜李去世后,乾隆、嘉庆年间汉学大盛相关,就学术思潮发展而言,汉学在当时被看作是最新的学理。李塨虽说晚年已有转向汉学的倾向,但已不免为当时学术界边缘化了。颜元认为只要提出自己的见解就行,而不管古代典籍的真伪:"故仆谓古来《诗》《书》习行经济之谱,但得其路径,真伪可无问也,即伪亦无妨也。"⑤这种主张被以考据为核心的汉学所漠视。更

---

① 戴望:《颜氏学记序》,载陈山榜、邓子平主编:《颜李学派文库》第 5 册,第 1379 页。
② 参见陈登原:《颜习斋哲学思想述》,金陵大学中国文化研究所丛刊(甲种)1934 年版,第 315 页。
③ 颜元:《颜元集·颜习斋先生言行录》卷上,第 654 页。
④ 冯辰、刘调赞:《李塨年谱》卷五,中华书局 1988 年版,第 192 页。
⑤ 颜元:《颜元集·习斋记余》卷三《寄桐乡钱生晓城》,第 441 页。

何况颜元非议汉学做法的观点，屡见诸文字之中。李塨去世之后，恽鹤生与程廷祚两人对颜李之学有所弘扬，但已处于"强弩之末，势不能穿鲁缟"的状态。

　　戴望（1837—1873），字子高，浙江德清人，出身于书香门第。父亲戴福廉在戴望出生那年中了举人。1840 年，其父应礼部考试而两试不中，贫病郁愤中客死于京师。幼年的戴望与祖父、母亲三人，生活贫穷。母亲是当时著名学者周中孚的女儿。接触了颜李之学后的戴望，不乐举业，后为生计所迫，外出以教书谋生。咸丰七年（1857），在苏州拜陈奂为师习《毛诗》。后从宋翔凤受《公羊春秋》，转向了常州学派的今文经学，历时三年。其好友施朴华说他为学有"三变"："君学凡三变，始好为辞章；继读博野颜氏元之书，则求颜氏学。最后至苏州谒陈先生奂，而请业焉，通知声音训诂、经师家法，复从宋先生翔凤，授《公羊春秋》，遂研精覃思，专志治经，君之学几有成矣。"①咸丰十年（1860），太平天国军队入浙，战火烧到他的家乡。他对太平天国持反对态度，便避乱出走。同治三年（1864），曾国藩率清军攻下湖州，闻其名而延至金陵书局。戴望在书局里任编校一职，借曾国藩之力，《颜氏学记》于同治十年（1871）刊刻面世。戴望的著作还有《论语注》《管子校正》《谪麟堂遗集》等。

　　《颜氏学记》没有照录颜、李的著作，而是依据戴望自己的见解有所删改。这一情况遭到颜李之学的反对者与赞同者的一致反对。批评者朱一新说："第颜、李之书未见元本，今本乃戴子高所订，恐未免以己意为去取耳。"②赞同者吴履刚言："戴君既全见颜氏书，何不各刻其原本，乃急急焉纂辑此书"，"序中言履正得《存学编》，慨然有开物成务之志，则《存学编》原本必然详审精当，可以动人兴趣之心，今何以只选《由道》《明亲》二篇，使天下后世从此不见其全，吾不能无憾于戴君"。③戴望对颜元恢复井田制度的主张颇为不满，删去了相关内容。颜元《存学编》中原文为"惟横渠之志行井田，教人以礼，为得孔孟正

① 施朴华：《戴君墓表》，载赵之谦辑：《谪麟堂遗集》，光绪元年（1875）刻本。
② 朱一新：《无邪堂答问》，中华书局 2000 年版，第 209 页。
③ 吴履刚：《颜氏学记》吴批本，光绪十七年（1891），藏中国国家图书馆。转引自王学斌：《颜李学的近代境遇》，商务印书馆 2017 年版，第 82—84 页。吴履刚系清末举人，说自己读了《由道》与《明亲》后赞叹道："以上两篇实足发明圣门正学，学者允宜深信而呼行之。"（同上）其观点足以代表赞同颜李之学的人士的看法。

宗",戴望在《颜氏学记》中改作"惟横渠为近孔门学教",把颜元期望行井田制以解决当时土地兼并的主张抹掉了。① 朱一新与吴履刚的批评,是有一定道理的。

《颜氏学记》面世时间为 1871 年,下距戊戌变法也有二十多年。这二十多年间,一些维新派的思想家或是有维新倾向的学者痛感国家的实力不济、政治腐败,受制于外夷,主张变法以求得中国的出路。他们迫切需要寻求一种能够沟通中西学术的理论,以实用为核心、以富国强民为目标的颜李之学适膺其选。自戴望公开宣扬颜李之学后,知道颜李之学的学者多了起来,在相当一段时间里成为思想界关注的热点。②

戴望刊行的《颜氏学记》对颜李学派的重光厥功至伟。此后的学者,如谭献、孙宝瑄、梁启超、胡适等,都是通过阅读《颜氏学记》而不是直接阅读颜李的著作去探讨颜李学派的。戴望好友谭献从孙诒让处见到《颜氏学记》后有一番赞美之词:"遗民如梨洲、亭林,故是祥麟威凤,惟袭宋人余唾,亦多无用之言,有门户之习;不若颜习斋、李刚主实践朴学,折衷六艺,为命世之儒者。"③谭献认为,黄宗羲与顾炎武的学说一度很流行,但沾上阳明心学与程朱理学的痕迹,且两人存在着不同程度的门户之见。只有颜元与李塨二人,学风踏实,重视与人们实用相关的"六艺"之教,无愧为"命世之儒"。清廷驻法公使孙宝琦之弟孙宝瑄在 1879 年正月二十一日(农历)的日记中,说自己览《颜氏学记》后,觉得颜元痛诋宋明理学以"专习琴谱"就是"操琴"的主张"与余正合",认为颜元青睐王安石的观点"可谓卓识"。④ 1915 年 5 月,胡适在日记中对《颜氏学记》备加赞美:"读戴望《颜氏学记》三卷,很佩服他的选择不错。从前我颇轻视此书,但戴氏在那时候能做如此严谨的编纂,真不容易!"⑤如果说,胡适有过

① 分见于《颜元集》第 60 页与《颜李学派文库》第 5 册,第 1394 页。
② 河北定州人王灏(1820—1880)认为"程朱陆王之学,入主出奴,互相庇诉,自博野颜习斋先生出,乃蔑弃一切,一返之躬行实践,至蠡县李恕谷益昌言之,直欲挤之尼山之次"。他对颜李学派的著作尽力搜罗,刊行《颜李遗书》,所收颜元著作 8 种 27 卷,李塨著作 11 种 64 卷。刊行时间与戴望差不多同时,是近代以来首次对颜李学派的文献资料的系统整理。参见王学斌:《颜李学的近代境遇》,第 110—112 页。不过就影响力而言,知道王灏及其整理的《颜李遗书》的人很少。
③ 谭献:《复堂日记》,河北教育出版社 2000 年版,第 18 页。
④ 孙宝瑄:《忘山庐日记》,上海古籍出版社 1983 年版,第 73 页。
⑤ 胡适:《胡适全集》第 32 册,安徽教育出版社 2003 年版,第 440 页。

轻视《颜氏学记》念头的话,那么梁启超是非常重视此书的。1923 年 11 月左右,梁启超在养病中读了此书,并做了批语,他表达了三个意见:一是肯定戴震的学说与颜李之学有着渊源关系;二是关注颜元的教育思想,认为"习斋是教育万能论者";三是认清了颜元与李塨在治学上的差异。① 没有对《颜氏学记》的精读,《颜李学派与现代教育思想》与《实践实用主义:颜习斋、李恕谷》这两篇名作是很难写成的。② 稍后些,王灏编辑了《颜李遗书》,内容比《颜氏学记》来得丰富,但很少有人晓知这部著作。

二、《颜氏学记》的主要内容

戴望作《颜氏学记》的缘由,是想把人们忘却的"圣人之学"重行恢复。他对颜元的评价是《颜氏学记》中最值得关注的部分:

> 如颜氏者,可谓百世之师已,其余数君子,亦皆豪杰士也。同时越黄氏、吴顾氏,秦燕间有孙氏、李氏,皆以耆学硕德负天下重望,然于圣人之道,犹或沿流忘原,失其指归,如颜氏之摧陷廓清,比于武事,其功顾不伟哉!③
> 惊叹以为颜李之学,周公、孔子之道也。自陈抟、寿涯之流,以其私说簧鼓天下,圣学为所汩乱者五百余年,始得两先生救正之。④

这里有三方面的内容。一、自北宋开始,佛(以寿涯为代表)、道(以陈抟为代表)窜入学术界以后五百年间,"周公、孔子之道"被弄乱了。理学无法改变这一格局,到颜元才得以正本清源。二、颜元的贡献要比黄宗羲(越黄氏)、顾炎武(吴顾氏)、孙奇逢(孙氏)、李二曲(李氏)这些大儒们大得多,因为他对理学的批判最为彻底("摧陷廓清"),称得上是"百世之师"。三、颜李之学就是"周

---

① 参见王学斌:《颜李学的近代境遇》,第 229—230 页。王学斌在国家图书馆北海古籍馆藏部发现了一本梁启超手批的《颜氏学记》,有千余字的批语。

② 梁启超于 1923 年 11 月初,因痔疮复发,在汤山住了几天。11 月 22 日,他在致高梦旦的信中说:"言为《东方杂志》纪念号撰文事,此文后来题作《颜李学派与现代教育思潮》。"见丁文江、赵丰田编:《梁启超年谱长编》,上海人民出版社 1983 年版,第 1006—1007 页。

③ 戴望:《颜氏学记序》,载陈山榜、邓子平主编:《颜李学派文库》第 5 册,1379—1380 页。

④ 戴望:《颜氏学记序》,载陈山榜、邓子平主编:《颜李学派文库》第 5 册,1379 页。

孔之道"的复活,是当代的"圣人之道"。

《颜氏学记》十卷是戴望仿黄宗羲的《明儒学案》《宋元学案》体例编撰的。卷一到卷三,是关于颜元的;卷四至卷七,是关于李塨的;卷八与卷九,分别讲述王源与程廷祚;卷十是颜李弟子录。梁启超对此书评价甚高:"这部学记,体裁全仿梨洲两学案,能提要钩玄,价值不在黄书下。"①所谓"提要钩玄"是说把颜学的主要观点揭示给世人:"先生之学,确守圣门旧章,与后儒新说别者,大致有三。"这挑明了颜学的要旨。一是说颜元主张"习六艺以成德行",批评宋儒(程朱理学)"归于章句,而徒以读书纂注为功""参杂二氏而不自知也"。②宋明理学拘泥于章句之学,让人坠入"读书纂注"的泥坑而不能自拔,又把佛、道二教的内容渗入到儒学之中,徜徉在空寂无用之学中而不知。二是认可颜元的人性论。认为气质之性无恶,恶系后天习染造成的。戴望关于人性论的观点,与颜元差不多。他认为颜元糅合了孔孟的人性论,显示了人性论的真谛:"先生此言,合孔孟而一之,其有功于圣道最大。"③颜元认为,程朱理学把人性剖分为气质之性与天地之性,是曲解了人的真实本性。颜元主张"非气质无以为性"的观点,断言人性趋向于恶,是由于后天习染引起的,这在戴望那里得到了回应:"分于道谓之命,形于一谓之性。性者,生之质也,民含五德以生其形,才万有不齐而皆可为善,是相近也。至于善不善相去倍蓰而无算者,则习为之而非性也。故君子以学为急,学则能成性矣。"④"性者,生之质",与颜元"气质为性"之意是一致的。人性在各人身上是不可能整齐划一的,但也有共同点,即"皆可为善",这是孟子性善论的翻版。人性趋于恶,戴望认为是后天的习染所引起的,而不是人的本性所在。这同颜元"气质即性无恶,恶由习染引起"的人性论相同。在诠释《论语·学而》首句"学而时习之"时,戴望说"学,谓学六艺","习,调节也"。⑤ 对比一下颜元的解释:"汉、宋来道之不明,只由'学'字误。学已误矣,又何'习'? 学习俱误,又何'道'?"⑥前已指出,颜元的"学"不是纯粹的理论,也不是一味地读书,而是强调"学"与实际应用相联系。

---

① 梁启超:《梁启超论清学史二种·中国近三百年学术史》,第 248 页。
② 戴望:《颜氏学记序》,载陈山榜、邓子平主编:《颜李学派文库》第 5 册,1383 页。
③ 戴望:《颜氏学记序》,载陈山榜、邓子平主编:《颜李学派文库》第 5 册,1383 页。
④ 戴望:《戴氏论语注》卷一七《阳货》,同治十年(1871)刻本。
⑤ 戴望:《戴氏论语注》卷一《学而》,同治十年(1871)刻本。
⑥ 颜元:《颜元集·四书正误》卷三,第 174 页。

颜元强调"外三物而别有学术,便是外道"①。颜元的"三物"之一就是"六艺":礼、乐、射、御、书、数。戴望把"学"理解为"六艺",继承了颜元的"三物"之学以外就不是"道"的主张。至于把"习"诠释为"调节",与颜元的"习行"之解有点不同:"春夏顺阳气,秋冬顺阴气。以时调节,得天中和,故说也。"②戴望认为"习"应该和阴阳之气的变化相适应。总体来讲,戴望对颜李之学的观点大多是认同的。三是强调颜元把世人不知道的"圣人之道"的历史根源与学说宗旨,重行恢复了。这对儒学的发展,其功至伟!

《颜氏学记》第一卷是"习斋一",由两部分组成。在"处士颜先生元"一目中,概述颜元生平并表述自己对颜学的理解。至于"四存编"一目中,仅是摘录《存学编》中重要言论。在第二卷"习斋二"中,摘录了《存性编》《存治编》与《存人编》中的部分内容。第三卷"习斋三",全部材料来自《颜习斋先生年谱》,戴望摘录的是他心目中颜学的精粹。第四卷取名"恕谷一"。在"学正李先生塨"一目里,概述了李塨的生平与著作。"李氏遗书"一目中,对《大学辨业》《圣经学规纂》与《论学》三本书的主要观点做了摘录。第五卷"恕谷二"一目,内容为《周易传注问》一书的部分篇章。此书与《大学辨业》是李塨的主要代表作。李塨对《周易》的见解与传统观点大相径庭,断言《周易》是古人专为"人事"而作的一本书,与"天道"无关。第六卷"恕谷三",戴望选取了《文集》中一些文章,《文集》即《恕谷后集》。这一卷里戴望还选了一些李塨写给颜元、方苞、恽鹤生、许三礼等人的书信,又选了李塨为自己著作写的序,如《周易传注序》《论语传注序》《圣经学规纂序》《小学稽业序》等,以及为颜元《四存编》所写的序言。第七卷为"恕谷四",内容为冯辰、刘调赞编纂的《李塨年谱》中能体现李塨思想的言论与观点。第八卷以"或庵"为名,"或庵"是王源的别号。在"举人王先生源"一目中,《学记》对王源的生平做了简介,对他的代表作《平书》的主要内容做了概述。在"王昆绳文集"一目中,选了一些王源写给李二曲、方苞、毛奇龄等人的书信。还有几篇序文,为《颜先生年谱序》《舆图指掌序》《平书序》《大学辨业序》等。在戴望看来,这些书信与序文,把王源的独特见解及其对颜李之学的看法如实地呈现在世人面前。第九卷以"绵庄"为名,

① 颜元:《颜元集·颜习斋先生言行录》,第 685 页。
② 戴望:《戴氏论语注》卷一《学而》,同治十年(1871)刻本。

"绵庄"是程廷祚的别号。"征君程先生廷祚"一目概述其生平与著作。加上"征君"二字,是因程廷祚于雍正十三年(1735)应了博学鸿词科之诏。"论语说"一目为程廷祚主要著作《论语说》的节选。程廷祚学识渊博,著作较多。现今点校的《青溪集》中有《〈论语说〉自序》一文,《论语说》正文中未见。第十卷是学术界引用较多的《颜李弟子录》,收录颜元弟子 108 人(另加私淑 2 人),李塨弟子 97 人。有的弟子介绍简略,只有姓名与地望;有的弟子介绍很详细,主要是郭金汤、郭金城、恽鹤生三人。李塨的学生中,详细介绍的有冯辰、刘调赞、孙应榴与叶新四人。前两人为李塨编纂了一部年谱,于颜李学派的流传有较大的贡献。叶新在《李塨年谱》中很少被提到。介绍字数多的原因大约因他是颜李之学信徒中替民着想的一位清官。

1935 年 5 月,胡适在日记中对《颜氏学记》倍加赞美:"读戴望《颜氏学记》三卷,很佩服他的选择不错。从前我颇轻视此书,但戴氏在那时候能做如此严谨的编纂,真不容易!"[1]时光是最好的鉴定师。"选择不错"是说戴望的眼光好,"那个时候"是指颜李之学淡出了人们的视野。70 多年后《颜氏学记》得到胡适的美誉,足见是一部经得起考验的佳作。

第二节　众说纷纭的颜李学派

一、朱一新与程仲威的贬斥

与颜李之学重光同时,指责它的声音也不绝于耳。如果说,清代中叶反对者的理由,是以是否符合程朱理学为标准,以学术为主,那么,在晚清起关键作用的是学者、思想家们的政治倾向。主张变法革新的学者对颜李之学抱肯定态度;反对变法革新的学者则维护纲常名教,对颜李之学持否定态度。后一方面,朱一新、程仲威是代表人物。

朱一新(1846—1894),字蓉生,号鼎甫,浙江义乌人,光绪进士。历任内阁

---

① 胡适:《胡适全集》第 32 册,第 440 页。

中书舍人、翰林院编修、陕西道监察御史等。后应张之洞之请,主持肇庆端溪书院,继为广州广雅书院山长。他为官刚直正义,忧国忧民,思想上青睐程朱理学。在人性论上,认同程朱二元化的人性论:"义理之性,无有不善,气有偏胜,故气质之性有善有不善。"①他对经学颇有研究,为清末著名学者,然政治上相当保守,维护纲常名教,反对戊戌变法。他对颜元批评程朱理学极为不满:

> 颜习斋以宋儒为空虚无用,而欲以"六府三事""六德、六行、六艺"矫之。动称"水火工虞,兵农礼乐",聆其名甚美,按其实则皆非也。《论语》一书为六经之辐辖,多言道而不言艺,论治道者备矣,而不甚言制度。盖道者,千古莫易,制度则当随时损益。……《论语》言治国之道,敬信节爱,而何以敬、何以信、何以切用、何以爱人,条目亦不备详。其他言治道者,大抵类此。此随时变通之事,心知其意,则千条万辙,途径不同,而同时归于敬信节爱之旨。儒者之学所以可贵,宋儒"穷理"之说不可废。否则,后世胥吏之天下而已。②

朱一新的理由有两条,一是从"道"与"艺"的不同来立论,认为"道"与"艺"有本质区别。"道"是关于事物的根本道理,是永恒不变的;"艺"是具体的典章制度,为时代实际需要且不断地变动着。颜元动辄讲"六府三事""水火工虞,兵农礼乐"等具体事项,听上去很是美妙动听,实际上都是不正确的。二是说《论语》中所论述的"治国之道"是"敬信节爱",至于如何做到的途径没有详细讲述。通向"敬信节爱之旨"的道路"千条万辙",随时变通。只要领略这个要旨就可以了。三是说,"道"比"艺"更为重要。"道"是形而上的,"千古莫易";"艺"是形而下的,"随时损益"。这就是儒学可贵处,是宋儒"穷理"之说不能动摇的缘由。朱一新的"理",即程朱理学所尊奉的"天理"。朱熹用"理一分殊"说论证了封建等级制度与纲常伦理的合理性:"万物皆出此理,理皆同出一源,则其理之用不一。如为君须仁,为臣须敬,为子须孝,为父须慈,物物各具此理,物物各宜其用,然莫非一理之流行也。"③由于所处社会地位的不同,君臣父

① 朱一新:《佩弦斋杂存》卷上《答某生》,顺德龙氏葆真堂1896年刻本。
② 朱一新:《佩弦斋杂存》卷上《答某生》,顺德龙氏葆真堂1896年刻本。
③ 朱熹:《朱子语类》卷一八。

子各有其行为规范,即"各具此理",而"各理"为分享了"一理"的结果。朱熹认为,纲常名教的"理"是不会磨灭的。朱一新所说的"千古莫易"的"道",就是朱熹所说的"理"。

朱一新进而认为,颜、李提倡的"六府""三物",无非是标新立异的说法:

> 国朝颜、李之学,张皇颇甚,每谓圣学在"六府"、"三物"。"六府"之说,未知如何,颜、李亦语焉不详。若《司徒》之"乡三物",圣门不以此设科者,盖其名义,已括于"五常"之中:孝友睦姻,仁之属也;任恤,义之属也;忠,则信之属也;圣与知相近;和与乐相通,言"五常"不必复言"三物"。习斋于射与数,略有所得,此亦艺事之常,而遂欲以此立异,毋乃虚骄之气未除欤!①

在朱一新看来,孔子以"德行""言语""政事""文学"四科来教育学生,不以"乡三物"来设科教弟子。"三物"中的"六德""六行",早已为"五常"所包容,至于"六艺"中的射与数,也是很平常的,根本没有必要标新立异而单独列出。一句话,"乡三物"不是"圣门"设科立教原则内的,是与"圣学"冲突的。为了贬低颜李之学,朱一新打出的旗号还是千古相传的圣人崇拜。

如果说,朱一新尚是依据常理来指责颜元的话;那么,程仲威的攻击则完全属于"泼妇式的骂街"了。他对颜元的攻击,纯粹是一种仇视心理的发泄:

> 国初有颜元者,阳托《周礼》"乡三物"之说以立教,而阴祖王氏学以诋宋儒,其心术至不可问。幸其老死牖下,未获出而祸斯民。而近有戴望者,取其说及其流派之书,合刻为《颜学十记》以售世。学者不知而误入焉,鲜不为人心世道之忧者。……元生而微贱,甲申之岁一童骇耳!何所眷眷于胜朝,而言论间若为故明抱无穷之戚?盖非是无以甚东林之罪,而又借以结豪侠而深其阴险之谋。此非特吾道之蠹,实本朝之蟊贼。已蒙既非其学,重恶其人,辄就彼说之尤悖者,条辩之,间附吾友汤南田作霖说,阅岁

---

① 朱一新:《无邪堂答问》卷二,中华书局 2000 年版,第 209 页。

而毕,即名之曰《颜学辩》。岂敢以辟邪自任,亦庶几不背于圣人之徒云尔。①

这是《颜学辩》的叙言,写于光绪十年(1884),距《颜氏学记》面世15年。《颜学辩》共四册八卷,第一卷至第三卷论颜元,第四卷至第七卷述李塨,第八卷评颜、李弟子。程仲威说自己作此书的目的,是担心颜学的传播使人们"误入"歧途而"祸斯民"。他主要指责颜李之学的三个方面:一、说颜学的源头在王安石,其以诋毁"宋儒"为旨归。幸亏颜元活动范围不大,老死乡下,没有对民众造成什么祸害。二、戴望搜集颜李之学的著作而编成的《颜氏学记》会让学者误入歧途,这是令人担忧的事情。三、说颜元出身低微,对清朝没有什么好感,心中铭记着复明之野心。四、说颜元不只是学术界的蛀虫,而且是清朝的"蟊贼"。程仲威的指责,除说颜学与王安石有关还有一些依据外,其他的根本没有说出什么道理来。这比起朱一新的指责来看似激烈实则软弱无力,因无学理上的依据。颜元对程朱理学的抨击,程仲威对此全盘否定:"颜学之搏击宋儒,从无间中求间,而于朱子为尤甚。然快意诋诬,多不自检其言,往往为朱子所已言,或为朱子所特弃。遇此等不敢惮繁,从《语类》、《或问》、《文集》中录其原文。窃附末议,俾学者知渠之矜为创获。"②程仲威立论之低下固不足观,对颜元的人身攻击也失之偏颇:"自来国家将亡必有妖孽。元生于崇祯八年,洇明季之余疬,幸入国朝光天化日之下,岂容魑魅魍魉之肆行。"③程仲威把颜元视之为妖魔鬼怪,哪里还有学理上的依据,只是发泄对颜元的极度仇视之心。

二、缪荃孙与陈虬、宋恕的褒赞

《颜氏学记》把颜元、李塨及其传人的主要资料收集在一起,理顺了颜李之学的创立、传授与后学弟子们的主要情况,为后人了解、研究与评议颜李学派

---

① 程仲威:《颜学辩·叙言》,安徽官纸印刷局光绪十年(1884)铅印本,第1—2页。从《续修四书全书提要》中得知,仲威是程朝仪的字,安徽黟县人,宣统元年(1909)任安徽崇古学堂监督,著有《颜学辨》,有五卷本与八卷本两种行世。此书有齐鲁书社1996年的影印本。
② 程仲威:《颜学辩·叙言》,安徽官纸印刷局光绪十年(1884年)铅印本,第1—2页。
③ 程仲威:《颜学辩·叙言》,安徽官纸印刷局光绪十年(1884年)铅印本,第1—2页。

提供了较为完备的本子。本节把缪荃孙、陈虬与宋恕三人排在一起,因为他们均谢世于五四运动前。

　　缪荃孙(1844—1919),字炎之,一字筱珊,晚号艺风老人,江苏江阴人,光绪进士,授翰林院编修,任清史馆总纂。他赞同北洋新政,曾赴日本考察,创办江南图书馆与京师图书馆;精金石碑帖、版本目录之学,助张之洞编写《书目答问》。他对颜元学说持赞同态度:

　　　　若博野颜氏之学,则贯古今,合中外,有体有用,莫能出其范围,非空谈心性者所能及……去今将二百年,法则学规,不且与泰西暗合哉!①

意谓颜学的范围广大,古今、中外、体用无所不包,与传入的西学有相合处。认为颜元虽有复古的倾向,但不是发思古之幽情,而是从古代思想中寻找出变革现实的方案来。在"富天下"的七字方针中,处处见到"古今"。至于"体用",颜元有不同于以往理学家的主张。理学家的"体",一般指心性本体。理学家以静坐反观、省察克治为功夫,以恢复为物欲所遮蔽的心性。这种本体与功夫,在阳明后学那里愈来愈玄惑并混入了禅宗的"顿悟"。如王畿所言,"当下本体,如空中鸟迹,水中月影,若有若无,若沉若浮……当体本空,从何识得他?于此得个悟入,方是无形象中真面目"②。颜元的"体"为人的机体及其各种机能,"用"是机体与机能各种作用的显现。李塨对"体用"有明确的说法:"体,即具用也,用,用其体也。乃后儒曰:'有有体无用,是谓人有手足而无持行也。则痿手废足,不可言体矣?'又曰:'有有用体,是谓人能持行而手足也,不知以何者持行乎?'无此事矣。"③"体用一致"映照在学问上就是"实学",就是担当精神。缪荃孙认为,颜元以"体用一致"原则来指责理学:"明季群奉王学,杨园起而崇朱。互相讥诋,均托空言。不若颜李,折衷六艺,躬行实践,为名世之英,

---

① 缪荃孙:《国史儒林传·叙录上》。
② 黄宗羲:《明儒学案》卷一二《浙中王门学案》,载沈善洪主编:《黄宗羲全集》第7册,浙江古籍出版社2005年版,第278页。
③ 李塨:《恕谷后集》卷一三《论宋人分体用之讹》,载陈山榜、邓子平主编:《颜李学派文库》第3册,845页。

得用世之道。"①关于"中外",缪荃孙认为,颜元讲究实用的"法则学规",与西学是完全吻合的。惜乎缪荃孙未能道其详,后来孙宝瑄、刘师培做了较为详尽的解释。

陈虬(1851—1904),字志三,晚号蛰庐,世称蛰庐先生,浙江瑞安人,精通医学,创办利济医院于瑞安城东,为浙东南有医院之始。他关心时政,主张维新,为《经世报》撰文多篇,中法战争时作《东瓯防御录》给当局,著作有《治平通议》八卷;与康有为、梁启超等人有交往,为保国会会员,戊戌变法失败后遭通缉,以事先潜居学生家中幸免;提倡民权,要求开设议院,以议院为西方富强之本。②他阅读《颜氏学记》后写下了一段话:

> 虽然,世方奴役于词章、训诂、义理之学,鄙经制为粗制,坐视世变而莫之措,寻其所志,苟以标宗派、立师承、邀俎豆而已。亦安得如先生者,振兴其间,一扫而空,悬圣鹄以为之招哉!颜氏届今又二百余年矣,时移势易,风气日开,车书之盛,实有为古先知所不及者。具若通其蔀益廓而大之,其于圣学也几矣!③

"世变"是指闭关锁国格局被打破后,国土沦胥、列强欺凌的形势。李鸿章有鉴于西方列强对中国产生的影响,说过一句名言,认为近代中国正面临着数千年未有的变局。无论是"船坚炮利"在神州大地上的耀武扬威,还是"声光化电"在人们眼前的变幻莫测,有识之士皆有所思索。中国传统学术中的义理、辞章和考据,以及与此相关的宋学、汉学与科举,都无法从中找到西学由来的答案。许多学者还做着"词章、训诂、义理之学"的奴隶,天天在那里标宗立派。如果有人能够花些精力,把二百年前的颜学发扬光大,那就是理想中的学问了。显然,陈虬是力图挖掘颜学与西学相通之处。从思想史发展脉络看,这一事情由宋恕、孙宝瑄等人去完成了。

维新志士宋恕(1862—1910),小字燕生,又字平子,号六斋,浙江平阳人,

---

① 缪荃孙:《艺风堂文漫存》卷二。杨园,即张杨园(1611—1674),字履祥。刘宗周受业弟子,为清儒中第一个起来批评王学的学者。
② 参见熊月之:《中国近代民主思想史》,上海人民出版社1986年版,第196—197页。
③ 陈虬:《治平通议》卷八《书颜氏学记后》,清光绪十九年(1893)欧雅堂刻本。

宋恕于光绪十六年(1890)谒张之洞,力陈变法,不被采纳;次年呈《六斋卑议》给李鸿章,提出"易西服""开议院"的主张,被委任为北洋水师学堂总教习;光绪二十九年(1903)赴日本,第二年回国,应山东巡抚杨士骧之聘,任总务处议员兼文案。其言论激烈,思想开放,是戊戌变法时期一位很有影响、十分值得重视的进步思想家。章太炎是他的好朋友。1897 年,他与章太炎、陈虬等人联名成立兴浙会。1898 年 7 月间,他与章太炎在孙宝瑄家中日夜讨论维新变法事宜。宋恕对君主专制的抨击,言词的激烈程度不亚于谭嗣同。宋恕对颜元及其学说抱着赞美的态度。他说:

> 明季颜习斋先生,伤愤立教,复孔旧章,戒空勉实,六艺是课。许、郑、朱、王,咸被贬议,虽或过当,良多中病。存礼出入百氏,不守一先生之言,然心以颜氏教术最合洙泗。今西方诸国,竞修政教,美举时闻,新学日辟,遂使六书之用,让广于右行,三氏之化,避灵于天主,术士推其运隆,壮夫引为己耻。然观其学校之制,于颜先生之意为近。①

他认为颜元及其著作主要有三个方面的内容:一、颜元对历史上经学家与理学家的批评有过激之处,但总体上来说是切中弊端的。二、认为颜元的学说同传统的经学态度("一先生之言")相悖,这正是他"别出一派"的创造精神所在,是符合孔子原意的。三、在当今中西文化交融与冲突的时代,国人的书写习惯不再是由右向左了,而是由左向右,儒、道、释三教对人们心灵的影响逐渐让位于天主教,西方新式的学校与颜元对教育制度的设想尤其是他对分科教学的主张最为接近。在颜元去世一个半世纪后,受过西学熏陶的志士仁人开始把颜学与西学放在一起讨论。这不只是在学校层面,而且在政治思想领域也是如此。宋恕对中国古代的民主思想很是向往,他的一段自白颇引人深思:

> 宋恕年十九,受大儒颜习斋之书于外舅止庵先生……弱冠后,见浙西李壬叔所序《德国学略》、扶桑冈本子博氏所撰《万国史记》及南楚郭筠仙

---

① 宋恕:《宋恕集·李昌奎非师也斋六字课言》,胡珠生编,中华书局 1993 年版,第 186 页。

氏、扶桑冈鹿门氏之绪论，悄然以悲，泣数行下，曰："嗟乎！素王之志今乃行于海外哉！今乃行于海外哉！"而已，又得见大儒黄梨洲氏之书，且喜且泣曰："悲夫！言子游氏、孟子舆氏之传在此矣！"……苟有权力者咸克以黄氏之说为体，以颜氏之说为用，则大同其几乎，岂但小康哉！[①]

宋恕是在比较中西文化之后说的这番话。他在 19 岁时跟随舅父习颜学，后见李善兰的《德国学略》与日本人冈本子博的《万国史记》，以及郭嵩焘与日本人冈鹿门对这两本书所发的评论，觉得孔子的理想在海外被实现了，感叹不已。之后，他又读了黄宗羲的著作，认为掌权者如果以黄宗羲学说为体、以颜元学说为用，就能摆脱近代中国社会被凌辱的状况而找到理想的出路。出路是理想社会的"大同"而不是"小康"。这有过分夸大黄宗羲与颜元之处，但这样的夸大正好说明了颜学在近代中国的重光已是不争的事实。"大同"概念著称于世，且作为一种理想社会的设想，同《礼记·礼运》中的论述相关。"大同"是相对于"小康"而言的，大同社会以公有制为基础，财产是公有的。大同社会的人们各尽其力地参与社会劳动。这种劳动按性别、年龄与社会需要进行分工。大同社会里实行民主制度。贤士与能人由全体成员推选出来，是为全体公众服务的公仆。大同社会里没有私有观念，人与人之间的关系非常融洽。郭沫若认为大同社会这一模式，"是从原始公社和奴隶制所反映出来的一些不十分正确的史影而已"[②]。这一判断是可信的。"大同"之世的设想，是以对黑暗现实的否定面目出现的，对争取光明和希冀进步的思想家们来说，是寄托自身社会理想最好的思想资料。社会理想是人们对于未来社会发展目标的观念性的预见，任何社会理想都与当前的社会现实有相当大距离，故超越性就是社会理想的特点之一。社会现实的黑暗、丑恶与弊端丛生，使得人们在尖锐批判与无限愤怒的同时，把美好的希望寄托于未来的社会理想中。

《礼记·礼运》中描绘的尽善尽美的大同之世，就成为中华儿女千古如斯的憧憬对象。以近代而言，洪秀全、王韬、谭嗣同、康有为、刘师培、孙中山、李大

① 宋恕：《宋恕集·六字课斋卑议·自叙印行缘起》，第 117 页。
② 郭沫若：《十批判书》，人民出版社 1954 年版，第 115—116 页。

钊等人,其心灵深处均有着挥之不去的大同情结。他们以"礼运"这一文本寄托自身的社会理想,勾勒出了各具特色的社会蓝图。其中首倡者是洪秀全,他用大同理想来演绎他的平均主义,描绘了一幅以小农经济为基础的农业平均主义蓝图。用力尤勤的是康有为,他对大同理想有很大的发展,写了一部《大同书》,勾勒了一个以现代化大生产为经、以人道主义与天赋人权论为纬的资本主义理想社会。孙中山把大同理想与他的民生主义思想糅合在一起,"天下为公"的题词寄托了他政治上的理想。林林总总的大同理想,蔚为一股持之以恒的社会思潮,不绝如缕存在于神州大地上。宋恕的理想社会是这股浪潮中的一朵小小浪花,但他没有进行详细的论证。他的观点有着鲜明的特色,凸显了民主与科学的因素。

第三节　国粹派对颜李学派的弘扬

一、国粹派倡导颜李之学的概况

步入 20 世纪初,颜李学派再度在国人心目中占据了一个相当重要的位置。这要归功于国粹派对颜李之学做了再度的发掘。他们收罗、刊刻颜、李的著作,著文肯定颜李之学在学术思想史的地位,探讨其学术思想的特点。他们依据时代的变化,肯定颜李之学中的一些内容与西方学说相吻合,与宋恕一样从文化上的古今中西之争的新视野来审视颜李学派。这是不同于清代的新格局。

要讲清国粹派,先得从国学保存会说起。1905 年 1 月,邓实、刘师培、黄节、陈去病等人在上海发起成立国学保存会。入会手续很简单,只要有著述寄赠给该会,就可成为会员。《国粹学报》是该会的机关刊物。《国粹学报》于1905 年 2 月 23 日创刊,至 1912 年辛亥革命成功,保存会出了 82 期的《国粹学报》,完成历史使命后,学报便停刊了。《国粹学报》的宗旨,邓实讲得很清楚,是张扬民众的权利,反对封建专制主义:"壬寅(1902)之春,为出世之第一期。新机方萌,籀读者众。著者有所论列,每于吾国历代所以致乱之由,与夫近百年欧美盛行之故,再三申而明之。其大旨则欲扶植民权,以排斥专制。"①《国粹学报》的撰稿人是一个成员相当复杂的队伍,据不完全统计,约有50多人,其中为后人经常提及的有邓实、刘师培、章太炎、黄节、陈去病、马叙伦、马君武、王国维、罗振玉、孙诒让、廖平、黄侃、张謇、袁承业等人。这些人大多出身于书香门第,有扎实的旧学功底。同时在戊戌维新变法前后不同程度地接触了西学。他们之中,有凭着兴趣有选择地去接受西方学理的,有如饥似渴地去阅读西学书籍的,有直接把西学著作译成中文的。他们的政见各不相同,但均活跃于《国粹学报》上,在研究国学、保存国粹的大势下,演绎一曲排满革命的大合唱。国学保存会对成员没有制度上的约束,是靠着四个核心人物邓实、刘师培、章太炎、黄节的努力,靠着《国粹学报》上文章的影响,成就了历史上有影响的国粹派。

国粹派在20世纪初是中国政坛与学坛上相当活跃的一个团体。就性质而言,他们是当时资产阶级革命派中一个派别。成员是具有传统学术根底的知识分子,他们主张从中国传统文化与历史中汲取精粹,来增强自身主张革命论的力度;强调汲取西方最新学理、效法西方去改变中国现实政治格局的同时,又立足于复兴中国固有文化。20世纪初,排满革命论在辛亥革命时的资产阶级革命派中很有号召力,从兴中会的誓词到同盟会的纲领,"驱除鞑虏,恢复中华"八个字是吸引参加者的重要前提。华兴会以"驱除鞑虏,复兴中华"为宗旨,光复会以"光复汉族,还我山河"为口号,排满革命论是这两个革命团体的基调。排满革命论难以囊括资产阶级民主革命理论的全部内容,但它无疑为革命派中的众多派别所接受。对这个口号的认同,成为资产阶级革命派与资产阶级改良派的分水岭。章太炎与康有为政治态度的对立,是保皇与排满的对峙。国粹派则集革命排满派与国学大师于一身,在浓郁的昌明国粹的氛围中透露出要求改变社会现实的强烈愿望。

二、邓实、黄节与颜李之学

国粹派的组织者邓实(1877—1951),字秋枚,别署枚子、鸡鸣、风雨楼主,

---

① 邓实:《第七年政艺通报题记》,转引自丁守和主编:《辛亥革命时期期刊介绍》第2册,人民出版社1982年版,第323页。

祖籍广东顺德,生于上海。他五岁父亡,与弟邓方(字秋门)相依为命,从青年起便崇拜顾炎武,喜经世通今之学;光绪二十八年(1902)创办《政艺通报》,大旨是培养民权观念,排斥专制,以期改变当时中国的政治格局。1905年一二月间,邓实、黄节等人在上海成立国学保存会。国学保存会是一个拥有报社、图书馆、印刷所与刊物在内的具有相当实力的文化实体。2月23日,其机关刊物《国粹学报》正式发行,该刊以研究国学、保存国粹为宗旨,政治上宣传排满革命。1908年,具有杰出组织能力的邓实又创办神州国学社。1911年,在中华民国联合会成立大会上,邓实是广东唯一的参议员。辛亥革命后,形势江河日下,1912年《国粹学报》停刊。袁世凯窃权夺位,国粹派的政治主张被彻底粉碎,国粹派众人对时政大为失望,对现实极度不满。随后,邓实在上海以金石书画自娱,也不再过问政事。1912年之后的40年间,邓实赋闲于静安寺愚园路,致力于收藏鉴赏古今名人字画,1951年患病惮于就医,因用药不对症而逝世。

国粹派倡导复兴古学,但这种古学具有强烈的反封建专制色彩。在邓实的见解中,最为出彩的是"国学"与"君学"之辨:"痛夫悲哉,吾中国之无国学也。夫国学者,别乎君学而言之。吾神州之学术,自秦汉以来,一君学之天下而已,无所谓国,无所谓一国之学。何也? 知有君而不知有国也。"[1]邓实断言,"国学"是"真儒之学","君学"是"伪儒之学"。自秦汉以降,神州大地上盛行的是"君学"而不是"国学"。邓实说:"以事君为爱国,以功令利禄之学即为国学,其乌知乎国学之自有其真哉。是故有真儒之学焉,有伪儒之学焉。"邓实说:"若夫伪儒者所读不过功令之书,所业不过利禄之术,苟以颂德歌功,缘饰经术以取媚时君,固宠图富贵而已。"[2]"君学"的内容,以忠于君主为爱国,是让士人们获取"功令利禄之学",是让人们通过对经学的诠释来"取媚时君"以求得"富贵"的学问。在邓实看来,"君学"("伪儒之学")的实质就是专制独断,要求人们仰于君主鼻息下生存,不允许言论自由:

　　夫国学与君学不两立者也。此盛则彼衰,此兴则彼仆。……故自宋

---

① 邓实:《国学真论》,《国粹学报》第3卷第2期,1907年2月。
② 邓实:《国学真论》,《国粹学报》第3卷第2期,1907年2月。

至今，五六百年，国破家亡，外祸迭起。君臣屡易，坐令中国瓦解鱼烂，而不
可救者，皆君学之无用有以致之，而国学不任咎也。夫既知君学之无用
矣，然而历代帝王宁使亡国败家而相随属，而卒不肯以国学易君学者，其
故何哉？夫君学者，以人君之是非为是非，其言顺而易入。国学者，不以人
君之是非为是非，其言逆而难从。古今好谏之君子多，而从逆之君少。此
君学所由盛而国学所由衰矣。①

邓实断言，"国学"与"君学"是不容并存的。因为"君学"无用误国，"国学"有
用救国。邓实说，自宋代以降，朝代更迭，历代帝王漠视"君学"无用误国的事
实，不肯以"国学"替代"君学"，结局皆为神州大地"瓦解鱼烂，而不可救者"，
缘由是"君学"是"以人君之是非为是非"，排斥不同的见解，从政治上说是专制
主义。从认识论上说，这是个是非观的问题。人的认识，有正确与错误的区别，
有个真理掌握在谁手中的问题。在古代中国，占据统治地位的是两种是非观。
一是以天子的是非为天下人的是非；一是以孔圣人之是非为人们言行的标准。
明代思想家吕坤对此说得极为透彻："众卿争议于朝，曰：'天子有命。'则屏然
不敢屈直矣。师儒相辩于学，曰：'孔子有言。'则寂然不敢异同矣。"②"天子有
命"是说，大臣在朝廷上争论不休的问题，天子有着是非的裁定权；"孔子有言"
是说，儒生在学堂上相互争辩的问题，孔圣人有着是非的终决权。天子的是非
与孔圣人的是非是笼罩在古代人们脑海中的两座大山。自秦汉以后，中国社
会是一部只服从于皇帝的巨大统治机器。君主不对，臣下是不应该去匡正的。
纵观古代中国的帝王，英明如唐太宗者实属凤毛麟角，而决定天下是非的君主
绝大多数并不英明。昏庸无能的帝王在历史上屡见不鲜。如晋惠帝曾对大臣
说："百姓饥饿而死。何不食肉糜？"然而皇帝的是非，不管多么荒谬，天下的人
必得遵从。君主一言九鼎，他的决定是金科玉律，民众不能违背丝毫。朱熹讲
"臣子无说君父不是底道理"③，是说"君父"即使有"不是"，"臣子"不应也不能
妄议。

邓实对"真儒之学"，也就是"国学"下了个定义：

---

① 邓实：《国学无用辨》，《国粹学报》第 30 期，1907 年 5 月。
② 吕坤：《呻吟语》卷一《谈道》，时代文艺出版社 2002 年版，第 56 页。
③ 朱熹：《朱子语类》卷七。

真儒之学,只知有国;伪儒之学,只知有君。知有国则其所学者,上下千载,洞流索源,考郡国之利病,哀生民之憔悴,发愤著书,以救万世。其言不为一时,其学不为一人,是谓真儒之学。①

与"君学"对峙的"国学",不是为皇帝服务的("只知有君"),而是时刻装着民众的疾苦,"哀生民之憔悴",这是"君学"与"国学"的一个区别。另一个区别是,"国学"是以救世为目的,所发的议论是为长远着想,"其言不为一时"。邓实的意思很明确,即强调民权思想与经世致用。邓实回顾历史,认为"国学"是一个国家能够生存下去的根本,而最能彰显"国学"的是明清之际的"诸先生":

遥遥二千年,神州之天下,一君子学之天下而已,安见有所谓国学者哉? 虽然国无学则国不存,吾国绵绵延延以至于今者,实赖在周有伯夷,在秦有仲连,在汉有两生,在东汉有郑康成,而在晚明有黄梨洲、顾亭林、王船山、颜习斋、孙夏峰、李二曲诸先生之学为一线之系也。②

邓实认为,两千多年的历史,占据统治地位的是"君学",这是其一。其二,"国学"是一个国家立足于世的原因,中国能够绵延两千多年而不绝,就是历朝历代都有人在倡导"国学"。最后,明清之际"诸先生"的学术思想是国家所以存在的"一线之系"。"诸先生"之中,颜元名列其中。邓实在《国学今论》一文中把明清之际学术界代表人物归为"六先生":"黄梨洲、顾亭林、王船山先生兴于南,孙夏峰、李二曲、颜习斋三先生兴于北。梨洲集王学之大成,亭林以关学为依归,船山奉关学为标准,夏峰、二曲融合朱陆,习斋则上追周孔,此六先生学术之派别也。"③虽说各自遵行的学说有不同,但他们的学问无论在"经世有用"上,还是主张革命上却是趋同的:"其以经世有用实学为宗则同,其读书通大义,不分汉宋则同,其怀抱国仇,痛心种族,至死不悔则同。"④出于提倡"国学"、否定"君学"的意图,他们在颜李学派的发掘方面致力甚多,让这一学派在近代

① 邓实:《国学真论》,《国粹学报》第3卷第2期,1907年2月。
② 邓实:《国学真论》,《国粹学报》第3卷第2期,1907年2月。
③ 邓实:《国学今论》,《国粹学报》第4期,1905年5月。
④ 邓实:《国学今论》,《国粹学报》第4期,1905年5月。

获得了新的生命力。①

国粹派的另一重要人物黄节,对"国学"的论述要比邓实来得更激烈。他在《国粹学报叙》中把"国学"的"国"定为汉族的"国",把"学"定为汉族的"学":

> 昔时欧洲十字军东征,驰贵族之权,削封建之制,载吾东方之文物以归,于是意大利文学复兴。达泰氏(案:但丁)以国文著述,而欧洲教育遂进文明。昔者日本维新,归藩覆幕,举国风靡,于是欧化主义浩浩滔天。三宅雄次郎、志贺重昂等撰杂志,倡国粹保全,而日本主义卒以成立。呜呼,学界之关系于国界也如是哉。宋之季也,其民不务国学,而好为蒙古文字语言,至名其侈辞以为美,于是而宋亡。②

黄节没有列出宋人喜欢蒙古文的史实。不过他的意思很明确,"国学"就是汉族的传统文化与历史,"黄帝、尧、舜、禹、汤、文、武、周公、孔子之学"。③ 黄节认为,意大利与日本之所以走向近代化,同他们保存自身固有的"国文"与"国粹"密不可分。他觉得,宋朝灭亡同宋人美化蒙古文相关。联系当前的现实,黄节痛心疾首地指明:"吾国之国体,则外族专制之国体也。吾国之学说,则外族专制之学说也。"矛头直指清廷统治下的文化专制主义。"吾国之学说",就是"国学",而"外族专制之学说"是指少数民族入主中原后推行专制的学术思想。他不甘心"国奴"与"学奴"的地位,慷慨陈词:"不自主其国,而奴隶于人之国,谓之国奴;不自主其学,而奴隶于人之学,谓之学奴。奴于外族之专制固奴,奴于东西之学说,亦何得而非奴也。"④"自主其学"就是"国学",凡是"奴隶于人之学"就是"学奴"。黄节不想做"学奴"与"国奴"的痛苦心情,道出了对清廷统治的强烈不满。

黄节(1873—1935),字晦闻,广东顺德人,与邓实是同乡,为邓实的得力助手。他既是国学保存会的最早成员,也是主要撰稿人之一。1905 年,他参加反美华工拒约的爱国活动;1907 年冬,与邓实一起参加南社的筹备,此后正式加

---

① 本书不对国粹派展开全方位的论述,仅就这一派别与颜李学派的关系做些剖解。
② 黄节:《国粹学报叙》,《国粹学报》第 1 期,1905 年 2 月。
③ 黄节:《国粹学报叙》,《国粹学报》第 1 期,1905 年 2 月。
④ 黄节:《国粹学报叙》,《国粹学报》第 1 期,1905 年 2 月。

入南社。在近代以诗著称于世,但与邓实一样无文集行世。他先后为《颜氏学记》与《李恕谷年谱》写过跋语,对颜元与李塨的学术做了概述,期望"慕颜氏者人镂一版焉,则其传广矣"①。

国粹派学人尽力搜集颜李学派的著作,并重新刊刻出来。邓实从丁叔雅处觅得《瘳忘编》与《李恕谷年谱》二书。此外,邓实"久闻杨氏葳藏有王昆绳《平书》,今又得张君书,云有《平书》《颜习斋年谱》二书,寄赠国学保存会,得此而颜氏之学当益昌矣"。《颜氏学记》《颜习斋年谱》《李刚主年谱》《李刚主瘳忘编》《王昆绳平书》五种颜李学派遗书先后出版。② 这些书籍的出版,为世人对颜李之学的深入了解提供了条件。1905 年,《国粹学报》创刊,邓实等人把从名儒耆宿那里征集来的文献,整理后以文章的形式刊布于《中国白话报》《政艺通报》《国粹学报》《民报》《天义》等报刊上(章太炎《颜学》一篇,刊于日本东京社 1904 年翔鸾社铅印本《訄书》中)。1904 年到 1910 年间,国粹派成员中涉及颜李之学的文章共有 28 篇。其中刘师培最多,计 10 篇,另外邓实有 6 篇,章太炎为 3 篇,黄节与陈去病各 2 篇。③ 这些文章总的格调是弘扬,但不是一味地赞扬了事,而是表达各自对颜李之学的见解,其间不乏批评。国粹派中的刘师培与章太炎对颜李学派发表的见解甚多,下文另加详述。

第四节　刘师培与章太炎对颜李之学的发挥与诠释

一、刘师培论颜李之学

刘师培与章太炎是国粹派中的头面人物,在国粹派活动的时间里,他们对颜李之学持颂扬态度,但当他们的思想发生变化后,则发生了从称颂到批评的嬗变。

刘师培(1884—1919)的一生很短暂,只活了 36 岁。在近代中国思想史上,其主张之激烈而又屡屡变动,世罕其匹。其先有六年时间鼓吹革命,既倡国

---

① 黄节:《〈颜氏学记〉跋》,《国粹学报》第 43 期,1908 年 7 月。
② 参见王学斌:《颜李学的近代境遇》,第 126—127 页。
③ 参见王学斌:《颜李学的近代境遇》,第 123—125 页。

粹,又主西化,是他一生思想最为引人注目之处。这些看似矛盾的观点却集于刘师培一身。这得从其家世说起。刘师培,江苏仪征人,字申叔,别号左盦。曾祖父刘文淇,祖父刘毓崧,伯父刘寿曾,以三世相续同注《春秋左氏传》而著称于世。1903 年,刘师培在上海结识蔡元培、章太炎后,倾向革命,加入同盟会。1904 年,参加邓实、黄节等人发起的国学保存会,并成为《国粹学报》的台柱子。同年,他以"激烈派第一人"为笔名发文表明志向。后来有九年时间,他叛变革命,写下《上端方书》并投入两江总督端方幕中,大恨往日投身革命之非,叛变了同盟会,破坏了一次江浙革命党人在上海筹备的起义;之后先投靠阎锡山,再为袁世凯复辟鼓噪,为"筹安会"六君子之一。1907 年与妻何震东渡日本后,他转向无政府主义。短短几年间,他由主张教育救国而赞同民主共和,旋即主张社会主义、无政府主义,断定共产制可行于中国。1917 年,蔡元培任北京大学校长,刘师培因其学术上的成就被聘为中国文学门教授。1919 年 11 月,刘师培因肺病去世。

刘师培是在《国粹学报》上发表文章最多的一位。总共 82 期学报中,只有两期(第 41 与 43 期)没有他的文章。他的论著有 50 余种发表于《国粹学报》,与颜李之学直接相关的有《咏明末四大儒》《颜李二先生传》《戴望传》《近儒学术系统论》等文。另外在《政艺通报》上有三篇,分别为《习斋学案序》《幽蓟颜门学案序》《并青雍豫颜门学案序》(刊于 1904 年第 21 号)。《政艺通报》是《国粹学报》的姐妹刊物,由邓实主编,于 1902 年 2 月在上海创刊,1908 停刊,共出版 146 期。邓实创办此刊的目的是为了讨论时政,探索社会病状之缘由,研讨学术以开启民智,从而实现其救国图存的方案。

刘师培对颜李之学的论述,大体包含五个方面的内容。

一是介绍颜、李的生平、著作与学术宗旨。他在《颜李二先生传》中概述颜元与李塨的生平后写下按语:"习斋生于明末,崛起幽冀,耻托空言,于道德则尚力行,于学术则崇实用,而分科讲习,立法尤精。虽其依经之说,间失经义之真,然道艺并崇,则固岐周之典则也。刚主继之,颜学益恢。乃后儒以经师拟之,鸣呼,殆亦浅视乎刚主矣。"①意思是说,颜学以力行、实用为宗旨,而教学上

---

① 刘师培:《颜李二先生传》,载章太炎等:《中国近三百年学术史论》,罗志田导读,徐亮工编校,第 311 页。

的分科之法更是精彩。虽说对经典的诠解有"失真"处,但"道艺并崇"之说与古代儒家的主张相合。李塨把颜学发扬光大,而后来的儒生视他为"经师",这是小看了李塨。刘师培之描述不长,但很好地概括了颜李之学的基本情况。

二是概述颜李之学的流传概况及颜、李的学生于六艺方面的造诣:

> 及颜先生南游许、汴,李先生西入秦关,雍、豫儒生造门请业,旁及齐、晋,士多兴起,各探其性之所近,以一艺自鸣,由是次亭(上蔡王延祐)、颖生(鄢陵刘从先)肄习礼经,圣居(鄠县鲁登阙)、介石(深泽李柱)登歌合乐,瑞生(西安蔡麟)、心衡(山东刘心衡)潜心御射,以及季荣肄书(华州古葵),野臣(河南谢在修)通数,而代州冯氏敬南精谙众数,饰材辨器媲美白民,是岂可以奇技淫巧目之者哉? 盖南学蹈虚,北学崇实,蹈虚者多浮词,崇实者多实效。观南人肄颜学者,舍义理而外,惟知掇拾礼经,而六艺正传必归此人。①

颜元下河南,李塨入关中,使得颜李之学的流传范围扩大了。刘师培依《颜氏学记》对颜李学生在六艺方面的特长加以论述的依据是,其中有熟悉礼学的王延祐与刘颖生、擅长乐学的李柱、善于射箭的蔡麟与刘心衡、以书法著称的季荣、精通数学的谢在修、制器能手冯雍。戴望对冯雍是这样描述的:"冯雍,字敬南,代州人。与恕谷游,道之师事颜先生。精于算术,世传《九章》书及泰西算法,人或展转莫解,敬南见立剖。生有巧思,凡攻金攻木锥凿钤锉之类,行则携带之。时考次躔度,定刻漏早晚、地势高下,皆出意表。手制小仪器,业者自谓弗如也。"②《九章》指《九章算术》,这是中国古代数学的杰作。戴望说冯雍不但精通中西数学,而且对天文的观测也十分准确。冯雍又是一位能工巧匠,制作仪器的水平连专业人员也自叹不如。"白民"指欧美民族,刘师培认为冯雍制作仪器的水平不逊于欧美之人,透露出了刘师培开始把颜学与西方相比附的倾向。

三是认为颜、李的作为与墨子学派相似。这是他依从孙诒让的观点:"近儒

---

① 刘师培:《并青雍豫颜门学案序》,载章太炎等:《中国近三百年学术史论》,罗志田导读,徐亮工编校,第255页。

② 戴望:《颜氏学记》卷一〇,载陈山榜、邓子平主编:《颜李学派文库》第5册,第1573页。

瑞安孙氏谓颜学近于墨子,其说颇得。"刘师培说,《庄子·天下篇》中所记载的墨翟、禽滑釐与宋钘、尹文等人的言行,"大抵皆墨家派别,颜、李学行多与之符"①。

　　四是以"地势使然"为依据,以颜李之学为"北学"的代表。刘师培不同意方苞对黄宗羲与颜元所做的攻击,"吾得一语而反之曰:燕、蓟素无学术,北学之兴始自习斋","颜门弟子以刚主、昆绳为最著,皆生长幽土(李为蠡县人,王为大兴人)"。他的结论是:"颜学之兴,亦其地势使然欤。"②不同地域的人们,性格与语言的确有着很大差别,这与学派特点的形成有一定关联。但以地域为一个学派崛起的决定性因素,未免有失偏颇。

　　五是认为颜李之学是成一家之言的学术流派,且默契西法,内中有些主张可以解决当今社会的问题。刘师培说:

　　　　当明清之交,顾、黄、王、颜各抱治平之略,修身践行,词无迂远,民生利病,了如指掌。求道德之统纪,识治乱之条贯,虽各尊所闻,要皆有以自植。③

　　　　即颜学之立说观之,殆古人所谓成一家言,言之成理欤! 合于儒术不足为益,即背于儒术亦不足为轻,明于此义,庶可以读先生之书矣。④

刘师培把颜元与黄宗羲、王夫之、顾炎武相提并论,认为无论在治国策略上,还是个人品行上,四人各有特点。刘师培认为,对颜学不能用是否符合儒学作为标准。颜学是成一家之言的,有自己的特色("自植")。耻托空言、学即所用是后世思想家对颜学的共识,刘师培也多处表达了这一评价。

　　刘师培认定,颜元提倡的"水火工虞"就是西方所说的自然科学:

　　　　习斋先生生长博野,地迩燕京,吾意先生壮年必亲炙西士之门,备闻

---

①　刘师培:《习斋学案序》,载章太炎等:《中国近三百年学术史论》,罗志田导读,徐亮工编校,第250页。

②　刘师培:《幽蓟颜门学案序》,载章太炎等:《中国近三百年学术史论》,罗志田导读,徐亮工编校,第253页。

③　刘师培:《清儒得失论》,载章太炎等:《中国近三百年学术史论》,罗志田导读,徐亮工编校,第171页。

④　刘师培:《习斋学案序》,载章太炎等:《中国近三百年学术史论》,罗志田导读,徐亮工编校,第251—252页。

绪论,事虽失传,然证以先生所学,则礼、乐、射、御、书、数外,并及水、火、工、虞。夫水、火、工、虞,取名虽本于虞廷,引绪实基于晰种。水学之用在于审势辨形(辨地形之高下,水势之曲直,用测量之法官之),徐氏著《水利新书》,其嚆矢也(程瑶田《水地小记》亦明此义)。火学之用主于制器辅攻,南氏进红衣之炮,其实证也。工学者备物利用之学也,今大秦遗墟工执艺事奇技竞兴,固未艾也。虞学者入山刊木之名也,今扶桑三岛森林一科列专门,犹可考也。先生生明代鼎革时,崇此四科,默契西法。用则施世,舍则传徒。①

　　"水火工虞"为颜元所说"六府"中的内容。刘师培认为,"水"是水利工程,徐光启所翻译的《泰西水法》是中国古代引进西方水利工程学的先导;"火"为军事装备,如明末西人南怀仁引入的红衣大炮;"工"为制造业方面的各种新技术,正呈现出方兴未艾的势头;"虞"与自然资源相关,对应的是当今日本的森林工业。"水火工虞"这"四科",刘师培认为与"西法"是一致的。从历史发展来看,中国古代的科学技术在十六七世纪时还处于世界领先地位,只是到了近代才落后于西方。眼见"西法""声光化电"的先进,一些思想家就返回到中国古代去寻求自家的"声光化电",这种西学暗合中学说可以说是当时流行的"西学源于中国"说的一种表现形式。到 20 世纪 30 年代,还有人持与刘师培相类的主张:"读《颜氏学记》觉得很有趣,颜习斋的思想固然有许多是好的,想起颜、李的地位,实在是明末清初的康、梁,这更令人发生感慨。……不过那时没有西学,只有走复古的一条路,这原是革新的一法,正如欧洲文艺复兴所做的。'兵农钱谷,水火工虞',这就是后来提倡声光化电、船坚炮利的意思,虽然比较平淡,又是根据经典,然而也就足以吓倒陋儒,冲破道学时文的乌烟瘴气了。"②

　　1907 年,刘师培思想转向无政府主义,就以其新的政治倾向评价颜元。他悔恨以往对颜元等人的赞扬,认定包括颜元在内的"六子"是祸国殃民的对象:"近世巨儒,首推顾、黄、王、颜、江、戴。昔读其书,辄心仪其说,以为救民以言,

①　刘师培:《并青雍豫颜门学案序》,载章太炎等:《中国近三百年学术史论》,罗志田导读,徐亮工编校,第 255 页。
②　岂明:《颜氏学记》,《大公报》"文艺副刊",1933 年 10 月 25 日。

莫六子若。由今观之,则乱政、败俗、蠹民,亦莫若六子。"①顾炎武、黄宗羲、王船山、颜元、江慎修与戴震六人的学说,先前是刘师培"心仪"的对象,并被他认为有"救民"的功效,仅仅过了三年,即沦落为"乱政、败俗、蠹民"的思想了。"六子"作为逝去的思想家,他们的学说早已被定格在黑纸白字中,定格不了的是刘师培的态度。急剧多变的刘师培,虽说对颜学还有肯定之处,但更多的则是批评了:

> 近世以来,中土士庶惕于强权,并震于泰西科学,以为颜氏施教,旁及水火工虞,略近西学之致用;而贵兵之论,又足矫怯弱之风,乃尊崇其术,以为可见施行。然用之教育,则舍普通知识外,鲜事穷理,术存而学亡,惟以体育、智育之名相竞于众。……惟健其身躯,娴于小技,多能鄙事,以备在上有力者之需。势必灵智愈塞,鄙劣成性,习于服从,囿于浅狭。②

刘师培认为颜元的教育思想施行的话会带来许多弊端。一是只能使人学会一些雕虫小技;二是使受教育者趋向于四肢发达、头脑简单;三是养成习于服从的品性。在刘师培看来,颜学传授给人们的是一些普通知识,而不是深奥的理论。也就是说,颜学的理论思维水平不高,"术存而学亡"。刘师培把批评的结论引向无政府主义:

> 兼崇武备艺能,贱心得而尚习行,重诵数而遗思索,文武并崇,道艺兼习。至于推论国政,尤以强兵兴利为先,以服兵为民职,以生聚为国本,以克敌为自雄。盖旁采杂霸之说,而缘饰儒术。然行其说者,仅足助政府逞强之用。此颜氏之失也。③

刘师培认为,颜学作为不能提高人们理论思维水平的学说,一旦应用到国家政治方面,必定成为政府的帮凶,尤其是颜元的文武兼习、兵农合一之说。按常

---

① 刘师培:《刘师培文选·非六子论》,李妙根编选,远东出版社 1996 年版,第 219 页。(原载《天义报》第 8、9、10 卷合册,1907 年 10 月 30 日)
② 刘师培:《刘师培文选·非六子论》,第 222—223 页。
③ 刘师培:《刘师培文选·非六子论》,第 220 页。

理讲,一个国家能"克敌自雄"是绝对应当提倡的,刘师培却贬之为以"杂霸"来粉饰"儒术"。无政府主义是要否定一切强权的,刘师培从这一视角对原先颂扬的颜元做了否定。

在近代中国,一个人的政治观念的改变会极大地改变他原先的学术观点。刘师培在1903—1904年间,受章太炎、蔡元培等人影响加入了中国教育会。不久改名光汉,取攘除清廷、光复汉室之意。是年完成《中国民约精义》(与林獬合著)和《攘书》。这两本书在20世纪初是传诵一时的革命宣传书籍,其宣传社会契约论的功劳不容磨灭。1907年他东渡日本后思想急剧转向无政府主义,办了《天义报》与《衡版》,大力鼓吹无政府主义。刘师培说:

> 无政府之说,非荒谬之说也,征之天然界,则世界无中心(克鲁泡特金说),空气无畛域;征之生物界,则虫类因自然结合,互相扶助之感情……若再参以西哲学说,则此理尤为圆满,安得不以此为理想之谈乎?[1]

刘师培参考的"西哲学说"是天赋人权论。平等权、独立权与自由权,"吾人均认为天赋","为人类全体谋幸福,当以平等之权为尤重"。[2] 在刘师培心目中,自由就是无政府,平等就是共产,实现自由与平等的无政府共产主义,是他政治上的目标所在。强权是当前中国实现这一目标的障碍。军队、法律、警察、宗教,以及不合理的财产、婚姻、家庭关系都是压制自由与平等的强权。而种种强权之中以政府的势力最盛,故废除政府为"理想之谈""西政最圆满之学理"。刘师培视资产阶级共和国方案是"以暴易暴",强调在革命成功后不再设任何政府,马上实行无政府:"欲保满洲君统固不足道,即在于排满以后另立政府亦有以暴易暴之虞,曷若利用中国固有之政俗,采用西政最圆满之学理,以实行无政府之制乎?"[3]在《非六子论》中,刘师培对黄宗羲、王夫之、顾炎武、颜元、江慎修、戴震六人之长处做一番肯定后,笔锋一转,对六人的学说在整体上皆持否定的态度。他对清代的罗台山、彭尺木这两个名不见经传的人物却推崇备

---

① 震、申叔:《论种族革命与无政府主义之得失》,《天义报》第6卷,1907年9月1日。(震,何震;申叔,刘师培。)
② 震、申叔:《论种族革命与无政府主义之得失》,《天义报》第6卷,1907年9月1日。
③ 震、申叔:《论种族革命与无政府主义之得失》,《天义报》第6卷,1907年9月1日。

至,说这两人"持个人无政府主义者也,较六子殆远过之"①。政治思想的转变,制约着近代思想家对颜学的看法,这不仅在刘师培身上出现,章太炎也有此类情况。

二、章太炎论颜李之学

章太炎以《驳康有为论革命书》(1903 年)声名鹊起,由一个经学家转而成为宣传革命派思想的名人。文中把人们心目中神圣不可侵犯的圣上贬为小丑:"载湉小丑,未辨菽麦。"他提出了"竞争生智慧,革命开民智"的思想,"人心之智慧,自竞争而后发生,今日之民智,不必恃他事以开之,而但恃革命以开之",断言推翻清廷的革命行为,是有益于国人的良药:"革命非天雄大黄之猛剂,而实补泻兼备之良药矣。"②如此出格的言论,给人以石破天惊之感,这令清廷大为恼火。1905 年,章太炎因"苏报案"与邹容一起被关进了上海的"西牢"。他虽未能亲自参与《国粹学报》的创刊,但《国粹学报》在第 1、8、9 期中刊出了其入狱前的四封书信和狱中漫笔。漫笔里充满着对"国粹"的向往之情。章太炎说,"上天以国粹付余",不能把这样"宏硕壮美之学"断送于自己的手中:"至于支那宏硕壮美之学,而遂斩其统绪,国故民纪,绝于余手,是则余之罪也。"③他以弘扬国粹为自己的责任所在。狱中壮志未酬的章太炎,在 1906 年 6 月 29 日出狱后,当晚即由从东京来的同盟会专使迎往日本。不久担任《民报》主编。半个月后,1906 年 7 月 15 日,他在对留学生的演讲中,认为当务之急有两件事,其中之一就是提倡国粹:"第一,是用宗教发起信心,增进国民的道德;第二,是用国粹激动种姓,增进爱国的热肠。"④章太炎对国粹的见解与邓实等人的主张不谋而合,加上他的年龄比邓实、黄节等人大一些,而刘师培在学术上常向章太炎讨教,故而章太炎每每被时人视为国粹派的泰斗。《国粹学报》

① 刘师培:《刘师培文选·非六子论》,第 225 页。关于刘师培的无政府主义思想,参见朱义禄、张劲:《中国近现代政治思潮研究》,第 226—233 页。

② 章太炎:《章太炎政论选集·驳康有为论革命书》,汤志钧编,中华书局 1977 年版,第 199 页与 203—204 页。

③ 章太炎:《章太炎狱中漫笔》,《国粹学报》第 8 期,1905 年 9 月。

④ 章太炎:《章太炎政论选集·在东京留学生欢迎会上之演讲》,第 272 页。

陆续刊登章太炎的论著共 29 种。

作为近代著名的革命志士与思想家,章太炎早年因一些个人的恩怨,借颜李之学对康有为进行批评:

> 康有为善傅会,媚以拨乱之说,又外窃颜李为名高,海内始彬彬向风,其实自欺。①

早年章太炎对主张变法维新的康有为十分尊重,并在政治上与他站在一起,但他并不同意康有为建立孔教的设想。一次在与梁启超的交谈中,他便直截了当对康有为的观点提出了异议。时在 1897 年 4 月,梁启超的学生梁作霖带了一批人,当众殴打了章太炎。② 究其分歧之根由,为章、康二人对孔教态度的不同,也体现了两人政治上的分歧。章太炎反对用建立孔教的办法来替代中国以往的宗教信仰。不过章太炎有点儿意气用事及不实事求是之处。康有为早年在万木草堂讲学中论及颜元时说:"颜习斋之学,节俭寡欲,苦身体,竭力事亲。"③章太炎因与康有为反目,致使颜李之学成为章太炎指责康有为的工具了。

章太炎的思想变动虽不及刘师培那样的急剧,但变化多端亦为不争的事实。单就一部《訄书》而言,就有《訄书》初刻本、《訄书》重订本与《检论》三种。章太炎对颜元的看法前后也有不同的变化。他对颜元有过专门的评论:

> 明之衰,为程朱者痿弛而不用,为陆王者奇觚而不恒。诵数冥坐与致良知者既不可任,故颜元返道于地官。以乡三物者,德、行、艺也,斯之谓格物。保氏教六艺者,自吉礼以逮旁要三十六凡目也。更事久,用物多,而魂魄强。兵、农、水、火、钱、谷、工、虞,无不闲习。辅世则小大可用,不用而气志亦日以奘驵,安用冥求哉? ……苦形为艺,以纾民难;其至孝恻怆,至奔

---

① 章太炎:《章太炎全集》第 3 册《与王鹤鸣书》,第 151 页。
② 孙宝瑄于 1897 年 3 月 14 日(阴历)日记中写道:"章枚叔过谈。枚叔以酒醉失言,诋康长素教匪,为康党所闻,来与枚叔斗辨,至挥拳。""酒醉失言"是孙宝瑄为章太炎开脱的遁词。见孙宝瑄:《忘山庐日记》,第 89 页。
③ 康有为:《康有为全集》第 2 册《南海师承记》卷二,姜义华、吴根梁编校,上海古籍出版社 1990年版,第 551 页。

走保塞,求亡父丘墓以归;讲室列弦匏弓矢,肄乐而不与众为觳;斯所以异于墨子也。形性内刚,孚尹旁达,体骏驵而志齐肃,三代之英,罗马之彦,不远矣! 独恨其学在物,物物习之,而概念抽象之用少。①

对颜元有称赞也有不满。称赞集中于其学术与人格上,不满则集中于其理论水平上。章太炎认为,程朱理学在明代萎靡不振而不堪所用,陆王心学虽新奇但不久长。于是颜元返回到《周礼》那里,以"乡三物""六艺""兵、农、水、火、钱、谷、工、虞"等为自己学说的宗旨。这不同于静坐读书的程朱理学,也不同于"致良知"的阳明心学。这是他学术独创性所在:"讫宋世,则有程、朱;与程、朱立异者,复有陆、王;与陆、王立异者,复有颜、李。虽虚实不同,拘通异状,而自贵其心。"②颜元一生以苦为乐。千里寻父,困苦不可名状,经一年余,负父骨归葬于祖地。其教育内容亦别出心裁,这与"三代之英,罗马之彦"已经相去不远了。有一点需要指明的是,章太炎认为颜元与墨子有很大区别,这是不同于刘师培的。章太炎对颜元最不满处是认为他感性经验讲得太多,而于理论思维方面有严重的不足。这也是刘师培所说的"术存学亡"之意。刘师培未展开,而章太炎则有详细论证。

颜元以乐器演奏为例,批评朱熹钻研书本以求得知识的办法,是脱离实际事物的("以谱为琴")。章太炎引了这段文字后,发表了一个精辟的见解:

> 算者,谱者,书者,皆符号也。……非书者不可用,无良书则不可用。今不课其良不良,而课其讲读不讲读,即有良书,当一切废置邪? 良书废,而务水、火、工、虞,十世以后将各持一端以为教。……此皆鬼琐于百物之杪枝,又举其杪枝以为大素,则道术自此裂矣。故曰滞于有形,而概念抽象之用少也。③

琴谱、书籍如果是优良的,作为与事物相符的"符号""抽象概念",其在人们认识客观事物中的作用是不可或缺的。不是书籍不可用,而是好的书籍才可用。

---

① 章太炎:《章太炎全集》第 3 册《訄书·颜学》(重订本),第 151 页。
② 章太炎:《章太炎全集》第 4 册《答铁铮》,上海人民出版社 1985 年版,第 369 页。
③ 章太炎:《章太炎全集》第 3 册《訄书·颜学》(重订本),第 152 页。

颜元不区别书籍的良劣,断言知识应只是在与"水、火、工、虞"等实际事物接触中取得。前已说及,颜元反对有才识的人们去读理学家的语录体著作,这进而把含有自然科学的内容也废弃了。章太炎以为,这种"滞于有形"的认识思路,把琐碎的小东西当作了根本,"道术自此裂矣"。从认识论上看,章太炎的批评是有道理的。人们认识客观事物的途径,不外乎感性经验与理性抽象这两大部分。感性认识为人们认识世界、发现真理提供经验方面的材料。这种认识大多是滞留于表面的、具体的、孤立的,难以达到对事物本质的认识。人的认识能力的提高,必须借助于更高的思维能力,以获得对事物真正的、普遍的认识。它需要把感性所提供的经验材料,通过归纳、分析、演绎、推理等逻辑抽象的过程,舍去经验材料中的非本质部分内容,把具体的、孤立的东西有机地联系起来,使之上升为理论。这就是人们的理性认识阶段,其间不可缺少的是抽象概念的提炼。抽象概念对外在客观事物来说,有着摹写与规范的双重作用。抽象概念,就是以语言、文字作为中介工具,把客观事物通过符号化安排在一定的概念结构中。例如,一个小孩子指着面前的生梨说,那是水果。世界上是不存在"水果"这一事物的,"水果"只是一个符号,是把具体的生梨、苹果安排在有水分的、可以吃的、有酸甜等感觉的概念结构中形成的概念。颜元否认读书等于学问有正确的方面,但他进而否定文字的意义,就走向了否认理性的极端:"朱子尤欲读尽天下书,耗有用心气于纸墨,何为也?率古今之文字,食天下之神智,扫天下之人才。"[1]理性认识通常利用抽象概念与抽象概念间的联结,来认识客观世界的外在事物。抽象概念一旦形成后,有规范客观事物的积极作用。章太炎指责颜元"抽象概念之用少",主要是指这一方面。"道术自此裂矣"出自《庄子·天下》,是说颜元一味"滞于有形",他的认识论是片面的、局部的,是对认识途径的曲解。章太炎是近代思想家中对颜元学术中的不足讲得最为深刻的一位。尽管如此,章太炎对颜元的学术地位有较高的认同:"自荀卿而后,颜氏则可谓大儒矣。"[2]

---

[1]　颜元:《颜元集·四书正误》卷四,第 229 页。
[2]　章太炎:《章太炎全集》第 3 册《訄书·颜学》(重订本),第 153 页。

第十三章　颜李学派在近代的回应
及其文化增殖（下）

第一节　频受青睐的颜李学派

一、孙宝瑄："与时势不佯而合"

孙宝瑄在近代中国声名不显，但他留下了一部 55 万字的《忘山庐日记》，为治近代思想史者提供了第一手资料。在这部日记中，孙宝瑄相隔十年两次细读颜李的著作，其所发议论对颜李学派在近代的流传与影响有着弥足珍贵的价值。

先说孙宝瑄其人其书。孙宝瑄（1874—1924），浙江钱塘人。父亲是光绪朝户部左侍郎。兄长孙宝琦，为清廷驻法、德公使，入民国后一度出任北洋政府内阁总理。岳父李瀚章，为李鸿章之兄，任清两广总督。孙宝瑄以荫生得以步入仕途，先后在工部、邮传部及大理院等部门任职。民国初，任宁波海关监督。取佛教"见道忘山"之意，其日记取名为《忘山庐日记》。这样的人物在晚清有很多，孙宝瑄之所以跳入学者的眼帘，就是这部日记之故。他于当时的重大事件，如甲午战争、马关条约、戊戌变法、辛丑条约、日俄战争等，均以其耳闻目见，记载于日记之中。他好学不倦，所交皆一时才俊、有识之士与著名思想家，如章太炎、梁启超、谭嗣同、严复、宋恕、汪康年、张元济、夏曾佑等。梁启超办《时务报》，他是主要撰稿人之一。孙宝瑄与他们讨论时政或切磋学问的具体情况，在日记中有详尽的实录。他于古代典籍览之甚广，遍涉诸子百家、历代史籍，旁及佛道；于西方文化的新学理尤感兴趣，对西方哲学、政治、经济、历史、科学、宗教等方面均有广泛的涉猎，诸如《公法论》《西学述略》《原富》《明治新史》《社会学》等,他都认真读过并在《忘山庐日记》里留下了读后感,实为近代中国好学深思之士之一。

次讲孙宝瑄与宋恕交往密切,因受宋恕影响而研读颜李之学的情况。在孙宝瑄结交的名士中,他受宋恕的影响最深,并由此青睐颜李之学。我初步统计了一下,《忘山庐日记》中提到宋恕共 117 处。孙宝瑄视宋恕为"旷世大儒",是自己心目中的老师:

> 宋燕生风节为当今第一,其经世之学,远在包慎伯之上,无论龚、魏诸人。……余比年侨寓海上,与先生交最密。凡读书、论世,一得力于先生,心中师事已久。顾世之知先生者盖罕焉。先生尤长于诗,每成一章,哀感顽艳。国朝诸家中,罕见其匹,生平律己尤严,于非义一介不取,而论事不屈挠于人,必穷源尽委,不肯稍作违心语。其于古今政治利弊、民情隐微,了然指掌,盖旷世之大儒也。①

孙宝瑄认为,宋恕的"经世之学"在龚自珍、魏源与包世臣之上;诗歌上的成就在清朝"罕见其匹"。宋恕的人格很高尚,生平不取不义之财,而对事情的见解,一定要追根溯源,不肯讲违心的话。孙宝瑄认定,宋恕对民间疾苦了如指掌,且洞悉古今政治方面的利弊,是当代罕见的"旷世之大儒"。在他的心目中,宋恕就是自己的老师。孙宝瑄是听从了宋恕的推荐才去研读颜、李的著作的:"燕生累称颜习斋为国初通儒,有《颜氏学记》一书。是晚,余向仲巽假观,携归读数页,得其宗旨。"②

再论孙宝瑄读了颜李著作后的感想。第一次是在 1897 年,得出"习斋之意与余正合"的结论:

> 览《颜氏学记》,痛诋后儒仅以讲解诵读为学之极则,犹学琴者专习琴谱不知操琴,真善喻也。……习斋之意与余正合。习斋以为,世间真学问,不外天文、律历、兵、农、水、火、礼、乐诸有实用济民事。盖已窥见今日泰西

---

① 孙宝瑄:《忘山庐日记》,第 197 页(1898 年闰三月十五日)。
② 孙宝瑄:《忘山庐日记》,第 73 页(1897 年正月二十日)。

学校之本。吾不意国初时竟有此种人物。①

孙宝瑄饱览中西文化的各种典籍，发觉"实用济民事"的颜学与西方学校培养
实用人才的目标相契合。他认为从颜学的内容及其实学的性质来看，不难知
道西方教育的根本。颜学与"今日泰西学校之本"相合，是同孙宝瑄独特观点
相关的："愚谓居今世而言学问，无所谓中学也，西学也，新学也，旧学也，今学
也，古学也，皆偏于一者也。惟能贯古今，化新旧，浑然于中西，是之谓通学。"
他强调古今中西之学相贯通，断定关键"惟是去非""惟实去虚""惟益去损"：
"新实非新，旧亦非旧。惟其是耳，非者去之。惟其实耳，虚者去之。惟其益
耳，损者去之。是地球之公理通矣，而何有中西，何有古今？"②孙宝瑄以"是非"
"虚实"与"益损"来讲贯通，皆来自颜学。颜元有一个著名的论断："立言但论
是非。"③孙宝瑄"惟是去非"，是从颜元这一论断中蜕化出来的。至于"惟实去
虚"与"惟益去损"，与颜元倡导"实用"与做有益于民众的事的主张一脉相承。

　　从《忘山庐日记》可知，孙宝瑄对《颜氏学记》做了认真的研读，"观《颜氏
学记·四存编》，终有李塨、王源所撰年谱，先生亦知推重王荆公，可谓卓识
矣"，"破一分程朱，始入一分孔孟，何其善变也！"④这些符合颜学基本精神的赞
语，在私人日记中出现，当是作者内心世界的真实写照。当时流行一种观点，
即与西方相比较，"中国无实学"。孙宝瑄不同意这种见解，断言中国也有讲
"实学"的，那就是颜元："颜氏论《大学》古之明明德节，以为其所格之物，即修
身、齐家、治国、平天下之实学、实政。"⑤孙宝瑄认为，颜学的宗旨与西方文化是
相通的。叶景葵在《忘山庐日记》过录本的序言中说："于清代大儒，尤服膺梨
洲与习斋，故留心时事，嫉朝政之不纲，主张民权，进为君主立宪。"⑥从此评语
来看，孙宝瑄为维新人士中的温和派，然其思想在当时得时代风气之先。

　　十年以后，即1907年，孙宝瑄复读颜李之学的著作，感受更深了。

___

① 孙宝瑄：《忘山庐日记》，第73—74页（1897年正月二十日）。
② 孙宝瑄：《忘山庐日记》，第80页（1897年二月十五日）。
③ 颜元：《颜元集·颜习斋先生言行录》卷下，第696页。
④ 孙宝瑄：《忘山庐日记》，第74页（1897年正月二十三日）。
⑤ 孙宝瑄：《忘山庐日记》，第75—76页（1897年正月二十八日）。
⑥ 叶景葵：《〈忘山庐日记〉序》，载孙宝瑄：《忘山庐日记》，第2页。

观颜先生《四存编》。是书余十年前曾读一过,今将复观之。①

独颜先生所发明之宗旨学派,虽在当时界域尚狭,然推而广之,正与处今日时势,谋社会之进化者,有不俟而合者焉。盖先生当日所知之实学,不过礼、乐、书、数、射、御,以及兵、农、水、火、六府、三事而已。使生今日,则又将知宇宙间更增无穷之科学,岂不大快乎哉! 然而各专一门,精益求精,期获实功,先生固已先言之矣。起欧美巨儒而问之,彼能易先生之言乎? 先生真识伟哉!②

一是说,颜学的宗旨与当今传入中国的西方进化论有不谋而合的地方。二是说,颜元对"六府""三事"的论述,与近代科学的分类及培养专门人才的主张完全相通。中国传统文化与西方文化有一个很大的区别,那就是"综合的"与"分析的"差别。一部《艺文类聚》,内容包罗万象,却看不出学科的分类,而以千字文为目。中国古代最高学府——书院,对学科一直缺乏明显的分类。北宋胡瑗的"分斋"教法相当新颖,但不是学科的分类。相比之下,西方中世纪的大学早就出现了明显的学科分类,虽然这种分类有着神学的痕迹。孙宝瑄认为,颜元的"礼、乐、书、数、御、射""六府""三事"与近代西方的学科分类相似。颜元非常重视人才,有"人才者,政事之本"的主张。按照颜元的设想,人才有通才与专才两种,专才是精通某一方面、能解决实际问题的人才。孙宝瑄所说的"各专一门,精益求精,期获实功"是对颜元人才思想的复述。颜元的人才观,在孙宝瑄看来是同"欧美巨儒"的主张相契合的。如果说,戴望对颜李之学的重光的贡献主要在文献资料整理上;那么,孙宝瑄则对颜李之学做了新的解读,力图挖掘出与西学相近的内涵来。

吾于国初,最心折者两先生:一黄梨洲,一颜习斋。二公皆能破旧时障碍,而创新知,以先觉觉斯民也。盖梨洲能揭数千年专制之毒,于政界中放一曙光;习斋则悟孔、孟真谛,为三代下儒生所蔽,专研求空虚无用之学,今欲一一返求诸实,以期有用,又于学界中放一曙光。至今日,二先生

---

① 孙宝瑄:《忘山庐日记》,第 1084 页(1907 年九月十九日)。
② 孙宝瑄:《忘山庐日记》,第 1086—1087 页(1907 年九月十九日)。

之言皆验矣。试问东西文明诸国,其政界为如何? 其学界为如何?①

孙宝瑄断定,批判封建专制的民主思想体现在黄宗羲身上,这是中国政界的希望所在;颜元提倡"水、火、工、虞"等"六府"之学,与西方传入的科学相近,这是中国学界的希望所在。这些内容虽不是近代完整意义上的民主与科学,与五四运动倡导的民主与科学也相距较大,但在 20 世纪的头十年内,对孙宝瑄这样出身于宦官世家,又在清廷担任中层官职的人来说,他的论述是走在时代前列的。孙宝瑄走到这一步,颜李之学的影响是一个重要的因子。

二、钱玄同:"最佩服的学派"

钱玄同(1887—1939)是古史辨学派的代表人物之一。新文化运动期间,他思想激进,断言中华民族要进入文明之列,必须废除两千年流传下来的孔学,进而主张"欲废孔学,不可不先废汉文;欲驱除一般人之幼稚的野蛮的顽固思想,尤不可不先废汉文"②。他是浙江湖州(今浙江湖州)人,字德潜,号疑古。起先,他赞同梁启超君主立宪主张,后受章太炎、邹容等人革命思想影响,萌生反清意识,剪掉辫子,与友人合办《湖州白话报》,不用光绪纪年,而书"甲辰"字样。他于 1906 年去日本留学,就读于早稻田大学,与鲁迅一起,拜在章太炎的门下;次年加入同盟会;1910 年回国,在嘉兴、海宁、湖州等地任中学教员;1913年到北京,任北京高师和北京大学教授;新文化运动时为《新青年》编辑部成员与主要撰稿人;五四运动后,致力于文字改革和国语运动;1921 年,与顾颉刚等人讨论古史之真伪,形成一股疑古辨伪的学术思潮。

钱玄同的内心世界是很矛盾的。虽然提出了废除汉文的激烈主张,但他对经学是向往的,且有较高造诣。1920—1930 年间,他成为颜李之学的积极宣传者与忠实信徒,在 1923 年写给胡适的信中,他表明了心迹:

> 我对于中国宋以来的学派,最佩服的有四派:一为宋之永嘉学派,二

---

① 孙宝瑄:《忘山庐日记》,第 1087 页(1907 年九月十九日)。
② 钱玄同:《中国今后之文字问题》,《新青年》第 4 卷第 4 号,1918 年 4 月 15 日。

为清初之颜李学派,三为清中叶之浙东学派(浙东派非始于清中叶,但至清中叶之章实斋出而此派始完全成立),四为欧阳修以来到康有为的疑古辨伪学派……我于近代学者最喜欢颜习斋、李刚主、章实斋诸人,十余年来思想屡有改变,而对于他们诸人之敬礼未尝少衰。①

你爱费此度和章实斋,而不甚爱颜习斋,我则对于三子最爱颜习斋。②

钱玄同"最爱颜习斋",是由于他崇拜戴望的缘故:"于乡先生最崇拜戴子高(戴望)、俞荫甫(俞樾)二先生",但俞樾"不若戴氏之能深明道术"。③ 钱玄同由此而趋向于颜李之学:"盖戴先生为陈奂、宋于廷弟子,通知两汉师法,知素王改周受命之说,欲明孔门微言大义以致之用故云。然吾意庄刘之学诠明圣义,颜李之学实明圣事,盖此皆孔学之真传也。"④在这段话中,钱玄同以颜李之学是"实明圣事"而得"孔学之真传"。1912 年,他到上海拜会邓实,询问颜李遗书的下落:"访邓枚秋,知戴子高客死金陵,其遗书皆归刘恭甫,恭甫殁后悉归申叔。去岁申叔随端方入蜀,置书于鄂渚。及武汉事起,全毁灭矣。"⑤戴望在南京逝世后,他生前持有的颜李著作悉归刘师培伯父刘寿曾(1838—1882,字恭甫),待刘寿曾去世,书归刘师培所有。后来刘师培随端方入四川,把书寄存在武汉。武昌首义后,这些著作在战火中荡然无存。他对胡适表示,出于对颜李学派的"敬礼",那些"难得之书"如《颜氏学记》等已很难见到,他有"整理印行"的打算,表示愿意担任"标点整理"的工作。⑥ 可知,《颜氏学记》自戴望1871 年刊行后,半个世纪多一些,再度难以觅见了。钱玄同之爱颜元,同他钟爱历史上注重事功、讲究效用的学派相关。

钱玄同完全接受刘师培在《戴望传》中对戴望之学的观点,也就是上面所说的"实明圣事"。所谓"圣事"的具体内容,就是颜元反复提倡的"六艺之

---

① 钱玄同:《钱玄同致胡适》(1923 年 12 月 22 日),载《中国哲学》第一辑,生活·读书·新知三联书店 1979 年版,第322—323 页。
② 钱玄同:《钱玄同致胡适》(1923 年 12 月 22 日),载《中国哲学》第一辑,第323 页。
③ 杨天石主编:《钱玄同日记》,北京大学出版社 2019 年版,第246 页。钱玄同的父亲钱振常是咸丰至光绪年间的知名学人,在金陵书局与戴望共事过。
④ 杨天石主编:《钱玄同日记》,第204 页。
⑤ 杨天石主编:《钱玄同日记》,第244 页。
⑥ 钱玄同:《钱玄同致胡适》(1923 年 12 月 22 日),载《中国哲学》第一辑,第322—323 页。

教":"颜氏生直鼎革,痛心有明历代……乃毅然以复六艺之教为务。"①受了钱玄同的影响,更因寻找戴震学说的源头,胡适改变了先前对颜李之学的态度,复信给钱玄同说:"你愿意整理的四类书,我都赞成。已选定的三部,即请早日动工。近年来多读颜习斋、李恕谷著作,觉得他们确是了不得的思想家,恕谷尤可爱。你说我'不甚爱颜习斋',那是'去年的我'了。近作《戴东原的哲学》,开端即叙颜、李。"②

第二节 梁启超与胡适对颜李之学的新阐发

一、梁启超:"比杜威更彻底"的颜李之派

梁启超对颜李之学发表的议论,在数量上远超前说的各位。《清代学术概论》(1920)、《颜李学派与现代教育思潮》(1924)、《中国近三百年学术史》(1923—1924)等论著,对颜李之学有全方位的评议。就梁启超一生而言,1920年是一个分界线,之前他以参政为主,之后以论学为重。他说自己"久抱著《中国学术史》之志",计划分五个部分来写,清代学术史在他筹划中是"中国学术史第五部",但"迁延未成"。③ 作为清初学术界的显学,颜李之学是梁启超迈不过去的一道槛。梁启超在书中的论述相当准确地把握了这一学派,大要为四点:一是说颜李之学为宋学与汉学的破坏者,有着解放思想的作用:"若颜氏者,则明目张胆以排程、朱、陆、王,而亦菲薄传注考证之学","其对于旧思想之解放,称为彻底"。④ 二是讲颜李之学与现代教育思潮相合:"为做事故求学问,做事即是学问,舍做事外别无学问,此元之根本主义也。以实学代虚学,以动学代静学,以活学代死学,与最近教育新思潮最相合。"⑤这与刘师培的主张相

---

① 杨天石主编:《钱玄同日记》,第187页。
② 胡适:《胡适致钱玄同》(1923年12月27日),载《中国哲学》第一辑,第323页。
③ 梁启超:《梁启超论清学史二种·清代学术概论》之"第二自序",第3页。
④ 梁启超:《梁启超论清学史二种·清代学术概论》,第16—17页。
⑤ 梁启超:《梁启超论清学史二种·清代学术概论》,第19页。

类,后面再详细说及。三是用"劳作神圣"来概括颜李之学的宗旨:"'劳作神圣'之义,元之所最信仰者","谓学问绝不能向书本上或讲堂上求之,惟当于社会日常行事中求之"。① "劳作"在当时是劳动的意思。劳动与人们的"日常行事"还是有很大区别的。结合"最近教育新思潮相合"的话来剖解,梁启超是用当时西方传入中国的实用主义诠释颜李之学,让颜李之学发生了"变换"。四是剖析颜李学昙花一现的原因,是"元道太刻苦,类墨氏,传者卒稀,非久遂中绝"。颜元有"以苦为乐"的主张,梁启超认为,"此等苦行,惟有宗教的信仰者能践之,然已不能责望之于人"。② 这是 1920 年时梁启超对颜李之学的态度。

　　与《清代学术概论》相比,《中国近三百年学术史》着重的是"史",而前者言简意赅,重点在"论"。虽说有这一区别,但后者寓论于史的地方很多,达到了"论从史出"的高水平。梁启超说做学术思想史有四个必要因素,其中两个是:叙述一个时代的学术,"须把那时代的重要各学派全数网罗,不可以爱憎为去取";叙述某一家学说,"须将其特点提挈出来,令读者有很明晰的观念"。③该书内容叙述明清以来中国学术思想之演变,经纬交错,层次繁复,其结构分别为问题叙述史、学派(人物)叙述史、学科叙述史,由此形成了社会思潮史、学术流派史与学科史三大板块。依据重要学派"全数网罗"的要求,对清初显赫一时的颜李学派自然要作重点的剖析;依据让读者有"明晰观念"的印象,遂以"实践实用主义"来概括。这是自颜李学派诞生以来,历史上首次从学术流派的角度,全方位对颜李学派的要旨做出比较完整研究的篇章。梁启超认定"凡学一件事都要用实地练习功夫",这叫"实践主义";又认定学问得注重实际的效果,"凡学问都要以有益于人生,可施诸政治为主",这叫"实用主义"。有时,梁启超又称"实践主义"为"唯习主义"。对"习斋所说的'习'",梁启超认为有两个含义:"一是改良习惯,二是练习实务",而前者由后者而来,"所以两义还只是一义"。④ "实用主义"在有的地方,又叫"功利主义":"颜李也可以说是功

---

① 梁启超:《梁启超论清学史二种·清代学术概论》,第 18 页。
② 梁启超:《梁启超论清学史二种·清代学术概论》,第 19、23 页。
③ 另两个条件为:忠实地传写各家学派的真相,"勿以主观上下其手";将各位学者的时代与他的经历结合起来,"看出那人的全人格"。梁启超:《梁启超论清学史二种·中国近三百年学术史》,第 148 页。
④ 梁启超:《梁启超论清学史二种·中国近三百年学术史》,第 232 页。

利主义者。"①于颜元对宋明理学的清算与颜元"习动"的教育思想,梁启超以"主静主义"与"主动主义"来概括:"习斋于是对于主静主义,提出一个正反面曰'主动主义'。"②于颜元人性论与教育思想,梁启超均以简明扼要的语言来说明:"言性不能分理气,更不能谓气质为恶","主张发展个性的教育"。③ 深奥的学问,被梁启超以通俗的语言与生动的比喻表达出来,加上他在 20 世纪初的威望,令《中国近三百年学术史》成为研究清代学术思想史的扛鼎之作,开启了后世学术思想史的研究模式。一些事情经名人提倡,世人也就难以忘却了。此后,颜李学派思想断绝的一幕不会复演了。冯友兰、任继愈、冯契等人有关中国哲学通史的著作中均有颜李学派的一席。就颜李学派的流传史言,梁启超的功劳巨大!

　　一个学派要流传,得有后继人物的努力才行。除了介绍颜元的生平、著作与学说要旨的情况外,梁启超对其重要传人李塨、王源、恽鹤生与程廷祚,做了相类的论述:"习斋之学,虽不为时流所喜,然而经恕谷极力传播,昆绳、皋闻、绵庄相与左右之,当时有志之士闻风兴起者也很不少。"④梁启超对颜元与李塨在传播颜李学派中的反差做了比较,说颜元"足迹罕出里门,交游绝少,又不肯著书。若当时仅有他这一个人,恐怕这学派早已湮灭没人知道了",亏得有李塨这位出色的传人,"才气极高、声气极广、志愿极宏的门生李恕谷,才能把这个学派恢张出来"。⑤ 在传播上高徒超过名师的情况,为梁启超如实地描绘出来了。《中国近三百年学术史》是梁启超于 1923 年夏至 1924 年夏在清华大学与南开大学讲课稿的记录,其中融入了当时西方传入的新学,如实用主义、弗洛伊德心理学等内容。⑥

　　到了 1924 年,梁启超大力宣扬颜李学派与美国实用主义有许多相同处,认

① 梁启超:《梁启超论清学史二种·中国近三百年学术史》,第 235 页。
② 梁启超:《梁启超论清学史二种·中国近三百年学术史》,第 226 页。
③ 梁启超:《梁启超论清学史二种·中国近三百年学术史》,第 238、240 页。
④ 梁启超:《梁启超论清学史二种·中国近三百年学术史》,第 246 页。
⑤ 梁启超:《梁启超论清学史二种·中国近三百年学术史》,第 217—218 页。
⑥ 颜元指出,宋儒以静坐来"悟道",悟出的境界无非是"镜花水月"。梁启超认为,颜元的指责在"心理学上提出极强的理由",认为是"一种变态的心理作用","令潜意识单独出锋头,则'镜花水月'的境界,当然会现前"。见梁启超:《梁启超论清学史二种·中国近三百年学术史》,第225—226 页。众所周知,潜意识之学说,是由弗洛伊德创立的,国人没有此论。

为颜李学派的某些方面要比杜威的主张来得"更加彻底"：

> 自杜威到中国讲演后,唯用主义或实验主义(pragmatism)在我们教育界成为一种时髦学说,不能不说是很好的现象。但我们国里头三百年前有位颜习斋先生和他的门生李恕谷先生曾创一个学派——我们通称为"颜李学派"者,和杜威们所提倡的许多相同之处,而且有些地方像是比杜威们更加彻底。[1]

梁启超论述颜李学派这一章的标题,就是"实践实用主义"。梁启超一生思想多变、善变,这一特点与他不断吸取西方文化最新学理的个性相一致。他从不满足已取得的成就,而是把眼光紧贴住世界上的最新学术思潮。在 20 世纪初实用主义传入中国之际,他将颜李之学与实用主义的相同处做比较,从而得出了上述的结论。实用主义认为,哲学的范围只能是人的经验所及的世界;人和生物一样,必须不断地适应环境,接受环境的挑战,而这一过程也就是人的经验产生的过程;经验与人的生活、行动、实践是交叉的,故人必须不断地行动,才能得到进一步的发展。经过杜威的演讲,实用主义的一些主张,如詹姆士的"公共走廊原则"、杜威的"有用就是真理"等,已为一些急于了解西方的知识界人士所知悉。梁启超认为,中国古代学术流派中,与实用主义最为接近的是颜李学派。梁启超在《颜李学派与现代教育思潮》《中国近三百年学术史》等论著中反复渲染这一见解。应当说,这同梁启超一生力图沟通中西文化的努力相关。

　　早年的梁启超,就提出"中学"与"西学"相结合的思想："舍西学而言中学,其中学必为无用;舍中学而言西学,其西学必为无本。无用无本,皆不足以治天下。"[2]"务使中学与西学不为二,学者一身可以相兼,而国家随时可以收其用。"[3]梁启超是用"体用不二"来理解"中学"与"西学"的相互关系,强调"古

---

① 梁启超:《饮冰室合集》文集之四一《颜李学派与现代教育思潮》。他在另一篇文章中说："总括起来,他们的学说,和现代的詹姆士、杜威所谓'唯用主义'十二分相像,不过他们所说早二百多年罢了。"(《饮冰室合集》文集之四一《明清之交中国思想界及其代表人物》)

② 梁启超:《饮冰室合集》文集之一《西学书目表自序》。

③ 梁启超:《饮冰室合集》文集之三《复刘古愚山长书》。

今"与"中西"的相融。这是他一生做学问的主心骨,也是他理解中西各种不同学术流派的指导原则。他在这方面的力作,当为 1902—1906 年的《新民说》。在"新国"必先"新民"的前提下,他把李二曲的"悔过自新"说与西方的天赋人论相糅合,塑造了没有奴性而自由独立、富于爱国利群、具有冒险进取精神的一代"新民"。① 他对"新"有自己的独特理解:

> 新民云者,非欲吾民弃其旧以从人也。新之义有二:一曰淬厉其所本有而新之,二曰采补其所本无而新之。二者缺一,时乃无功。②

"新"绝不是尽"弃其旧",而是依据西方新学理对中国传统进行改造和补充。为此,他写了不少介绍西方哲学、政治、伦理、历史等方面的文章,尽管后人觉得他的论述与原意有点距离,但基本精神还是把握了的。如《卢梭学案》《近世文明初祖二大家之学说》《乐利主义泰斗边沁之学说》《近世第一大哲康德之学说》《政治学大家伯伦知理之学说》等等。梁启超的目的,是采用西方的新学理来对传统文化进行新的诠释。梁启超认为,这是颜李学派与实用主义可以互相佐证的理由。

二、胡适:寻求颜李之学与戴学的桥梁

胡适对颜李之学的关注缘于其寻找戴震学说的源头。

他最早谈及颜、李是在 1921 年 5 月,他肯定了费密(字此度)的学说,而对颜李之学有所贬损,认为颜元与李塨是"不肯做历史之研究的人,他们的眼光往往太狭窄,脱不了北方儒者的气象"③。稍后些,他指责总统徐世昌依仗手中的权力而大力推行颜李之学,是欺世盗名的事情:"恬然自居于文治魁领而不辞,外则引友邦文学博士之崇徽以自夸重,内则收集所谓名流者设立四存学

---

① 参见朱义禄:《论梁启超的"新民说"》,《同济大学学报(社会科学版)》1998 年第 4 期。关于梁启超融合中西的学术观念,蒋广学先生有详尽的分析,参见《梁启超和中国古代学术的终结》,江苏教育出版社 1998 年版,第 87—103 页。

② 梁启超:《新民说》,宋志明选注,辽宁人民出版社 1987 年版,第 87 页。

③ 胡适:《胡适全集》第 7 册《记费密的学说——读费氏〈弘道书〉的笔记》,第 458 页。

会、四存学校等,以颜李之学欺世盗名。夫颜、李为河北儒宗,其学以其言行合一为主,而四存之义,尤重存学,而徐氏躬行祖龙焚坑之事,而口说颜李之学,使颜、李有知,亦当痛哭于地下也。"①这段话写于1921年6月4日。6月3日,北京发生了学潮。在高校教职员请愿活动中,马叙伦遭到军警的毒打而被送到医院。胡适认为,徐世昌自诩为"文治魁领",却做了镇压学生运动的事情;徐氏为了倡导颜李之学,搜罗了一些"名流",组织了四存学会,开设了四存学校,但却打伤马叙伦,与颜李之学"言行合一"与"尤重于学"的宗旨不相符合。

　　胡适对颜、李的评价发生变化是在1923年。这一年是戴震200周年诞辰。梁启超是这次纪念活动的发起者,邀请了胡适参与筹划。胡适为此写了文章,题目是《戴东原在哲学史上的位置》。在研读了材料以后,他觉得戴震的思想与颜李之学很是接近,但架起桥梁的不是梁启超所说的是仲明,而是与李塨关系密切的程廷祚。他写信给梁启超说:"先生欲于是仲明身上寻出颜学与戴学的渊源线索,我认为不如向程廷祚、程鱼门的方面去寻,似更有效。二程皆安徽徽州人,绵庄从李恕谷问学,他的《论语说》多有与《孟子字义疏证》相同之处。"②是仲明(1693—1769),江苏武进人,清初学者,与李塨有学术上的往来。程廷祚习颜李之学,前面已经讲了。胡适写信给钱玄同,表明了相同的观点:"颜学与戴学的关系似与是仲明无关,而似以程廷祚——'庄征君'——为线索。戴子高所说,似不误也。"③"庄征君"是吴敬梓《儒林外史》中的正面人物,胡适说自己经过考证其原型为程廷祚。1923年12月29日,"成第一章《戴东原的前锋》,专论颜李学派",31日,"复检《颜李全书》(四存学会本),始悟颜元即《儒林外史》中之郭孝子。看《习斋记余》中记《父颜长翁事迹》及《寻父神应记》两篇可证。《年谱》中记颜元精拳通武,亦郭孝子","程绵庄(庄征君)为颜李学派中健者,而受吴敬梓那样的推重,可见吴敬梓也是颜李学派的信徒"。④1925年8月13日,胡适完成《戴东原的哲学》七万字的长文。胡适认为,明清之际出现了两种学术趋向,"一面是注重实用,一面是注重经学:用实学来补救空疏,用经学来代替理学。前者可用颜李学派作代表,后者可用顾炎

① 胡适:《胡适全集》第29册《八校辞职全团体教职员宣言书》,第287页。
② 胡适:《胡适全集》第23册,第360页。
③ 胡适:《胡适致钱玄同》(1923年12月27日),载《中国哲学》第一辑,第323—324页。
④ 胡适:《胡适全集》第30册,第139—142页。

武等作代表。从颜李学派里产生一种新哲学的基础,从顾炎武以下的经学里产出一种新的做学问的方法。戴东原的哲学便是这两面结婚的产儿"①。

胡适用了近两年的时间写成《戴东原的哲学》,但仍觉得证据不够充分,便把眼光投注在程廷祚身上。主张"大胆假设,小心求证"的胡适在1936年4月发表了《论颜李学派的程廷祚》一文,他提出了以下的证据:一、陶窳与李塨相识于陕西。陶窳在商州知州沈廷桢那里作幕宾,李塨在1709年应富平知县杨勤之请去佐理县政。李塨次年去商州时,两人相识并互赠礼物。二、程廷祚是陶窳的女婿,婚后程廷祚从陶窳处得到颜李的代表作《四存编》与《大学辨业》,这让程廷祚成为颜李之学的信徒。程廷祚写信给李塨说,读了这两部书后,"始知当世尚有力实学而缵周孔之于燕赵间者",改变了"数百年来,学者不入朱,则入于陆"的格局。程廷祚视颜元与李塨的关系如同孔子之学由孟子继承一样,"以先生师弟得二千载已丧之真传"。认为颜李学派"礼、乐、兵、农、躬行力学"的学说,"宜一呼而靡然成风"。② 尽管这封书信差不多耽搁了近四年的时间才到李塨手里,但还是让李塨这位59岁的老人着实激动了一番,读了三遍还不罢休。李塨说自己一生于颜学是抱着发扬光大的使命感的,然而可以担此重任者寥寥。南方虽有恽鹤生在努力,但已年过半百。现在突然见到一位年轻才俊想投入颜李学派的阵营中,李塨认为,这是老天爷特意不让孔学失传的征兆。三、胡适指明,程廷祚的礼乐论,是从颜元那里来的。颜元主张"习动",要求人们动手去做。程廷祚认为,学习礼乐是一定要人动手去实习之:"鼓瑟射御,则两手之用行矣。"③四、胡适认为,程廷祚的代表作《论语说》里"说'性无义理气质之分'。这是颜元的性论",到了"后来戴震论性也从这里出发"。④ 又程廷祚在《论语说》中,"说理为脉理条理,是李塨之说(见于他的《周易传注》《传注问》),程廷祚的话,上承颜李学,下开戴震的新理学"⑤。胡适的

---

① 转引自曹伯言、季维龙编著:《胡适年谱》,安徽教育出版社1986年版,第306页。
② 程廷祚的信不见于《青溪文集》,附录于李塨《恕谷后集》卷四《答程启生书》后,载陈山榜、邓子平主编:《颜李学派文库》第3册,第745页。
③ 胡适:《论颜李学派的程廷祚》,载陈山榜、邓子平主编:《颜李学派文库》第9册,第2935页。程廷祚的原文为:"今夫礼乐之为物也,不生于人而生于教矣。孩提而行歌咏,少长而知舞蹈,非有教之也。五官百骸,生而用无不具。故典折以赴礼,则一身之用行焉。鼓瑟射御,则两手之用行焉。"见程廷祚:《青溪集·青溪文集》卷三《礼乐论上》,第55页。
④ 胡适:《论颜李学派的程廷祚》,载陈山榜、邓子平主编:《颜李学派文库》第9册,第2934页。
⑤ 胡适:《论颜李学派的程廷祚》,载陈山榜、邓子平主编:《颜李学派文库》第9册,第2935页。

结论是:"颜李之学,到程廷祚而经过一度的解放,到戴震而得着第二度更彻底的解放。"①颜李之学的流传,是顺着颜元—李塨—程廷祚—戴震这样一条路线行进的。胡适自 1931 年到 1935 年间一直在搜罗颜李学派的著作,1931 年 2 月 22 日,因没有购到《恕谷后集》,感到"颇怅怅";3 月 1 日,"买得《恕谷后集》,甚喜"。② 之后他阅读徐世昌《颜李师承记》与戴望《颜氏学记》;又于 1935 年 5 月,到燕京大学作了以"颜李学派"为题的学术讲座(共三讲)。他通过多方寻觅,于 1934 年从蒋国榜的《金陵丛书》里发现了《青溪文集》十二卷。后又从孙人和处得到《青溪文集》十二卷与《青溪文集续编》八卷。胡适从中发现了很多有价值的材料,《论颜李学派的程廷祚》一文是凝聚了胡适多年思考后的自得。胡适的见解,除非以有力的证据做出证伪的结果来,否则是很难驳倒的。③

　　胡适把十多年的时间花在了颜李学上,与当时中国出现的"杜威热"的文化现象有关。胡适赴美留学先是在康奈尔大学,1915 年转入哥伦比亚大学哲学系研究部,师从杜威,成了实用主义的忠实信徒。1917 年胡适从美国回到北京大学任教。1919 年 4 月 30 日,集实用主义哲学大成的杜威,应北京大学、尚志会等的邀请到达上海,在中国做了两年零两个多月的访问,足迹遍及上海、北京、江苏、浙江、山东、山西等 14 个省市,做了大小演讲 200 次以上。在这些演讲中,杜威全面系统地阐述了实用主义的哲学、教育学、政治学、伦理学等方面的主张。胡适于 1919 年起发表了《实验主义》《杜威哲学的根本观念》《杜威的教育哲学》《杜威论思想》等文章,为杜威来华作铺垫。后来这些文章成为其长篇文章《实验主义》的不同组成部分。一个令人注目的文化现象是,他的演讲稿充斥在报刊与杂志上。如《晨报》《新青年》《新潮》《每周评论》《时事新报》《东方杂志》《新教育》等,及时大量刊登过杜威的讲演稿。1920 年 8 月,《晨报》社将杜威在北京的五个系列讲座,辑为《杜威五大演讲》一书,向全国发行。胡适认为,杜威的哲学是建立在对以往哲学的分析和批判基础上的:"杜

---

① 胡适:《论颜李学派的程廷祚》,载陈山榜、邓子平主编:《颜李学派文库》第 9 册,第 2942 页。
② 曹伯言整理:《胡适日记全编》第 6 册,安徽教育出版社 2001 年版,第 65、72 页。
③ 钱穆在《中国近三百年学术史》中对胡适的观点提出了反驳,但没有拿出什么有力的新材料来,率多是猜测与推理。王学斌的《颜李学的近代境遇》第四章第三节,对此论述甚详,本书不再赘述。

威说近代哲学的根本大错误就是不曾懂得'经验'究竟是个什么东西。一切理性派和经验派的争论,唯心唯实的争论,都只是由于不曾懂得什么叫做经验。"胡适依据杜威学说对以往哲学不懂得经验的五个方面进行分析,转述了杜威的观点:"他说'经验就是生活,生活不是在虚空里面的,乃是在一个环境里面的'。"①颜元重视经验的主张与杜威实用主义哲学主张有着极为相似之处,按照杜威的观点,知识是人们从应付环境的经验中得来的。于是颜李这一学派,在胡适的心目中就是"一种很彻底的实用主义"②。

胡适出于沟通颜李学与戴学的目的及宣扬杜威实用主义的需要,对颜李之学的流传做了详细的考证,得出了颇有见识的主张。凭着他的学术功力与社会声望,颜李学派在他那里又得了一番重光。不应该忘却,另一位国学大师梁启超也积极参与其间。

第三节　古今中西之争中的文化增殖

一、颜李之学的"众生相"

这里用了个佛教术语"众生相",意思是说,颜李之学到了近现代发生了各种各样的"变形"或"改造",有的甚至与颜李的本意相背了。这与古代人们对待颜李之学的见解有很大区别。在古代,学者的态度仅是赞成、反对、误解等。与李塨私交甚厚的方苞,以颜学为"今之蠹学";同李塨有书信往来的邵廷采,赞誉李塨"直本孔孟""于圣人之道,真有廓清摧陷之功"。程晋芳非议颜、李,认为他们对程、朱的种种指责是"获罪于天";尹会一则高扬颜元,用"卓然特立,独行其是"等词美之,以"蜀之日""越之雪"喻颜元的独创性。称雄文坛半个多世纪的袁枚,以"我朝有颜李"而感到自豪。《四库全书总目提要》的撰写者,很坦率地承认颜元是"自成一家"的,但在学术渊源上又错误地得出"源出

---

① 胡适:《实验主义》,载葛懋春、李兴芝编:《胡适哲学思想资料选》,华东师范大学出版社 1981 年版,第 68—69 页。
② 胡适:《胡适全集》第 6 册《戴东原的哲学》,第 341 页。

姚江"的结论,这为钱林、阮元等学者所认同。

到了近代,颜李之学又增添了异域文化的色彩。古代的解读是在同一文化体系里进行的,而在近代则是在两种不同的文化冲突与融合中进行的。以科学与民主为核心的西方文化,以其咄咄逼人之势对中国文化提出了严峻的挑战。当本土文化受到外来文化冲击时,就会产生种种的反应,反应基本有两种:一种是文化保守主义,或持顽固的本土文化为至善至美的立场,否定外来文化;或借助外来文化的观点,以期重光本土文化。一种是吸收式的文化融合观,它把本土文化中有价值者与所引进的外来文化的因素作一适当的整合。就近代中国而言,所谓中学与西学、旧学与新学之争,就是本土文化与外来文化之间的冲突与整合。维新派、革命派、新文化运动中的民主主义激进者,对包括颜元在内的明清之际启蒙学者的学说,将其与西学中的科学精神、学校教育相沟通。这是吸收式的文化融合。

到了近代中国,传统社会的近代化进程让客观环境与思想状况发生了天翻地覆的变化,人们对颜李之学的见解同古代呈现出本质的差异。赞同洋务运动的缪荃孙发觉,"博野颜氏之学"有"与泰西暗合处";维新志士宋恕认定,西方的"学校之制"与"颜先生之意为近",说西方分科教育的原则在漳南书院已经见到了。国粹派的刘师培断言,颜元倡导的"水、火、工、虞"之学就是西方的自然科学,生当明清鼎革之际的颜元早已"默契西法"了;章太炎发觉,颜元的"乡三物"与"六艺"之说,与"罗马之彦"相去不远。至于那位有点新思想的官员孙宝瑄,1897 年读《颜氏学记》后,感到颜元力倡的兵、农、水、火、礼、乐的"真学问""已窥见今日泰西学校之本";十年后他再读颜、李著作,感受又两样了,认为其与当时流行的进化论不谋而合,"于学界放一曙光"。20 世纪 20 年代,胡适视颜李之学是"一种很彻底的实用主义"。梁启超发觉,颜李之学与实用主义有"许多相同之处","有些地方像是比杜威们更加彻底"。这里有一个反复出现的文化现象,就是当西方某种新学理与新思潮传入中国时,人们往往会把它们和颜李之学相比较,力求寻找出颜李之学与西学的吻合处。近代中国处于一个大变革、大动荡的时代,随着政治、经济、军事、教育等剧变,西方思想从产生到成熟几百年的历程在近代中国以数十年的时光复现出来。一些新思想在未能得到人们深刻领会之际,又被后传入的新思想所替代。后浪推前浪的情况,让颜李之学如万花筒一样,被当时西方最新学理所诠释。西方教育的新制度进入神州大地时,学者就去发掘颜李之学与其相合处;西方科学技术先后以船坚炮利、声光化电等形式输入,人们就会去感受颜李之学中与之默契的内容。当进化论、实用主义等思潮陆续成为最时髦的学问时,孙宝瑄与胡适、梁启超就主动向这方面靠拢。颜李之学在近代中国不断变幻着的"众生相",另一重原因与个人的学术思想喜好更迭相关。如刘师培笃信无政府主义后,竟然认为若以颜、李的教育模式去传授,会造成国民对强权"习于服从"的品性。如何理解这种文化现象,就不能不说到古今中西之争这一命题了。

二、近代中国的主旋律:古今中西之争

近代中国的主旋律是古今中西之争,它在各个领域,如哲学、政治、文学、伦理、军事、教育等领域都发生了广泛而深入的影响。

自从不列颠的隆隆炮声轰开了紫禁城厚重而坚实的砖墙以后,闭关锁国的情况再也不能维持下去了。商品的涌动、炮舰的轰鸣,古老的中国在外力的胁迫下蹒跚地走向近代。面对国土沦胥、列强环伺的局面,中国向何处去,国家如何摆脱帝国主义的欺凌获得解放,成为时代的中心议题。百余年来,志士仁人为解决这一问题前仆后继。志士仁人在向西方学习的同时,又时时回顾中国传统文化,以求得一条让中华民族走上独立、自由的复兴之路。为什么要向自己的敌人——西方列强学习呢? 那位想以蹈海自尽来唤醒国人觉悟的陈天华,把抵抗列强与向往西学的辩证关系说得很清楚:"须知拒绝外人,须先要学外人的长处。如今的人,都说西洋各国富强得很,却不知道他怎么富强的,所以虽是恨他,他的长处,倒不可以不去学他。"[1]那是一个令人困惑的时代,是古与今、中与西冲突与融合的时代。蔡元培在 1900 年给友人的信中有一段话点明了时代的焦点:

> 元培近得炼心之要,时无古今,地无中西,凡所见闻⋯⋯返之吾心而

---

[1]　陈天华:《陈天华集·警世钟》,湖南人民出版社 2008 年版,第 75 页。

不安,则虽迫之以白刃而不从。①

蔡元培的"炼心之要",正是志士仁人要求变革中国现实的心态的文化写照。"古今"是文化上的时间,"中西"是文化上的空间。古今中西的文化,只要有益于身心和社会的,就是用刀挡在面前也是必定要去学习的。一方面不断引进西方的种种学理,另一方面又回眸自己的传统文化。孙中山在1923年概述他一生的心得时说:

> 余之谋中国革命,其所持主义,有因袭整理吾国固有之思想者,有规抚欧洲之学说事迹者,有吾独见而创获者。②

"吾国固有之思想",就是中国的传统文化;"欧洲之学说",就是当时西方的时代新潮。经过"因袭"与"规抚",即继承与引进的融合,形成有着"独见"的理论,也就是他"所持主义",即三民主义学说。古今中西之争作为近代中国文化乐章的主旋律,广泛地影响到政治、哲学、教育、科学、军事等领域,形成了毛泽东所说的中学与西学、新学与旧学之争。这里的"争"不能从字面上理解,内中有着丰富的内涵,继承与引进、相争与融合、创新与发展皆在其内。

明清之际的启蒙学者,受到特别关注的是黄宗羲、王夫之、顾炎武、颜元等人。近代肩负着救国救民重任的志士仁人,不断地咀嚼与回顾先贤著作,并力图从中找出中西文化的契合点来。这就是文化增殖。

任何一个学派面世之后,其价值并不能马上被人们所完全认识。这种价值离不开原创者的劳动与智慧,但后世接受者的期待视界也十分重要。具有这种价值的作品,不论是哲学、文学的,还是政治、经济的,作为原始文本,只有放到传播的过程中,经过接受者在特定的历史情境中做出新的诠释,才能呈现原始文本的文化增殖来。这是一个重新估价的过程。举凡能流传后世的原始文本,都会在传播中衍生出许多新的价值。同一部《水浒传》,有人谓

---

① 蔡元培:《蔡元培全集》第1卷《致徐树兰函》,中华书局1984年版,第92页。
② 孙中山:《孙中山全集》第7卷《中国革命史》,中华书局1981年版,第60页。

之忠义,有人谓之杀人放火,相差何其大也。一部具有历时性意义的原始文本,对每个接受者提供的是同样图景的精神客体,但它总是在接受者中激起不同的回应。

戴望尊颜元为"百世之师",为"周公、孔子之道"的继承者。这一立场使他做了很有价值的工作,整理快要失传的颜李之学文献,重新厘清了它的来龙去脉、师承传授与发展历程,为后人提供了翔实的文献资料。谭献誉颜、李为"命世之儒",认为其学说比黄宗羲、顾炎武更具经世致用品性。① 缪荃孙将颜学看作是"贯古今、合中外,有体有用"的完整体系,"为名世之英,得用世之道"。宋恕视颜元为"大儒",认为其学说辅之以黄宗羲的民主思想,能使中国"大同其几乎"。孙宝瑄断言颜李之学"于学界放一曙光",与"今日泰西学校之本"相一致。刘师培强调,颜李之学与"泰西暗合""默契西法",把"水、火、工、虞"等同于西方的自然科学。国民党元老李石曾早年受颜元求实、主动精神的感召,视颜学为"沟通中西学术"的桥梁,并以去法国留学的行动践行颜学之精神。这均是吸收式的文化整合。朱一新以颜李之学为"名美实非"的"欺人之说",程仲威大骂颜、李为"吾道之蠹,本朝之蟊贼"。这是持否定态度的文化保守主义。以徐世昌为代表的一批政客与文人,则持肯定式的文化保守主义立场,这在后面详述。还有从纯西学角度去评估颜李之学的,章太炎承认颜元为"大儒",但又从西方近代的认识论去剖析,恨其"抽象概念之用少"。一个学术流派的内容与价值,往往有着一个再发现的过程。有的学者认为,近代中国对颜元进行了两次改造,"结果使颜元的形象变得越发模糊了"②。这个结论是缺乏说服力的。历史上从来没有一个真正发生影响的学术流派,他们的思想体系会被后人完整地"克隆"出来。一旦原汁原味地拿了出来,人们反而感到索然无味。

---

① 谭献《复堂日记》卷一:"遗民如梨洲,亭林,故是祥麟威凤,惟袭宋人余唾,亦多无用之言,有门户之习。不若颜习斋、李刚主,实践朴学,折衷六艺,为命世之儒也。"
② 参见解成:《近代中国对颜元形象的两次改造》,《河北学刊》1988 年第 1 期。该文认为这种改造"反映了他们各自的愿望与追求,反映了近代中国社会矛盾、关键和前进,反映了传统文化与新的时代突然相撞时打在人们思想上的烙印",只是笼统了一些,不够深化与细化。

第四节 徐世昌对颜李学派的推崇

在颜李之学流传史上,徐世昌是一个重要的角色。尽管他的文化保守主义为人们所病垢,但正是他的策划与努力让颜李之学复又显赫一时,因而20世代20年代初是颜李学派社会影响最大的时期。徐世昌以大总统的身份提倡颜李之学,借助他手中的行政权力与资金创立了四存学会,在各地成立四存中学,编辑《四存月刊》,征求颜李遗著并出版《颜李丛书》。徐世昌极力抬高颜元与李塨的地位,让他们从祀孔庙,享受到了生前未有的殊荣。一时间颜李之学风靡海内,其中的原因是值得探讨的。

一、徐世昌与四存学会

徐世昌(1855—1939),字卜五,号菊人,天津人,生于河南汲县(今卫辉)。清光绪十二年(1886)进士,光绪十五年(1889)授翰林院编修。清末协助袁世凯,为袁世凯在天津小站创建北洋新军时的重要谋士。当维新派把全部希望寄托于袁世凯时,袁世凯听信了"军师"徐世昌之言向荣禄告密。之后徐世昌青云直上,先后任东三省总督、邮传部尚书等职。宣统元年(1909),徐世昌被补授为军机大臣、内阁大学士。他认为帝制在中国难以恢复,对袁世凯称帝之举作壁上观。1918年,徐世昌被段祺瑞的安福国会选为总统,1922年被直系军阀赶下台。四存学会创立于1920年6月,正是徐世昌任总统期间。这一期间他又是北京孔社名誉社长,撰文反对新文化运动,鼓吹尊孔读经。1919年元月,他力主将颜元与李塨从祀孔庙,同年10月下令秋季祭孔。抗日战争爆发后,他拒任伪职,后在天津病死。

本书于徐世昌政绩上的功过不做论述,但他不同于一般的政客,而是有着文人雅兴的政客。下台后,他在天津过起了寓公生活,成立徐东海编书处,以编书、赋诗、写楹联度日;网罗门客编纂《清儒学案》二百零八卷,收录了有清一代的学术资料,在资料的搜集上有一定的功劳;1916年,因编纂《大清畿辅先哲传》得以系统地研读颜元、李塨的著作,他比较了宋明理学与颜李学派后,认为颜李学派最符合他的心意:"夫程、朱、陆、王各派吾皆重之,然究不若颜、李为吾畿辅自有之学派,尤宜特著之也。"①这是其幕僚贺葆真的记述。他自己"日读颜李遗书而圈识其精辟者"②。徐世昌在日记中大量摘录了颜元与李塨的言论。如 1916 年 2 月 10 日日记:"李恕谷曰:'纸上之阅历多则世事之阅历少,笔墨之精神多则经济之精神少。'"1916 年 5 月 3 日日记:"颜习斋云:'千万人中不见有己,千万人中不忘有己。'"③徐世昌 1916—1917 年的日记里摘录颜元与李塨的语录比比皆是。之后他更加青睐颜李之学:"自宋、元、明以迄我朝,理学家多轻视仕宦,所以治国少人才,与大学所言'修齐治平'亦尚欠缺。习斋、恕谷论学,体用贯彻,上接周孔,尤于今日之世为切要。"④"今日"就思想的情况言,正是古今、中西各种思想碰撞与融合的时期。"切要"的内涵是什么呢? 就是颜李之学有与西学相互沟通的地方。

> 至于今西学东渐,凡其国之政治艺能,一切皆出自学,而其为学之次第科目,亦与我古昔教人之法大概相同。贫富强弱,国与国既已相形见绌,学士大夫乃易视移听,革其心志,痛我学之不足以立事,不惜尽舍弃之,而一变于夷。而不知我古昔之学,固一一可施诸实事,数百年前早有人见及此,且其为学之次第科目,固至详备。至于今门弟子私相传授者固不绝,其书固具在也。他书且不论,元《年谱》记躬行实践,塨《年谱》详经济作用。后有兴者,践迹而入,由元、塨以上,寻孔、孟之教,尧、舜、禹、汤、文、周之治时,会既至用以康济民艰,廑求上理,育万物,位天地,二帝三王,古昔郅治之隆,庶几其不远人,而西人所谓乌托邦,亦庶几其于吾国见之也。⑤

这段话的核心,是说"西学"中的道理,在"古昔之学"即颜李之学中早就详备

---

① 贺葆真:《收愚斋日记》第 27 卷,1916 年 2 月 16 日。转引自王学斌:《颜李学的近代境遇》,第 174 页。
② 转引自王学斌:《颜李学的近代境遇》,第 173 页。
③ 徐世昌:《韬养斋日记》,天津图书馆,2004 年影印本。
④ 徐世昌:《韬养斋日记》,天津图书馆,2004 年影印本。
⑤ 徐世昌:《大清畿辅先哲传·师儒传·李塨》,载陈山榜、邓子平主编:《颜李学派文库》第 10 册,第 3353 页。

了。细细剖析,有三层意思。一是认为,近代中国"东渐"的"西学",内中的政治制度与制作工艺在"古昔之学"中早就"固至详备"了。二是断定,"古昔之学"就是颜李之学,蕴于《颜习斋先生年谱》与《李塨年谱》中。后人只要循此而进,由颜李之学上溯到"孔孟之教",乃至尧、舜、禹、汤的"文明之治",就能解决民生问题。徐世昌认为,这些传统认同的圣学与理想社会,即西方人向往的理想社会("乌托邦"),在中国早就见到了。三是担心"学士大夫"尽弃传统文化而"一变于夷"。这涉及流行了两千多年的夷夏之辨了,不容得不详说。

夷夏之辨有个标准,就是差别不在地域与血统上,而在文化水平的发展程度上。夷夏之辨的说法早就有了,但真正严格区分夷夏并对后世有深远影响的当数孔、孟。"夷狄之有君,不如诸夏之亡也。"①"吾闻用夏变夷者,未闻变于夷者也。"②夷夏之辨为孔子点出、孟子接过去说的命题,因语焉不详,招来了后来人们喋喋不休地论说。北宋程颐说:"夷狄之有君,不如诸夏之僭乱,无上下之分也。"③对夷狄的排斥,王夫之的态度是很坚决的:"天下之大防有二:中国、夷狄也,君子、小人也。"④清人朱克敬记载杨廷颐上疏中的话:"夫洋人之与中原敌国也,世仇也……无论偏长薄技,不足为中国师,即多才多艺,层见叠出,华夷之辨不得不严,尊卑之分不得不定。"⑤夷夏之辨在后世逐渐被完善起来,要点有二:一是说,以先进的华夏文化去影响和感化周边的少数民族与国家;二是说,华夏与夷狄的区分,以是否接受与推行华夏文化为标准。夷夏之辨,在历史上成为汉族同化少数民族的机制,对华夏多民族的大家庭的形成有不容抹杀的积极作用。作为征服者的少数民族,入主中原后的结果是文化上同化于被征服者。如北魏孝文帝的汉化改革、后金皇太极以汉文化为师等等。历史上的汉族能同化少数民族,是因为文化上的优越地位从未动摇过。于是形成了文化自大心态,以华夏天朝上国自居。

这一情况到了近代发生了根本的变化。夷的对象就与古代不同了。夷不

① 《论语·八佾》。
② 《孟子·滕文公上》。
③ 程颢、程颐:《二程集·河南程氏经说》卷六,第1136页。
④ 王夫之:《读通鉴论》卷一四,中华书局1976年版,第431页。
⑤ 朱克敬:《瞑庵杂识·瞑庵二识》卷三,岳麓书社1983年版,第49页。

再是周边少数民族，而是西方人。夷的文化内涵变化了，夷不再以游牧文化为主，而是以比农业文化更为发达的工业文明立国，比中国传统文化要高明得多。中西文化接触后的结果是，以汉化为结局的局面已一去不复返了，中华转而向西方寻求真理，先是仰慕船坚炮利，又学习科学技术，再仿效政治制度……在现实教训面前，在心理条件能够承受的前提下，理智地、逐步地、有选择地去接受西方文化。一些得时代风气之先的人们，放眼世界，力图了解西方，如林则徐、魏源、郑观应等人。而一些抱着传统文化心态的人，如倭仁、徐桐、叶德辉、刘鸿锡等，他们企图以不变应万变。文化自大心态在外交事务上表现得最为明显，如把英人叫"英夷"，经办外交事务称为"夷务"。作为时代痕迹留下来的著作，有秘密外交档案《筹办夷务始末》80 卷。在通商与政治交涉中，天朝上国的观念使得经办人员硬是要表现得比夷人高一等。倭仁（1804—1871）的言论是其中有代表性的。他平生精研义理之学，号称"理学大师"。同治初年，任内阁大学士，以卫道者自居，对洋人恨之入骨。1867 年，同文馆决定招科甲正选人员入馆学习天文算学，他上疏反对："立国之道，尚礼义不尚权谋，根本之图在人心不在技艺。今求一艺之末，而又奉夷人为师。无论夷人诡语，未必传其精巧，即使教者诚教，学者诚学，所成就者不过术数之士，古今未闻有恃术数而能起衰弱者也。"①经此一闹，原想入馆学习的科甲人士也不愿了。徐世昌惧怕"学士大夫乃易视移听"，文化心态"而一变于夷"。这正是传统夷夏之辨的真实体现。徐世昌知道，当今中国的国力与西方列强相比，已是相形见绌，但他站在卫道士的立场上，坚决捍卫传统的夷夏之辨。与朱一新、程仲威持否定态度不同，徐世昌以及四存学会的一批骨干在封建文化思想和伦理道德受到极大冲击时，以一种间接的方式来倡导孔、孟之道，即通过尊颜、李以尊孔、孟。办学会、出刊物、造专祠、出版丛书、从祀孔庙，以抬高自己的声望地位与社会影响，这是持肯定态度的文化保守主义。

徐世昌命其亲信张凤台、王达等人创办四存学会，发行《四存月刊》。四存学会系齐振林、林纾、赵尔巽、贺葆真、王达、张凤台等 46 人发起，由张凤台、王达等人筹备，于民国九年（1920）6 月 27 日正式成立。发起人大多为河北籍士

① 中国科学院近代史研究所史料编辑室、中央档案馆明清档案部编辑组：《洋务运动》第 2 册，上海人民出版社 1961 年版，第 30 页。

绅与老年学者,初入会者有二百余人,推举张凤台为会长。张凤台在呈请四存学会的立案文中说:

> 清初博野颜习斋、蠡县李恕谷两先生师弟一堂,躬行孝友,苦心志,劳筋力,复礼、乐、射、御、书、数之旧,兼水、火、金、土、谷之全,周、孔之大经、大法,灿然复明于世。今日列强竞争,道德与艺能并重,两先生之教,尤属当务为急。大总统为世道人心起见,既以祀诸朝廷,凤台等目击时艰,亦欲本三代造士之法,储体全用之大才,爰立学会,取颜先生存人、存性、存学、存性之旨,名曰四存。①

四存学会的取名,源自颜元《存人编》《存性编》《存学编》《存治编》四编。因一个学派创始人著作的篇名而成立一个学术组织,这在近代中国还是罕见的。张凤台认为,在当今"列强竞争"的时代里,颜李之学的履行为当务之急,因为颜李之学让"周、孔之大经、大法"复明于世上。张凤台的说法实际上是为徐世昌提倡孔教的主张代言罢了! 辛亥革命胜利后,政治体制上的皇帝没有了,孔圣人作为思想界的"皇帝"依然雄踞在神州大地上。帝制余孽、封建遗老、帝国主义分子出于政治上的需求,把文化上尊孔复古当作政治上封建复辟的桥头堡。资产阶级革命派缔造了民国的基础,而袁世凯却窃取了民国的果实。为称帝,袁世凯不遗余力地支持尊孔复古的活动。孔教会(1912 年 10 月 7 日)、孔道会(1912 年 6 月)、孔社(1913 年 4 月 27 日)、国教维持会(1916 年 11 月 12日)、全国公民尊孔联合会(1917 年 2 月 7 日)等在上海、济南、北京等地纷纷成立。徐世昌扮演的角色是孔社的名誉社长。当时围绕着要不要立孔教为国教这一问题,两种不同的力量并峙着、激战着。时代没有停止它前进的步伐,一批年轻的激进民主主义者如陈独秀、李大钊、胡适、鲁迅等人,在怀疑、思考中觉醒、成长起来了。他们勇敢地担负起了反封建主义的重任。他们发起了对传统文化前所未有的猛烈冲击,此即五四新文化运动。这一切又是在"打倒孔家店"的旗号下进行的。始于清末的民主与专制的斗争,在全新的历史背景下展开了新的激战。徐世昌在此文化背景下,以倡导颜李之学的名义去重光孔

---

① 转引自王学斌:《颜李学的近代境遇》,第 196 页。

圣人,其保守意义是不言而喻的。

四存学会成立不久,直奉战争爆发,张凤台被徐世昌派往河南,会务工作旋即停顿。后李君荃被推举为会长,王达、王瑚被推为副会长。1921年,会员增至650人。又仿颜元、李塨作日谱的做法,会员以日记的形式记录学课、治事、勘察的身心所得。四存学会在天津、太原、开封等地均设有分会,虽轰轰烈烈于一时,但基础极度脆弱,因四存学会并非学人自发组建,而是在权势者支持下成立的。

四存学会所做的事情,主要是四个方面:

一是创办《四存月刊》,以此为宣传颜李之学的舆论阵地。《四存月刊》创刊于1921年4月,于1923年4月停刊,共20期。原计划是月出一期,但因诸多因素未能实现。《四存月刊》设八个门类:颜李学、论说、专著、译稿、演说、艺文、谈丛和附录。

二是组织演讲会,为学者宣传颜李之学提供发表的平台。讲演分定期与临时两种。定期讲演由会员确定,临时讲演则邀请中外著名学者主讲。偶尔有会外人员主讲,如李石曾作过《颜李之学与法兰西学术》的演讲。学会的讲习分为四类:文学、武学、政学、艺学。

三是创办四存学校。该校于1921年7月正式上课,由齐树楷任校长,以"尚实学、尚实习、尚实行"为校训,重点讲授以颜李之学为核心的传统学术,又在开封、太原、博野、蠡县、天津等地设立四存学校。四存学会是短命的,四存学校的生命倒是很长。

四是编辑出版四存丛书。同治年间,定州人王灏(1820—1880)刊印的《畿辅丛书》中有《颜李遗书》,共收颜李著作20种。是书对颜李著作不加删改而完整录入,为近代首次对颜李之学的系统整理。徐世昌委托幕僚贺葆真、赵衡等人着力搜罗颜李学派的遗著。随着搜寻工作的进展与闻风而上呈的著作日益增多,徐世昌感到《颜李遗书》漏掉不少,有必要重新厘定规模。经过齐振林、贺葆真等人的核查与网罗,最后确定刊行《颜李丛书》,计42种。这是历史上最大规模的一次颜李著作的结集。

四存学会的产生,完全是出于政治力量的推动,徐世昌下台后已名存实亡了:

> 同人等承大总统之意,创立四存学会。推崇颜李,重习行兼重发明。[1]

> 本会设立以来,务承徐东海先生之提倡。所有会费,亦皆受其资助。[2]

四存学会的创立,是出自徐世昌个人的意愿;四存学会的运转,是凭借着徐世昌的资助。徐世昌于1922年6月2日宣布下野,没有了政治后台与资金运作的四存学会,到1923年已无法开展会务活动了:"时光荏苒,倏届三年。政变频仍,忽经两度。其时人心皇惑,历久始宁。另以财政拮据,经费乏绝,仕罢于官,学罢于校,举世攘扰,求自卫之不赡,又奚暇持礼义?是以本年之中,办理备感困难,会务因以濡滞。"[3]北洋军阀混战,政局动荡不安,社会秩序混乱是四存学会难以开展正常会务的原因所在。但更重要的是,任何一种学术活动、学术著作、学术组织,仅凭政治力量的支撑是无法持久的。这在古今中外历史上概莫能外。明代朱元璋因不满《孟子》一书中的民本主义主张,令老儒刘三吾删节为《孟子节文》,通令全国学校使用,所删掉的85条,"课士不以命题,科举不以取士",但以高压手段强行节选的《孟子节文》一书,今天已经根本看不见踪迹了,至今流行的还是未删节的原本,其间道理令人深思。行政力量的支持对学术来说是一种外力,是缺乏内在生命力的,因为这绝非学者们的自觉。[4]

五四运动前后,颜李之学对社会的影响,还由它学术方面的内在因素所决定。一是其求实的功利思想与经世致用的精神,以及由此而来的重艺轻道的主张,与西方科学精神有吻合处;二是颜元、李塨强烈尊崇孔、孟之道的主张,以及他们学术思想中虔诚的圣人崇拜意识。徐世昌主要是利用后一方面,而当时一些志士仁人强调前一方面,以求与西学相通,如中国近代史上的传奇人物李石曾,这在后面论述。

---

[1]　李见荃:《〈四存月刊〉发刊辞》,《四存月刊》第4期(1921年7月)。
[2]　《四存学会第三年会务报告要略》,《四存月刊》第18期(1923年2月)。
[3]　《四存学会第三年会务报告要略》,《四存月刊》第18期(1923年2月)。
[4]　参见朱义禄:《孟子答客问》,第63—64页。

二、以行政力量让颜、李从祀孔庙

讽刺的是,徐世昌当政时以颜元、李塨两人从祀孔庙,而颜元生前对从祀孔庙是持强烈反对态度的:

> 方今世界,文化日益昌明,孔子之至德要道,著在六经,传译邻邦,交相倾仰。况我国人,涵濡德化,既深且久,欲开来以继往,宜尊闻而行知。至于升堂入室之序,尤以躬行实践为归,不有表章,岂知遵率。先儒颜元、李塨,清初名硕,生平著书立说,本原仁孝,归功实用,深得孔子垂教之旨。曩当制礼之初,曾有从祀之议,频岁泯棼,因仍未举。兹据内务部以颜、李两儒,有功圣学,呈请从祀两庑,位汤斌、顾炎武之次,事关祀典,谘度佥同,应予照行。①

颜元、李塨从祀孔庙之事,对他们来说是最高级别的待遇了。他们是中国历史上最后进入孔庙从祀的先儒。在中国社会里,儒生与学者以能够从祀孔庙为莫大的荣耀。乾隆年间,大理寺卿尹嘉铨因从祀事而惹得皇帝大发雷霆。他在奏折中要求把汤斌、范文程、李光地、张伯行等人从祀孔庙,还捎带上自己的父亲尹会一。其结局是悲惨的,乾隆下谕革去尹嘉铨顶戴,拿交刑部,由大学士、九卿会审定罪。清亡之前,从祀之念仍萦绕在人们的心头:"人至没世而莫能分食一块冷肉于孔庙,则为虚生。"②对从祀对象的取舍,皇帝常常下令叫大臣们廷议,大臣们也忙得不亦乐乎,纷纷上书发表自己的见解。万历年间为陈白沙、王阳明是否从祀,朝臣有过一场唇枪舌剑。士人与学者孜孜以求以能进入从祀者的行列。清遗老刘声木对徐世昌这一做法极为不满,"当局为天津某君(案:指徐世昌),一时盛传颜、李二氏学说。尊之者几欲跻孔、孟而上之,复又有配享孔子庙廷,位次当在十哲之上等说,天下靡然从风,以为钻营地步",他指明,颜元、李塨"皆直隶省人","与天津某君为同省,尊颜、李即所以尊天

---

① 徐世昌:《一月三日大总统令》,《申报》1919 年 1 月 6 日。
② 刘大鹏:《晋祠志》,山西人民出版社 1986 年版,第 201 页。

津,阴以'人杰地灵'四字煽动天下"。①

　　东汉创立的祭祀制度,到明清两代达到了顶峰。这一制度对学术流派来说,有着非凡的意义与价值。如果某一学派的人物成为从祀对象,意味着这个学派是为国家的统治意识所认同的,无疑会对这一学派的兴盛与传播,起到关键性的作用。它向天下人们昭示,官方推崇这一学派所指明的方向。这必定会影响着文人和学者的思想,左右着他们的行为取向与学术规范。这是徐世昌的目的所在。在"打倒孔家店"口号已深入人心的时刻,再提出尊孔的主张就不那么合时宜了,尤其是孔、孟崇道贱艺的思想,更不合乎当时方兴未艾的科学思潮。徐世昌尊颜、李实为尊孔的翻版,四存学会代会长李见荃对此有一说明:"民国以来,邪说横行,生灵涂炭,生心害政,曾无砥柱中流起而救之者。前总统徐东海先生牖民觉世,正本清源,倡立四存学会,以颜、李为标准,实以孔、孟为依归,使朝野上下群趋于德行道艺之一途,敛之为孝子悌弟之常,扩之即纬地经天之业。"②徐世昌用颜李之学的影响来维系"世道人心",目的是想以此阻遏新思想的发展。

　　令人感到困惑的是,颜元对形式上的尊孔是非常痛心的:

　　　　群祝师圣,京、省、府、县、遐荒之地,罔不庙貌巍焕,献舞牲币,厥有常例,吾子既尊哉! 配哲在侧,七十云从,世又益之公羊、后苍以下至周、程、邵、朱、薛、陈、胡、王各派,绵连动百十计,吾子徒益众哉! 注解读讲,立院建坛,家咿喔,人占毕,启口诗书,拈笔文墨,吾子道孔明矣! 某窃悲盈世尊夫子之名,而未尊夫子之实也;盈世明夫子之徒,而夫子未受一徒也;盈世明夫子之道,而夫子之道久亡也!③

颜元指出,现今孔庙遍布全国各地,连边远蛮荒之地也不乏孔庙。每年有春秋两次祭祀,孔夫子受到了何等的尊敬啊! 孔子旁边有配享,还有众多弟子陪伴着。后世又增加了许多从祀者,以表明"夫子之道"在他们身上得到了传承。

---

①　刘声木:《苌楚斋随笔》卷六,中华书局 1998 年版,第 129 页。
②　李见荃:《四存学会三周年纪念演说词》,《四存月刊》第 18 期(1923 年 2 月)。
③　颜元:《颜元集·习斋记余》卷七《曲阜祭孔子文》,第 520 页。

宋明理学家中的佼佼者,分享了吃"冷肉"的荣光。这一切,使颜元所痛恨的"文墨世界"出现了,各种注解的文本充塞着学坛,书院如雨后春笋般出现。小孩刚学会说话就叫他读儒家经典,人人读书吟诵的也是儒家经典。颜元认为这是尊"名"而遗"实",表面上看是彰明孔夫子的"道",而实际上孔夫子之"道"早已不存了。生前对从祀痛心疾首的颜元,压根儿也不会想到,他死后多年会成为中国历史上最后的从祀者,这一强烈的反差说明了什么呢?当时颜李之学的官方地位达到了顶峰,同时也预示着它以后的一蹶不振。大约 20 世纪 30 年代后,人们对待颜李之学的态度不再受时局左右了,基本上转向了纯学理的探讨。一些著名学者,如钱穆、冯友兰、陈登原、杜国庠、胡寄窗、侯外庐、蔡尚思等人对其评述,虽说别具一格,但却是纯粹学理上的,与西方传入的新思潮已无多大关系。他们的观点,非本书所要论述的内容了。①

---

① 陈登原的《颜习斋哲学思想述》是民国时期对颜李学派研究相当透彻的专著。有关颜李的评价还需关注容肇祖:"颜元的思想,在清初可算是最出色的。他不避罹朱季友之罪,而毅然反对国家所提倡的学问(即程、朱的思想),排斥国家取士制度,其精神是很可佩服的。……颜元竟能找出当日政治上人才的病源,要一扫而空之,扫尽宋儒的学问,连宋儒思读讲著的事业亦并排斥之,这真是学术思想上的大革命,这种革命,真可以开发三百年来学术思想的生机。"(见容肇祖:《容肇祖集》,齐鲁书社 1989 年版,第 611—612 页)侯外庐评价颜元:"他是十七世纪思想界中的一支异军。他在当时启蒙的人物中,对于理学的批判,比王、顾、黄三人更加彻底,毫无保留。……他不像王、顾的文字上还尊重程、朱,也不像黄宗羲那样还尊重王、刘。"(见侯外庐主编:《中国思想通史》第 5 卷,第 324—325 页)侯氏的评价在学术界影响较大。

第十四章　李石曾沟通中西、力行
颜李之学的"求实精神"

李石曾(1881—1973)，是中国近代史上颇具传奇色彩的人物。作为近代中国的著名教育家，他是发起与组织赴法勤工俭学运动的领导人之一，是在法国长期运作这一运动的实际操作者，不像蔡元培、吴稚晖那样来回于中法之间。就李石曾的主观意图而言，他是想在法国身体力行颜李之学，以期实现沟通中西学术的主张。让青年通过勤工俭学方法赴法求学，以便培养一批科学技术、工业制造、教育文化等方面的人才，期待其归国后使中国富强起来。然而客观效果却是李石曾始料未及的，在他的理论鼓动与实际努力下去法国勤工俭学的学生中，涌现出一大批新中国的缔造者，如周恩来、朱德、邓小平、陈毅、李富春、聂荣臻、蔡畅、何长工、李维汉、徐特立等人；还有在共和国诞生前捐躯的王若飞、向警予、赵世炎等人。这些人的出现，改变了中国的命运，对中国历史走向的变更起着关键性作用。追根溯源，他们去法国留学，得力于李石曾的牵头，尤其是他的实际操作。

第一节　李石曾与颜李之学

一、李石曾其人

1940 年，李石曾 60 岁时，北平研究院出了一本纪念论文集以示祝贺，内中对李石曾的生平与功绩作了一番介绍：

今夏值先生六十岁生辰。此六十年中，我国政治之递变、文化之演进,实前古所未有。而先生适与之际遇,并为旋转此际遇之一人。盖先生系出名门,幼承家学,而独致慨于民生之日艰,感旧学不足应世变,汲汲新知,以革故术。年甫弱冠就学法都。又愤清廷失纪,乃鸠集同志创办"世界社",提倡革命。及同盟会成立,先生即行加入共策进行。复与同人创办"新世纪",提倡互助精神,鼓吹社会思潮,其影响于政治及思想界者至宏至巨。民国成立,提倡大规模留学运动,造就人才极多。民国六年,助蔡先生(孑民)改革北京大学,以奠新教育之基础。国民政府成立,又辅之创立中央研究院,而树高深学术研究之楷模。且为沟通异邦新知与扩充研究范围计,先后创办中法大学及北平研究院。凡此诸端,皆先生竟竭虑殚精,夙夜怀抱数十年如一日者也。①

李石曾,李鸿藻的第三子,原名李煜瀛,号扩武。李鸿藻担任过同治皇帝的老师,历任清代内阁大学士和礼部、兵部、工部、吏部尚书,军机大臣、总理衙门大臣等职。军机大臣尊称为中堂,相当于宰相。这是"先生系出名门"的由来。1902 年,李鸿藻的门生孙宝琦任赴法公使,李石曾以随员的身份随行,成为华人留法学生和华人在法创业的第一人。此即"弱冠就学法都"之所指。他先入蒙塔达尔纪市农业学校学习,以第五名的成绩毕业。三年后又入巴黎巴斯德学院和巴黎大学学习并从事生物化学的研究。1905 年,认识孙中山后,经张静江介绍,李石曾加入同盟会巴黎分会,被视为孙中山在法国的正式代表。故有"及同盟会成立,先生即行加入共策进行"之说。至于"复与同人创办'新世纪',提倡互助精神",是说他宣扬克鲁泡特金的无政府主义,这一主义是以互助为宗旨的。1911 年李石曾回国参加辛亥革命。1913 年初,首批由留法俭学会资助的 30 名学生赴法,李石曾安排他们进入巴黎南郊的蒙塔达尔纪学校。中法两国人士,为了适应旅法华人日益增长的需要,于 1916 年 6 月 22 日在巴黎成立了华法教育会,成为组织赴法勤工俭学的总枢纽机构,李石曾任书记。"民国成立,提倡大规模留学运动,造就人才极多"一语,是指留法勤工俭学运动。

1917 年李石曾应蔡元培之邀,回国担任北京大学生物系教授。他一边教

① 北平研究院编:《李石曾先生六十岁纪念论文集》扉页,贵州印刷所付印 1942 年版,第 4 页。

书,一边继续为赴法勤工俭学奔走。北京赴法预备学校于 1917 年 6 月重新建立,全国各地成立了 18 个预备学校。1917 年,他在高阳县布里村创办了一所留法工艺学校。中国共产党的早期著名领导人蔡和森以及李维汉、何长工、肖三等都在该校学习结业,后来都赴法留学。李石曾又在保定育德中学附设了留法高等预备班。这个班的设备好、教师水平高,是向法国输送留学生最多的预备班。① 从 1917 年到 1920 年,共办了三期,先后输送了留法勤工俭学学生 213 人。1918 年,北京成立法文专修馆,李石曾任副馆长并亲自授课。1920 年,李石曾在北京创办中法大学。1921 年,他在法国建立里昂中法大学,这所学校一直存在到 1951 年。

1924 年,在国民党一大上,李石曾和吴稚晖被选为国民党中央监察委员。留法勤工俭学运动萧条以后,李石曾回国。1924 年 10 月,冯玉祥发动北京政变,驱逐末代皇帝溥仪出宫。1925 年故宫博物院成立,李石曾任博物院首任理事长。故宫博物院的成立,是中国博物馆事业走向正轨的开始,李石曾功不可没。"七七"事变爆发后,李石曾强烈主张抗战。抗战期间,他在欧美从事外交活动呼吁各国支援中国的抗战。1948 年,李石曾回国,担任国民党总统府资政,1949 年国民党政府被推翻以后去了瑞士,1954 年到台湾,定居台北,1973 年病故,终年 92 岁。

李石曾 92 岁的人生经历,与近代中国历史有相叠的地方。他是克鲁泡特金无政府主义的信仰者与鼓动者,这一主义作为最为时髦的西方学理,曾风靡过一段时间。他参与了辛亥革命,是同盟会京津支部负责人之一,是国民党四大元老之一(另三人为蔡元培、张静江与吴稚晖)。就其一生的主要精力与活动成果而言,集中在教育领域。他以长期的实际运作与超乎常人的毅力,在留法勤工俭学运动中起着中流砥柱的作用。正是他的努力,为一大批寻求救国真理的青年接受西方文化与马克思主义的熏陶提供了一个客观社会环境。有人说李石曾是四个领域里的第一人:留法勤工俭学第一人、筹

---

① 这所学校,是李石曾请梅兰芳、姜妙香、韩世昌、侯益隆等名角,在北京义演筹集款项才办成的。姜妙香是与梅兰芳长期合作的名小生。韩世昌与侯益隆为北方昆曲名家。须知,要请出这四位大腕作义演,在当时是很艰难的。可知,关于留法勤工俭学之事李石曾总是竭尽全力去做的。

建故宫博物院第一人、把中国豆腐推向世界第一人、近代翻译外国戏剧第一人。[①] 其实还有更为重要的,即他是近代中国力行颜李之学"求实"精神的第一人。

二、留法勤工俭学运动与李石曾的努力

留法勤工俭学运动始于 1912 年。这一年,李石曾、蔡元培、吴稚晖等人在北京发起留法勤工俭学会,会址设在北京船板胡同。1913 年初,首批由留法俭学会资助的 30 名学生赴法,李石曾安排他们进入蒙塔达尔纪学校。1919 年五四运动后,数以千计的有志青年经华法教育会介绍,分批抵达法国,让留法勤工运动达到高潮。

这一运动的产生原因是多重的,但主要原因有三个。一是出于法国政府的需求。法国在第一次世界大战中有数百万人丧生,这为华工提供了就职的机会。沈宜甲,一位留法勤工俭学中的普通一员,他记下了自己的亲历:"法国当大战以后,死伤数百万,其人荒之态,自不必言。"华工抵达法国后颇受欢迎,"凡入厂者,十之九皆蒙特别优待,昔日之患不平等者,今且过之。有专为预备住所及厨房者,有借地种菜者,有专门派人欢迎者。有一农业场,一次索百人,且非中国人不可","然此等机会,纯系侥幸,且靠李石老之面子,方能如此,究竟难得"。[②] 这样的报道,对想到法国勤工俭学的青年是有很大吸引力的。同时,"法国很快就明白,培养,尤其在工业领域培养东方国家的学生,对于一个西方国家来说可以是非常有利可图的事。战争后,他们就开始资助中国学生赴法留学"。这是一位美国学者麦克奈尔在 1924 年出版的《海外中国人》一书中所做的判断。[③] 对留法的中国学生实行优待的政策,是法国政府为了扩大法国在中国的影响力而实施的。法国政府的一些部门(如战争部),想通过收集

---

① 张哲荪、张晶:《你们高阳出了个李石曾》,《文史精华》2010 年第 1 期。文章题目取自毛泽东在 1958 年 10 月视察天津时,接见河北省委领导时说的话。

② 沈宜甲:《第一次报告书》,原载《安徽教育月刊》第 24、25 期,1919 年 12 月—1920 年 1 月。见陈学恂、田正平编:《中国近代教育史资料汇编》之《留学教育》,上海教育出版社 1991 年版,第 513 页。以下简称《留学教育》。

③ 是书由商务印书出版。转引自王枫初:《移民与政治——中国留法勤工俭学生(1919—1925)》,安延、刘敏、纪俊男译,北京大学出版社 2016 年版,第 9 页。以下简称《移民与政治》。

留学生的相关资料,以加强法国在远东地区的影响力:"战后,主导着决定开展留法学生运动人士的主要思想就是加强我们国家在远东地区的影响力和威望",因此,"他们来到法国……并受到了热烈的欢迎"。[①] 这是可信的,它与留法学生的亲身感受是相吻合的:"当生等第一次来法时,今法总理克理满梭所办之《人道报》,且大登其欢迎词,谓此班学生,为交换中法文明者云。而当同学之入学校及工厂者,其待遇皆优于其本国人;且有蒙达耳一校,更将中国国旗,大悬而特悬,以为荣耀;且各校皆为中国人特开班次,特设住所。法国学规本极严,而对中国人又极宽。且在校一方补习法文,一方又可学习工艺,如生所居之木兰学校是也。"[②]

二是国内新思潮的影响。这个新思潮就是"工读主义"与克鲁泡特金的互助论。如罗学瓒所说:"现来法的勤工俭学同志,大多数是受国内新思潮的鼓舞,都觉得自己要努力做人,就要努力求学的。"留法学生中年龄最大的徐特立对罗学瓒说,"工读关系重要,要着手研究"。罗学瓒说自己在《华工杂志》上发表过一篇文章,"现在觉得太笼统",又拟出九条,四条"是实行工读的人,对于自己的关系";五条"是实行工读关系于社会的"。[③] 这样的想法在留法学生中是普遍存在的。一位署名曙光的人,写了篇到法国后的感受的文章,内中说道:"现在工学这两个字,要算是很普通很流行的一个名词了,一般有知识的人不消说,就是一般普通人,对于从前那种轻工重读的观念,也都大大的改变了。"[④]在天津《益世报》当过记者的周恩来,对留法勤工俭学的实际情况与切身体会,写过两篇两万字以上的长文在《益世报》刊出。他详细地说清了去法国勤工俭学的思想根源:"迨欧战既停,国内青年受新思潮之鼓荡,求知识之心大盛,复耳濡目染于'工读'之名词,耸动于'劳工神圣'之思,奋起作海外勤工俭学之行者因以大增。于今考之于华法教育会名册之上额数,盖已至二千人矣","青年学子既抱有'改造社会'之宏愿,以工为副,以学为主,事固

---

① 王枫初:《移民与政治》,第 134 页。
② 沈宜甲:《第一次报告书》,原载《安徽教育月刊》第 24、25 期,1919 年 12 月—1920 年 1 月,见陈学恂、田正平编:《留学教育》,第 515 页。
③ 罗学瓒:《罗学瓒答徐特立书》,原载《晨报》1921 年 1 月 30 日,2 月 4 日,见陈学恂、田正平编:《留学教育》,第 554—556 页。
④ 曙光:《法国克鲁佐史来德勤工俭学生》,原载《晨报》1920 年 12 月 15 日,见陈学恂、田正平编:《留法教育》,第 540 页。

无不可行者。"①名册上有名字但不等于人去了法国,周恩来作了统计,实际到法国的共计 1579 人,来自全国十八个省,新疆、青海、西藏等西北省份无人参加。②

克鲁泡特金的互助论,也是一种生物进化学说。它不同于达尔文以竞争为支柱的进化论,而是以生物之间的互助作为进化的要素。③ 互助论传入中国后,立即被作为西方的最新学理而备受人们关注。文化或政治上不同见解的思想家,都有过一段青睐克鲁泡特金互助论的时刻,如孙中山(民主革命家)、梁漱溟(文化保守主义者)、李大钊(马克思主义者)、师复(无政府主义者)。④ 1906 年,李石曾和张静江、吴稚晖、褚民谊等人在巴黎组织了新世纪社。1906 年 6 月 23 日,标注有世界语的《新世纪》刊物创刊号在巴黎出版,这份杂志一共出了 112 期,至 1910 年 5 月停刊。这个刊物请人把克鲁泡特金的《互助论》译出,连载于第 31 号到 51 号。互助论与劳作神圣的思潮相结合,对"工读主义"的形成起到了关键的作用。周恩来说,他自己到法勤工俭学是为了"实现又新又时髦之'工读主义'",而这一主义"其影响于政治及思想界,至宏至巨"。⑤ 这证实了李石曾的观点,对当时青年的影响力是深厚的。

三是向往法国的自由、平等、博爱精神,以亲历法兰西文明为自身的人生追求。典型的是周恩来写给朋友的那首心情澎湃的诗:"念你的精神,你的决心,你的勇敢;兴勃勃的向上,全凭你的奋斗壮胆。出国去,走东海、南海、红海、

---

① 周恩来:《留法勤工俭学生之大波澜》,原载天津《益世报》1921 年 5 月,见陈学恂、田正平编:《留法教育》,第 593 页。
② 周恩来:《勤工俭学在法最后之命运》,原载天津《益世报》1921 年 12 月—1922 年 1 月,见陈学恂、田正平编:《留法教育》,第 625—626 页。
③ 克鲁泡特金(1842—1921),俄国公爵,著名的地理学家与无政府主义理论家。1862 年去西伯利亚探险,1867 年入彼得堡大学学习数学,并继续进行地理考察。1872 后,加入第一国际,与巴枯宁派建立密切联系。1873 年起,从事于无政府主义的宣传。次年被捕,1876 年逃往国外。1917 年回国,先是支持克伦斯基临时政府。去世前,承认了十月革命的历史意义。主要著作有《互助论》《近代科学与无政府主义》等。
④ 详见朱义禄:《论互助论在近代中国的传播与影响》,载《中国文化与世界》第五辑,上海外语教育出版社 1997 年版。
⑤ 周恩来:《留法勤工俭学生之大波澜》,原载天津《益世报》1921 年 5 月,见陈学恂、田正平编:《留法教育》,第 595 页。

地中海;一处处的浪卷涛涌,奔腾浩瀚,送你到那自由故乡的法兰西海岸。"①诗写于 1920 年 6 月 8 日,是写给已经抵达法国的朋友李愚如的。过了 5 个月,周恩来于 1920 年 11 月 7 日在上海乘坐保尔利斯号轮,去了他向往的法兰西。②前面提及的曙光倾诉了他到法国后的愉悦之情:"来到这博爱、平等、自由的法国,耳濡目染,真是无处不促人反省,使人钦羡,令人愉快。"③所谓"反省",当指见到法国文明后,思索起清廷的腐败黑暗来。一批到了蒙塔达尔纪的留法学生,在当地报纸刊登了一封感谢信,信中热情洋溢歌颂法国文明:"作为中国的子民,我们满怀热忱地来到法兰西……如果能把法兰西思想的火花带回中国,我们将十分欣喜,因为法兰西思想是世界文明延续的火把,是人类的荣耀。"④这些话与两年前陈独秀在《新青年》上发表的《法兰西人与近代文明》一文观点十分一致。陈独秀断言,"近代文明之特征"主要表现在三个方面,"一曰人权说,一曰生物进化论,一曰社会主义是也"。而"近世三大文明,皆法兰西人所赐",不仅是"法兰西人之嗜平等、博爱、自由根于天性,成为风俗",而且"最足以变古之道,而使人心、社会划然一新"。⑤执思想界牛耳的陈独秀有这样的狮子吼,自然会令青年学子向往这个平等、博爱的异域文明国度,并想去走一趟。

前面提及的沈宜甲,他写了题为《本会唯一主持人李石曾先生之历史》的短文,以亲身经历来说明李石曾在留法勤工俭学运动中的实际作用:

> 先生系直隶高阳县人,前清名相李高阳鸿藻之少公子,与蔡元培、吴稚晖、汪精卫称中国四完人者也。在法二十余年,创办之事业,不知凡几,如华法教育会也、远东生物学会、中国化学会、勤工俭学会、中法协进会也,为数不下数十。巴黎之中国豆腐公司,其资本数百万,工场组织极为齐整,皆为其一人之力。且遍交游法邦文学者,故李煜瀛三字,几乎无人

① 周恩来:《别李愚如并示述弟》,原载《周恩来青年时代诗选》,人民文学出版社 1978 年版,见陈学恂、田正平编:《留法教育》,第 489 页。

② 原载《时事新报》1920 年 11 月 7 日之《大批留法勤工俭学学生放洋》,见陈学恂、田正平编:《留法教育》,第 498 页。20 世纪初,人们习惯把留学称为"放洋"。

③ 曙光:《法国克鲁佐史来德勤工俭学生》,原载《晨报》1920 年 12 月 15 日,见陈学恂、田正平编:《留法教育》,第 540 页。

④ 《加蒂内人报》1921 年 12 月 21 日,转引自王枫初:《移民与政治》,第 77 页。

⑤ 陈独秀:《法兰西人与近世文明》,《青年杂志》第 1 卷第 1 号,1919 年 9 月 15 日。

不知。在欧之中国人，极为贱视，而彼能活动如斯，真不可及也。近日庚子赔款之事，已卓有成效矣。且彼又能专门与法海部交涉，每月以每人百元之船费，送百五十人来法，现最后之两次同学，皆法船所载也。以后每月继续，无有止期，此种优待，实是空前，微彼能力，不及此也。其为人宁静淡泊，遇事不忙，有诸葛之风。且事无大小，必自经手。素持人道主义，虽荤不食，人力车不坐，无丝毫嗜好，终日无一刻闲暇，少空谈论，而专主实行。此其所以为今日数百旅欧学生及将来数千万旅欧学生之泰山也。又为人极勤俭苦，留法至今如一日，以宰相公子，起居饮食，自理自作。即其夫人在法时，每日犹自携篮上市，从未有役人也。①

这篇短文表达了四层意思：一是称颂李石曾人格之高尚。作为"宰相公子"，生活简朴，事必躬亲。陈登原断言，颜李学派难以流传的原因是"其道太苦"，这是有一定道理的。李石曾甘愿践履颜元"以苦为乐"的主张，生活极勤俭苦，作为"宰相公子"，在法国的起居饮食都是自己解决。他的夫人在法国期间每天自己带着篮子去市场买菜，家中不雇仆役。二是说他在法国逗留的20年间，事业取得了很大的成功。他创办了与法国不同阶层均有关系的各种学会，以至于法国无人不晓。三是讲他在法国有着良好的人际关系，在与法人打交道过程中，卓有成效。这显然是李塨"遍质当代夙学"的影响所至。华人在法人心目中，本来是"极为贱视"的，经李石曾努力，争取到用法国轮船来帮助运送旅法的留学生。留法勤工俭学的学生对李石曾是极度崇拜的，即使在1921年下半年，留法勤工俭学学生中发生过一次学潮，但对李石曾的崇拜依然存在。仅有少数学生说他好人办事，有头无尾。李石曾被誉为"旅欧学生之泰山"，绝对不是浪得虚名的，而是他不知疲倦地为留法勤工俭学生所做的种种实事的升华。四是以"专主实行"来概括李石曾在法国践行颜李学派的所作所为，下面对此作详尽的剖析。

① 沈宜甲：《第一次报告书》，原载《安徽教育月刊》第24、25期，1919年12月—1920年1月，见陈学恂、田正平编：《留学教育》，第519页。当时汪精卫的汉奸行径尚未显露。

三、李石曾对颜李之学"主动求实"精神的践行

李石曾应四存学会之邀请,在 1921 年作了题为《颜李之学与法兰西学术》的演讲,讲自己在法国 20 年间从事留法勤工俭学运动,是践行颜李之学"主动求实"精神与法国文化相结合的结果。颜李之学在近代古今中西之争中的文化增殖,在他身上有着淋漓尽致的发挥。李石曾说:"余二十余岁,即往法国或事或学,在外约二十年。本拟将法儒学术与颜李同者,约略言之。及到学会,又发生三种感想:一是纪念,二是惭愧,三是希望。"①

"纪念",是说颜李之学在他青年时代留下了深深的烙印:

余于颜李学术,虽未深究。而师友中治颜李学者颇多。况又身处颜李之乡,自多接触之机会。忆余十五六受业于齐禊亭先生。先生之先人曰琳玉者,颜李皆有交谊。而李先生有《齐琳玉传》,又与之为婚姻。……禊亭先生家藏有李先生手迹,名"庞家蕞草"。是以先生尝言颜李之学,又提其要,曰主动,曰求实,又尝以主动求实之精神,沟通中西学术。吾于精神上受其影响甚深。吾往法国学农工,亦主动求实之所为也。此纪念者一也。②

李石曾是河北高阳县庞口村人。颜元与李塨皆为蠡县人,颜元是在博野被朱九祚收为养子。高阳与蠡县、博野相邻,最近处仅 50 公里左右。此即"身处颜李之乡,自多接触之机会"之意。地域关系是学派流传的重要因子,这在导论中已论及。李石曾又说"师友中治颜李学者颇多",其中一位叫齐禊亭的,是他十五六岁时的授业老师。齐禊亭祖辈中有一位叫齐琳玉的,与颜元、李塨皆有交谊。齐琳玉是颜元的门人。《颜习斋先生年谱》51 岁条记载:"高阳齐林(琳)玉有雄才,河南垦荒,先生韪之。"③韪的释义是对的。时在康熙二十四年(1685),长期务农的颜元,对齐琳玉率人开垦荒田是肯定的,以"雄才"赞称。

① 李石曾:《颜李之学与法兰西学术》,《四存月刊》第 9 期(1921 年 12 月)。
② 李石曾:《颜李之学与法兰西学术》,《四存月刊》第 9 期(1921 年 12 月)。
③ 李塨:《颜习斋先生年谱》,载颜元:《颜元集》,第 758 页。

齐禊亭是齐琳玉之兄的后代。徐世昌在《颜李师承记》中说:"令辰,字禊亭,光绪壬辰进士,官户部主事。"①他中进士已在 1892 年。以 30 年为一代计算,自齐琳玉到齐禊亭已有 8 代。齐禊亭与清廷重臣李鸿藻都是河北高阳人。因同乡关系,李鸿藻请学贯中西的齐禊亭任家庭教师。齐禊亭的思想是很新潮的:"时西学始传入吾国,达识远见之士,知揉其所长可以救我之短。学者十而八九不以为然,令辰极力提倡,遇人强聒不舍,至丛嫉妒……令辰为学,不立门户,专以能经致用为主,与颜李之学大旨相同。"②在大多数人不以西学为然的氛围下,齐禊亭逢人就宣扬西学,以致引起众人的反感。可知他是一个得时代风气之先的学者,于传统他倾心于颜李之学。他讲课的内容,"除经史外,兼及国际形势",又在"塾中悬挂世界地图,齐禊亭行走指讲,一如今日课堂"。③ 西方一些民主思想与自然科学知识,也在他传授的范围之内。齐禊亭还是第一个向李石曾介绍孙中山生平与事迹的人。对孙中山的革命行为,他"不但不反对而且称许"④。这在当时是很新鲜的事。齐禊亭家中有李塨的手稿,名为"庞家蓑草",因齐氏家族所居之地名为"庞蓑"。⑤ 齐禊亭向李石曾传授了颜李之学,并以"主动求实"四字来概括,李石曾说自己到法国学习科学技术,是精神上受齐禊亭"影响甚深"的结果,至于"沟通中西学术",也是从齐禊亭那里得来的。

李石曾到法国后,发现大豆的营养成分与功能都有优于牛奶的地方,当时巴黎的牛奶正处于供不应求的状况中。1909 年,李石曾在巴黎西郊创办中国豆腐公司,以机器新法制豆腐,获得豆腐博士的雅号。1912 年,他出版了《大豆》一书。他从家乡河北高阳招来农民在豆腐厂工作。为提高他们的文化水平,李石曾成立了一所夜校,工人白天做工,晚上学习,主要学习中文、法语和科技知识,教材是李石曾自编的。经过几年的以工兼学的实践,李石曾提出了"勤于工作,俭以求学"的宗旨。1915 年,李石曾开设了勤工俭学会,把这一宗旨更加具体化了。"吾往法国学农工",是其受颜李之学"主动求实"精神感染

---

① 徐世昌:《颜李师承记》,第 155 页。

② 徐世昌:《颜李师承记》,第 155 页。

③ 萧瑜:《李石曾的师友渊源》,载朱传誉主编:《李石曾传记资料》(一),天一出版社 1979 年版,第 24 页。

④ 李石曾:《李石曾先生文集》(下),台湾"中央文物供应社"1980 年版,第 27 页。

⑤ 徐世昌《颜李师承记》(第 154 页):"庞蓑者,齐氏所居之里名也。"

的结果。"勤于工作,俭以求学",是让留法的勤工俭学运动得以顺利开展的指导方针。

"惭愧",是说自己的精力较多投入实际事务的操作,在学理上未能深入研究"颜李学派"与"法兰西学术":

> 至所谓第二感想,则已如上所述,与颜李学派有如此之接近,而未能深究;即余居法国二十年,与法兰西学术亦有种种接触之机会,而亦未深究。感想之余,实觉赦然,非泛泛逊歉之词,实有触于心,动于不容已也。然以"主动""求实""环境"之影响,不愿专力为近于玄妙之学,说而时时以事物为的之故。由中而法,由法而中,奔走于学术工业及中法教育。其间人士之联络、学术之传播、感情之交接、人民之移往,亦无不微效。此亦于无意之中,暗与颜李学有相似之处。①

李石曾用"惭愧"两字,因演讲对象是四存学会的会员,他们对颜李之学有较多的了解,而自己对颜李学说却未深入了解,这是一个原因;另一原因是因其忙于实际事务,对"法兰西学术"未能有深入探索。将中国学生动员到法国留学,他有着许多繁忙的事务,如与法国学术界人士打交道以扩大影响、宣传法国的自然科学与哲学上的成就、打消国内学生去异域留学的种种顾虑、开办学校培训国内学生作好留学前的准备、与法国工厂老板联系接纳工人的事情,甚至于亲自到码头迎接学生等,他都亲力亲为。这些实际事务,令他经常往返于中法之间。李石曾没有较多的时间坐在书斋里去"深究"学术,加上他不喜欢"玄妙之学",而时刻留意于实际事务("时时以事物为的之故")。他断言,自己所作所为与以实行为宗旨、以功利为目标的"颜李学有相似之处"。专门研究这一课题的王枫初,对李石曾与蔡元培、吴稚晖在留法勤工俭学运动中的作用有个比较:"一战期间及战后,蔡元培和吴稚晖分析这些经验,从中提炼出理论,于是就有了'工读主义',主张体力劳动与脑力劳动相结合。"②李石曾与蔡元培、吴稚晖关系很好,他们有共同的志向,即以教育为终生的事业。1919年3月到

---

① 李石曾:《颜李之学与法兰西学术》,《四存月刊》第9期(1921年12月)。
② 王枫初:《移民与政治》,第64页。

1920 年,有 20 批学生赴法;他们分别于 1919 年 5 月至 1921 年先后抵达法国。大规模的留法勤工俭学,理论上的提炼、报刊上的宣传、如何实行的谋划主要是蔡元培和吴稚晖在进行。两人的理论提升是奠基在李石曾在法国近十年的实际操作经验上的。这批工人成了中国最早的一批留法勤工俭学学生。与蔡元培和吴稚晖相比,李石曾是一个特别喜欢把事情付诸于实际行动的人,这是他身体力行颜李之学"主动求实"精神的结果。

"希望",是说要在"东西学术"上"作沟通"的努力:

> 吾之希望,则在介绍东西学术于多数之人。……作一介绍人,于学术上作沟通,于情感上作接洽。至所欲致力于法兰西学术之介绍者,则以此种学术之特长,为实学、为征实之学、为物学,而非超物之学也。颜李为东方征实之学,能与西方征实之学相接触,其伟大之结果,必有足以副吾希望者。①

李石曾认为,中西文化沟通的基础是颜李之学与法国学术均为"征实之学",有相互融合、贯通的地方:"颜李学术乃出于二百年前,虽礼乐农工,分门教授,其不如西方今日详析,亦所当然。但其精神相同之点,则见之颇确。此则欲于今日略为伸论者也。"②在"伸论"中,他说颜元的"正德""利用""厚生""六艺"的思想与李塨"天下之事,未有外于物者"的观点,同"西学中'实验哲学''唯物哲学'之理相近,二者皆法兰西学术之特长"。③ 在李石曾看来,无论是自然科学还是社会科学,"法兰西学术"的特点在于讲究"实"与"物",这与颜李之学提倡"实用"与"唯物"的主张相近。他列举了法国在数学、化学、生物、物理学、社会学等领域成就卓著的大家,如戴楷尔、班克瑞、裴在洛、巴斯德、居礼、陆谟克、孔德等人,皆以"生动精实为特长"。李石曾认定,这一特长被落实于工业领域,如"机器之汽炉、无线电、飞艇之属","足以救吾国学风枯寂虚浮之短",此与"颜李之学生动而不枯寂,精实而不虚浮"相印证。"戴楷尔"即笛卡尔(1596—1650),法国哲学家、数学家、自然科学家,近代西方哲学的创始人。巴

---

① 李石曾:《颜李之学与法兰西学术》,《四存月刊》第 9 期(1921 年 12 月)。
② 李石曾:《颜李之学与法兰西学术》,《四存月刊》第 9 期(1921 年 12 月)。
③ 李石曾:《颜李之学与法兰西学术》,《四存月刊》第 9 期(1921 年 12 月)。

斯德(1822—1895),微生物学之奠基者。居礼(1867—1934),即居里夫人,两次获得诺贝尔奖的女科学家。陆谟克(1744—1829),即拉马克,生物学家、进化论学说的奠基者。他在《动物学哲学》一书中,提出"用进退废"与获得性遗传两大法则,提出生物变异的原因也是生物适应环境的过程。孔德(1798—1857),哲学家、社会学家和实证主义的创始人。他"抱无穷的希望,以为致力颜李学术,将来再推广扩充,兼采法兰西学术之长,其成就之伟绩,必大有可观"①。李石曾的结论是:"吾是以两两比照,欲诸君子知己之长,取人之长。"②其取颜李之学与"法兰西学术"之长处,贯彻到留法勤工俭学的实践中,李石曾的意图是想投身于为自己的国家培养栋梁之才这样的"伟绩"中。时光的积淀证实了李石曾的主观意愿是达到了,但他没有想到的是,这批栋梁之材中的翘楚,竟然涌现出一大批新中国的缔造者,周恩来、邓小平、蔡和森、赵世炎、李维汉、聂荣臻、陈毅、李富春……当年都是漂洋过海去法国勤工俭学中的热血青年。

　　李石曾出洋的念头,源于甲午战争结束后清廷的腐败无能。到了法国后,他目睹法国的生气勃勃与祖国的暮气沉沉,给他带来极为强烈的震撼。法国在当时,无论在科学技术,还是哲学等各种领域均处于世界领先的地位。两国明显的反差,让他产生了把中国有理想但家境贫苦的青年吸引到法国学习的想法。1917年5月27日,在北京留法俭学预备学校开学典礼上,演说的有三人,为蔡元培、李石曾与吴玉章。吴玉章认为,留学法国的目的有四个:"一曰扩张国民教育,二曰输入世界文明,三曰阐扬先儒哲理,四曰发达国民经济。"③蔡元培讲话强调了学习西学的必要性,而到法国留学"得以最俭之费用,求正当之学术"④。李石曾的讲话,重点介绍了法国的社会政治学说与先进的科学技术,说"法国大革命,为世界新学说实行之纪元,法儒卢梭、服尔德、孟德斯鸠、狄岱麓之说,实为法国大革命之先导","实验哲学与社会学,亦成立于法儒,孔德与斯宾塞同时而较早"。文中的卢梭与孟德斯鸠,与今译名一致。两

① 李石曾:《颜李之学与法兰西学术》,《四存月刊》第9期(1921年12月)。
② 李石曾:《颜李之学与法兰西学术》,《四存月刊》第9期(1921年12月)。班克瑞、裴在洛这二人的情况,因不知现今的译名是什么,笔者持"知之为知之,不知为不知"的态度。
③ 吴玉章:《吴玉章讲话》,载陈学恂、田正平编:《留法教育》,第481页。
④ 蔡元培:《蔡元培讲话》,载陈学恂、田正平编:《留法教育》,第477页。

人的代表作《社会契约论》与《论法的精神》,大家都很熟悉。"服尔德"为伏尔泰(1694—1778),法国启蒙思想家、哲学家与文学家。伏尔泰是一个崇拜中国文化的学者。他读过孔子著作,并作了笔记;承认中国的木板印刷比欧洲的印刷术要高明;对万里长城与大运河不吝赞美之词。"狄岱蕗"为狄德罗(1713—1784),法国启蒙思想家、哲学家、文学家,并在伦理学、戏剧、美学理论与政治学方面有卓越的贡献。斯宾塞(1820—1903),英国哲学家、社会学家,实证主义的主要代表之一。李石曾在讲话中还说:"鹿化西为普通化学发明家,曾得物质不灭之公例,斐在辂为有机化学发明家,得有机质科化合之术;巴斯德为生物化学发明家,微生物学得以成立。"①"鹿化西"为拉瓦锡(1743—1794),法国化学家、生物学家,物质不灭定律的提出者。对西方哲学与自然科学的新进展,精通法文的李石曾娓娓道来如数家珍,足见其熟悉程度。这是他与以法国为代表的"西方征实之学相接触"后的理解。至于"颜李为东方征实之学,能与西方征实之学相接触,其伟大之结果,必有足以副吾希望者",这个希望就是动员中国有志向但经济上困难的学生去法国勤工俭学。1923 年,李石曾在《晨报》五周年的特刊上发表了《教育谈》一文,他把当时的教育思想分为三派:一是以蔡元培为代表的学者派,强调对学问的追求;一是以黄炎培为代表的实用派,强调职业教育;一是自己的教育观念,主张求学问与精艺能应该兼容并蓄,"吾个人对于教育之观念,以为主义与学理与实用兼全并重,必使世界之农夫、艺匠皆有学者之知识思想,或即学者同有农夫、艺匠之功力,而终完全更代片面之职业与阶级,方足谓教育之成功"②。具有学者素质兼具工匠精神的人才,是李石曾期望的培养目标。自 1902 年到法,至 1945 年回北平(今北京)定居,除了几次短时因事返国外,他一直脚踏实地地为勤工俭学学生服务,以期实现为国家培养人材这一目标而数十年不辍。

不容置疑的是,留法勤工俭学运动是李石曾、蔡元培、吴稚晖、吴玉章、张静江等人共同推动的,他们在不同程度上对这一运动做出了贡献。但不论是从实际运作,还是从亲历者的切身感受来讲,李石曾配得上这一运动的"实际的伟人"的称号:"当李石曾、蔡孑民、吴稚晖诸氏于欧战前留学法、德、英各地,

---

① 李石曾:《李石曾讲话》,载陈学恂、田正平编:《留法教育》,第 478—479 页。

② 北京理工大学中法大学史料组编:《中法大学史料》,北京理工大学出版社 1995 年版,第 330—331 页。

其中以李氏在法最为活跃,亦最具规模与计划","以几个人之心思财力,竟使这种教育与文化的国际机构,树伟大的根基,我们不能不佩服、不能不称颂李氏为实际的伟人"。① 1958 年 10 月,毛泽东到天津市考察河北省大跃进与人民公社情况时,接见了河北省省委各位常委。期间毛泽东问及时任河北省省政协主席尹哲是那里人氏时,尹哲说是河北高阳县人。毛泽东说:"你们高阳出了个李石曾。"②意思是说高阳出了个大人物。毛泽东在 1958 年对李石曾的评价,是因为 30 多年前他对李石曾留法勤工俭学运动的主张有相当深刻的了解。毛泽东在给友人张国基的信中,对李石曾"世界主义"主张称赞有加:"惟弟对于湘人往南洋有一意见,即湘人往南洋应学李石曾先生等介绍学生往法国的用意,取世界主义,而不采殖民政策。世界主义,愿自己好,也愿别人好,质言之,即愿大家好的主义。殖民政策,只愿自己好,不愿别人好,质言之,即损人利己的政策。苟是世界主义,无地不可自容,李石曾等便是一个例。"③张国基与毛泽东是同学,1920 年从湖南省立第一师范学校毕业,同年赴南洋执教。毛泽东在张国基下南洋时写的这封信,对"殖民政策"作了鞭挞、对"世界主义"作了肯定:"殖民政策"是指英、法、美等列强对他国实行的掠夺行为,也就是殖民主义;"世界主义"就是让各个国家都得到好处。他断言李石曾从事留法勤工俭学运动,以期实行中国与西方沟通的方针,就是"世界主义"的典型。

在新民学会成立后,会员们经常讨论中国的出路问题。大多数会员认为,通过留法勤工俭学运动可以直接研究欧洲工人运动,汲取经验,特别是十月革命的经验,在学习西方科学技术与文化的同时,可以了解到马克思主义的新动向。毛泽东与蔡和森便积极着手组织赴法勤工俭学的准备工作。1919 年 3 月 14 日,毛泽东初次踏上申城(上海)。3 月 17 日,他与吴玉章等乘驳船登上停泊于汇山码头的"因幡丸"号,与大家话别。④ 这是第一批赴法勤工俭学的学

① 清华大学中共党史教研室编:《赴法勤工俭学运动史料》第 1 卷,北京出版社 1981 年版,第 128 页。
② 张哲燕、张晶:《高阳出了个李石曾》,《文史精华》2010 年第 1 期。
③ 中共中央文献研究室、中共湖南省委《毛泽东早期文稿》编辑组编:《毛泽东早期文稿》,湖南出版社 2013 年版,第 502—503 页。张国基(1894—1992),湖南益阳人,早年追随毛泽东创办新民学会;1920 年去南洋教书;1927 年 4 月回国,由毛泽东介绍加入中国共产党。在南昌起义中,他任独立第一师师长,后在新加坡、印尼一带执教 30 余年;1958 年回国定居,先后担任北京市文史馆馆长、第三届全国侨联主席等职,蝉联第一届至第七届全国人民代表大会代表。
④ 汇山码头,在今上海公平路至临潼路之间的黄浦江岸线处。

生,其中湖南省学生多达 43 人,几占 89 人总数之半。[①] 到了法国后,蔡和森与毛泽东频繁通信,讨论中国今后向何处去的问题。蔡和森于 1920 年 8 月 13 日写信给毛泽东,大意是认为中国要实行社会主义,首先应该建立一个共产主义政党,以期发挥其在革命运动中的先锋作用。

顺着以上的论述,有必要探究一下李石曾在留法勤工俭学中起到如此大的作用,支撑他数十年不辍努力的精神支柱是什么。

第二节　李石曾"种豆得瓜"式的伟大贡献

一场轰轰烈烈的留法勤工俭学运动的出现,大体上说,是当时法国社会的客观需求与国人主观精神上的追求相结合的产物。李石曾由笃信颜李之学始,继而倾尽全力把颜李之学与法国的哲学、社会政治学说、科技相结合。他的指导原则是以颜李学派的"主动求实之精神"去"沟通中西学术";他不辞辛劳在法国各地奔走,为留法勤工俭学的学生营造了一个社会文化氛围,为共产主义思想在异域的活动打下了基础。一如法国学者王枫初所言:"作为赴法团体的大部分成员,这些学生为'中国共产主义运动'奠定了基础,为新中国的政治生活勾勒了蓝图。"[②]

"大部分成员"中,有周恩来、邓小平、陈毅、聂荣臻、李富春、蔡畅、蔡和森、向警予、李维汉、李立三、何长工等人。陈毅是在 1919 年 7 月 18 日乘三岛丸号到法国的,抵达时间为 1919 年 9 月 2 日。这一年陈毅才 18 岁。李富春与李维汉乘坐的是宝勒茄号(1919 年 10 月 31 日—1919 年 12 月 9 日)赴法的。蔡畅、向警予,同蔡和森及其母蔡葛健豪,于 1919 年 12 月 25 日同乘盎特莱蓬号去法国。聂荣臻与赵世炎,分别乘坐司芬克司号与高尔提来号,于 1920 年 1 月 4 日、6 月 16 日先后至法。[③] 他们在留法勤工俭学中,发觉出国前的理想破灭了,

---

① 据《时事新报》1920 年 11 月 23—24、27—29 日报道,1919 年 5 月到 1920 年 8 月,到法国勤工俭学的总人数为 1300 人,其中湖南省为 326 人,居各省之首。予晖:《留法勤工俭学两年来之经过及现状》,载陈学恂、田正平编:《留学教育》,第 501—502 页。

② 转引自王枫初:《移民与政治》,第 130 页。

③ 《各届勤工俭学生赴法情况表》,载陈学恂、田正平编:《留学教育》,第 492—497 页。

资本主义制度的罪恶为其天天所目睹。陈毅说自己去法兰西的目的是"去作劳动神圣的深度尝试"，不料头一天入厂门，就被工头的一纸命令状把他的初心击溃了，自己"是寄在资本制度的下面，不容工学者有发展的余地，尝感着一种迫我同化的压力"。理想幻灭，压力陡增，这两重因素的叠加，让他有揭露资本主义的罪恶与进行社会革命的想法："资本制度的罪恶之一斑。当货物销路极广的时候，资本便雇过数的工人，以资制造。到销路低落时，便大批取缔出来，尝见工人被退出厂的情形，就用'神情丧失'、'面若死灰'都形容不尽致，令人表无限同情，觉社会革命是极合道理的事。"①陈毅"觉得社会革命"是天经地义的事情，表明了他对资本主义社会已萌生了颠覆的念头。

　　勤工俭学学生中，不是所有的人都是向往共产主义的。有些人是无政府主义者，有些人是反对暴力革命的温和社会主义者，有些人是国民党党员，也有些人想自己创立政党（如李璜）。在勤工俭学学生中，不同政治倾向的人们鱼龙混杂。尤其是1920年下半年以后，勤工俭学生的处境日益困难：生活穷困潦倒，饱受病痛折磨，遭受歧视加剧，这样的日子让他们不堪回首，而社会地位的孤立，加重了这种难堪的状况，即使找到工作也无济于事。那些切身看清了资本主义制度种种罪恶的勤工俭学学生，大多数人通过不同的途径接受了共产主义思想的洗礼。蔡和森在1920年5月写信给毛泽东："我自己在法国待了将近5年，第一年，没有参加任何活动，我把时间都用在学法语上。我想首先深入地了解所有国家的社会主义政党、工会及国际共产党的资料。"②法国第二局（法军参谋部）发现了一个现象，"中国学生非常易于接受布尔什维克主义理论"，为此，"列宁本来决定利用大批中国留学生在法国宣传共产主义"，让他们"成为列宁和苏维埃政府的特派人员"。③毛泽东在20世纪30年代认为，中国共产党的组织有两个核心，一个在中国，一个在法国："一九二一年五月，我到上海去出席共产党成立大会。……同时，在法国，许多勤工俭学的人也组织了中国共产党，几乎是同国内的组织同时建立起来的。那里的党的创始人之中有周恩来、李立三和向警予。向警予是蔡和森的妻子，唯一的一个女

---

① 陈毅：《我两年来旅法勤工俭学的实感》（1921年6月14日），原载《晨报》8月16、17、19日，载陈学恂、田正平编：《留学教育》，第559—562页。
② 王枫初：《移民与政治》，第117页。
③ 王枫初：《移民与政治》，第133页。

创始人。罗迈（按：李维汉）和蔡和森也是法国支部的创始人。"[1]1924 年夏季，周恩来离开法国后，"接替他的人是李富春，后来是傅钟、邓小平做帮手。那时有了 300 名成员"[2]。邓小平当时的绰号是"油印博士"，他擅长于油印技术，是在法国负责中共机关刊物的核心成员。[3] 邓小平是旅法学生中年纪较小的，1920 年 10 月抵达法国时只有 16 岁。1922 年，他在法国中部的蒙塔达尔纪市的哈金森橡胶厂工作，他在这个地方阅读大量进步报刊与书籍，接受了马克思主义。1924 年，他才成为共产党员。后来去巴黎，他参加了周恩来负责的中共旅欧机关刊物《少年》（后改名《赤光》）的编辑工作。他白天做杂工，晚上忙刊物的印刷。他刻字工整、印刷清晰、装订简洁，得"油印博士"之绰号。

1926 年 1 月 8 日，法国安全局搜查邓小平住所，后在汇报中说：

旨在发现致力于共产主义宣传的中国人。

这些旅馆的房间都被搜查了，100 多名中国人的证件也被检查了。

卡斯特加街 3 号，在 5 号的里，发现了大批中文与法文的共产主义宣传册（《中国工人》《孙中山遗言》《共产主义的基础知识》等等）及一些中文报纸，尤其是中国共产主义报纸《进步》，报纸在莫斯科编订，必须用两次雕刻板和滚动油墨印刷，有很多包纸张用来印刷。

就是在这个房间，邓希贤、傅钟和杨品荪一直住到这个月的 7 号，于昨

---

[1] 埃德加·斯诺：《西行漫记》，董乐山译，生活·读书·新知三联书店 1979 年版，第 132—133 页。1920 年 8 月 13 日，蔡和森写信给毛泽东，强调建立共产党是当务之急："社会主义是改革当今世界最合适的方法。中国也脱离不了这个准则。社会主义必要的方法是通过阶级斗争，无产阶级夺取统治地位。我认为首先应该建立一个政党，一个共产主义政党。因为共产主义政党是革命运动的引擎、宣传者、先锋和战斗力量。"中国社会科学院现代史研究室、中国革命博物馆党史研究室编：《一大前后》第 1 卷，人民出版社 1980 年版。

[2] 王枫初：《移民与政治》，第 170 页。

[3] 参见施益生回忆录，载《天津文史资料选辑》第 15 辑，天津人民出版社 1981 年版。油印对当今人们来说，完全是一个陌生的事物。从 20 世纪初，一直到 20 世纪 80 年代，油印始终是中国学校里大量印刷的主要手段。先用蜡笔把字写在一张可以反复油印的特殊纸张上，再把该纸放在油印机里固定好。然后在滚筒上涂上黑色的油墨，推动滚筒让印有字的纸张从网筛下面出来。关键是油墨的多少与涂得均匀，而这要通过反复操作才能做到。这一时期里，全国中小学校的试卷，都是这样印出来的。人数达几千人的学校，有专门的工友做此事。规模小一些的，就得教师亲自去做了。本人做过中学教师，有过好几年的操作。

天突然离开了。他们似乎感觉到已被怀疑，因此急忙消失，他们的同胞采取措施丢弃了所有可能会连累到其他人的文件。①

留法期间，邓小平一直使用的是邓希贤这个名字，到了1927年才用邓小平这一名字。傅钟与杨品荪是和他形影不离的两位室友。行文至此，没有必要做更多这方面的论述了。上述材料足以证实一个观点，那就是经过李石曾、蔡元培等人的努力，共产主义的思想在相当多的一部分勤工俭学学生的脑海里扎下了根。这并不是李石曾主观所要的，这种"种豆得瓜"式的情况，在近代中国历史上重现了一遍。

历史往往会有惊人的重复，但每一次重复的结果却是不一样的。张之洞的学生张继煦评价其师时说了这么一段话：

抑知武汉所以成为重镇，实公二十年缔造之力也。其时工厂林立，江汉殷赈，一隅之地，足以耸动中外之视听。有官钱局、铸币厂，控制全省之金融，则起事不虞军用之缺乏。有枪炮厂，可供战事之源源供给。成立新军，多富于知识思想，能了解革命之旨趣。而领导革命者，又多素所培植之学生也。精神上，物质上，皆比较彼时他省为优。以是之故，能成大功。虽为公所不及料，而事机凑泊，种豆得瓜。②

戊戌变法以后，洋务运动在湖北地区得以顺利推行，全在于张之洞的苦心经营。汉阳钢铁里鼓风炉的轰鸣，是林林立立的近代工业的象征；黄土陂新军营房的操演呐喊，是新式军队捍卫清廷的力量所在；铸造钱币让湖北的金融业兴起，是朝廷军事需求的财政保障……这一切都是在张之洞的"中体西用"理论指导下的产物。然而这些原本打算维护摇摇欲坠的清朝的努力，却走向了它的反面。武昌首义中的新军，正是张之洞竭力打造的，但却是他们打响辛亥革命的第一枪，成为压倒清廷的最后一根稻草。历史告诉人们，主观动机与客观效果是如此对立着的。对历史人物的评价可以以阶段来论，也可以功过来讲。

① 转引自王枫初：《移民与政治》，第234页。
② 张继煦：《张文襄公治鄂记》，湖北通志馆1947年版，第7页。

按照李石曾的主观意愿，他在法国所耗费的大好年华与事必躬亲的求实精神，是要为有理想而经济困难的青年提供一个良好场所，是要为中国培养一大批有用的栋梁之材（这是他创办中法里昂大学的目标）……然而结局与张之洞一样。李石曾从事勤工俭学运动的意图，是为国家造就一批具有西学背景、有实用技能的人才，但结果却是产生了一批推翻他所效力的国民党政权的中坚力量，这是他始料未及的。评价历史人物的主要标准，不在于他的主观动机，应当是被评论的历史人物为社会的发展做出了什么样的贡献。中央电视台于2011 年 11 月 5 日，在九频道播出了《贝家花园往事》第三集《勤工俭学》，节目以李石曾的外孙女朱敏达到法国寻觅当年的遗迹为线索，对李石曾留学的经历及后来为开厂、授课、筹款、借房、疏通等所作的努力，作了历史性的复原。此集对李石曾等人发起的留法勤工俭学运动的评价是："那一场改变了许多人的命运，改写了中国的历史走向""这些人后来改变了中国的命运"。这是基于客观事实的评价，对李石曾发动的留法勤工俭学运动评价甚高。

在中国共产党成立一百周年的纪念活动中，上海市有关部门在汇山码头原址黄浦江边（北外滩）设置了一个永久性的地标——"留法勤工俭学出发地纪念标识"，以纪念留法勤工俭学运动 102 周年。① 见到这则新闻报道时，一种直觉涌上我的心头，留法勤工俭学运动在中华儿女的记忆中是永远抹不掉的。而这场运动的实际策动者李石曾，以及支撑李石曾的精神支柱——颜李之学，同样是不应被抹掉的。

---

① 《留法勤工俭学出发地纪念标识在虹口揭幕》，见《新民晚报》2021 年 3 月 18 日。据周恩来在天津《益世报》上发表文章统计，至 1921 年，留法勤工俭学的学生达 1579 人，来自全国 18 个省。周恩来：《留法勤工俭学之大波澜》，原载天津《益世报》1921 年 12 月至 1922 年 1 月。引自陈学恂、田正平编：《中国近代教育史资料汇编》之《留学教育》一书，第 625—626 页。

第十五章　颜李学派评议

以平民出身而成为一个学派的创始者，在中国思想史上只有三个人。一个是唐代的惠能，一个是明代的王艮，一个是清初的颜元。惠能是一个樵夫，虽说是文盲但悟性特别高。王艮年轻时煮过盐，灶丁在明代地位低下，只比罪犯地位略高些，他读过几年私塾，文化程度相当于现今小学水平。颜元文化程度比他们高一些，相当于初中水平，他白天务农，晚上在油灯下刻苦勤读。胡适称他是"农民哲学家"："中国的哲学家之中，颜元可算是真正从农民阶级里出来的。"[①]颜元曾说在他生活的环境里，儒生不兼务农、行医等其他职业是无法生存下去的："今世之儒，非兼农圃，则必风鉴、医、卜，否则无以为生。"[②]经过几十年自学，颜元从乡村老学究成为学术流派的创始人。颜元有许多新见解面世，这与他没有受过正规系统的教育及受传统观念框架的影响较少有一定关联。邹元标在评论王艮时说："惟不事《诗》、《书》一布衣，此所以得闻斯道也。盖事《诗》、《书》者，理义见闻缠缚胸中，有大人告之以心性之学，彼曰：'予既已知矣。'以泰州天灵皎皎，既无闻见之桎梏，又以新建明师证之，宜为天下师也。"[③]王艮没有正规学习过《诗经》与《尚书》，未经"理义见闻"等框架的束缚，更无"大人"对他传授理学家那套"心性之学"，加上王艮天资聪慧，这些条件让王艮成为自成体系的大思想家。以古往今来的情况言，一个领悟能力较强的人，其文化水平愈是低下，其所受系统教育愈少，头脑中的条条框框也就愈少，他们提出新见解的概率就愈高。颜元能"别出一派"原因是多重的，其学说能不囿陈说而富于开拓性，不受传统框架的影响是其中的重要因素。下面笔者将就颜李学派的精神特质、历史局限性与如何理解它的"众生相"，做一个理论上的剖析。

---

① 胡适：《几个反理学的思想家》，载陈山榜、邓子平主编：《颜李学派文库》第10册，第3406页。
② 颜元：《颜习斋先生言行录》卷下，第695页。
③ 邹元标：《赞语》，载袁承业编校：《明儒王心斋先生遗集》卷四，民国元年刊本。

第一节　颜李学派的精神特质

任何一个学派都有自身的精神特质,这是它区别于其他学术流派的标识所在。"以事功之学为首"(张伯行语)、"以事功立论"(钱穆语)很确切地标明了颜李之学的宗旨。围绕着这一宗旨,颜学精神特质可用功利、担当、日新六个字来囊括。

一、功利精神:"正谊谋利,明道计功"

颜元的功利论达到了古代功利论的高峰。以重义轻利为宗旨的道义论在两千多年的岁月中占主导地位。自从班固把董仲舒的"正其道不谋其利,明其道不急其功"改成"正其谊不谋其利,明其道不计其功"后,道义论为历代王朝的统治者所信奉且大力提倡,如水银泻地般沁入到社会各阶层里。"不急其功"是说,对功利的谋取可以缓一下;"不计其功"是说,根本不考虑对功利的追求。董仲舒讲的是轻重缓急的次序,道义为先而谋利在后;班固则易为对功利获取的否定,排斥人们对功利追求的需求。往上追溯的话,道义论的基调是由孔孟定下的,到荀子说得更加明确了:"天子不言多少,诸侯不言利害,大夫不言得丧,士不言通货财……士以上皆羞利。"①晚唐诗人皮日休有"贾竖不与不仁期,而不仁自至"之话。② 南宋文学家陆游反复告诫后代:"仕宦不可常,不仕则农,无可憾,但切不可迫于衣食,为市井小人事耳,戒之戒之。"③清初浙东史学家邵廷采记其父训:"孝,吾家本也。利不可近,近利则商贾心。世家降为氓隶,其故在此。"④重义轻利的道义论盛行,是和历代王朝一直奉行的重农贱商、重本抑末的方针相呼应的,因为农业是古代社会中具有决定意义的物质生产

① 《荀子·大略》。
② 皮日休:《皮子文薮》卷九《鹿门隐书》,萧涤非、郑庆笃整理,上海古籍出版社1981年版,第96页。
③ 叶盛:《水东日记》卷一五《陆放翁家训》。
④ 邵廷采:《邵廷采全集·思复堂文集》卷十《五世行略上》,陈雪军、张如安点校,浙江大学出版社2018年版,第467页。

部门。这样,道义论就有了凌驾于学派与哲人争辩之上的功能,成为中国传统文化的基因,它绝不会轻易地在历史长河中湮灭,往往以各种形式来复制自身。"正谊不谋利,明道不计功"的道义论,作为传统价值观,是支配哲学、教育、经济、伦理、人生与实际生活等领域的官方意识。当欧风美雨强烈地震撼着近代中国时,现代新儒家创始人之一的梁漱溟断言"不计较利害","演成中国人的风尚,为中国文化之特异彩色"。① 可见道义论是如何主宰了世世代代人们的头脑,成为凝聚在人们心灵中持久而稳固的观念,成为深藏于主体身心中的价值取向与思维方式。

道义论在宋明理学家那里,是以存理灭欲的禁欲主义形式表现的。朱熹断言:"凡事不可先有利心,才说着利,必害于义。圣人做处,只向义边做。……圣贤要人只向一边做,不要做这一边,又思量那一边。仲舒所以分明说'不谋其利,不计其功'。"②陆九渊讲得很简明:"私意与公理,利欲与道义,其势不两立。"③王阳明认为,圣人之道所以不能顺利地为人们所接受,是人们喜欢讲功利的缘故。要使"圣人之学"昌明兴盛,那就要破除人们的"功利之习""功利之心""功利之见",就要相信他的"致良知"说。④ 宋明理学家有个共识,把"利"与"欲"等同,将"利"与"义"对立,视"公理"为"道义",贬"利欲"是"私意"。"利""利欲""功利"是万恶之渊源,"道义""公理"与"良知"作为"天理"的同义词,是善良之所在。宋明理学之渊源是"不谋其利,不计其功"的命题,目标是"存天理,灭人欲",这就是程朱与陆王所向往的。

颜元将正命题"正谊不谋利,明道不计功"的道义论,变更为"正谊谋利,明道计功"的反命题。一字之差,把历来崇尚的道义论易为功利论,是石破天惊之论。正命题能长期雄踞意识形态的宝座,是未曾走出中世纪农业文明社会的必然结果。颜元巧妙地运用了正命题的词汇,以独特观点翻转了命题的意思。这样的论述会减少人们接受上的阻力。

"正谊谋利,明道计功"的功利论,为颜学的反对者张伯行概括为"以事功

---

① 中国文化书院学术委员会编:《梁漱溟全集》第一卷《东西文化及其哲学》,山东人民出版社1989年版,第458页。

② 朱熹:《朱子语类》卷五一。

③ 陆九渊:《陆九渊集》卷一四《与包敏道》,中华书局1980年版,第180页。

④ 王阳明:《王阳明全集》卷二《传习录中》,上海古籍出版社1992年版,第56页。

为首之学"。过了两个世纪，钱穆以研究者的视野，得出了相同的结论：

> 宋儒高自位置，每以道德纯备，学术通明，自负为直接尧、舜、孔、孟之传，而汉唐君相大儒，事功赫奕，宋儒轻之曰杂霸。习斋评量宋儒，则不从道德学术着眼，即从其所轻之事功立论。[1]

宋儒指朱熹而言，他与陈亮因对王霸、义利的不同看法，展开了长达11年的争论。陈亮是功利论者，与朱熹的主张可谓泾渭分明。陈亮纵论上下两千年英雄人物，盛称汉高祖刘邦和唐太宗李世民的功业。朱熹把历史分为"三代以上"与"三代以下"两截，前者为"王道"盛行的时代，是以德服人的；后者为"霸道"横行的时代，是以力服人的。陈亮反复强调，为国家与民族建功立业的英雄豪杰，他们的赫赫功绩才具有价值取向的意义。朱熹认为陈亮赞美"汉唐君相大儒"的议论，夹杂了"霸道"。朱熹很是自负，认为自己是"王道"的代言人，"每以道德纯备"而"接尧、舜、孔、孟之传"。"道德纯备"就是道义论，朱熹视功利为危害人心的最大祸根，他对陈亮所倡导观念的骇怕，超过了与他激烈争论过的陆九渊的心学："江西之学只是禅，浙学却专是功。禅学，后来学者摸索，一上无可摸索，自会转去。若功利，则学者乐之，便可见效，此意甚可忧。"[2]"江西之学"，指陆九渊心学，虽说与禅宗相近，但并不可怕。因为学禅常常会出现"一上无可摸索，自会转去"的情况。陈亮倡导的功利论（"浙学"）全然不同，它会使收到实际效果的人们深信不疑、不再动摇。

颜元从功利论的角度评价朱熹，即钱穆所说的"事功立论"。"事"在颜元的心目中，就是做实际的事情而以"有用"为准绳。他解格物为"犯手去做"，不是像朱熹所说的"穷理"。以弹琴来说，不能说熟读琴谱后就"能琴"了。学琴中，如何定音调，如何合韵律，那只是"学琴"；待到音调能够随手而定，演奏乐曲稳定无误，只能说是"习琴"；只有达到"心与手忘，手与弦忘"的地步，方能说是"能琴"了。有过乐器演奏经历的人都知道，有点熟但还有点生疏时，"心与手""手与弦"往往是顾此失彼的。唯有长期的练习与演奏之后才能让"心"

---

① 钱穆：《中国近三百年学术史》，商务印书馆1997年版，第179页。
② 朱熹：《朱子语类》卷一二三。

"手"与"弦"相协而相忘,那就达到化境了,即颜元所说的"化物达天"的程度。① 这同庄子讲的庖丁解牛一样,经过长期"习行"后,庖丁目中无牛但却对牛的肌理结构了然于心。这就是颜元所说"不从身上习过,皆无用""学问以用见其得失"的意思,也就是他反复申明的"习行""实用"。这里的"事"是就个人而言的。若以"事"来论,就以对他人、社会、国家有利为目标。在颜元的著作中,"经济生民者为功利""建经世济民之勋""有益苍生""利济苍生""习行经济之谱"等语触目皆是。颜元以经邦济世为民众谋福祉为"功利"之所在,不同于西方近代功利论。

在西方,功利主义的先驱可追溯到古希腊伊壁鸠鲁的快乐论,但形成一种系统的学说是在 18 世纪末 19 世纪初。代表人物是英国的边沁(1748—1832)与穆勒(1806—1873)。边沁继承历史上的功利主义传统,并从法国的爱尔维修、英国的休谟等人的著作中发现与提炼出功利原则。他从人性论出发,认为人的行为是以快乐和痛苦为动机而合乎善的行为,是个人快乐的总和超过痛苦的总和的行为。在个人利益与社会利益的关系上,边沁认为达到"最大多数的最大幸福"是道德活动的唯一目的。他把个人利益看作是社会利益的基础,社会利益只不过是个人利益的总和。穆勒继承边沁的学说,于 1882 年组织功利主义学会,提出了功利主义这一概念。他认为人类行为的唯一目的是求得幸福,促成幸福是判断人的一切行为的标准。穆勒主张,只有在行为的结果具有重大意义时,才应当区别道德上的善与恶。无论是边沁还是穆勒,他们都强调个人利益是社会利益的前提。应该说,这种功利主义只是到了近代,在新文化运动前后才由梁启超、陈独秀等人介绍到中国。

在明清之际的启蒙学者脑海中,尚无个人是社会构成的基石这样的观念。追求利益是人得以生存的一个重要方面。它作为内在必然性,规定着人们活动的原则,决定着人们行为的取向。一如司马迁所说:"天下颐颐,皆为利来,天下攘攘,皆为利往。"②中国民间普遍相信鬼神、贪图财富的观念,表明功利论作为自发的社会心理是长期地存在于民众心灵深处的。但功利论同具有正统地位的道义论相比,始终未曾占据过上风。就学派的历史演变过程而言,先秦

---

① 颜元:《颜元集·存学编》卷三,第78—79页。颜元是音乐方面的行家:"先生鼓琴、羽弦断,解而更张之,音调顿佳。"见《颜元集·颜习斋先生言行录》卷下,第659页。

② 司马迁:《史记·货殖列传》。

墨家在秦汉以后中绝,法家被融进儒家而式微,功利论从烜赫一时的态势下降到了默默无闻的地位。在先秦,儒墨对立本质上是道义论与功利论的对峙。随着汉代独尊儒术局面的开始,功利论叱咤风云的时代消失了。此后倡导功利论的,当数北宋的李觏与王安石,南宋的陈亮与叶适。陈亮以其事功之学同朱熹进行了一场王霸义利之辩。陈亮同朱熹的争论,为功利论与道义论首次面对面的直接交锋。① 尔后的历史昭示了这么一个事实,朱熹的《四书章句集注》成为士人们必读的典籍,取得了官方认可的法定地位。这部朱熹花了40年心血的著作,对儒家道义论作了最为成熟的表述。

在中国古代,功利论有过三次高潮,即先秦、两宋与明清之际。先秦功利论的代表人物是墨子,认为趋利避害为人的天性所在。两宋时期的功利论,以陈亮(永康学派)与叶适(永嘉学派)为代表。与前两次相比,明清之际的功利论无论在规模上,还是思想的深度上,都超过了先秦与两宋。从时间上说,它足足鼎盛了一个多世纪,汇为一股强有力的时代思潮。代表人物也不再是个别的人而是一大批,在行列中可以见到李贽、黄宗羲、顾炎武、傅山、朱舜水等人,以及与颜元生活时代最为接近的唐甄。颜元与黄宗羲、傅山、朱舜水等人不约而同地赞美陈亮的功利论,不同的是,另外三人没有像颜元那样擎出"正其谊以谋其利,明其道而计其功"这一旗号。就理论的尖锐、明快、简洁而言,颜元的功利论是超越同时代启蒙学者的;就实质而言,有别于以个人为核心的社会功利论,突出的是个人为民众和国家做出有益的贡献这一点。尽管无法力挽狂澜,但这种社会功利主义比一般的功利主义具有更多的合理内容。颜元与李塨对民众的命运,有着一种强烈的忧患意识,抱着一种救世的责任感而力倡担当精神。颜元行将去世前还说,"思生存一日,当为生民办事一日"②。"担当世道"的精神对他们来说,不是外力加于自己的社会义务,而是出自内在的自我需求:"闻民不聊生,则为之怆惶。"③他声称,"大之生我"的目标"实求辅挽气运,利济生民"。④ 这种担当精神亦为李塨所继承:"窃以为庸人之病,酒

---

① 陈亮给朱熹八封信,朱熹给陈亮十五封信,两人围绕着王霸、义利之事而展开论辩,为道义论与功利论交锋的历史资料。今收录于《陈亮集》(中华书局1974年版,第273—315页)。
② 李塨:《颜习斋先生年谱》,载颜元:《颜元集》,第792页。
③ 颜元:《颜元集·颜习斋先生言行录》卷下,第633页。
④ 颜元:《颜元集·颜习斋先生言行录》卷下,第672页。

色财而已;豪杰之病,则一在旷怀天下而不恤家室,一在忧世而不乐天。"①这里的"病"是反其意而用的,实指向往而言。李塨认为,"庸人"嗜好在于对酒色财的追求,而"豪杰"心中向往的是对"天下"的关怀。这既是他们反复思考的产物,又是他们自身意志选择的结果。忧国忧民的社会使命感让颜元发出"宇宙内事,皆吾分内事"的呼吁。

二、担当精神:"宇宙内事,皆吾分内事"

要做"担当世道,劳济生民的人",是颜元读了《论语·微子》后所立下的志向。颜元对遁身于世事之外的"逸民"被后世冠上"贤人"的美名之事,抱有强烈的反感。② 如果说,做"担当世道,劳济生民"的人,是侧重于个人志向的话;那么,"宇宙内事,皆吾分内事"注重的是个人对社会所承担的责任感。颜元把个人命运和民族、社会的命运紧密相连,承担了个体对社会的历史责任感。

任何一个概念的形成都不是一蹴而就的,必定有一个先绵延而后集中爆发的过程。孔子所创立的儒家,把天下的事情总揽在自己身上,愿意承担责任;道家老是把天下的事情往外推,希冀自身的"无为"与"逍遥"。这是儒、道本质上的不同。孔子勇于任事,周游列国,热心救世,以至达到"知其不可为而为之"的程度。受孔子影响,其弟子强烈觉察到,"士不可以不弘毅,任重而道远"③。孟子的人生哲学是,"穷则独善其身,达则兼善天下"④。"兼善天下"的意思与"担当世道"是同义的。这为历代士人所信奉,与整个古代社会相始终。白居易将"兼善天下"改为"兼济天下",一字之改动,更能体现出其担当精神来。到了宋明期间,担当一词使用的频率高了起来,常见于宋明士人、学者与思想家的文集中。二程、朱熹、文天祥直接使用了担当一词。前面说及的张载"横渠四句教",虽未出现担当两字,但却将个人对民众与社会所承担的责任与

---

① 编于清代中后期的京剧《二堂舍子》,主角刘昌彦的唱词中有"昔日里有个孤竹君,伯夷、叔齐两大贤人""首阳山前冻饿死,留得美名万古存"等句。至今,演此剧还是这么唱的。
② 李塨:《恕谷后集》卷五《与来俨若书》,载陈山榜、邓子平主编:《颜李学派文库》第 3 册,第 753 页。
③ 《论语·泰伯》。
④ 《孟子·尽心下》。

使命发挥到了一个新的高度。

担当一词以明代中晚期到明清之际最为流行,直接对其进行论述的有王阳明、黄绾、王艮、王栋、罗汝芳、李贽、周海门、洪应明、陈继儒、袁宏道、黄宗羲、李渔、颜元、李二曲等十余人。"担当"一词,为笔记与小说所沿用而广泛流传。洪应明所著《菜根谭》,自 20 世纪 80 年代起就在神州大地广为流传。他说:"宇宙内事要力担当,又要善摆脱。不担当,则无处世的事业;不摆脱,则无出世之襟期。"①冯梦龙在《警世通言》中有"贤弟好去为官,家下一应事体为姐的担当,不劳远念"的话,曹雪芹《红楼梦》中有"你既有担当给了我,原该不叫一个人知道"的话。②

担当的含义是不尽相同的。第一种含义是说,只要在主体意识中确立起成圣的信心,就是担当精神了。这以王阳明与罗汝芳为代表,两人强调的是只要向内用力,就能成为圣贤了。

第二种含义是指独立的人格。晚明浙东著名学者周汝登为张元忭的文集作序时对其人格赞扬了一番:"义所当为,挺身一无所避。至今想见其殷恳之衷,直前之气,犹令人神王而心竦。以此精神担当世道,鼓舞人心,似宇宙间不可一日无若人者。"③张元忭一生从不依附他人,周汝登用"担当"一词来描绘张元忭的独立人格。

第三种含义是指个人的责任感。内中分为两个层次。一是个人对自身的所作所为承担责任。最为人们熟知的是黄宗羲的"赤身担当"了,他说泰州学派中的颜山农、何心隐等人,为实现自身理想而不惜以身殉志。二是指个人对社会与民族所承担的责任,也就是顾炎武、王夫之、黄宗羲与颜元等人倡导及力行的担当精神。

综上所述,担当的三种含义中,其核心是责任感。④

---

① 张熙江整理编注:《菜根谭新编》,上海人民出版社 1989 年版,第 4 页。洪应明受禅宗影响颇深,"出世"两字在《菜根谭》一书中是经常见到的。

② 冯梦龙:《警世通言》卷四〇《旌阳宫铁树镇妖》,人民文学出版社 1987 年版,第 628 页。曹雪芹:《红楼梦》第 62 回《憨湘云醉眠芍药裀　呆香菱情解石榴裙》,人民文学出版社 1979 年版,第 788 页。

③ 周汝登:《周汝登集·周海门先生文录》卷七《张阳和先生文选序》,张梦新、张卫中点校,浙江古籍出版社 2015 年版,第 181 页。

④ 详见朱义禄:《论儒家担当》,载朱贻庭、施炎平主编:《儒学的时代担当》,学林出版社 2020 年版,第 12—15 页。

顾炎武说:"今日拯斯人于涂炭,为万世开太平,此吾辈之任也。"①"吾辈"与顾炎武常讲的"匹夫"为同义词。他对"国"与"天下"做了区别,认为"亡国"是改换朝代的事情,"保国"涉及统治者们的利益,"天下兴亡"才是关系到整个国家与民族生死存亡的大事。顾炎武没有直接说过"天下兴亡,匹夫有责",这句话是梁启超概括的,至今为人们使用,是要用来说明中华民族的伟大复兴是人人有责的。担当精神在王夫之那里,主要体现在"以身任天下"的"豪杰"身上:"既以身任天下,则死之与败,非意外之凶危;生之与成,抑固然之筹画。……豪杰之与凡民,其大辨在此夫!"②王夫之认为,"以身任天下"的人是把生死成败置之度外的"豪杰"。因为每个人得把自身的命运与国家和民族的危难捆绑在一起。当个人为扭转局势而从事各种活动时要懂得生死成败、相因相转的道理。生命的死亡、事业的失败都要有足够的气量承受。这同持一介之勇的"凡民"有着天壤之别。黄宗羲以"扶危定倾之心"来畅论自己的担当精神:"扶危定倾之心,吾身一日可以未死,吾力一丝有所未尽,不容己。古今成败利钝有尽,而此不容己者,长留于天地之间。愚公移山,精卫填海,常人貌为说铃,圣贤指为血路也。"③在黄宗羲看来,"常人"只知墨守宋儒的传注,在"天崩地解"时代里"落然无与吾事,犹且说同道异"。黄宗羲指出,历史上的"成败利钝"是有尽头的,但生存于世间的人们对此还有一点力量未尽,就是没有竭尽全力。"不容己",是指不得不然、必然如此的意思,为主体蕴含着一种冲动而又难以遏制的责任。"扶危定倾之心"如同愚公移山、精卫填海一样是"长留于天地之间"的。"常人"却貌视这种"不容己"的主体责任,视为不登大雅之堂的小说一样("常人貌为说铃")。黄宗羲强调,"扶危定倾之心"不受外界任何力量的影响,就是发自内心而身不由己的担当精神。

颜元的担当精神,气魄的宏大是同时代人无法企及的。一如王源所说,"开两千年不能开之口,下两千年不敢下之笔"④。颜元豪迈地宣称:

① 顾炎武:《顾亭林诗文集·亭林文集》卷三《病起与蓟门当事书》,华忱之点校,上海古籍出版社1983年第2版,第48页。
② 王夫之:《读通鉴论》卷二八,载《船山全书》,岳麓书社2010年版,第1108—1109页。
③ 黄宗羲:《兵部左侍郎苍水张公墓志铭》,载沈善洪主编:《黄宗羲全集》第10册,第646页。
④ 王源:《居业堂文集》卷八《与婿梁灿来书》。

> 天生之人，有一身之人，有十人之人，有百人之人，有千人万人之人。人之治世，有一世之事，有数世之事，有百世千古之事。以一身为事者，命之曰匹夫。上此则十人百人为其事，以至于以天下、千古为其事者，不毕其事不安也。故曰宇宙内事，皆吾分内事。①

> 以六德、六行、六艺及兵、农、钱、谷、水、火、工、虞之类教其门人，成就数十百通儒。朝廷大政，天下所不能办，吾门人皆办之；险重繁难，天下所不敢任，吾门人皆任之。②

颜元把"宇宙"内的事情统统包揽到自己身上，表明自己是怀着"不毕其事不安"的心态去看待的。这与黄宗羲"不容己"的心态，是异曲同工的。颜元以"宇宙内事，皆吾分内事"来表述担当精神，立意之高昂、眼界之宽广、心胸之宏伟，实为同时代人所难以企及。颜元身上是有着"狂者气象"的："识得孔叟便是吾，更何乾坤不熙皞。"③这是他26岁所作的诗句，断言知道了我颜元就是孔子，世界就能光明了。这是源自王阳明"满街人都是圣人"之论的翻版。后来颜元又说，"孔子与三千人习而行之，以济当世，是圣人本志本功"④。颜元认为，孔子为后人做出了榜样。他与学生们一起研讨的是习礼、奏乐、骑射、理财等实事。他周游列国，热心救世，常常一个地方座席未暖，就惦记着另一个地方而匆匆离去了。在颜元看来，孔圣人一生是贯穿着担当精神的。颜元认为，这种热心救世的责任感为后人做出了榜样，自己要继承这一优秀传统。这是颜元自命为"孔叟"的原因。

这里强调经邦济世是圣人本身的责任所在，因此"险重繁难"的事情别人不愿意去做，自己与门人会自觉地"任之"。颜元自命为圣人，把"以济当世"作为自己与门人的使命所在。相比于顾炎武、黄宗羲与王夫之，颜元的担当精神要比他们强烈得多。颜元心中始终在想，如何增进民众的利益，如何解决当前的社会问题。颜元不只是在理论上有所阐发，而且体现在实际行动中，这是顾炎武、黄宗羲与王夫之所不具备的。对剧烈的土地兼并，他想恢复古代的井田

① 颜元：《颜元集·颜习斋先生言行录》卷上，第633页。
② 颜元：《颜元集·存学编》卷一，第40页。
③ 李塨：《颜习斋先生年谱》，载颜元：《颜元集》，第713页。
④ 颜元：《颜元集·四书正误》卷一，第157页。

制以解决这一千古难题；对明末出现的军队战斗力严重下降的问题，他提出了兵农合一的主张；对积重难返的科举制度，他干脆全盘否定而代之以荐举制度。他深刻地认识到水利是农业的命脉所在。为治理蠡河，他在做了实地考察后提出了一个综合方案。他见到家乡水灾后，马上动员五百人赶赴现场解决了问题。"宇宙内事，皆吾分内事"的担当精神，对颜元来说是发自内心的自觉。他把内在的责任感，化为实际的言行。"险重繁难，天下所不敢任，吾门人皆任之"，这是一种不容推辞的使命。李塨继承了颜元的主张，但语词缓和得多："余尝谓：掌内能运天下，胸中能包天下，肩上能担天下，即为真帝王。"①要一个古代的学者，离却王权主义的笼罩，那是异想天开的事情。王权至高无上的观念，是当时人们牢不可破的观念。对君主专制作激烈批评的黄宗羲，在《明夷待访录·原君》中，只是做了个"向使无君"的假设。王夫之在这方面更保守："人不可一日而无君。"②就担当精神与当时社会的情况言，李塨说的是大实话，颜元率多幻想的成分。这一区别也是两人性格分野所致，颜元心中躁动着"狂者进取"的精神，李塨则持"近中行"的立场，言行力求四平八稳。

　　作为担当精神核心的责任感，有高低层次之分，低层次是自我约束，即自身不做危害他人与社会的事情，对自身的行为负责任。高层次是指一个人对他人、民族与社会所承担的责任，时刻把天下的事情放在心中，始终不忘在条件许可时自觉地践行有利于民众的事情，为国家与民族建功立业。顾炎武的"吾辈之任"，王夫之的"身任天下"，黄宗羲"不容己"的"扶危定倾之心"，颜元的"宇宙内事，皆吾分内事"，李塨的"肩上能担天下"，就是这种高层次的责任感。他们不只是坐而论道，还起而行之；他们不只是自己这么做，而且教导学生也要这么做。这是何等炽热的情感。

三、日新精神："日新之学"

　　颜元的功利论与担当精神，都是截然自成一家的。就其内心世界而言，支

---

① 李塨：《瘳忘编》，载陈山榜、邓子平主编：《颜李学派文库》第 4 册，第 1097 页。
② 王夫之：《读通鉴论》卷一九，中华书局 1976 年版，第 653 页。

撑他提出这些观点的是日新精神：

> 汤，圣人也，用日新功。吾辈常人，当时新，时时新，又时新。①
>
> 学者须振萎惰，破因循，每日有过可改，有善可迁，即成汤"日新"之学也。②

后一句，着重于道德修养的"改过迁善"；前一句是从"圣庸同一"的角度，说只要坚持"日新"之功，就会收到除旧布新的效果。颜元所说的"日新之学"，是与《大学》相关的。《大学》的原文是："汤之《盘铭》曰：'苟日新，日日新，又日新。'"说圣人商汤在铜制的盥洗盘上，镂刻铭文告诫自己说："如能天天洗净身上的污垢，就要坚持下来，做到每天新，天天新。"《大学》的日新观对后世的影响极为深远，很多思想家都对它做了阐发。颜元的这两句话出自《颜习斋先生言行录》，这是他的学生钟錂整理的，"是编挨日谱摘录"，但"《年谱》已载者不复更录"。③ 这两句话体现了颜元心灵深处的真实状况。要实现"日新"之学就要破旧，"破得一分程朱，始入一分孔孟"，颜元这一惊世骇俗的观点，当是"破因循"的典型表述。颜元对李塨说：

> 立言但论是非，不论异同。是，则一二人之见，不可易也；非，则虽千万人所同，不随声也。岂惟千万人，虽百千年同迷之局，我辈亦当以"先觉觉后觉"，不必雷和附同也。④

"立言但论是非"，强调的是自作主宰。这既涉及思维方式，也是有关真理观的问题。是与非从认识论上来说，是真理掌握在谁手中的问题。在中国古代社会里，占统治地位的是两种是非观，一种是以天子之是非为是非，一种是以孔子之是非为是非。前者为政治性的，是王权主义的象征；后者是认识论上的，是辨别是非的标准。"非圣无法"成为滔天之罪，这在一些有创新思维的学者

① 颜元：《颜元集·颜习斋先生言行录》卷下，第692页。
② 颜元：《颜元集·颜习斋先生言行录》卷下，第669页。
③ 钟錂：《颜习斋先生言行录凡例》，载颜元：《颜元集》，第617页。
④ 颜元：《颜元集·颜习斋先生言行录》卷下，第696页。

面前始终是一块心病。何良俊(1506—1573),这位富于批判精神的名宿认为,"自有宋儒传注,遂执一定之说,学者始泥而不通,不能引申触类。夫不能引申触类,亦何取于读经哉?"①说读经应当有自由解释的权利,而让人们思维堵塞的是"宋儒传注"。自明初始,"宋儒传注"是科举考试的法定参考书。之后出现了得罪孔孟可以,但不能得罪程朱的风气:"今之学者易于叛经,难以违传。宁得罪于孔孟,毋得罪于宋儒。此亦可为深痼之病,已不可救疗矣,然莫有能非之者。"②程朱理学是不能指责的,这一格局在颜元出生前就形成了;颜元去世后,这一格局依然牢牢地印入士人的心里。难怪程廷祚有这样的感叹:"今欲以一师之言而钳天下之口,是何异于指一目所见而以为周天之径也哉!叶秀发谓后学敢于叛圣人之经,而不敢违先儒之说,良可叹也。"③从何良俊到程廷祚,其间相隔了两个世纪,依然是宁愿得罪"孔孟""圣人之经",不敢得罪"宋儒"、违反"先儒之说"的光景。在颜元生活的年代里,更有陆陇其"尊朱即所以尊孔"这样极端言论的出现。颜元想破除"同迷之局",唯一的方法就是内心确立"日新"的理念而决不动摇。颜元做到了这一点,坚持把自己的"日新"之学传播开来。

颜元的思想一变再变,由陆王而程朱,终乃卓然"别出一派",是同他坚持日新精神分不开的。颜元认为,对前人的学说只看它是否符合自己所确定的道理,而不问其和大多数人的观念有无一致。"不必雷和附同",强调的是不随声依响。譬如作诗,认为不必依照沈约的规定。他对友人说:"语彭如九曰:'诗所以咏物、适情、言志也,即取其足以咏物、适情、言志而已,何必拘沈韵?'"④诗歌创作以内容为主,不必拘泥于南朝沈约所定的声律。沈约(441—513),齐梁文坛领袖,精通音律,确定四声名称,总结前人声韵研究成果与诗歌创作中运用音律的经验,创立了声律论。他推进了五言古诗向律诗的发展,但在诗歌创作中又规定了许多禁忌,有忽视内容的倾向。颜元所作诗歌不多,但他以自身的是非作为判断诗歌的标准。他指出,作文、写字与著书中,世人以"随声"为原则:"思汉、唐以至今日,作文者仿某大家也,写字者仿某名家也,著书、谈

---

① 何良俊:《四友斋丛说》卷一,中华书局1959年版,第5页。
② 何良俊:《四友斋丛说》卷一,第21页。
③ 程廷祚:《青溪集·青溪文集》卷十《再上雷公论宋儒书》,第236页。
④ 颜元:《颜元集·颜习斋先生言行录》卷上,第634页。

学仿某先儒宗旨也。"①

颜元"但论是非,不论异同"的主张,承袭了王阳明的观点并有所深化。王阳明说:"先儒之学,得有深浅,则其为言,亦不能无同异,学当惟反之于心,不必苟求于其同,亦不必故求其异,要在于是而已。"②王阳明强调以"心"去审查"先儒之学"。对一种学说,不必强求与"先儒之学"同,也不必故意去寻求其间的差异,要按照"良知"("心")是自家准则来确定是与非。早年被人称之为"真陆王"的颜元,对阳明心学是既批判又吸收,不像对程朱理学那样不讲情面、大张旗鼓地讨伐。颜元能自创一家,同其承接阳明心学是有直接关系的。

以上是说颜元"破因循"以求"日新"之学。下面再论颜元借托古以求"日新"之学。颜元许多见解给人以古色古香的感觉,好像是在翻陈年老账,实际上是他依托古代的手段来畅论自己的观点。颜元强调,对"日新"要有一种急迫感,不可以拖延:"《大学》明德之道,日新之动,可不急讲欤?"③对此颜元颇有心得:"大要古书只管去读看,不问能记与否,但要今日这理磨我心,明日那理磨我心。久之,吾心本体之明自现,光照万里,所谓'一旦豁然贯通'者也。"④"一旦豁然贯通",就是颜元所说的"日新"之义。"磨"是指读古书时,不断地打磨出新感受来。他讲读《论语》的经历时说:"予每向弟子言,生世六十年矣,读《论语》分三截:前二十年见得句句是文字,中二十年见得句句是习行,末二十年见得句句是经济。"⑤"句句是文字",是说他受理学影响之际,见到的是"文墨世界"。"句句是习行",是说孔子的真谛全在"习行"。孔子所说的"习"有两重含义,一是温习的"习",一是实习的"习"。前者与人们的阅读活动相关,后者与人们的实际操练相关。颜元抛弃了前者只取后者,把"习行"作为自己学说的重要组成部分。"句句是经济"是说要做一番经世济民的事业,意识到"担当世道"的迫切性。以致在晚年,他经常感叹没有尽到责任而潸然泪下。程朱与陆王对他来说,也算得上是古人了。颜元读了他们的著作后得出他们"以学术杀人"的主张来,开了戴震"以理杀人"观点的先河。"日新"在另一个

---

① 颜元:《颜元集·颜习斋先生言行录》卷下,第 687 页。
② 王阳明:《王阳明全集》卷八《书石川卷》,第 269 页。
③ 颜元:《颜元集·存性编》卷一,第 4 页。
④ 颜元:《颜元集·颜习斋先生言行录》卷上,第 629 页。
⑤ 颜元:《颜元集》卷四《四书正误》,第 229 页。

地方又称之为"自新"："凡古人可行者,我亦可行。如一旦奋然自新,立志躬行,何道不可能也。"①借托古以求"日新"之学,是颜元构筑自己学说的主心骨。在企求"日新"之学的过程中,颜元同李塨在中国哲学史上开创了一个以"习行""事功""实用"为核心的颜李学派。

第二节　颜李学派的历史局限性

颜李学派有着三个明显的缺陷。第一个致命的缺陷是轻视理性与理论,过分强调感性经验在人们获得知识中的作用与价值。颜元强调直接经验的主张,导致对理性的过度轻视,其对人类认识活动的曲解是不容置疑的。

对理性、抽象概念的轻视,导致了颜元对读书活动的片面否定。前人离开了人世,他们的音容笑貌、言行举谈,只能作为回忆的对象;他们有价值的思想、观点,作为精神产品是以书籍的形式留存于世间的。前人的肉体生命结束了,他们的精神生命却以书籍的形式常驻于人间,书籍是传播前人知识的载体。过分迷恋书本是不对的,但文化遗产是离不开书本的,这在古代尤为重要。因为口授心传的形式有着致命的缺陷,那就是一旦没有传人,与此相关的知识与技艺就会失传。平心而论,颜元也是嗜书如命,以书本为精神寄托所在。颜元骂朱熹临死前还在讲论文字,而他自己生命垂危之际依然手不释卷,这是颜元思想中自相矛盾之处。把一个学派创始人的自成体系的理论当作是言之有理、持之成故的,这是大多数研究者的共识。其实这是不符合思想家的实际情况的。很多思想家在构建自己学说时,常常会有顾此失彼的现象。在一个地方说得很圆满,在另一个地方往往是自相矛盾的。颜元没有能跳出这一框架。

第二个缺陷是对宋明理学的批判有失偏颇之处,把其中的合理内核也丢弃了。颜元将阳明心学与朱熹之学都视为文化专制主义的工具,但他对两者的态度还是有区别的。阳明心学的某些观点,被他采纳,并成为改造他思想体系的一部分了,但于朱熹学说,他没有一点儿好感。《朱子语类》被他批驳得毫

---

① 颜元:《颜元集·颜习斋先生言行录》卷上,第648页。

无可取之处。《朱子语类》中有不少论述静坐,吸收禅宗思想之处,但也有令人刮目相看的地方。朱熹对自然现象的观察从他孩提时就开始,一直到知天命之年。朱熹对沈括《梦溪笔谈》的内容了如指掌,而且常把沈括的观点与自己观察的结果做比较。他的宇宙演化说与近代的"星云假说"有相似之处,而且比欧洲人早了几百年。在《朱子语类》第二卷中,朱熹对风云、雨露、霜雪、雷电、冰雹、彩虹等自然现象的阐释洋溢着实事求是的科学精神。这同他的格物致知说以及重视实地考察的主张密不可分的。① 《朱子语类》中有朱熹与他的学生胡宏的一段对话:

> 小者大之影,只昼夜便可见。五峰所谓"一气大息,震荡无垠,海宇变动,山勃川湮,人物消尽,旧迹大灭,是谓洪荒之世"。常见高山有螺蚌壳,或生石中,此石即旧日之土,螺蚌即水中之物。下者变而为高,柔者变而为刚。此事思之至深,有可验者。②

"五峰"是胡宏的号。胡宏说,波涛使大地发生不停息的震荡,令海洋与陆地发生剧烈的变动,有些地方山岳突然升起,有些地方却变成了河川,居住在这些地方的人们消失了,古代的痕迹也没有了。这就是"洪荒之世"。朱熹接过话头,说他经常见到高山上有螺蚌壳,有的被包裹在岩石中。原先生活在水底的东西,现在跑到高处了;原先柔软的东西,现在变得很刚硬了。"常见"二字说明,朱熹的观察是经常进行的。在经过深思熟虑和实地观察后,朱熹知道过去的海洋变成了高山,旧日之土易为今日之石了。中国科学技术史的权威李约瑟博士指出,朱熹这一观点对古生物学史和地质学史有重要的意义:"朱熹当时就已经认识到,自从生物的甲壳被埋入海底柔软的泥土中的那一天开始,海底就已经渐渐隆升而变为高山了。"③ 朱熹所以能在科学思想上有较多的创见,是他践履格物致知的主张而重视实地观察的结果。颜元批阅了《朱子语类》,对这些有着较高价值的科学思想只字不提,显然是带着偏见的。

---

① 详见朱义禄:《〈朱子语类〉选评》,上海古籍出版社 2017 年版,第 213—242 页。
② 朱熹:《朱子语类》卷九四。
③ 李约瑟:《中华科学文明史》,柯林·罗南改编,上海交通大学科学史系译,上海人民出版社 2019 年版,第 460 页。

　　第三个缺陷是颜元的宇宙论中还有一些带有神秘、荒诞色彩的内容。颜元认为，阴阳二气的流行，变为元、亨、利、贞四德，与它们相匹配的是孟子所说的仁、义、礼、智四善端。自然界的客观物质与人的道德观念，两者是联系不到一起的。颜元在人性论上以恢复孔、孟的主张来否定理学家二重化的人性学说，他不得不考虑给人性论攀上一个自然界的基础，风马牛不相及的两类事物，被颜元牵强附会地扯在一块了。他的目的是想为封建伦理构筑一个宇宙论的基石。于是他的天人合一论又同董仲舒合流了。他在 34 岁时作了一篇《人论》，其核心是论证人为天地之孝子："其肖乎天地者，人之全体也；其孝乎天地者，人之大用也。"何以人可以象天地呢？颜元说：

　　　　头圆象天，足方象地，两目象日月，股肱、胸臂象山岳，五脏象五行，肠胃、膀胱、经络象江河大海，偏体小孔象星辰，须髭、毛发象草木，三百六十骨节象三百六十度数，十二经络象天地十二运会，是谓形象。①

颜元的比喻与董仲舒一样，都是主观的比附，但颜元比董仲舒走得更远一些。他的天人合一观比董仲舒更为详细，但更缺乏理论上的依据，是随手想到就作比附。颜元认为，人与万物都是阴阳二气变化生成的，世间的一切均为天地阴阳的副本。人类的生产活动与祭祀、人一生的贫贱富贵，都是人对天地这一父母的孝顺而已：

　　　　何言乎孝子也？种树稼穑，修筑宫室，灌溉园地，以增润地形，饮食其母也；燔柴焚积，薰香蒸物，酿酒扬汤，使气臭上腾，以宣濡天气，饮食其父也；至于方泽祀示，圆丘祭郊，埋璧焚脂，太牢少牢，玉瓒曛币，封山告渎，宾春饯秋，此尤其大奉甘旨，而平常菽水不足言矣，是谓养口体之孝。天命五德，奉持不失；富贵贫贱，安而受之，夙夜痌瘝，时存惕若，灾苦祸夭，劳而不怨，民胞物与，友于得所。五礼以致中，善敬亲也；六乐以导和，善承欢也，是谓养心志之孝。②

①　颜元：《颜元集·习斋记余》卷六《人论》，第 511 页。
②　颜元：《颜元集·习斋记余》卷六《人论》，第 512 页。

这在明清之际启蒙学者中是很少见到的文字。人们从事农业生产,以自身劳动与客观的自然界作物质与能量的交换,谋取维持生存的粮食。人们出于生产活动的需要,在一定程度上改变了地貌。颜元认为,这是人类取用于天地。如果说,这没有什么大谬的话;那么后面一半的话,就谬误迭出了。颜元认为,人类的祭祀活动是人对天地父母所尽物质上的孝敬。天地所决定的五种德性,人们应奉而不失;人一生中的富贵贫贱的命运,是由天地决定的,应安心承受。这是典型的天命论与命定论! 这同颜元"造命回天""生命亦何定之有"的主张是自相矛盾的。颜元认为,礼乐的功用无非是人们让天地父母高兴的一种精神上的孝敬。

有的学者认为颜元这些主张"使人百思而不得其解",也有学者给予极高评价。这是颜元坚持封建伦理,在他行为上的必然体现,只不过《人论》力图从宇宙论上作出论证。这种企图把自然界与道德哲学融为一体的现象,在黄宗羲那里也出现过。[①] 颜元同黄宗羲一样,没有和名教彻底决裂。清廷开博学鸿词科以收揽人心,黄宗羲以母亲年已 90 为由而谢绝;颜元广结遗民以示忠义气节。在忠义难以兑现的情况下,颜元在孝心上鞠躬尽瘁,以表示自己对封建伦理的认同。

对个人来说,生父没有着落是令人遗憾的事情。颜元不惧危难、出关寻父、以明孝心,颜元为寻父而做出的种种行为,就是为了践履"人伦"。

他认为"人伦"是与天地同长久的:

> 自有这个天地便有这个人,自有这个人便有这个君臣、父子、夫妇、兄弟、朋友的人伦,佛氏独灭绝之;自有这个天地人,便有这个生生不穷的道

---

① 邱椿(1897—1966),北京师范大学教授。他说读了《人论》后,觉得"其中怪诞不经的话尤多",又说《寻父神应记》中,颜元"拜神祝祠、城隍求签、关公托梦等情节甚详,其事极离奇,以辟异端著称的颜元竟有如此迷信的言行,这是使人百思而不得其解的"。见邱椿:《古代教育思想论丛》下册,北京师范大学出版社 1985 年版,第 222 页。著名学者侯外庐对《人论》评价极高:"他主张人类对于天地的大父母,要实行所谓大孝子的任务……这段人类孝子论是有进步意义的,可以说是要求人权解放的宣言书。他依据形而上学的方法寻求大自然和新人类,在十七世纪的确是近代科学的预见,而且也有历史的进化观念。"(侯外庐:《中国思想通史》第 5 卷,人民出版社 1956 年版,第 347 页)笔者反复读了《人论》,看不出与"人权""近代科学""历史进化观"有什么关联的词句和内容。

理,佛氏独斩断之,真是个杀人的贼了。①

这与董仲舒的"天不变,道亦不变"、朱熹所说的"纲常千万年,磨灭不得"没有区别,都赋予了封建伦常以绝对主义的性质。道德绝对主义是把特定时代的道德原则绝对化,形成形而上学的理论。它把相对与绝对割裂开来,否认道德原则的变动性,不承认道德原则在一定条件下转化的必然性。正是从封建伦常与天地同存而"生生不穷"的道德绝对主义出发,他见到僧、道就要劝他们悔过自新:"某素不交僧,交而必告之以天伦。""家户有伦理,男女无抑郁之气而天地以和,兆姓无绝嗣之惨而生齿以广。"维护封建伦常、清除僧道异端是颜元一生躬行的目标之一。在颜元看来,人们归于"人伦"之中才能达到"天地以和""生齿以广"的境地。从颜元维护封建伦常的坚定性来看,他与理学家所向往的、道德意义上的"天理"没有本质上的差别。道德作为社会意识中的一种,是经过利益的中介而成为当时经济状况的产物。道德一旦形成理论体系后,会对产生它的经济基础产生一定的能动作用。男耕女织的小农经济,其生产活动是以一家一户的形式进行的。家长担任了决策、组织、指挥和监督生产活动的角色,这一角色的实现是以上下代之间的纵横血缘关系为纽带的。这是孝在中国古代社会里久传不衰的经济基础。从家庭与国家的关系而言,国无非是家的放大,此为时贤们概括为"家国同构"。

颜元是一个虔诚的孝子,未找到父亲前他把孝心倾注在祖母身上。当他发现古人尽孝的手段——朱子《家礼》——是那样的违背人性时,颜元由此另辟蹊径,创出了一个反叛理学、自成一家的新学派。偶然也? 必然也? 其间的答案应该留给大家去思索!

第三节　颜李学派的"众生相"

任何一种学术流派面世之后,往往面临着下列几种情况:一是面世之后,始终为历代学者所关注;二是辉煌过一段时期以后,湮没无闻;三是为当时的

---

① 颜元:《颜元集·存人编》卷三,第147—148页。

"显学"，但旋即中绝，后因时代的特定需求而复活。颜李学派属于第三种情况。

　　戴望编纂的《颜氏学记》的刊行，使得颜李之学复又新生，为信奉者、反对者、诠释者们反复咀嚼。到了近代，颜李之学屡经变形、改造或重铸，如同捏泥人，随着匠人自身的意愿与喜好，捏出了缤纷多彩、形形色色的泥人，呈现出"众生相"的状态。戴望、谭献、缪荃孙、朱一新、程仲、宋恕、孙宝瑄、刘师培、章太炎、徐世昌、李石曾、胡适、梁启超等人，都有他们心中所理解的颜李之学。

　　一种学术流派面世之后，它的内容与价值有着一个再发现的过程。在近代中国古今中西之争主旋律的影响下，有志于救国救民的知识分子常常回顾颜李学派，从他们的著作中不断发掘出变革现实的原料。颜李学派的原始文本只有一个，但在近代产生的后续文本却是多样的。后续文本中衍生出的新意大大超过其原始文本的范围。颜李学派的"众生相"既寓于这一学派本身自有的精神特质与客观内容中，又寓于这一学派的反对者、批评者、诠释者、信奉者、阅读者之间不同的立场中。颜李学派在近代中国有着贴近不同学术旨趣、不同时代人们的精神需求而形成的"众生相"。不同的学者对这两方面的期待是各有侧重的，而期待是由学者、思想家的知识结构、文化教养、政治立场、价值观念等制约的。后继者不仅据此理解、认识和界定原始文本的意义，而且对它进行了再创造。在近代中国，决定接受者的期待视界的主要因素是这一时代的中心议题。如何使近代中国摆脱列强铁蹄的践踏，建立一个自由、独立、富强的新中国，是放在志士仁人面前的主要任务。这就决定了文化增殖只能在古今中西之争中进行。有的学者认为，近代中国对颜元进行了两次改造，"结果使颜元的形象变得越发模糊了"[①]。这个结论是缺乏说服力的。历史上从来没有一个真正发生过影响的学术流派的思想体系会被后人完整地"克隆"出来。

　　颜李学派的"众生相"，是因为它有着符合时代需要的因素。有着独创精神的学术流派，一旦原汁原味被后世学者复制出来，人们反而感到索然无味。一个学派的原始文本与后续文本之间的差距被不断拉大，其内涵才显得日益丰富。如同《论语》《孟子》《周易》等儒家经典后续文本的持续涌现构成了一

―――――――――

① 参见解成:《近代中国对颜元形象的两次改造》,《河北学刊》1988 年第 1 期。

部儒学思想发展的历史一样,颜李之学的后续文本在近代中国六七十年间的不断出现,也构成了近代中国思想史上不可或缺的一个组成部分。

颜李学派"众生相"的出现,实质上揭示了中国思想史发展中的一个规律。明人谢肇淛对书法的传承与发展有个精辟的论述:

> 临古人书者,须先得其大意,自首至尾从容玩味,看其用笔之法,从何起构,作何结煞,体势法度,一一身处其地而仿佛如见之,如此既久,方可下笔。下笔之时,亦便勿求酷似,且须泛澜容与,且合且离,神游意会。①

虽是讲书法艺术的传承,但也适用于学术流派的继承与创新。"且合"是说对前人法帖的临摹,不能只求形似,应当"从容玩味",即彻底弄清法帖作者的旨意。"且离"是说经过长时期思索考量后,抛弃"求酷似"而进入"神游意会"的境界,也就是有自己独特的体会。后续者认同先前的学术流派是为"且合",但不应被它所捆,应有自家体会出来的新观点,形成与原始不同的新文本,是为"且离"。"且合且离"要辩证地看待,躺在"且合"中,学术流派就会故步自封,难以发展;只在"且离"上下功夫,会使学术流派如同无源之水、无本之木一样。只有在"且合"与"且离"的互相鉴通和辩证结合基础上,学术流派才会展现出它的活力来,让学术思想给人以新鲜之感。这是任何学术流派得以赓续而不为世人所遗忘的前提,也是中国思想史得以不断发展的客观规律所在。

① 谢肇淛:《五杂组》卷七,载《明代笔记小说大观》第 2 册,上海古籍出版社 2007 年版,第 1622 页。

参考文献

一、颜李之学文献

陈山榜、邓子平主编：《颜李学派文库》，河北教育出版社2009年版。

陈山榜整理：《颜李丛书》，河北人民出版社2018年版。

程廷祚：《青溪集》，宋效永点校，黄山书社2004年版。

戴望：《戴氏论语注》，同治十年（1871）刻本。

冯辰、刘调赞：《李塨年谱》，陈祖武点校，中华书局1988年版。

李石曾：《颜李之学与法兰西学术》，《四存月刊》第9期（1921年12月）。

王源：《居业堂文集》，万有文库本。

徐世昌：《颜李师承记》，陈山榜点校，北京师范大学出版社2014年版。

颜元：《颜元集》，王星贤、张芥尘、郭征点校，中华书局1987年版。

二、清前文献

陈亮：《陈亮集》，中华书局1974年版。

陈献章：《陈献章集》，孙通海点校，中华书局1978年版。

程颢、程颐：《二程集》，王孝鱼点校，中华书局1981年版。

高亨：《周易大传新注》，齐鲁书社1979年版。

郭朋：《坛经校释》，中华书局1983年版。

《汉书》，中华书局1962年版。

何良俊：《四友斋丛说》，中华书局1959年版。

梁启雄：《荀子简释》，中华书局1980年版。

刘宗周：《刘宗周全集》，吴光主编，浙江古籍出版社2007年版。

陆九渊：《陆九渊集》，钟哲点校，中华书局1980年版。

《明史》，中华书局1974年版。

穆孔晖、尤时熙等:《北方王门集》,邹建锋、李旭等编校,上海古籍出版社 2017 年版。

沈德符:《万历野获编》,中华书局 1959 年版。

《史记》,中华书局 1959 年版。

苏舆:《春秋繁露义证》,钟哲点校,中华书局 1992 年版。

王安石:《王文公文集》,上海人民出版社 1974 年版。

王艮:《王心斋全集》,陈祝生等点校,江苏教育出版社 2001 年版。

王阳明:《王阳明全集》,吴光、钱明、董平、姚延福点校,上海古籍出版社 1992 年版。

杨伯峻:《孟子译注》,中华书局 1960 年版。

杨伯峻:《论语译注》,中华书局 1980 年版。

张建业主编:《李贽文集》,社会科学文献出版社 2000 年版。

张载:《张载集》,中华书局 1978 年版。

周敦颐:《周敦颐集》,陈克明点校,中华书局 1990 年版。

朱熹:《朱文公文集》,四部丛刊本。

朱熹:《四书章句集注》,中华书局 1988 年版。

朱熹:《朱子语类》,黎靖德编,王星贤点校,中华书局 1988 年版。

三、清人论著

戴震:《戴震全书》,张岱年主编,黄山书社 1997 年版。

方苞:《方苞集》,刘季高点校,上海古籍出版社 1983 年版。

傅山:《霜红龛集》,山西人民出版社 1985 年版。

顾炎武:《顾亭林诗文集》,华忱之点校,中华书局 1983 年版。

顾炎武:《日知录集释》,黄汝成集释,中州古籍出版社 1990 年版。

黄宗羲:《黄宗羲全集》,沈善洪主编,浙江古籍出版社 2005 年版。

李颙:《二曲集》,陈俊民点校,中华书局 1996 年版。

梁启超:《饮冰室合集》,中华书局 1932 年版。

刘师培:《刘师培文选》,李妙根编选,远东出版社 1986 年版。

邵廷采:《邵廷采全集》,陈雪军、张如安点校整理,浙江大学出版社 2018 年版。

宋恕:《宋恕集》,胡珠生编,中华书局 1993 年版。

孙宝瑄:《忘山庐日记》,上海古籍出版社 1983 年版。

孙奇逢:《孙奇逢集》,张显清主编,中州古籍出版社 2013 年版。

唐甄:《潜书》,吴泽民编校,中华书局 1963 年版。

永瑢等:《四库全书总目提要》,中华书局 1965 年版。

章太炎:《章太炎全集》第 3 册,上海人民出版社 1984 年版。

章太炎:《章太炎全集》第 4 册,上海人民出版社 1985 年版。

朱禹铸汇校集注:《全祖望集汇校集注》,上海古籍出版社 2000 年版。

四、近人论著

北京研究院编:《李石曾先生六十岁纪念论文集》,贵州印刷所付印 1942 年版。

陈登原:《颜习斋哲学思想述》,金陵大学中国文化研究所丛刊 1934 年版。

陈守实:《中国古代土地关系史稿》,上海人民出版社 1984 年版。

陈学恂、陈正田主编:《中国近代教育史料汇编》之《留学教育》卷,上海教育出版社
　　 1991 年版。

丁守和主编:《辛亥革命时期期刊介绍》第 2 册,人民出版社 1982 年版。

范寿康:《中国哲学史通论》,生活·读书·新知三联书店 1983 年版。

侯外庐主编:《中国思想通史》第 4、5 卷,人民出版社 1959 年版。

侯外庐、邱汉生、张岂之主编:《宋明理学史》,人民出版社 1984 年版。

黄进兴:《优入圣域:权力、世俗与正当性》,陕西人民出版社 1998 年版。

黄宣民、陈寒鸣:《中国儒学思想发展史》,中国文史出版社 2009 年版。

姜广辉:《颜李学派》,中国社会科学出版社 1987 年版。

邱椿:《古代教育思想论丛》,北京师范大学出版社 1985 年版。

王春阳:《颜李学的形成与传播》,齐鲁书社 2009 年版。

王汎森:《晚明清初思想十讲》,复旦大学出版社 2004 年版。

王家范:《中国历史通论》,华东师范大学出版社 2000 年版。

王茂、蒋国保、余颐陶、陶清:《清代哲学》,安徽人民出版社 1992 年版。

王学斌:《颜李学的近代境遇》,商务印书馆 2017 年版。

熊十力:《十力语要》,中华书局 1996 年版。

许涤新、吴承明:《中国资本主义的萌芽》,人民出版社 1985 年版。

杨尚奎:《新编清儒学案》,齐鲁书社 1985 年版。

杨天石主编:《钱玄同日记》,北京大学出版社 2019 年版。

郑师渠:《晚清国粹派——文化思想研究》,北京师范大学出版社 1997 年版。

《中国哲学》第一辑,生活·读书·新知三联书店 1979 年版。

朱维铮校注:《梁启超论清学史二种》,复旦大学出版社 1985 年版。

朱贻庭、施炎平主编:《儒学的时代担当》,学林出版社 2021 年版。

朱义禄:《理想人格与中国文化》,辽宁教育出版社 1991 年版。

朱义禄:《从圣贤人格到全面发展——中国理想人格探讨》,陕西人民出版社 1992 年版。

朱义禄:《逝去的启蒙——明清之际启蒙学者的文化心态》,河南人民出版社 1995 年版。

朱义禄:《黄宗羲与中国文化》,贵州人民出版社 2002 年版。

朱义禄:《〈朱子语类〉选评》,上海古籍出版社 2017 年版。

朱义禄、张劲:《中国近现代政治思潮研究》,上海社会科学院出版社 1998 年版。

五、译著

〔德〕黑格尔:《哲学史演讲录》,贺麟、王太庆译,商务印书馆 1959 年版。

〔法〕王枫初:《移民与政治:中国留法勤工俭学生(1921—1925)》,安延、刘敏、纪俊男译,北京大学出版社 2016 年版。

〔英〕霭理士:《性心理学》,潘光旦译,生活·读书·新知三联书店 1987 年版。

后　记

　　写好一本书,会有些感想,不诉诸文字总有些不甘。二十多年前,复旦大学潘富恩教授打电话给我,说原先撰写《颜元评传》的作者,无意于此书,希望由我来承担。他说,"1995 年你就有《逝去的启蒙——明清之际启蒙学者的文化心态》一书面世,里面有颜元的内容"。这本书把启蒙思想看作是一个时代思潮,不能只研究习称的"三大家"(黄宗羲、顾炎武与王夫之)了事。书中把启蒙学者从 3 人增加到 17 人,内容由哲学拓展到伦理、科学、文学与美学等领域,以人类对真善美的追求来统领之。这本书中有一部分内容是关于颜元的。书出版后,我送了一本给潘富恩教授。潘富恩教授是一位仁厚的长者,常对后进有所提携。虽说他年长我不多,我是以师事之的。经潘富恩教授的推荐,南京大学出版社同意由我承担《颜元评传》的撰写工作。负责《中国思想家评传丛书》日常工作的南京大学蒋广学教授说,写了颜元,应该把李塨也写进去。我一想是有道理的,因为学术界也常将师徒两人名字连在一起。2016 年,《颜元李塨评传》一书出版,成为《中国思想家评传丛书》中的一员。

　　由此我认识了南京大学的周群教授,他是研究明代文学史的行家。他学识渊博,于明代儒道释三家思想了如指掌,几次学术会议开过,与他就熟悉了。2019 年 10 月底,在一次有关泰州学派的学术会议上,周群教授对我说,他正在主编一套《中国学术流派研究丛书》,嘱意我考虑一下颜李学派。当时不以为意,那正是《泰州王门思想研究》一书行将撰成之际。此书耗时五年,为国家社科基金重大项目"阳明后学文献整理与研究"中的子课题。自己觉得,它是生平最后一本学术著作了。因觉得写书耗力太甚,不坐几年"冷板凳"是不行的。不意次年 4 月,商务印书馆编辑王松景女士与我联系,询问我是否愿意承担《颜李学派研究》一书的撰写。我考虑后同意了,因有《颜元李塨评传》打底,估计不会太难。

　　其实这是我一厢情愿的主观设想。一部学术著作,主题更换了以后,写作重点就会发生很大的变化,是牵一发而动全身的。《颜元李塨评传》重在思想家的经历及其主要观点，并对之做出评议，也涉及对后世的影响，但后者不是主要的。《颜李学派研究》的侧重点则全然不同，它不只是要对学派创始人做深入的剖解，还得对学派里的学术成员做比较详尽的研究。侧重点一改，接下来就有三个方面需认真思索。首先得对学术流派有一个整体的看法，于是就在书前写了导论，论述对学派的整体理解。这是一个难题，困扰我很长时间。缘由是这方面的研究比较薄弱，这正是周群教授设计《中国学术流派研究丛书》的高明之处。思索了几个月，凭着自己的感悟，写上些看法，以作抛砖引玉之谈。其次得重点考虑颜李学派的传播。学派是学术流派的简称。一个学派要"流"下去，才有生命力；不"流"下去，研究的意义也不大。这样学派传人的内容就要增加。最后，学派在流传过程中，后人的理解无不怀着诠释自身的要求。这种要求的形成，是与后人所处的时代环境、社会条件、个人际遇、自身学养，乃至于人际交往相关的，因而后人的期待视野各别，这就造成了颜李学派的原始面貌经常会发生变形。颜李学派先是有过风行天下数十年的高光时刻，接着是高潮之后的中绝，再是隔了一个半世纪以后的重光。到了近代，因着古今中西之争成了支配中国社会的主旋律，颜李学派的原始面貌在中西两种不同文化体系的冲突与融合下，不断地被改造、变换与重铸，出现了"众生相"的情况。这种言人人殊的现象，不同于古代社会不同见解的交锋是在同一文化体系里进行的。如同西方流行的一句话，有一千个观众，就有一千个哈姆雷特。在近代，颜李学派同"变形金刚"那样，一方面是表示它有着旺盛的生命力，另一方面也是这一时代学术面貌变化与发展的真实体现。《颜李学派研究》在这方面用力尤勤，增加了比较多的内容，如国粹派对颜李之学的弘扬，徐世昌借助手中的权力而倡导颜李之学等。至于李石曾同颜李学派之间的关系，笔者专门列了一章，说明他在法国勤工俭学运动中是如何身体力行颜李之学"主动求实"的精神。因着他的实际操作，法国勤工俭学学生中，很多人成为众人所熟知的新中国的缔造者，他们的出现改变了中国社会的历史走向。对李石曾来说，主观动机与客观效果是不一致的，我以"种豆得瓜"来概括。这三个方面，对我来说是一个新的挑战，经常是一天蹦不出几个字来。

思路的变动，让《颜元李塨评传》一书的有些章节无存身之地了，有些以往没有的，就得新增；有些过去涉及而不够丰厚的，就得添加新内容。新增"颜元著作概述"一节，依据是学派创始人的代表性著作总得交代一下！《颜氏学记》

的主要内容一节是新写的,后来一些名家如梁启超、胡适等人,他们研究颜李学派的主要依据就是《颜氏学记》,而不是徐世昌刊行的《颜李丛书》,尽管后者是至今为止搜集最全的颜李著述。讲述颜李及其传人的传播手段,其中有着鲜明特色的是用日谱(日记)的形式来传播思想。这种传播手段在众多学派中是罕见的,为此我特地增加了一章来阐述这方面的情况。

感谢我以往的研究生钟世娟与肖作胜,他们在资料的搜集上帮了我很大的忙;感谢责任编辑所付出的辛勤劳动。特别要感谢上海市伦理学会名誉会长、华东师范大学哲学系朱贻庭教授,为本书所写的序,序文不长然点明要处:一是对本书特点做了提要钩玄的概括;二是以"史哲契合"来总结我以往论著的风格,认为我十几本学术专著,是对哲学与历史两门学科做了交融贯通、兼收并蓄后的结晶;三是把我大学毕业到考进研究生之间在农村13年间椎心泣血的经历作了简述,指出这是我耄耋之年依然笔耕不辍的精神支柱。遥想40多年前师从冯契先生时,朱贻庭教授对我讲授《老子》一书的情景,他拿了《老子》的手抄本,内中密密麻麻地写满了注释与见解。当时我对他敬佩得很,他踏实的学风沁入我的心灵深处。当我写书遇到难处时,就反复阅读原著以悟出独到的见解。《颜元李塨评传》的后记中有一段话:"思来想去只能用一个笨办法,就是反复阅读原著以求重新理解颜元。看似笨拙,却给我悟出了一些前人未曾议提的东西。"这正是朱贻庭教授踏实的学风沁入我的心灵深处的反映。研究生毕业后,在40多年时间里,我与朱贻庭教授经常就中国哲学史的诸多问题进行"互质",保持着亦师亦友的关系。说到这里,思绪又回到李塨的两句话上来:"每目宿,必访学人""遍质当代夙学"。像李塨那样的执着,我是达不到的,但任何一个想要在学术上取得长足进步的学人,师友间的交往是必不可少的。我想,这正是颜李学派留给中华儿女的宝贵精神财富!

朱义禄

2022 年 4 月 22 日

图书在版编目 (CIP) 数据

颜李学派研究 / 朱义禄著 . — 北京 : 商务印书馆，
2022
（中国学术流派研究丛书）
ISBN 978-7-100-20352-4

Ⅰ . ①颜… Ⅱ . ①朱… Ⅲ . ①颜李学派－研究 Ⅳ .
① B249.55

中国版本图书馆 CIP 数据核字（2021）第 183295 号

本书由南京大学中央基本科研业务费、
南京大学人文基金资助出版

中国学术流派研究丛书
颜李学派研究
朱义禄 著

商 务 印 书 馆 出 版
（北京王府井大街 36 号 邮政编码 100710）
商 务 印 书 馆 发 行
南京新洲印刷有限公司印刷
ISBN 978-7-100-20352-4

2022 年 5 月第 1 版 开本 700×1000 1/16
2022 年 5 月第 1 次印刷 印张 26¼
定价：138.00 元